孙 权 传

张作耀 著

人民出版社

孙权像（见明王圻《三才图会》）

目　　录

3

绪　　言

东汉末年社会矛盾激化，最终酿成大规模的农民起义和军阀混战。这样特殊的历史环境，给人民带来了深重的灾难，也为一批人提供了发挥才干、表演自己的机会。数十年间，群雄割据，你争我夺，无有休止之时。老百姓渴望安定和统一。有本事的割据称霸者，任才尚智，并相对得到老百姓的支持，在战争中发展了自己，成为一方之主；平庸之辈和逆潮流者，谋无远虑，术悖时宜，或对广大民众施暴不恤者，受到历史的惩罚，由强变弱，由大变小，最终或被吞并，或被消灭。这其中，取得较大成功者是曹操、孙权、刘备和诸葛亮。他们都堪称为一代风流人物。

孙权立国是在其父亲孙坚、兄长孙策功业基础上发展起来的。孙坚"勇挚刚毅，孤微发迹"，在讨伐董卓的战争中卓有功勋，官至破虏将军，领豫州刺史；孙策"英气杰济，猛锐冠世，览奇取异，志凌中夏"，自领会稽太守，被授讨逆将军，开国封侯。不幸，孙坚、孙策均英年早逝。历史的重任落在了年轻的孙权肩上。

孙策临终的遗言和安排，奠定了孙权最初的权力地位；张昭、周瑜等以孙权可以"共成大业"，因而"委心而服"，"率群僚立而辅之"，保证了孙权权力的顺利实施和地位的巩固。

孙权少年好学，十四五岁便身临前阵，习练军政之事，既长成人，政有卓见，军善韬略，艺有多能，学有所得。所以虽然受命于猝然之间，但颇谙为政之要。他既掌权力，立即把使用和提拔文官武将作为一项重要事情来抓,从而有效地将追随父兄的文官武将团结在自己周围,建起了属于自己的得力的政治与军事班子,体现了他的用人之明。

《三国志》作者陈寿说:"孙权屈身忍辱,任才尚计,有句践之奇,英人之杰矣。故能自擅江表,成鼎峙之业。"这主要是针对孙权善于处理同魏蜀两国关系而说的。诚然所论。

孙权的功业不及曹操,思想内涵也不如曹操那样丰富,但其权谋以及御将、用人等诸多方面都不乏过操之处,算得上是中国历史上有所作为的军事战略家之一。他所取得的成就及其思想建树远在刘备之上。曹操所谓"生子当如孙仲谋"当属肺腑之言。

孙权执政五十余年,如果从其战略重点观察,略有几个重要的转折点。建安十三年(公元 208 年)赤壁之战是其一。此前,主要在江南拓土固疆,镇抚山越,讨伐不从,巩固政权;此后,则更重要的是北抗曹魏,对刘备实行有限度的联合与制约。其二,建安二十二年(公元 217 年)战略大变,首次派出使者"诣曹公请降";二十四年又"笺与曹公,乞以讨(关)羽自效",并向曹操"上书称臣,称说天命(即劝曹操做皇帝)";继而,"卑辞奉章",向曹丕称臣。诸此,虽属"屈身忍辱",但意义重大,确保了擒杀关羽、夷陵之战的胜利,把刘备的势力彻底赶出荆州,扩大并最终奠定了吴国封疆。其三,黄武元年(蜀章武二年,魏黄初三年,公元 222 年),刘备败归白帝,吴蜀战争结束,孙权的战略又一大变,对魏虚与委蛇,再谋吴蜀联合抗魏。曹丕对吴,与盟不得,征质不至,感到了对自己权威的挑战,兵分三路征吴。孙权面对魏军来势汹汹,又加"蛮夷多未平集,内难未弭",内外交急,再次主动求和,"卑辞上书,求自改厉"。但没有得到曹丕的允许,随即展开了新的又一轮战争。黄武五年,他乘魏文帝死的机会,主动出兵扰魏,虽然失利,但标志着双方关系发生了根本的转折。他不再向魏称藩,结束了称臣的历史,而积极把自做皇帝的目标提到了日程上。其四,黄龙元年(魏太和三年,蜀建兴七年,公元229年),孙权在武昌即皇帝位,派出使节"以并尊二帝之议往告于(蜀)汉",与蜀"中分天下",竟然把魏国的地盘也预为瓜分了,表示了对魏的不承认。从此开始了吴魏两国二十余年的大都以吴为主攻方的互相攻伐战争,虽然收效不大,甚至有时严重失利,但吴蜀配合,有效地抑制了魏国南向用兵,为封域内的稳定和经济开发提供了有利条件。

镇抚山越是孙权的一项长期历史任务。研究者或多谴责之词。实际上,这是根本利益所使然。不如此,便无以立国。孙权对待山越,两手并用,时有过杀之为,自然是不应该的,但其"强者为兵,赢者补户"的政策对于增强国力、稳定社会、融合民族关系、开发江南经济都收到了好的效果。

孙权年未弱冠而统事东吴,封王称帝,直至弥留,始终自专军国大政,一是不用鲠臣为相,二是不置长久性军帅,三是改变了地方上传统的以政统军的制度而实行由中央任命的高级将领统制地方。

孙权治国,峻刑苛法,因而"法令繁滋,刑辟重切",引发了诸多社会问题。他"性多嫌忌",错判、冤杀了一些人;法网过密,使普通小吏和黎民百姓长期处在高压政策之下。太子孙登和大臣陆逊等都曾进谏,请求"宽刑",都没有收到显著效果。直到晚年,他才注意到问题的严重,频频实行大赦。

孙权进行过两次吏治改革,一次是由暨艳、徐彪主持的针对"贪污在位"及中央机构"浊混淆杂,多非其人"的改革,一次是由吕壹、秦博主持的以"榷酤障管"等经济问题为由针对官吏营私舞弊以及"吏多民烦"的反腐败改革。两次改革都以所用非人和措施过头,遭到大臣们的普遍反对而以失败告终。

孙权重视周边开发和海外交通。黄龙二年(公元230年),派遣将军卫温、诸葛直率领甲士万人,"浮海求夷洲及亶洲"。此次出兵,从军事上说,失多得少,不足为训。但加深了大陆与夷洲的交通和经济交流,扩大了两岸人众交往,把夷洲(今台湾省)纳入了吴国封疆,使其成为祖国不可分离的组成部分。赤乌五年(公元242年),派遣将军聂友、校尉陆凯"以兵三万讨珠崖(今海南海口)、儋耳(今海南儋州)",取得相当成功,从而相对有效地将海南置于交州刺史的统治之下。另外,他还派出使节"南宣国化",同扶南(今泰国)、林邑(在今越南中南部)、堂明(今柬埔寨)诸国建立了联系。

孙权在其前半时期,约黄武四年(公元225年)前,主要精力都放在军事上,强调经济对军事的保障,实行酷烈的强制经济政策,基本上不问或很少重视经济的改善措施,虽然也曾有过因为大疫而"尽除荆州民租税"的事,但比较忽视民间疾苦。后半时期,大规模的战争相对少了,朝臣们请求减赋轻役、勿夺民时的呼声高了,虽然役繁赋多的情况没有根本改变,但终于开始关注经济。这标志着他思想以及经济政策上的一些重要转变。

吴国经济比魏国经济获得了较好发展,汉末人口南流,不仅增加了南方的劳动力,而且将北方的相对先进的生产技术带到了南方以及长江流域和江南的优越地理环境,是重要条件,但孙权的诸多经济措施,诸如增广屯田、宽赋息调、将山民改变为"编户"、招徕人口、后期的一些"勿夺民事"和"开仓廪以赐贫穷"诏的发布,以及提倡农业新技术等,无疑都发挥了作用。

孙权同曹操、刘备一样,都很重视人才的罗致和使用。清人赵翼在《廿二史札记》中就三国之主的用人特点概括说:"人才莫盛于三国,亦惟三国之主,各能用人,故得众力相扶,以成鼎足之势。而其用人,亦各有不同者,大概曹操以权术相驭,刘备以性情相契,孙氏兄弟以意气相投,后世尚可推见其心迹也。"我曾说过,这个评价有道理,但不完全正确。孙权虽然没有像曹操那样发过诸如《求贤令》、《取士勿废偏短令》、《举贤勿拘品行令》一类颇富思想内涵的告令,也没有被著史者像赞扬刘备那样称之为"弘毅宽厚,知人待士",但他"任才尚计"之智,也得到了历史的承认。

孙权很懂用人,他说过:"思平世难,救济黎庶,上答神祇,下慰民望。是以眷眷,勤求俊杰,将与戮力,共定海内。"还说过:"天下无粹白之狐,而有粹白之裘,众之所积也。夫能以驳致纯(驳,颜色不纯正),不惟积乎?故能用众力,则无敌于天下矣;能用众智,则无畏于圣人矣。"此类话语,同曹操"吾任天下之智力,以道御之,无所不可"的思想完全一致。

孙权很会用人,尤善御将。此点远过刘备、诸葛亮,而不亚于曹操。他敬待父兄旧部,"委心而服事焉";致力"招延俊秀,聘求名士";勇于拔将于"行阵";不疑归从,待之"同于旧臣";不拘年资,重用能人;用将不疑,少有掣肘之举,等等。孙权待下,不吝封赏。文武臣僚,尤其是武将们,大都升迁很快。并且特别重视美誉亡故,恩及后人。因此,将领们愿为其战,乐为所用,甘为其死。

孙权暮年多有失误。造成重大历史影响的,一是废立失度,并宠太子孙和与鲁王孙霸,最终酿成"二宫之变",动摇了国之根基;二是立幼子为储,为权臣乱政提供了历史平台;三是诛杀大臣,罪流无辜;四是迷信异兆,崇信鬼神。

孙权作为一方君主,无疑是一位有所作为、对祖国历史做出重要贡献的人物。但历史常以一个地方诸侯视之,如《三国志》虽然承认吴为三国之一,但对于曹操、刘备、孙权的死亡,分别用了三个字,称孙权之死为"薨",称刘备之死为"殂",称曹操之死为"崩"。一字不同,体现着历史地位的质的差别。《周礼·曲礼下》说:"天子死曰崩,诸侯曰薨";《书·尧典》说:"帝(尧)殂落,百姓如丧考妣"。显然,是将曹操、刘备视为天子,而将孙权等而下之,视作一方诸侯。这是很不公平的。

笔者在这篇不长的绪言里,简短地勾画了本书内容,试图向读者素描一个略显立体的传主形象。是否能够达到这一目的,自觉没有把握。那就请读者作为一篇内容提要阅读吧。

第一章 父兄开基立业

孙权,字仲谋,吴郡富春(治今浙江富阳)人,生于东汉灵帝光和五年(公元182年),卒于三国吴大帝神凤元年(魏嘉平四年,公元252年),终年71岁。他的祖先,《三国志·孙坚传》说:"盖孙武之后也。"孙武是春秋齐人,以兵法十三篇求见吴王阖庐,阖庐用以为将,西破强楚,北威齐晋,显名诸侯。然其家系传承,已不可究。只知自孙坚上溯数代,都在吴地为官,因而"家于富春",祖坟也在富春城东。

孙权得有一方天下,是在其父亲孙坚和兄长孙策业绩基础上发展起来的。正如他自己对鲁肃曾经说过的那样:"汉室倾危,四方云扰,孤承父兄余业,思有(齐)桓(晋)文之功。"[①]因此,要知孙权功业之所成,自然必须首先了解孙坚、孙策的业绩和历史地位。

一、父亲孤微发迹

孙权的父亲、孙氏基业的开山人孙坚(公元155—192年),字文台,曾被袁术表荐为"行(代理,代行)破虏将军,领(兼)豫州刺史",因而史称孙破虏。

---

① 《三国志·吴书·鲁肃传》。

从社会动乱中崛起

孙氏鼎足东吴以后，孙坚的出生如同诸多帝王一样被附会了不少传奇异兆，见诸《三国志·孙坚传》注引的韦曜《吴书》中就有两则，一说：祖坟上"数有光怪，云气五色，上属于天，曼延数里。众皆往观视。父老相谓曰：'是非凡气，孙氏其兴矣！'"；二说：母亲怀着孙坚的时候，"梦肠出绕吴昌门，寤而惧之，以告邻母。邻母曰：'安知非吉征也。'"果然，孙坚生来"容貌不凡"，少长"性阔达，好奇节"，颇得乡人瞩目。

孙坚少年时期已经锋芒毕露，表现出了非凡的智勇，刚刚十七岁便开始做官了。《三国志》作者称其为"勇挚刚毅，孤微发迹"。

史载，东汉建宁四年（公元171年），十七岁的孙坚与父亲一起乘船至钱唐（古县名，唐代改称钱塘，治今杭州市），正好遇上海盗掠取商人的财物，在岸上分赃，"行旅皆住，船不敢进"。孙坚观察到海盗忙于分赃而放松警惕的情势，便对父亲说："此贼可击，请讨之。"父亲不同意，认为："非尔所图也。"孙坚不顾父亲的劝阻，即操刀上岸，"以手东西指麾"，做出正在调动士兵对海盗进行包围的样子，"贼望见，以为官兵捕之"，丢下财物，四散逃走，孙坚恃勇，追上去，斩杀一人，然后手提被杀者的脑袋回来见父亲，"父大惊。"此事惊动了地方和官府，"由是显闻，府召署假尉。"[1]这是孙坚进阶的第一步，官虽不大，仅仅是一个临时的代理武官，但从此便可拥有并发展自己的武装了。所以这也是东吴孙氏崛起的第一步。

次年，熹平元年（公元172年），孙坚参与了镇压东南地区农

---

[1]　《三国志·吴书·孙坚传》。

民起义的战争。当时,有一股农民起义军在江浙一带活动。《后汉书·灵帝纪》称:"会稽(郡名,治今江苏苏州,辖今江苏长江以南、浙江大部及福建全部)人许生,自称越王,寇郡县";《三国志·孙坚传》称:"会稽妖贼许昌起于句章(今浙江慈溪境),自称阳明皇帝,与其子(许)韶(按:《东观记》作许昭)扇动诸县,众以万数"。朝廷令扬州刺史臧旻、丹阳太守陈夤进行镇压。孙坚以郡司马的名义招募精勇,得千余人,参与战斗,"与州郡合讨破之",立有战功。刺史臧旻上报孙坚功劳,朝廷诏书,授孙坚"盐渎(今江苏盐城)丞,数岁徙盱眙(江苏今县)丞,又徙下邳(治今江苏睢宁西北)丞"。①

孙坚历任三县县丞,成绩卓著,并且切实培养了自己的根基,所以《江表传》说:"坚历佐三县,所在有称,吏民亲附。乡里知旧,好事少年,往来者常数百人,坚接抚待养,有若子弟焉。"

光和七年(是年末改号中平元年。公元 184 年),孙坚参与了镇压黄巾起义的战争。黄巾起义,三十六方一旦俱发,天下响应,燔烧郡县,杀害长吏。朝廷派北中郎将卢植、左中郎将皇甫嵩、右中郎将朱儁率领军队镇压。孙坚时为下邳丞,被右中郎将朱儁看中,"儁表请坚为佐军司马"。《三国志》孙坚本传载,"乡里少年随在下邳者,皆愿从。坚又募诸商旅及淮、泗精兵,合千许人,与儁并力奋击,所向无前。"朱儁同黄巾军的几次重要战役,孙坚都参加了。六月,在皇甫嵩、朱儁大战汝南黄巾的西华(治今河南西华南)战役中,孙坚受伤,伤未痊愈,又复参加战斗,为史所称。《三国志·孙坚传》注引《吴书》说:"坚乘胜深入,于西华失利。坚被创堕马,卧草中。军众分散,不知坚所在。坚所骑骢马驰还营,踏

---

①　《三国志·吴书·孙坚传》。

地呼鸣,将士随马于草中得坚,创少愈,乃复出战。"大破汝南黄巾以后,皇甫嵩、朱儁分兵,嵩讨东郡,儁讨南阳。孙坚跟随朱儁到了南阳。宛城一战,孙坚功拔头筹。史谓:"汝、颍贼困迫,走保宛城。坚身当一面,登城先入,众乃蚁附,遂大破之。儁具以状闻上,拜(授官)坚别部司马。"①司马一职,可大可小,"别部司马"不同于"佐军司马"。《后汉书·百官志》说,将军属官有长史、司马各一人,秩千石,司马主兵,"其别营领属为别部司马,其兵多少各随时宜。"可见,中郎将的别部司马,已是一个职级相当高的可以独当一面的武职了。

中平三年(公元186年),孙坚参与平定西北边乱。史载,"边章、韩遂作乱凉州,中郎将董卓拒讨无功。(朝廷)遣司空张温行车骑将军,西讨章等。温表请(孙)坚与参军事,屯长安。"这再次说明,孙坚的智勇已经得到上层,特别是带兵打仗的高级将领们的重视。此次战争,不战而胜,"章、遂闻大兵向至,党众离散,皆乞降。军还,议者以军未临敌,不断功赏。""不断功赏"是不考虑封赏的意思,但孙坚却因劝张温斩杀中郎将董卓而名噪京城,并例外加拜议郎之职。事如《三国志·孙坚传》所说,张温西讨边章等,用皇帝下达的诏书"召卓",军令紧急,董卓却拖了好长时间才到达张温的营帐,"温责让卓,卓应对不顺"。孙坚当时在座,对于董卓贻误军机而又傲慢无礼的态度非常反感,因而向前对张温耳语说:"卓不怖罪而鸱张大语,宜以召不时至,陈军法斩之。"按照当时的法制,张温以司空兼行车骑将军之职,"持节",军前有此权力,但他优柔寡断,素无胆识,因说:"卓素著威名于陇蜀之间,今日杀之,西行无依。"孙坚进一步列举董卓当杀之罪:"明公亲率王

---

① 《三国志·吴书·孙坚传》。

兵,威震天下,何赖于卓?观卓所言,不假明公(按:意为不买张温的账),轻上无礼,一罪也。章、遂跋扈经年,当以时进讨,而卓云未可,沮军疑众,二罪也。卓受任无功,应召稽留,而轩昂自高,三罪也。古之名将,仗钺临众,未有不断斩以示威者也,是以穰苴斩庄贾①,魏绛戮杨干②。今明公垂意于卓,不即加诛,亏损威刑,于是在矣。"张温没有听从孙坚的意见。但这件事传到了京城,朝廷议者"闻坚数卓三罪,劝温斩之,无不叹息"。议郎虽然没有实际权力,官秩只有六百石,但从此他便是京官了,并且具备了被任命为地方高官的资格。

同年,长沙人区星反,"自称将军,众万余人,攻围城邑",朝廷即拔孙坚为长沙太守,趋兵镇压。孙坚到郡,亲率将士,施设方略,任用良吏,谨遇良善,郡中震服,旬月之间便把区星镇压了。同时,还有名叫周朝、郭石的两个人"帅徒众起事于零陵、桂阳,与区星相呼应",孙坚"遂越境寻讨",都取得了胜利,"三郡肃然"。又,越境趋救宜春(今江西宜春),取得了成功。史载,"是时庐江太守(治今安徽庐江)陆康从子作宜春长,为贼所攻,遣使求救于坚。坚整严(整装)救之。主簿进谏,坚答曰:'太守无文德,以征发为功,越界攻讨,以全异国。以此获罪,何愧海内乎?'乃进兵往救,贼闻而走。"③

这一年,朝廷录其前后功,封孙坚为乌程侯。是年,孙坚年仅

---

① 穰苴斩庄贾的故事,见《史记·司马穰苴传》:春秋期间齐景公以田穰苴为将军,穰苴自觉出身微贱,"愿得君之宠臣,国之所尊以监军",景公将宠臣庄贾派去。穰苴与庄贾相约明天"日中会于军门",庄贾夕时才到,穰苴"遂斩庄贾以徇三军,三军之士皆震栗"。
② 魏绛戮杨干的故事,见《左传·襄公三年》:晋侯之弟杨干乱行于曲梁,魏绛戮其仆。
③ 《三国志·吴书·孙坚传》注引《吴录》。

32岁。孙坚与曹操同岁。曹操的出身虽比孙坚高贵得多,镇压农民起义的"功劳"也更显著,但此时并未得此殊荣。刘备比他们小六岁,事业刚刚起步,虽然也因镇压农民起义之"功"被授予一个小县的尉官,但没多少日了便被"汰裁"出局了。很清楚,东汉灵、献期间,孙坚得到的社会和朝廷的重视,远远超过刘备,甚至不亚于曹操。

值得注意的是,史家常说曹操是靠镇压农民起义起家的,而少及孙、刘。其实,在这一点上,曹、刘、孙三家完全一样。更实事求是地说,曹操起家还有其自身的优越的家庭和社会背景,而刘、孙两家则完全是乱中起步。所以,如果说他们的起家是同镇压农民起义紧密相联的,而不能不承认孙、刘两家尤属如此。

在讨伐董卓中奠定下孙氏军事基础

中平六年(公元189年)四月,汉灵帝死了。灵帝死前,觉得何皇后所生皇子刘辩"轻佻无威仪,不可为人主",遗诏宦官蹇硕立王贵人所生皇子刘协。蹇硕与中常侍赵忠等谋划拥立刘协、杀何进,走漏了消息,反被何进所杀。何进杀死蹇硕等后,为了巩固权力,准备按袁绍建议"尽诛宦官",何太后不同意,继而接受了袁绍的另一个臭主意,"多召四方猛将及诸豪杰,使并引兵向京城,以胁太后。"因此,并州刺史董卓便乘机应召入京了。

董卓进入洛阳不久,即废少帝刘辩为弘农王,立陈留王刘协,是为汉献帝。随后把何太后也杀了。董卓自为太尉,领前将军事,加节传、斧钺,继而又自升为相国,封郿侯,"赞拜不名,剑履上殿"。朝内"群臣含悲,莫敢言者"。董卓得专废立,"残忍不仁",明人皆知其"有异志"。史载,"是时,洛中贵戚,室第相望,金帛财产,家家殷积,卓纵放士兵,突其庐舍,淫略妇女,剽虏资物。谓之

'搜牢'。人情崩恐，不保朝夕。"董卓本人借葬何太后掘开灵帝墓之机，悉取墓中珍物，"又奸乱公主，妻略宫人，虐刑滥罚，睚眦必死，群僚内外莫能自固。"①京都嚷嚷，一片大乱。

曹操时为典军校尉，逃出了洛阳。史载，"太祖（曹操）至陈留，散家财，合义兵，将以诛卓。冬十二月，始起兵于己吾（今河南宁陵西南）"。②曹操首举义兵讨董卓的行动，极大地鼓舞、支持了全国反董卓的势力，促进了全国性反董卓联合行动的形成。

初平元年（公元190年）正月，后将军袁术、冀州牧韩馥、豫州刺史孔伷、兖州刺史刘岱、河内太守王匡、勃海太守袁绍、陈留太守张邈、东郡太守桥瑁、山阳太守袁遗、济北相鲍信，同时俱起兵，众各数万，共推袁绍为盟主。袁绍自号车骑将军，领司隶校尉。曹操参加了会盟，被袁绍授以"行奋武将军"（按：当时曹操逃出洛阳，没有地盘和官职，袁绍让他行奋武将军。行，是暂代的意思）。孙坚没有预盟，但他遥应北方，也同时起兵了。所以史称："灵帝崩，卓擅朝政，横恣京城。诸州郡并兴义兵，欲以讨卓。坚亦举兵。"③

孙坚深知董卓的为人，且有宿怨，是东汉末年最为坚决的不妥协的反对董卓的斗士。当他得知董卓专断朝廷时，不禁捶胸长叹："张公（温）昔从吾言，朝廷今无此难也。"④因此，毅然遥应北方，起兵讨卓。

孙坚自长沙起兵，一路向北进发，剪除异己，扩充势力。当时，袁术为了壮大自己的力量，竭力拉拢孙坚，特意表荐孙坚为"假中

① 《后汉书·董卓传》。
② 《三国志·魏书·武帝纪》。
③ 《三国志·吴书·孙坚传》。
④ 《三国志·吴书·孙坚传》注引《江表传》。

郎将"①。假是代理的意思,中郎将秩比二千石,位次将军,名列内朝官。有了这个名堂,就可以出境作战了,而且所到之处,地方官有责任提供便利,供应军粮。

过荆州(治汉寿,今湖南常德东北),他杀了荆州刺史王叡。王叡曾与孙坚"共击零(陵)、桂(陵)贼",王叡"以坚武官",有点瞧不起他,"言颇轻之"。孙坚含恨已久,所以史称"荆州刺史王叡素遇坚无礼,坚过杀之"。据张勃《吴录》载,王叡本来也准备起兵讨董卓,并已积聚了不少兵力和粮秣,孙坚用阴谋的手段,诈称收到了朝廷派出的"案行使者光禄大夫温毅檄(文书)",便即"承檄勒兵袭叡",迫使王叡"刮金饮之而死"。孙坚收拢王叡等人的地方武力,据说,"比至南阳,众数万人"。②

过南阳(治宛,今河南南阳市),孙坚发文给南阳太守张咨"请军粮",张咨以"邻郡二千石,不应调发"为由拒绝调拨。《三国志·孙坚传》注引《吴历》和《后汉书·袁术传》注引《英雄记》都说:"坚欲进兵,恐有后患,乃诈得急疾,举军震惶,迎呼巫医,祷祀山川。遣所亲人说咨,言病困,欲以兵付咨。咨闻之,心利其兵,将步骑五六百人诣营省坚。坚卧与相见。无何,卒然而起,按剑骂咨,遂执斩之。"《三国志》孙坚本传则说得更冠冕堂皇一些:"南阳太守张咨闻军至,晏然自若。坚以牛酒礼咨,咨明日亦答诣坚。酒酣,长沙主簿入白坚:'前移南阳而道路不治,军资不具,请收(南阳的)主簿推问意故。'咨大惧欲去,兵陈四周不得出。有顷,(长沙)主簿复入白坚:'南阳太守稽停义兵(按:稽停义兵,即有意阻止义军前进的意思),使贼不时讨,请收出案军法从事。'便牵咨于

① 《三国志·吴书·孙坚传》注引《献帝春秋》。
② 《三国志·吴书·孙坚传》并注《吴录》。

军门斩之。”

王叡、张咨都不是附属董卓的地方势力，孙坚过其境而挟私诛杀，不为光明磊落之举，但从长远的战略考虑，在那"胜者王侯败者贼"的年代里，未雨绸缪，为免后顾之忧，为立威而谋有荆楚之基，似也不失霸者所为。

孙坚杀死张咨以后，"郡中震栗，无求不获"。此时，恰好袁术"畏卓之祸，出奔南阳"。孙坚"前到鲁阳（今河南鲁山），与袁术相见"，主动将南阳让给袁术，同时刘表上表以袁术为南阳太守，袁术遂据有南阳。历史记载，"会长沙太守孙坚杀南阳太守张咨，术得其郡。"袁术为将孙坚控制在自己手里，则表荐孙坚"行破虏将军，领豫州刺史"。此为中平六年至初平元年（公元189—190年）间事，三十五岁的孙坚遂以封疆大吏的身份"治兵于鲁阳城"，试图自南向董卓发动进攻。

初战失利。为了进军讨伐董卓的需要，孙坚派遣长史公仇称回长沙"督促军粮"。史称，孙坚"施帐幔于城东门外"，率领部属为公仇称饯行。突然，董卓派出迎击孙坚的部队，轻骑数十先到。孙坚正与大家"行酒谈笑"，突兀之间，沉着端坐不动，即令"部曲整顿行陈，无得妄动"。直到部队渐渐收拢起来，才慢慢"罢坐"，有秩序地把部队带入城中。入城后，孙坚对左右说，当时"所以不即起者，恐兵相蹈藉（践踏），诸君不得入耳。"据说，"卓兵见坚士众甚整，不敢攻城，乃引还。"孙坚处惊不慌，节军有秩，赢得历史家和军事家的好评。继而，孙坚移军梁（治今河南汝州西）东，又"大为卓所攻，坚与数十骑溃围而出"。历史上留下了一则孙坚脱险的生动故事。据说，孙坚常戴红色的毛头巾，董卓的士兵以戴红头巾者为追赶目标，孙坚情急便将头巾摘下来"令亲近将祖茂著之"。董卓的骑兵争相追逐祖茂，所以孙坚"从间道（小路）得免"。

祖茂也很机灵,他被追赶得人困马乏,情况紧急,下马,把头巾戴在了乱坟之间的被火烧焦的一根木柱上,自己伏卧草中。董卓的骑兵望见红色头巾,疑是孙坚,围绕数重,最后走近一看,原来是一条头巾戴在柱子上,搜索不得,只好退去。①

孙坚初战失利以后,很快把自己的队伍收拢起来,同董卓的军队"合战于阳人(地名,在今河南汝州西)"。荀绰《英雄记》说,"初坚讨董卓,到梁县之阳人。卓亦遣兵步骑五千迎之,陈郡太守胡轸为大督护,吕布为骑督,其余步骑将校都督者甚众。"胡轸其人,善说大话,不得人心,同吕布也有矛盾。吕布等有意想让胡轸失败,明知敌方城中有备,"不可掩袭",而故意散布谣言说"阳人城中贼已走",鼓动"当追寻之",不然将失掉战机。胡轸日夜进军,人困马乏,攻城不下,刚要"释甲休息",吕布等又诡称敌人"从城中杀出来了",致使胡轸"军众扰乱奔走,皆弃甲,失鞍马",攻城不克而还。

随后,双方都在一度失利的情势下展开了战斗。临战之时,孙坚受到了袁术的掣肘。据载,孙坚讨卓本来是得到袁术支持的,"术表坚领豫州刺史,使率荆、豫之卒"击董卓②,但有人对袁术说"坚若得洛,不可复制,此为除狼而得虎也"③,于是袁术起了疑心,断绝了对孙坚的粮食供应。情况紧急,阳人距离袁术的驻地鲁阳百余里,孙坚"夜驰见术",对袁术说:"大勋垂捷而军粮不继,此吴起所以饮泣于西河,乐毅所以遗恨于垂成也。愿将军深思之。"④又说:"所以出身不顾,上为国家(朝廷)讨贼,下慰将军家

① 《三国志·吴书·孙坚传》。
② 《后汉书·袁术传》。
③ 《三国志·吴书·孙坚传》注引《江表传》。
④ 《三国志·吴书·孙坚传》注引《江表传》。按:吴起为魏西河守"拒秦",乐毅为燕上将军"伐齐",均因受不到君主的信任而辞职他适。

门（袁氏）之私仇。坚与卓非有骨肉之怨也，而将军受谮润之言，还相嫌疑！"①袁术被孙坚说得很尴尬，无奈之下当即调发军粮。

战役打得很激烈，孙坚以相对劣势的兵力，大破卓军，阵前斩杀董卓骁将华雄等。②

应当注意的是，此时（初平元年，公元190年）正是北方以袁绍为盟主的联军畏缩不前的时候。如《三国志·武帝纪》所说："卓兵强，绍等莫敢先进"，"诸军兵十余万，日置酒高会，不图进取"。曹操很着急，严责袁绍、张邈等人说："举义兵以诛暴乱，大众已合，诸君何疑？向使董卓闻山东兵起，倚王室之重，据二周（指西周、东周）之险，东向以临天下，虽以无道行之，犹足为患。今焚烧宫室，劫迁天子，海内震动，不知所归，此天亡之时也。一战而天下定矣，不可失也。"③

曹操没有说动袁绍，于是自引兵向西。曹操军到荥阳汴水，正好遇上董卓部将徐荣，因为兵力相差悬殊，与战不利，士卒死伤甚多。曹操被乱箭射中，战马也受了重伤不能动了。情况紧急，从弟曹洪把自己的战马给了他。曹操辞让，曹洪说："天下可无洪，不可无君。"④曹操骑上曹洪的马，曹洪步行紧跟，趁夜黑逃出险境。然后，渡过汴水，向自己的家乡谯（今安徽亳州）奔去。

当时，曹操的兵力最多不过三千人，就军事势力言，远远不及孙坚。至于刘备，更难同日而语。他被农民起义军赶出高唐，无处安身，率领属从投奔了公孙瓒，刚被公孙瓒用为别部司马。《三国

---

① 《三国志·吴书·孙坚传》。
② 《三国志·吴书·孙坚传》。孙坚大破董卓的军队，"枭其都督华雄"，历史记载虽然很简短，没有详细情节，但含义非常明确。《三国演义》将其移植到关羽身上，没有任何历史根据。
③ 《三国志·魏书·武帝纪》。
④ 《三国志·魏书·曹洪传》。

志·先主传》注引《英雄记》说："天下大乱,备亦起军从讨董卓。"所谓"从讨",表明他还没有一支像样的独立的军事力量,而是作为公孙瓒的部属参加了战争。我在《刘备传》一书中说过,从正式的历史记载看,公孙瓒和刘备在讨伐董卓的战争中,都没有什么殊功卓勋,只是做了一些策应性的行动。

正因如此,董卓不怕关东诸军而怕孙坚。《三国志·孙坚传》注引晋人华峤《山阳公载记》载,董卓对自己的长史说:"关东军数败矣,皆畏孤,无能为也。惟孙坚小戆,颇能用人,当语诸将,使知忌之。"又说:"但杀二袁、刘表、孙坚,天下自服从孤耳。"可见,当时董卓并没有把曹操、刘备等放在眼中。据载,董卓"惮坚猛壮",特派将军李傕等为使"来求和亲",并让孙坚提供可任刺史、郡守的子弟名单,答应"许表用之"。孙坚坚决予以回绝,愤然说:"卓逆天无道,荡覆王室。今不夷汝三族,悬示四海,则吾死不瞑目。岂将与乃(你)和亲邪?"①

是年二月,董卓"以山东豪杰并起,恐惧不宁,乃徙天子都长安",并尽徙洛阳人数百万口于长安,"步骑驱蹙(步骑争路拥挤在一起),更相蹈藉,饥饿寇掠,积尸盈路",把宫庙官府居家烧了个精光,"二百里内无复孑遗",又指示吕布发掘诸帝陵及公卿以下冢墓,"收其珍宝"②。董卓这样急速挟天子西去,总的原因是所谓"山东豪杰并起",但其直接的原因当属阳人战败和孙坚的军队逼近洛阳。《后汉书·董卓传》记载:"卓遣将李傕诣坚求和,坚拒绝不受,进军大谷(大谷口,在今河南洛阳南),距洛九十里。卓自出与坚战于诸陵墓间,卓败走,却(退却)屯黾池(今河南渑池),聚兵

---

① 《三国志·吴书·孙坚传》。
② 《后汉书·董卓传》。

于陕（今河南陕县）。"这说明，董卓在洛阳已经很难立足了。随后，孙坚攻进洛阳宣阳城门（南门之一），"更击吕布，布复破走"。

董卓西去，吕布败走，孙坚"分兵出函谷关（此谓向函谷关方向出兵），至新安（河南今县）、黾池间，以截卓后"。[1] 董卓迅速后撤，以主要兵力在黾池、安邑（今山西运城境）、华阴（治今陕西华阴东南）一线设防，避锋固守而不与战。孙坚兵无大获。

孙坚亲率主力进入洛阳，"修诸陵，平塞卓所发掘"。当时洛阳已被董卓破坏得满目疮痍，"旧京空虚，数百里中无烟火"。孙坚见此情景，不由"惆怅流涕"。据《三国志·孙坚传》注引《吴书》说，孙坚在扫除宗庙、平塞诸陵的时候，得到了汉朝传国玉玺："坚入洛，扫除汉宗庙，祠以太牢（用牛进行春祭。祭祀用牛称大牢，用羊称少牢）。坚军城南甄官井上，旦有五色气，举军惊怪，莫有敢汲。坚令人入井，探得汉传国玺，文曰'受命于天，既寿永昌'，方圆四寸，上纽交五龙，上一角缺。初，黄门张让等作乱，劫天子出奔，左右分散，掌玺者以投井中。"[2]

孙坚得到传国玉玺这件事，在那相信异兆、谶纬风行的时代，自然被视为瑞兆，因而对其思想产生了微妙影响。

谋在豫扬之间立业

东汉末年，董卓尚未消灭，各路军阀争夺地盘的战争便已开始了。

孙坚屡挫董卓，声名大振。但董卓既已入关，孙坚便不再具备

---

① 《后汉书·董卓传》。

② 对于孙坚入洛是否得到汉朝传国玉玺事，向有不同意见，晋人虞溥《江表传》和南朝宋人裴松之认为没有这回事，晋人虞喜《志林》和晋人华峤《山阳公载记》则认为确有其事，并且记载后来被袁术夺走了："袁术将僭号，闻坚得传国玺，乃拘坚夫人而夺之。"笔者觉得，揣诸时势，不无可能。

同董卓直接接触的条件了。东方以袁绍为首的军事联盟既成分裂之势,合力消灭董卓的条件也不复存在了。至此,孙坚在战略上做出了重大调整,军事行动目标不再是董卓,而是进入了谋划地盘、周旋于军阀之间、扩大基业的新阶段。

不过,当时大势所在,孙坚尚无"独树一帜"的力量和威望。他不能不依附于一方。

初平二年(公元191年)三月,孙坚"引军还,住鲁阳",首先试图在豫州这块属于自己的地盘上发展。

是时,"关东诸郡,务相兼并以自强大"①。袁绍、袁术虽为兄弟,但矛盾很深。《后汉书·袁术传》说,起初袁绍欲立幽州牧刘虞为帝,袁术"好放纵,惮立长君,托以公义不肯同,积此衅隙遂成。乃各外交党援,以相图谋,术结公孙瓒,而绍连刘表。"《三国志·袁术传》说,袁术既与绍有隙,又与刘表不平而北连公孙瓒,绍与瓒不和而南连刘表。曹操在力量尚感不强的时候,毫不犹豫地站在袁绍一边。孙坚面此形势很感痛心,不禁叹息:"同举义兵,将救社稷,逆贼垂破而各若此,吾当谁与戮力乎!"②孙坚对于汉末军阀混战甚不为然,但自己既然已经依附袁术,自然别难抉择,便站到了袁术一边。袁绍也自然将孙坚视为敌人。

袁绍派遣当时跟随曹操同袁术作战的"会稽周喁(yóng)为豫州刺史"取代孙坚豫州刺史的位置。据载,周喁带兵袭夺鲁阳城,"与坚争豫州,屡战失利"③。孙坚抵住了袁绍势力的进攻。

① 《三国志·吴书·孙坚传》注引《吴录》。
② 《三国志·吴书·孙坚传》注引《吴录》。
③ 《三国志·吴书·孙坚传》注引《吴录》、《会稽典录》。《资治通鉴》卷60记载不同,称:"术遣孙坚击董卓未返,绍以会稽周昂为豫州刺史,袭夺坚阳城。"卢弼《三国志集注》认为,《通鉴》记载有误。

初平三年，袁术遣孙坚攻刘表，公孙瓒亦使刘备与袁术共谋攻袁绍。《三国志·孙坚传》说，刘表派遣黄祖迎击孙坚于樊、邓之间（今湖北襄樊境），"坚击破之，追渡汉水，遂围襄阳（今湖北襄樊）"，孙坚"单马行岘山①，为祖军士所射杀。"鱼豢《典略》记载得更详细些："坚悉其众攻表，表闭门，夜遣将黄祖潜出发兵。祖将兵欲还，坚逆与战。祖败走，窜岘山中。坚乘胜夜追祖，祖部兵从竹木间暗射坚，杀之。"不过，荀绰《英雄记》记载的则是另一种情节，说："刘表将吕公将兵缘山向坚，坚轻骑寻山讨（吕）公。（吕）公兵下石，中坚头，应时脑出物故。"《三国演义》第七回"孙坚跨江击刘表"一节采用了荀绰的说法，并加写了黄盖"生擒黄祖"、程普"刺吕公于马下"和孙策"以黄祖换父尸"等诸多虚构情节。

孙坚壮志未酬，英年死去，享年三十七岁（按：《英雄记》记载不同，认为孙坚死于初平四年）。

孙坚死后，军队陡然陷入困境。侄子孙贲还算明智，脱离同刘表的接触，"摄帅余众，扶送灵柩"，归附袁术，从而保全了孙坚苦历数年所建立起来的队伍。袁术从鲁阳迁治寿春（今安徽寿县），孙贲"又依之"。孙氏势力犹在，又加当时袁绍、袁术兄弟矛盾尖锐，正值袁绍"用会稽周昂为九江太守"，袁术即派孙贲"攻破（周）昂于阴陵（治今安徽定远西北）"。因此，袁术"复表（孙）贲为豫州刺史"。刺史是相对独立的一方封疆大吏。当时，袁术的头衔亦不过是扬州刺史。孙贲继孙坚复为豫州刺史，这对袁术来说，自然不便统制，所以不久袁术又去掉了孙贲的豫州刺史头衔，"转丹阳都尉，行征虏将军"。② 这样，孙坚部众的统制权便基本被袁术控制了。

---

① 岘山在今湖北襄樊市境。胡三省说："岘山去襄阳十里。"《方舆纪要》卷79说："岘山在襄阳府城南七里。"

② 《三国志·吴书·孙贲传》。

二、兄长创基开国

孙坚有五个儿了:策、权、翊(一名俨)、匡、朗(一名仁)。按照时制,孙坚的乌程侯爵位应由其长子孙策继承,孙策为了没有拘束地谋展自己的宏图,主动将爵位让与四弟孙匡。

孙策(公元 175—200 年),字伯符。陈寿说,孙策"英气杰济,猛锐冠世,览奇取异,志凌中夏"。[①] 孙盛说,孙氏"创基立事,(孙)策之由也","策为首事之君,有吴开国之主"。[②] 可见,孙策人生虽短,但少年英气和开国初肇之功却受到了历史家的重视。

志在江东创基

孙坚死时,孙策年仅十七岁。他改变了父亲孙坚试图在豫扬之间立业的谋划。

史载:孙坚被朱儁"表请为佐军司马"以后,离开下邳出征,家属"留著寿春(今安徽寿县)",不久孙策根据周瑜的建议,带领母亲移居到舒(今安徽舒城)。在舒,年仅十余岁的孙策,便已开始谋划大事。为史所称者有三:

一为"交结知名"。《江表传》说:"策年十余岁,已交结知名,声誉发闻。"其中最大的收获是与周瑜相结。史称:"有周瑜者,与策同年,亦英达凤成,闻策声闻,自舒来造焉(来造,前往)。便推结分好,义同断金,劝策徙居舒,策从之。"到舒以后,"与周瑜相友,收合士大夫",得到了不少人的拥护,所以《三国志》孙策本传

---

① 《三国志·吴书·孙坚传》。
② 《三国志·吴书·孙坚传》注引孙盛语。

夸张地说"江、淮间人咸向之"。

二为问谋张纮（hóng），确立收兵吴会，据有长江而立业的战略。孙坚死后，孙贲扶送灵柩，"还葬曲阿（今江苏丹阳）"。丧事办完以后，孙策带领家众"渡江居江都（江苏今市，属扬州市，在江北）"。[①] 此时，广陵（治今江苏扬州东北）人张纮因母丧在家。孙策数次到张纮那里去，"咨以世务"。两人有过很长的一段对话，孙策就自己初步酝酿的战略思想征求张纮的意见。孙策对张纮说："方今汉祚中微，天下扰攘，英雄俊杰各拥众营私，未有能扶危济乱者也。先君（孙坚）与袁氏共破董卓，功业未遂，卒为黄祖所害。策虽暗稚，窃有微志，欲从袁扬州（术）求先君余兵，就舅氏（吴景）于丹阳，收合流散，东据吴会，报仇雪耻，为朝廷外藩。君以为何如？"张纮初作婉拒。孙策涕泣横流，诚恳求教。张纮见孙策"忠壮内发，辞令慷慨，感其志言"，推心置腹回答说："昔周道陵迟，齐、晋并兴；王室已宁，诸侯贡职。今君绍先侯之轨，有骁武之名，若投丹阳，收兵吴会，则荆扬可一，仇敌可报。据长江，奋威德，诛除群秽，匡辅汉室，功业侔于桓、文，岂徒外藩而已哉？方今世乱多难，若功成事立，当与同好俱南济也。"孙策听了张纮的话，坚定了信念，高兴地说："一与君同符合契，有永固之分，今便行矣，以老母弱弟委付于君，策无复回（顾）之忧。"[②]

三为谋得父亲旧部。战略目标确定以后，孙策即将"老母弱弟"托付给张纮，起身西行至寿春见袁术，试图实现其欲得父亲"余兵"的计划。《江表传》载："策径到寿春见袁术，涕泣而言曰：'亡父昔从长沙入讨董卓，与明使君（按：指袁术）会于南阳，同盟

---

① 《三国志·吴书·孙策传》。

② 《三国志·吴书·孙策传》注引《吴历》。

结好;不幸遇难,勋业不终。策感惟先人旧恩,欲自凭结,愿明使君垂察其诚。'"据说,"术甚贵异之",然而"未肯还其父兵"。袁术让孙策自行招募,对孙策说:"孤始用贵舅(吴景)为丹杨(按:即丹阳,下同)太守,贤从(堂兄弟)伯阳(按:孙贲字伯阳)为都尉,彼精兵之地,可还依召募。"第一次求兵未得。策遂"载母"回到了曲阿,归依舅父、丹阳太守吴景。同时,开始了招募活动。通过各种关系,"因缘召募得数百人"。但刚起步便遭遇严重挫折,"而为泾县(属丹阳郡。安徽今县)大帅祖郎所袭,几至危殆"。于是,兴平元年(公元194年)孙策第二次"复往见术"。袁术"甚奇之,以坚部曲还策"。同时,"太傅马日磾杖节安集关东,在寿春以礼辟策,表拜怀义校尉"。年轻的孙策的坚忍不拔的精神和风度,使得袁术及其周围诸将大加佩服。袁术"大将乔蕤、张勋皆倾心敬焉",术亦常叹:"使术有子如孙郎,死复何恨!"①

为实现目标而战

孙策在寿春,驻营于袁术大营附近,不时利用机会立威抚众,以期引起袁术的注意,从而获得外任。有一天,孙策"骑士有罪,逃入术营,隐于内厩",孙策当即派人进入袁术营内将逃兵杀死,然后再到袁术那里表示"谢罪"。袁术不得不说:"兵人好叛,当共疾之,何为谢也?"这件事影响很大,"由是军中益畏惮之"。但也产生了一定的副作用。从此,袁术更加注意制约孙策的发展。历

---

① 《三国志·吴书·孙策传》。袁术将多少人马还给孙策,孙策本传没有具体数字,《江表传》说"术以坚余兵千余人还策"。孙坚本来有众"数万人",孙贲为都尉,行破虏将军,一部分军队自然应归孙贲掌握,另一部分,亦即大部分无疑已经编入袁术的直属部队。所谓"余兵"当指除此之外的尚未整编的部分。因此"余兵千余人"当近事实,而不是全部的孙坚"部曲"。

史记载了两件事：其一，本来袁术答应让孙策做九江太守，"已而更用丹杨陈纪"；其二，袁术欲攻徐州，向庐江太守陆康求米三万斛。康不与，术大怒，"遣策攻康"，并对孙策说："前错用陈纪，每恨本意不遂。今若得康，庐江真卿有也。"及至打败陆康，拿下了庐江，袁术又复食言，而用其故吏刘勋为庐江太守。①

孙策对袁术完全失望，从而加快了脱离袁术而谋取江东（按：长江芜湖至南京段为西南/东北走向，所以江右称为江东，后来孙氏政权也因此被称为东吴）的步伐。

史载："先是，刘繇（yáo，俗读 yóu）为扬州刺史，州旧治寿春。寿春，术已据之，繇乃渡江治曲阿。时吴景尚在丹杨，策从兄贲又为丹杨都尉，繇至，皆迫逐之。景、贲退舍历阳（治今安徽和县境）。繇遣樊能、于麋东屯横江津（在今安徽和县东南），张英屯当利口（在今安徽和县东），以拒术。术自用故吏琅邪惠衢为扬州刺史，更以景为督军中郎将，与贲共将兵击英等，连年不克。"两军长期处于胶着态势。时有孙坚旧部、督军校尉朱治，"知（袁）术政德不立，乃劝策还平江东"②。孙策决定利用这一良好机会，"策乃说术，乞助景等平定江东"。③《江表传》记载孙策对袁术说："家有旧恩在东，愿助舅（吴景）讨横江；横江拔，因投本土（江东）召募，可得三万兵，以佐明使君匡济汉室。"袁术知道孙策对没有得到九江、庐江太守事不满，外放不是好事，但他又认为"刘繇据曲阿，王朗在会稽"，都有相当势力，孙策"未必能定"，所以就答应了。

袁术表荐孙策为折冲校尉，行殄寇将军。当时，孙策"兵财千余，骑数十匹，宾客愿从者数百人"。孙策沿途招募并收拢孙坚旧

---

① 《三国志·吴书·孙策传》。

② 《三国志·吴书·朱治传》。

③ 《三国志·吴书·孙策传》。

部，及至历阳，部众已有五六千人。同时，孙坚旧部、吴郡都尉朱治帮助孙策将孙策的母亲及弟弟孙权等从刘繇控制下的曲阿"徙于历阳"。策到历阳"又徙母阜陵（治今安徽全椒东南）"。然后，兵无后顾，"渡江转斗，所向皆破，莫敢当其锋"。①

《江表传》生动地描述了发生在兴平二年（公元195年）的孙策一战定乾坤的渡江战斗场面："策渡江攻（刘）繇牛渚营（在今安徽当涂北），尽得邸阁粮谷、战具（邸阁，屯存粮谷和军事物资的仓库）"。当时彭城相薛礼、下邳相笮(zé)融以刘繇为盟主。薛礼据秣陵城（治今江苏江宁境），笮融屯县南。"策先攻融，融出兵交战，斩首五百余级，融即闭门不敢动。因渡江攻礼，礼突走，而樊能、于麋等复合众袭夺牛渚屯。策闻之，还攻破能等，获男女万余人。"然后，再次攻融，不幸"为流矢所中，伤股，不能乘马，因自舆还牛渚营"。据说，有叛者告诉笮融："孙郎被箭已死。"笮融大喜，即遣将迎战孙策。孙策"遣步骑数百挑战，设伏于后，贼（按：指笮融军）出击之，锋刃未接而伪走，贼追入伏中，乃大破之，斩首千余级。策因往到融营下，令左右大呼曰：'孙郎竟云何！'（按：高呼孙策怎么怎么说）贼于是惊怖夜遁。"笮融得知孙策没有死，"更深沟高垒，缮治守备"。孙策"以融所屯地势险固，乃舍去，攻破繇别将于海陵（按：当作梅陵，在今南京市境内），转攻湖孰（在今南京市境内）、江乘（在今江苏句容北），皆下之。"刘繇落魄，"弃军遁逃"，诸郡守亦皆"捐城郭奔走"。据载，随后刘繇与笮融发生火并，"繇奔丹徒（江苏今县），遂溯江南保豫章（治今江西南昌），驻彭泽（治今江西湖口东）。笮融先至，杀太守朱皓，入居郡中。繇进讨融，为融所破，更复招合属县，攻破融，融败走入山，为民所

① 《三国志·吴书·孙策传》《朱治传》。

杀。"刘繇不久病卒①。

孙策军入江南，很快便站稳了脚跟。一是"军令整肃，百姓怀之"。据说，起初"百姓闻孙郎至，皆失魂魄，长吏委城郭，窜伏山草。及至，军士奉令，不敢房略，鸡犬菜茹，一无所犯，民乃大悦，竞以牛酒诣军"。二是孙策为人，"美姿颜，好笑语，性阔达听受，善于用人"。因此，"士民见者，莫不尽心，乐为致死"。三是"劳赐将士"，士众愿为其战。四是实行了正确的俘虏政策，他发布命令，告诸各地："其刘繇、笮融等故乡部曲来降首者，一无所问（意即概不追究）；乐从军者，一身行，复除门户（意为一人从军，全家免除赋役）；不乐者，勿强也。"正因如此，"旬日之间，四面云集，得见（现）兵二万余人，马千余匹，威震江东，形势转盛。"②

兵马既盛，孙策迅即着手清理抵抗势力，控制地方政权。根据《三国志》孙策本传和注引《吴录》、《江表传》等书看，当时要想巩固和扩大地盘，需要对付的势力主要有六部分：一是"吴人严白虎等众各万余人，处处屯聚"；二是"乌程（今浙江吴兴）邹他、钱铜及前合浦（治今广东徐闻）太守嘉兴王晟等，各聚众万余或数千"；三是会稽太守王朗；四是吴郡太守许贡；五是丹阳地方宗帅祖郎和自称丹阳太守的太史慈；六是豫章太守华歆。

对山贼严白虎。史载，建安元年（公元196年）部属"欲先击破虎等，乃至会稽"。孙策很有把握地对部属说："虎等群盗非有大志，此成禽耳。"随即率兵"渡浙江，据会稽，屠东冶（建安年间改称侯官县，在今福建福州市西北，闽侯县境），乃攻破虎等"。《吴录》详载其事："策自讨虎，虎高垒坚守，使其弟（严）舆请和。许

---

① 《三国志·吴书·刘繇传》。
② 《三国志·吴书·孙策传》并注《江表传》。

之。舆请独与策会面约。既会，……策知其无能也，乃以手戟投之，(舆)立死。舆有勇力，虎众以其死也，甚惧。(策)进攻破之。"

对邹他、钱铜和王晟等。约与剿灭严白虎同年，孙策"引兵扑讨，皆攻破之"。《吴录》记载，策母吴氏对孙策说："晟与汝父有升堂见妻之分(按：指友情很深，不相顾忌，可以到后堂见对方的妻子)，今其诸子兄弟皆枭夷，独余一老翁，何足复惮乎？"于是舍王晟不死，其余人等统统"族诛"。又，"时山阴(今浙江绍兴)宿贼黄龙罗、周勃聚党数千人，策自出讨"，部属董袭力战群寇，"斩罗、勃首"。①

对王朗。《三国志·王朗传》载，朗曾为徐州牧陶谦治中，与别驾赵昱等劝谦"勤王"。陶谦遣赵昱至长安，"天子嘉其意，拜谦安东将军。以昱为广陵太守，朗会稽太守"。这说明，王朗是真正的朝廷命官，同诸多"自领"或通过别人向朝廷打个招呼"表荐"一下即自为之者不同，所以开始时他不把孙策放在眼里。"孙策渡江略地。朗功曹虞翻以为力不能拒，不如避之。朗自以身为汉吏，宜保城邑，遂举兵与策战"。《三国志·孙静传》说，建安元年，"太守王朗拒策于固陵(在今浙江萧山境)，策数度水战，不能克。"叔父孙静向孙策献计："朗负阻城守，难可卒拔。查渎(在今浙江萧山境)南去此数十里，而道之要径也，宜从彼据其内，所谓攻其无备、出其不意者也。吾当自帅众为军前队，破之必矣。"于是，孙策令军中说："顷连雨水浊，兵饮之多腹痛，令促具罂缶数百口澄水。"至昏暮，"罗以然火诳朗(按：意如《资治通鉴》卷63所说，夜间燃火为疑兵)，便分军夜投查渎道，袭高迁屯(在今浙江诸暨境)。朗大惊。遣故丹杨太守周昕等帅兵前战。策破昕等，斩之，

---

① 《三国志·吴书·董袭传》。

28

遂定会稽。"王朗失败以后,又从海上逃到东冶,"策又追击,大破之"。《献帝春秋》记载,"孙策率军如闽、越讨朗。朗泛舟浮海,欲走交州,为兵所逼,遂诣军降。"孙策甚知朗有治政之能,"以朗儒雅",只是进行了责备而不加害。可以看出,孙策令使者斥责王朗的言辞虽然强词夺理,但很厉害:"问逆贼故会稽太守王朗:朗受国恩当官,云何不惟报德,而阻兵安忍(意谓拥兵抵抗,怎能不顾百姓死活)? 大军征讨,幸免枭夷,不自扫屏(意谓不摒弃旧恶,不主动改过),复聚党众,屯住郡境。远劳王诛,卒不悟顺。捕得云降,庶以欺诈,用全首领,得尔与不,具以状对。"这位后来高居曹魏相位的王朗,色厉内荏,表现得毫无气节,自称禽虏,无耻地自我表白,进而说:"缘前迷谬,被诘惭惧。朗愚浅弩怯,畏威自惊。又无良介,不早自归。于破亡之中,然后委命下隶。身轻罪重,死有余辜。申脰(刑具加在脖子上)就鞅(用套马的皮带绑起来),蹴足入绊(用绊马索绑住双脚),叱咤听声,东西惟命。"不过,习凿齿《汉晋春秋》则做了另外的记述,说:"孙策之始得朗也,谴让之。使张昭私问朗,朗誓不屈,策忿而不敢害也,留置曲阿。"晋人习凿齿史著甚丰,但其主观倾向甚浓。窃以为,《献帝春秋》的记述似当更近事实。[①]

对许贡。《三国志·朱治传》说,(建安元年)朱治欲从钱唐进军到吴,吴郡太守许贡拒之于由拳(今浙江嘉兴)。"治与战,大破之。贡南就山贼严白虎,治遂入郡"。《孙策传》注引《江表传》记载了另外的情节,说:许贡对于孙策南下江南极为恐慌,上表给汉帝说:"孙策骁雄,与项籍(项羽)相似,宜加贵宠,召还京邑。若被

----

① 《三国志·魏书·王朗传》并注。建安三年,曹操表征王朗,策遣朗还,"朗自曲阿展转江海,积年乃至",操以朗为谏议大夫,参司空军事。

诏不得不还,若放于外必作世患。"许贡的表章被孙策的人截获,因此"策请贡相见",对他进行谴责。许贡不敢面对事实,辩称没有此事,孙策即令武士将许贡活活绞死。① 随后,即命朱治领吴郡太守事。

对祖郎和太史慈。孙策在江南的迅速发展是袁术不愿看到的。建安三年,袁术特派间谍带上印绶与丹阳郡辖内的部族头目(宗帅)祖郎等联系,"使激动山越,共图孙策"。太史慈本是刘繇部属,曾大战孙策。刘繇失败后,太史慈遁于芜湖,逃入山中,自称丹阳太守。是时,"策已平定宣城以东,惟泾以西六县未服"。太史慈进住泾县,立屯府,同祖郎相联,"大为山越所附"。于是,孙策亲自率兵进剿,生擒祖郎于陵阳(在今安徽青阳县南),讨太史慈于勇里(在今安徽泾县境),有效控制了江东丹阳全境。②

对华歆。《三国志·华歆传》说:"孙策略地江东,歆知策善用兵,乃幅巾奉迎。策以其长者,待以上宾之礼。"可见是用和平的方式解决的。《华歆传》注引《魏略》和《吴历》以及《太史慈传》注引《江表传》等比较详细地记载了这一过程:建安三年(公元198年),扬州刺史刘繇在豫章境内死后,"其众愿奉(豫章太守)华歆为主",华歆以为"因时擅命,非人臣之宜",不从,刘繇余众万余人"未有所附"。孙策解决了王朗之后准备攻打豫章,即派太史慈前往"抚安",并观察华歆"所以牧御方规何似(方规,方略),视庐陵(今江西吉水东北)、鄱阳(今江西波阳)人民亲附之否?"太史慈不辱使命,仅带数十人进入豫章,不久回来向孙策汇报说:"华子鱼(歆)良德也,然非筹略才,无他方略,自守而已";在讲到庐陵、鄱

<hr>

① 《三国志·吴书·孙策传》注引《江表传》。
② 《资治通鉴》卷62,汉献帝建安三年;《三国志·吴书·孙辅传》注引《江表传》。

阳的情况时,太史慈说:"丹杨僮芝自擅庐陵,诈言被诏书为太守。鄱阳民帅别立宗部,阻兵守界,不受子鱼所遣长吏……子鱼不但不能谐庐陵、鄱阳,近自海昏(今江西永修)有上缭壁,有五六千家相结聚作宗伍,惟输租布于郡耳,发召一人遂不可得,子鱼亦睹视之而已。"可见虽然史赞华歆做豫章太守,"以为政清净而不烦,吏民感而爱之",而且后来位至曹魏相国之职,但实际上不仅军事上甚乏"筹略",而且治理地方也没有太大本事。《江表传》说,孙策听了太史慈的汇报后,"拊掌大笑,乃有兼并之志"。随后,建安四年末,即遣刚从王朗那里投靠过来的功曹虞翻到豫章"说歆"(劝降)。华歆对虞翻说:"歆久在江表,常欲北归;孙会稽来(按:称其为孙会稽,说明此事发生在孙策自为会稽太守之后),吾便去也。"虞翻向孙策汇报了华歆的态度,孙策便即进军,歆"葛巾迎策"。孙策对华歆说"府君年德名望,远近所归;策年幼稚,宜修子弟之礼",便向歆拜,"遂亲执子弟之礼,礼为上宾"。

以上事例可见,孙策为人同诸多封建时代能够成就大业的帝王一样,智勇兼具,也有酷虐变诈的一面。

初建割据政权

经过几次重要的军事战斗,孙策的军力大增,已发展到数万之众,并已基本控制了江东诸郡的局面。建安元年(公元196年)八月,自领会稽太守;二年,曹操控制的朝廷正式任命为"领会稽太守"。同时,孙策在张纮、张昭等的帮助下迅即开始并加紧了建立江东地方政权的步伐。

第一,任命控制区内的重要地方军政长官。史载,孙策"尽更置长吏"。"尽更置"的意思是免去原来郡一级的所有地方官,全都换上了新人,而其中主要是自己人。因此,"策自领会稽太守,复以吴景为丹杨太守（治今安徽宣州）①，以孙贲为豫章太守，分豫章为庐陵郡，以贲弟（孙）辅为庐陵太守，丹杨朱治为吴郡太守（治今江苏苏州）。"继而，欲取荆州，又以周瑜"为中护军，领江夏太守"；以程普为"行荡寇中郎将，领零陵太守"。②

第二，建立起中心参谋班子，以张昭、张纮、秦松、陈端等，为谋主。

张昭，字子布，彭城（今江苏徐州）人，少好学，弱冠察孝廉，举茂才，皆不应。汉末大乱，"徐方士民多避难扬土，昭皆南渡江"。孙策创业，"命昭为长史、抚军中郎将，升堂拜母，如比肩之旧，文武之事，一以委昭"。历史记载的孙策重用张昭的故事，反映了孙策颇得用人之要。据载，张昭常常收到北方士大夫"归美"于自己的一些书信，这使张昭非常为难，"欲嘿（通默）而不宣则惧有私，宣之则恐非宜，进退不安。"孙策听说以后高兴地说："昔管仲相齐，一则仲父，二则仲父，而桓公为霸者宗。今子布贤，我能用之，其功名独不在我乎！"③表现得很大度。

张纮，字子纲，广陵（今江苏扬州）人，少游学京都，举茂才，不就；大将军何进、太尉朱儁、司空荀爽三府"辟为掾"，亦皆不就，避难江东。孙策曾多次登门请教，"咨以世务"。既而，"孙策创业，遂委质焉"。孙策上表用他为正议校尉，将他与张昭同等看待，视为左右臂膀。《三国志·张纮传》注引《吴书》说："纮与张昭并与参谋，常令一人居守，一人从征讨。"后来吕布夺取徐州自为州牧，

---

① 《三国志·吴书·妃嫔传》载，吴景曾被袁术先后命为丹杨太守、督军中郎将、广陵太守，袁术"僭号"以后，孙策"便绝江津，不与通，使人告景，景即委郡东归"，孙策命吴景再次做丹杨太守，所以史称孙策"复以景为丹杨太守"。
② 《三国志·吴书·孙策传》、《周瑜传》、《程普传》。
③ 《三国志·吴书·张昭传》。

不想张纮为孙策所用,特意"追举茂才"(按:广陵郡属徐州刺史部管辖,所以吕布有权追举),写信给孙策,要求把张纮遣送回来。张纮讨厌吕布,"耻为之屈"。孙策也欲以自辅,因而拒绝了吕布的要求,说:"海产明珠,所在为宝,楚虽有才,晋实用之。英伟君子,所游见珍,何必本州哉?"①反映了他对人才的重视。

秦松,字文表,陈端,字子正,皆广陵人,"并与(张)纮见待于孙策,参与谋谟"。②

第三,奖赏有功,提拔战将。诸将、列亲和从骑十三,大都委以重任,从而建立并完善了由自己直接控制的军事系统。

周瑜,字公瑾,庐江舒(今安徽舒城)人,"壮有姿貌",是个美男子,与孙策同年。据载,周瑜的叔父周尚为丹杨太守,瑜往省亲。孙策将东渡,"到历阳,驰书报瑜,瑜将兵迎策"。策大喜,说:"吾得卿,谐也。"随后,周瑜参加了孙策的诸多重要战斗,"从攻横江、当利,皆拔之。乃渡江击秣陵,破笮融、薛礼,转下湖孰、江乘,进入曲阿。"及至刘繇败亡,孙策之众已有数万,即谋分兵略地,因对周瑜说:"吾以此众取吴会、平山越已足,卿还镇丹杨。"但是,周瑜回到丹杨不久,袁术用其从弟袁胤代替周尚为太守,孙策通过周瑜占有丹杨的计划不能实现。袁术欲以周瑜为将,"瑜观术终无所成,故求为居巢(今安徽巢湖市境)长,欲假途东归,术听之。遂自居巢还吴"。建安三年,孙策"亲自迎瑜,授建威中郎将,即与兵二千人,骑五十匹",出备牛渚,领春谷长,"顷之,策欲取荆州,以瑜为中护军,领江夏太守"。③

程普,字德谋,右北平土垠(今河北丰润境)人,"初为州郡吏,

---

① 《三国志·吴书·张纮传》。
② 《三国志·吴书·张纮传》。
③ 《三国志·吴书·周瑜传》。

有容貌计略,善于应对。从孙坚征伐,讨黄巾于宛、邓,破董卓于阳人,攻城野战,身被创夷。"孙坚死后,复随孙策,从淮南到江东,屡立战功,得"增兵二千,骑五十匹"之赏。进攻乌程、余杭等地,"普功为多",因此"策入会稽,以普为吴郡都尉,治钱唐"。后来改授丹杨都尉,居石城(县名,故城在今安徽贵池西南),"复讨宣城、泾、安吴(在今安徽泾县西南)、陵阳(在今安徽青阳县南)、春谷(在今安徽繁昌西南)诸贼,皆破之"。据载,他曾在战场上救过孙策的命:"策尝攻祖郎,大为所围,普与一骑共蔽扞策,驱马疾呼,以矛突贼,贼披,策因随出。"随后,孙策以程普为荡寇中郎将,领零陵太守,从讨刘勋于寻阳(治在今湖北黄梅境),进攻黄祖于沙羡(在今湖北武汉市境),还镇石城。①

堂兄孙贲,字伯阳,对于保存孙坚的兵力和击败刘繇的战役,都有功劳。孙策打败刘繇以后,曾派孙贲、吴景回寿春向袁术报告,"值术僭号,署置百官",孙贲被授九江太守,"贲不就,弃妻孥还江南"。这时,孙策已平吴、会二郡,孙贲随同孙策一起征讨庐江太守刘勋、江夏太守黄祖,取得胜利。回军路上,过豫章,"闻(刘)繇病死",孙策遂以孙贲领豫章太守。②

叔父孙静,字幼台,献计破袭王朗有功,被授奋武校尉。孙策本想授他以更重要的职务,"静恋坟墓宗族,不乐出仕,求留镇守"。孙策答应了他的要求,让其回籍,镇守富春。③

姑表弟徐琨曾经跟随孙坚征伐有功,拜偏将军,孙坚死后跟随孙策"讨樊能、于麋等于横江,击张英于当利口,击走笮融、刘繇"。

---

① 《三国志·吴书·程普传》。据考查,孙策对有重大立功的人有一种不成文的特殊的奖赏办法,即"增兵二千,给骑五十"。周瑜、程普、韩当等均获此殊荣。

② 《三国志·吴书·孙贲传》。

③ 《三国志·吴书·孙静传》。

孙策让其以督军中郎将领兵,随后升为平虏将军。①

黄盖,字公覆,零陵泉陵(治今湖南零陵北)人,初为郡吏,察孝廉,"孙坚举义兵,盖从之。坚南破山贼,北走董卓,拜盖别部司马。"孙坚死后,黄盖跟随孙策转战。"擐甲周旋,蹈刃屠城",不畏险阻,继为别部司马。②

韩当,字义公,辽西令支(今河北迁安境)人,"以便弓马,有臂力"著称,得到孙坚重用,"从征伐周旋,数犯危难,陷敌擒虏,为别部司马"。孙策东渡后,韩当跟随征讨丹杨、会稽、吴三郡有功,被提升为先登校尉。③

蒋钦,字公奕,九江寿春(今安徽寿县)人。在孙策归依袁术的时候,"钦随从给事"。孙策东渡时,授钦别部司马,"平定三郡,又从定豫章。调授葛阳(今江西弋阳)尉,历三县长,讨平盗贼,迁(会稽)西部都尉。"④

周泰,字幼平,九江下蔡(今安徽寿县北)人,"与蒋钦随孙策为左右,服事恭敬,数战有功。策入会稽,署别部司马,授兵"。他救过孙权的命。据载,孙策讨六县山贼,孙权住宣城(今安徽宣州),"使士自卫,不能千人,意尚忽略,不治围落(按:意为轻敌,没有修筑围墙),而山贼数千人卒至。权始得上马,而贼锋刃已交于左右,或斫中马鞍,众莫能自定。惟泰奋激,投身卫权,胆气倍人,左右由泰并能就战。贼既解散,身被十二创,良久乃苏。是日无泰,权几危殆。"因此,孙策"深德之",补泰为春谷长。⑤

————————

　① 《三国志·吴书·妃嫔传》。
　② 《三国志·吴书·黄盖传》。
　③ 《三国志·吴书·韩当传》。
　④ 《三国志·吴书·蒋钦传》。
　⑤ 《三国志·吴书·周泰传》。

陈武,字子烈,庐江松滋(今湖北松滋)人。孙策在寿春,十八岁的陈武投其麾下,遂从渡江,征讨有功,拜别部司马。继而,孙策破刘勋,多得庐江人,将其精壮整编成一支精锐部队,任命陈武为督。这支部队,很受重视,所以史称"以武为督,所向无前"。①

董袭,字元代,会稽余姚(浙江今市)人。孙策进军会稽,"(董)袭迎于高迁亭,策见而伟之",授门下贼曹。继而,讨斩山阴宿贼有功,拜别部司马,授兵数千,迁扬武都尉。②

朱治,字君理,丹杨故鄣(今浙江安吉西北)人,是孙坚的得力爱将,"初为县吏,后察孝廉,州辟从事,随孙坚征伐。中平五年,拜司马。从讨长沙、零(陵)、桂(阳)等三郡贼周朝、苏马等,有功,坚表治行都尉。从破董卓于阳人,入洛阳。(坚)表治行督军校尉"。孙坚死后,朱治"知(袁)术政德不立,乃劝策还平江东"。当时太傅马日磾在寿春,"辟治为掾,迁吴郡都尉"。朱治进军到吴,吴郡太守许贡拒之于由拳,"治与战,大破之",为孙策打败刘繇、东定会稽创造了有利条件。朱治入吴,孙策即命其领吴郡太守事。③

吕范,字子衡,汝南细阳(今安徽太和东)人,少为县吏,"后避乱寿春,孙策见而异之,范遂自委昵(依附亲密),将私客百人归策"。据说,当时孙策的母亲在江都,策遣吕范迎接,被陶谦的部下拷打了一顿,"徐州牧陶谦谓范为袁氏觇候(奸细),讽县掠考范",吕范的"亲客健儿"将其夺回。孙策因此引为心腹,常以"亲戚"待之,"每与升堂,饮宴于太妃(指孙策母)前"。后从孙策攻破庐江,东渡到横江、当利,破张英、于麋,下小丹杨(今安徽当涂

① 《三国志·吴书·陈武传》。
② 《三国志·吴书·董袭传》。
③ 《三国志·吴书·朱治传》。

东)、湖孰(今江苏江宁东南),命范为湖孰相。继而,孙策"定秣陵、曲阿,收笮融、刘繇余众,增范兵二千,骑五十匹。(范)后领宛陵(今安徽宣州)令,讨破丹杨贼,还吴,迁都督"。孙策讨严白虎,别遣范与徐逸攻自号吴郡太守的陈瑀于海西(治今江苏东海南),枭其大将陈牧。又从攻祖郎于陵阳(今安徽青阳南),太史慈于勇里(今安徽泾县西北)。七县平定,拜征虏中郎将。①

凌操,吴郡余杭(今浙江余杭)人,"轻侠有胆气,孙策初兴,每从征伐,常冠军履锋(常列于诸军首位,担任先锋)。"因其颇有勇略,授为永平长。操在县,"平治山越,奸猾敛手",不久又升迁为破贼校尉。②

第四,善待归属,诚用降将。

孙策不仅礼遇归降的郡守级朝廷命官,如王朗、华歆等,而且深纳王朗"威盛刑行,施之以恩,不亦优哉"之谋。

刘繇牛渚失败后,"奔丹徒,遂溯江南保豫章,驻彭泽",不久病故。孙策西伐江夏,"还过豫章,收载繇丧,善遇其家"。③

太史慈,字子义,东莱黄(今山东龙口)人。初平年间,北海相孔融被黄巾军围困时,曾为其单马出城求救于平原相刘备,受到孔融、刘备和时人的重视。后投靠同乡扬州刺史刘繇,但不受刘繇器重。大概仅仅给了一个相当于侦察排长的职务,"但使慈侦视轻重"。太史慈"独与一骑卒"出去执行任务,恰巧遭遇孙策,"策从骑十三,皆韩当、宋谦、黄盖辈也。慈便前斗,正与策对。策刺慈马,而揽得慈项上手戟,慈亦得策兜鍪(头盔,鍪音 móu)"。刘繇失败时,太史慈没有跟随刘繇逃亡豫章,而是"遁于芜湖,亡于山

---

① 《三国志·吴书·吕范传》。
② 《三国志·吴书·凌统传》。
③ 《三国志·吴书·刘繇传》。

中",自为丹阳太守,拉起了自己的一支队伍,"大为山越所附"。然而,乌合之众难抵孙策,"策躬自攻讨,遂见囚执"。孙策见到太史慈,即解其缚,握着他的手说:"宁识神亭时邪(按:太史慈在神亭曾力战孙策。神亭,在今安徽宣州境,一说在今江苏丹阳境或金坛境)? 若卿尔时得我云何?"太史慈回答说:"未可量也。"策大笑说:"今日之事,当与卿共之。"当即任命太史慈为门下督,"还吴授兵,拜折冲中郎将"。继而,分海昏、建昌(今江西奉新境)左右六县,以慈为建昌都尉,督率诸将抗拒刘表军队的入寇。①

祖郎,陵阳(今安徽青阳县南)人,丹阳境内山越头领。孙策生擒祖郎以后,对郎说,"尔昔袭击孤,斫孤马鞍",今天"创军立事",我将"除弃宿恨,惟取能用"。这一点,不仅对你,对谁都一样,"汝莫恐怖"。据载,"郎即叩头谢罪",策即为其解缚破械,"赐衣服,署门下贼曹"。祖郎同太史慈一样,既已归附,忠心为策所用,"及军还,郎与太史慈俱在前导军,人以为荣"。②

虞翻,字仲翔,会稽余姚(浙江今市)人,本为会稽太守王朗的佐史功曹。孙策征会稽,虞翻劝王朗退避孙策,王朗没有听取虞翻的意见,结果"拒战败绩,亡走浮海"。虞翻"追随营护,到东部候官(今福建福州),候官长闭城不受,翻往说之,然后见纳"。王朗深知大势已定,不愿连累属下,因对虞翻说:"卿有老母,可以还矣。"虞翻回到会稽,孙策亲自到虞翻的家里,送上一封信,称:"今日之事,当与卿共之,勿谓孙策作郡吏相待也。"随即"复命为功曹,待以交友之礼"。虞翻忠心报主,不久即立大功。孙策欲取豫章,翻奉命到豫章,"被褠(单衣)葛巾与歆相见",陈以利害。华歆

---

① 《三国志·吴书·太史慈传》。
② 《三国志·吴书·孙辅传》注引《江表传》。

是个颇明大势而甚会顺应潮流的人物,结果就出现了前面所说的华歆明旦出城,"葛巾(便装)迎策"(按:一说"遣吏迎策")的场面。据载,孙策既定豫章,引军还吴,飨赐军士,计功行赏,大赞虞翻"博学洽闻",并即遣其还郡,代守会稽。策对翻说:"孤有征讨事,未得还府,卿复以功曹为吾萧何,守会稽耳。"可见信任之重。①

贺齐,字公苗,会稽山阴(今浙江绍兴)人,少为郡吏,继而先后做剡(音 shan,治今浙江嵊州西南)长、太末(今浙江金华)长。"诛恶养善",威震山越。建安元年,孙策临郡,举为孝廉,先后命为永宁(今浙江永嘉)长、领会稽郡南部都尉事。后成孙权名将。

全柔,吴郡钱唐人,"汉灵帝时举孝廉,补尚书郎右丞,董卓之乱,弃官归,州辟别驾从事,诏书就拜会稽东部都尉。"据载,孙策率兵到吴,全柔"举兵先附",孙策即上表朝廷用柔为丹阳都尉。②

谋划大的发展

孙策于兴平二年(公元 195 年)十月归取江东,"所向皆破,莫敢当其锋者"。不数年,政权初奠并基本上控制了江东政局。同时开始了面对各路诸侯(军阀)的行动,以谋更大的发展。

第一,书责袁术。

正当孙策的势力在江东迅速发展的时候,建安二年(公元 197年),袁术僭号,在寿春称帝。袁术的行为遭到朝野上下的广泛反对。孙策在袁术称帝前夕,给袁术送去了一封千言长信(按:授意谋士张纮代为起草),讲了九条不可僭号的理由,对袁术深加斥责,明确表明了自己忠于汉室、反对僭号的态度,并借机宣示了自

①　《三国志·吴书·虞翻传》并注引《江表传》、《吴历》;《三国志·魏书·华歆传》。
②　《三国志·吴书·全琮传》。

己的军事独立性。

一谓有失人心。指出：当此天下大乱之际，你袁术"当与天下合谋，以诛丑类。舍而不图，有自取之志，非海内所望"。

二谓有违臣子之体。指出："幼主（刘协）非有恶于天下，徒以春秋尚少，胁于强臣，若无过而夺之，惧未合于汤、武之事"。

三谓自取败亡。指出：董卓虽然"狂狡"，尚且未敢"废主自与"，现四方兵起，"皆玩敌而便战斗"，如若僭号，就要面对各路强兵的反对，"适足趣祸"。

四谓天命不容。指出："天下神器，不可虚干，必须天赞与人力也"。殷汤、周武、汉高（刘邦）、世祖（刘秀）"皆因民困悴于桀、纣之政，毒苦于秦、莽之役，故能芟去无道，致成其志。今天下非患于幼主，未见受命之应验，而欲一旦卒然登即尊号"，历史上没有这样的先例，所以是不可能的。

五谓背义逆势而动者必败。指出："天子之贵，四海之富，谁不欲焉！义不可，势不得耳"，如陈胜、项籍、王莽、公孙述之徒，"皆南面称孤，莫之能济"。这说明，帝王之位，是不能强求的。

六谓汉统不能动摇。指出："幼主（刘协）岐嶷，若除其逼，去其鲠，必成中兴之业"，即使另立君主，"犹望推宗室之谱属，论近亲之贤良，以绍刘统，以固汉宗"，根本轮不到你。

七谓面临做汉室忠臣和自取败亡两种选择。指出："（袁氏）五世为相，权之重，势之盛，天下莫得而比焉"，当此乱世，一是做忠贞者，"夙夜思惟，所以扶国家之颠顿，念社稷之危殆，以奉祖考之志，以报汉室之恩"；二是做强取者，"将曰天下之人非家吏则门生也，孰不从我？四方之敌非吾匹则吾役也，谁能违我？盍乘累世之势，起而取之哉？"两条道路，结果必将完全不同，不能不认真考虑。

八谓明人应该懂得审时度势而行。指出:"所贵于圣哲者,以其审于机宜,慎于举措,若难图之事,难保之势,以激群敌之气,以生众人之心,公义故不可,私计又不利",明人是不干这种事的。

九谓谶纬迷信不可信。针对袁术深迷谶纬之说,指出"世人多惑于图纬而牵非类,比合文字以悦所事,苟以阿上惑众,终有后悔者,自往迄今,未尝无之,不可不深择而熟思"。

孙策此举,产生了广泛影响,获得了不少分数。其一,受到了由曹操控制的汉朝廷的高度重视,从而被正式追授为会稽太守,并且封侯拜将,结束了由袁术假借朝廷名义所授将军号和"自领"会稽太守的历史,成为真正的朝廷命官;其二,彻底结束了自孙坚以来孙氏军事势力深受袁术掣肘的历史。正如《资治通鉴》卷62所载:"(袁)术始自以为有淮南之众,料策必与己合,及得其书,愁沮发疾。既不纳其言,策遂与之绝。"其三,一个深明大义、忠于汉室、据长江而雄有江东的军事集团首领显露于世;其四,影响了汉末大局,引起各路军阀瞩目,凡谋大事者,不能不考虑这一军事存在。

第二,北联曹操。遣使入朝,取得更高合法名义。

孙策书责袁术僭号之时,也正是曹操准备东伐袁术的时候。曹操东伐袁术有两大战略考虑,一是封赏吕布,激化吕布、袁术之间的矛盾;二是笼络孙策,让其联兵讨术。孙策同袁术绝交,正好让曹操找到一个由头,建安二年夏,遣议郎王诵(音 bù)送达诏书,追扬孙坚,大赞孙策,即拜孙策为骑都尉,袭爵乌程侯,领会稽太守,并命其与吕布和当时代理吴郡太守的安东将军陈瑀共同讨伐袁术。孙策迅速做出正确决策,虽然不久前在给袁术的信中还称"曹操放毒东徐",但此时立变态度,表示愿意受命。不过,孙策嫌"以骑都尉领郡为轻,欲得将军号"。据载,王诵很明智,灵机一动,"承制"(按:秉承皇帝的旨意,用皇帝的名义)给孙策以明汉将军的称号。①

得到朝廷承认和封赏,孙策很是高兴,当即上表谢封、受命,表明了立场。《三国志·孙策传》注引《吴录》载其表文:

> 臣以固陋,孤特边陲。陛下广播高泽,不遗细节,以臣忝爵,兼典名郡。仰荣顾宠,所不克堪。兴平二年十二月二十日,于吴郡曲阿得袁术所呈表,以臣行殄寇将军;至被诏书,乃知诈擅。虽辄捐废(虽常废弃不用),犹用悚悸(依然因此恐惧)。臣年十七,丧失所怙(按:指父亲死去),惧有不任堂构(按:堂构,比如先人遗业)之鄙,以忝析薪之戒(按:《左传》有谓:"其父析薪,其子弗克负荷"。喻守业之难),诚无(霍)去病十八建功,世祖列将弱冠佐命。臣初领兵,年未弱冠,虽鸷孱不武,然思竭微命。惟(袁)术狂惑,为恶深重。臣凭威灵,奉辞伐罪,庶必献捷,以报所授。

孙策奉诏讨袁术,大大影响了东方军事态势。在战略上,对于曹操和孙策都有重大意义。袁术彻底成了孤家寡人,陷入曹操、吕布、孙策的战略包围之中。

可惜的是,孙策讨伐袁术的行动,并没有获得预期的成功。史载:"是时,陈瑀屯海西,策奉诏治严(整装待发),当与(吕)布、(陈)瑀参同形势。行到钱唐,瑀阴图袭策。"陈瑀偷袭孙策的目的,可能是企图打垮孙策而占有江东。孙策发觉了陈瑀的阴谋,遣其将吕范、徐逸出其不备攻陈瑀于海西,大破之,陈瑀"单骑"走冀州,投奔了袁绍。② 孙策的重大收获是"获其吏士妻子四千人",并

---

① 《三国志·吴书·孙策传》注引《江表传》。
② 《三国志·吴书·孙策传》注引《山阳公载记》。

且全面地占有了吴郡。这样的结果，虽使孙策未得直接参与剿灭袁术的战争，但对于他有效地控制江东来说，却是更为重要的。

据载，孙策在建安元年即遣使向曹操控制的朝廷"贡献方物"。① 及至建安二年，他已完全站到曹操一边，明确表示忠于朝廷，并且支持曹操讨伐袁术的战争。建安三年，孙策又遣重要幕僚正议校尉张纮"贡方物，倍于元年所献"②。毫无疑问，这是重大的、明智的决策，所以收到了很好的效果。

此时，正值吕布与袁术重新联合，曹操的战略需作新的调整，对孙策更是"欲抚纳之"。因此，"其年，制书转拜（孙策）讨逆将军，改封吴侯"③。

孙策得到了曹操代表皇帝以诏书所授予的更高封赏。这正式表明，他已是朝廷承认的盘踞一方的军事势力和地方政权。嗣后，历史便将顺理成章地演绎着孙氏家族由吴侯而为吴国主的历程。

吕布、袁术先后被曹操消灭，时局发生了新的变化，"是时袁绍方强，而策并江东"。以曹操之智、之力，自然不会两面临敌，因而做出了更加明确的"欲抚之"的姿态，"乃以弟女配策小弟（孙）匡，又为子（曹）章（彰）取（孙）贲女，皆礼辟策弟（孙）权、（孙）翊，又命扬州刺史严象举（孙）权茂才"④。

据《三国志》孙策本传记载，后来双方的关系发生了微妙变化："建安五年，曹公与袁绍相拒于官渡，策阴欲袭许（今河南许昌东），迎汉帝，密治兵，部署诸将。未发，会为故吴郡太守许贡客所

---

① 《通鉴考异》说："策贡献在二年，非元年也。"
② 《三国志·吴书·孙策传》注引《江表传》。
③ 《资治通鉴》卷62，汉献帝建安三年；《三国志·吴书·孙策传》注引《江表传》。
④ 《三国志·吴书·孙策传》。

杀"。《孙策传》注引《九州春秋》说得更具体:"策闻曹公北征柳城,悉起江南之众,自号大司马,将北袭许,恃其勇,行不设备,故及于难。"傅玄《傅子》也说:"曹公征柳城,(策)将袭许。"对于这些记载,历史家向有不同意见。晋人孙盛《异同评》认为这不是事实:第一,孙策无暇于此。指出:"孙策虽威行江外,略有六郡,然黄祖乘其上流,陈登间其心腹,且深险强宗,未尽归复,曹、袁虎争,势倾山海,策岂暇远师汝、颖,而迁帝于吴、越哉?斯盖庸人之所鉴见(意为:这是平常人可以想得到的事),况策达于事势者乎?"第二,时间不合。指出:"袁绍以建安五年至黎阳,而策以四月遇害,而《志》云策闻曹公与绍相拒于官渡,谬矣。"第三,事不相及。"曹公征柳城,孙策将袭许",有违事实,指出:"(孙)策见杀在(建安)五年,柳城之役在十二年,《九州春秋》乖错尤甚矣。"裴松之不同意孙盛的论述,认为:第一,诸多著作都"记述若斯",怎么都有如此疏忽;第二,黄祖刚被孙策打败,刘表"本无兼并之志",强宗骁帅"禽灭已尽",不能说孙策无暇出兵;第三,时间上可以说得通,"武帝(曹操)以建安四年已出屯官渡,乃策未死之前,久与袁绍交兵,则《国志》所云不为谬也。"很明显,裴松之多为推理之说,而且回避了各书所谓"曹操征柳城,孙策将袭许"这种严重悖于史实的关键内容。历史的考订,时空定位应是最重要的判断依据。因此,窃以为历史上根本不曾存在过孙策企图乘曹操北征之机而袭许的军事行动。

　　同理,《三国志·张纮传》说:"建安四年,策(再次)遣纮奉章至许宫,(曹操控制下的朝廷)留(纮)为侍御史"。这是事实。但说建安五年四月间"曹公闻策薨,欲因丧伐吴",张纮力谏,"以为乘人之丧,既非古义,若其不克,成仇弃好,不如因而厚之",才没成为事实,也是不存在的。因为此时,曹操刚刚打垮了刘备,正与

44

袁绍对峙于官渡,不仅无暇南顾,而且不合曹操的战略部署。曹操的战略部署和对孙策的态度当如《张纮传》注引《吴书》所说:"纮至,与在朝公卿及知旧述策材略绝异,平定三郡,风行草偃,加以忠敬款诚,乃心王室。时曹公为司空,欲加恩厚,以悦远人,至乃优文褒崇(孙策),改号加封,(并)辟纮为掾,补侍御史,后以纮为九江太守"。①

第三,计破刘勋。

刘勋,庐江太守,原为袁术的心腹。前面讲到,袁术曾向庐江太守陆康求米,康不与,即遣孙策攻康,并对孙策说打败了陆康便让他做庐江太守。及至打败陆康,袁术食言,而用其故吏刘勋。这说明,孙策与刘勋本来就有嫌隙。况且袁术死后,刘勋立即背叛了故主。建安四年,袁术兵败,郁愤结病,呕血而死。《孙策传》说,"术死,长史杨弘、大将张勋等将其众欲就策,庐江太守刘勋要击,悉虏之,收其珍宝以归。"当时,孙策很想得到袁术余众以壮大自己的力量。半路被刘勋收编,自然心中不甘。据载,孙策表面与(刘)勋"好盟",劝刘勋攻取"豫章上缭宗民"。《三国志·刘晔传》说:"时(刘)勋兵强于江淮之间。孙策恶之,遣使卑辞厚币,以书说勋曰:'上缭宗民,数欺下国,忿之有年矣。击之,路不便,愿因大国(因大国,意谓借大国之力)伐之。上缭甚富,得之可以富国,请出兵为外援。'勋信之,又得策珠宝、葛越(葛布),喜悦。"刘勋不听刘晔的劝阻,兴兵伐上缭,孙策乘机"轻军晨夜袭拔庐江",勋众全部投降。刘勋"独与麾下数百人"投归曹操而去。②《江表

---

① 笔者在《曹操传》中曾肯定了"曹操与袁绍相拒官渡时,孙策曾谋袭许、迎汉帝"和曹操准备"因丧伐吴"的记载,经过进一步研究发现,这些记载是靠不住的,存在很多说不通的地方。

② 《三国志·吴书·孙策传》、《三国志·魏书·刘晔传》。

传》对此做了比较详细的另外版本的记述。其文略为：

> 时策西讨黄祖，行及石城，闻勋轻身诣海昏，便分遣从兄贲、辅率八千人于彭泽待勋，自与周瑜率二万人步袭皖城，即克之，得术百工及鼓吹部曲三万余人，并术、勋妻子。表用汝南李术为庐江太守，给兵三千人以守皖，皆徙所得人东诣吴。贲、辅又于彭泽破勋。勋走入楚江，从寻阳（今湖北黄梅境）步上到置马亭，闻策等已克皖，乃投西塞（今湖北大冶境）。至（流）沂（按：流沂地近西塞），筑垒自守，告急于刘表，求救于黄祖。祖遣太子（按：当为大子或长子之误）射船军五千人助勋。策复就攻，大破勋。勋与偕北归曹公，射亦遁走。

以《江表传》所记内容看，孙策并非设下圈套"乘虚而袭"，而是乘刘勋"轻出"而取之。记载虽然不同，但都反映了孙策的用兵之能。

孙策破袭刘勋的意义很大，不仅是铲除了一股地方势力，控制了江北战略地区，而且收得袁术余众数万，壮大了队伍。

第四，讨黄祖。

黄祖是荆州牧刘表的重要将领。初平三年（公元192年），孙坚征刘表时"为（黄）祖军士所射杀"。所以，孙策、孙权兄弟含恨在胸，誓报杀父之仇。建安四年（公元199年）秋，孙策大破刘勋以后，"收得勋兵二千余人，船千艘，遂前进夏口攻黄祖"。刘表派遣侄子刘虎和部属韩晞率领"长矛五千，来为黄祖先锋"。十二月，孙策的军队至沙羡（在今湖北武汉市境），大破黄祖。因为孙策曾接受过朝廷的诏令"与司空曹公、卫将军董承、益州牧刘璋等并力讨袁术、刘表"①，所以算是受命征讨，得胜后很是得意地给皇

---

① 《三国志·吴书·孙策传》注引《江表传》。

帝上奏了一道表章,生动而夸张地记述了战斗情况和所获战果:

> 臣讨黄祖,以十二月八日到祖所屯沙羡县。刘表遣将助
> 祖,并来趣(急攻)臣。臣以十一日平旦(清晨)部所领江夏太
> 守行建威中郎将周瑜、领桂阳太守行征虏中郎将吕范、领零陵
> 太守行荡寇中郎将程普、行奉业校尉孙权、行先登校尉韩当、
> 行武锋校尉黄盖等同时俱进。身跨马擽(音 lüè,通掠)陈,手
> 击急鼓,以齐战势。吏士奋激,踊跃百倍,心精意果,各竞用
> 命。越渡重堑,迅疾若飞。火放上风,兵激烟下,弓弩并发,流
> 矢雨集,日加辰时,祖乃溃烂。锋刃所截,炎火所焚,前无生
> 寇,惟祖迸走。获其妻息男女七人,斩(刘)虎、韩晞已下二万
> 余级,其赴水溺者一万余口,船六千余艘,财物山积。虽(刘)
> 表未禽,祖宿狡猾,为表腹心,出作爪牙,表之鸱张,以祖气息,
> 而祖家属部曲,扫地无余,表孤特之虏,成鬼行尸。诚皆圣朝
> 神武远振,臣讨有罪,得效微勤。①

打败了黄祖,孙策控制了武昌以下长江地面。本来,曹操对孙
策的策略是"抚纳之"、"制而用之",给予封赏,让他牵制袁术和刘
表。既至孙策节节胜利,以曹操之善谋,又不能不感到忧虑。《孙
策传》注引《吴历》反映了曹操的这一心态:"曹公闻策平定江南,
意甚难之,常呼'猘儿(小疯狗,意为勇猛少年)难与争锋也。'"

第五,伐陈登。

陈登,字元龙,下邳人。《三国志·吕布传》注引《先贤行状》
说:"登忠亮高爽,沈深有大略,少有扶世济民之志。博览载籍,雅
有文艺,旧典文章,莫不贯综。"二十五岁,举孝廉,被任命为东阳
(今安徽天长西北)长,继而被徐州牧陶谦表为典农校尉,是陶谦

---

① 《三国志·吴书·孙策传》注引《吴录》。

的得力部属,曾积极促成陶谦"让徐州"于刘备的事。吕布打垮刘备以后,曾派陈登到许求得徐州牧之职。登见曹操,大讲吕布的坏话,"因陈(吕)布勇而无计,轻于去就,宜早图之"之谋。曹操因此即用登为广陵太守(治今江苏扬州东北),"令阴合众以图吕布"。登在广陵,明审赏罚,威信宣布,"未及期年,功化以就,百姓畏而爱之"。曹操讨吕布,"登率郡兵为军先驱"。吕布"伏诛"以后,曹操"以功加拜(陈登)伏波将军"。据说,陈登"甚得江、淮间欢心,于是有吞灭江南之志"。《江表传》载,"(陈)登即(陈)瑀之从兄子也"。这说明,陈瑀与陈登是叔侄关系。基于这些原因(当然,志在吞并江南是最主要的),陈登便乘孙策西征黄祖之机"阴复遣间使,以印绶与严白虎余党,图为后害,以报瑀见破之辱"。战事是陈登挑起的,孙策为了巩固江东局势,不得不面对现实。况且以广陵战略地位之重要,只要条件具备,孙策也是必欲取之的。因此,解决了刘繇、华歆问题并打败了黄祖以后,建安五年二月回师伐登,"遣军攻登于匡琦城"(在今江苏淮安境。一说在今安徽当涂)。然而出师不利。陈登"闭门自守,示弱不与战,将士衔声,寂若无人",并即命令将士"宿整兵器",准备出战。黎明时辰,陈登开南门,奔袭孙策军。策军大溃。再战,"登以兵不敌",求救于曹操。虽然曹操没有可能派兵前来,但孙策的军队以为"大军到,望火惊溃",又遭败绩。随后,孙策亲自率兵"复讨登"。不幸,"军到丹徒,须待运粮",单骑出猎,遇害。

孙策对陈登的战争,虽然没有取得胜利,但终使陈登难以在扬州地面立足,曹操控制的朝廷只好让陈登西撤,去做东城太守(治今安徽定远东南)。

孙策虽然失利,但把陈登赶出了广陵郡,战略意义极大,为以后孙吴政权有效控制长江防线奠定了良好的基础。后来,曹操对于没有援助陈登而且将其调离的后果很懊丧。史称："孙权遂跨有江外。太祖（曹操）每临大江而叹，恨不早用陈元龙计，而令封豕（贪吃的大猪）养其爪牙。"①

英年早逝

孙策礼贤下士，善于用人，士民乐为其用。而且能够听取一些不同意见，重视母亲的教诲，对属下注意"舍过录功"，待之以诚。《三国志·妃嫔传》注引《会稽典录》记载，功曹魏腾，"以迕意（因违背上峰或上辈的意愿）见谴，将杀之，士大夫忧恐，计无所出"。他的母亲吴夫人知道了，"乃倚大井而谓策曰：'汝新造江南，其事未集，方当优贤礼士，舍过录功。魏功曹在公尽规，汝今日杀之，则明日人皆叛汝。吾不忍见祸之及，当先投此井中耳。'策大惊，遂释腾。"这件事，反映了他的母亲是一个很有头脑的女人，史称"夫人智略权谲，类皆如此"，当属不虚。

正因如此，所以仅仅四五年的时间，孙策便拥有了一个文可谋国、武能征战的整齐的忠心为己所用的班子，拓疆展土，据有六郡，从而取得了占有长江下游的巨大成功。

但是，他的局限性也是很明显的，其中最为突出的是：

一是特别看重自己的威望，非常讨厌别人"收众心"。例如，忌杀高岱和于吉。

张勃《吴录》说，有一个叫高岱的人，吴郡人，"受性聪达，轻财贵义。其友士拔奇，取于未显，所友八人，皆世之英伟也"。当时隐于余姚，孙策派人去请，准备诚心请教，"虚己候焉"。孙策听说高岱"善《左传》，乃自玩读，欲与论讲"。然而，有不怀好心的人从

① 《三国志·魏书·陈登传》注引《先贤行状》。

中挑拨,先是对孙策说高岱看不起他:"高岱以将军但英武而已,无文学之才。"并危言耸听地说,到时候你同他"论《传》"时,他有时会故意说"不知",就能证明我说的话是对的。继而又对高岱说:"孙将军为人,恶胜己者,若每问,当言不知,乃合意耳。如皆辩义,此必危殆。"高岱信以为真,"及与论《传》,或答不知"。孙策因而大怒,"以为轻己,乃囚之"。据说,高岱的一些"知交及时人皆露坐为请"(按:意即静坐请愿)。这些人的行为,事与愿违,正好触动了孙策的大忌。孙策登楼,"望见数里中填满。策恶其收众心,遂杀之"。

虞溥《江表传》讲了一个不经故事,称:"时有道士琅邪于吉(亦作干吉),先寓居东方,往来吴会,立精舍,烧香读道书,制作符水以治病,吴会人多事之。"有一次,孙策在城门楼上集会诸将宾客,"吉乃盛服杖小函(小匣子),漆画之,名为仙人铧,趋度门下。诸将宾客三分之二下楼迎拜之,掌宾者禁呵不能止。"孙策很气愤,当即命令手下将于吉抓了起来。信奉于吉的人们,"悉使妇女入见策母,请救之"。吴夫人对孙策说:"于先生亦助军作福,医护将士,不可杀之。"策说:"此子妖妄,能幻惑众心,远使诸将不复相顾君臣之礼",把我丢下不顾,都跑下楼去对他膜拜,所以"不可不除"。诸将连名乞求,孙策不允,"即催斩之,县(悬)首於市"。据载,一些迷信于吉的人,不认为于吉已死,"而云尸解焉,复祭祀求福"。

对于这个故事,干宝《搜神记》更加神化,说:"策欲渡江袭许,与吉俱行",当时大旱,"所在熇厉"(熇,音 hè,意为天热得像火烤一样),孙策早起亲自催督将士赶快起船,然而将吏却大多围到了于吉身边,不听号令,策因此大怒,说:"我为不如于吉邪,而先趋务之?"便即命人把于吉抓了起来。孙策呵问于吉说:"天旱不雨,道涂艰涩,不时得过,故自早出,而卿不同忧戚,安坐船中作鬼物态,败吾部伍,今当相除。"于是令人把于吉绑起来放在地上让烈日暴晒,"使请雨",对于吉说,"若能感天,日中雨者",就赦免了你,否则就杀了你。据说,"俄而云气上蒸,肤寸而合,比至日中,大雨总至,溪涧盈溢。将士喜悦,以为吉必见原,并往庆慰,策遂杀之。将士哀惜,共藏其尸。天夜,忽更兴云覆之;明旦往视,不知所在。"《搜神记》甚至把孙策之死同于吉被杀联系起来,说:"策既杀于吉,每独坐,仿佛见吉在左右,意深恶之,颇有失常。后治创方差,而引镜自照,见吉在镜中,顾而弗见,如是再三,因扑镜大叫,创皆崩裂,须臾而死。"事本不经,《三国演义》又将其进一步神化,铺叙了更加荒诞的故事。

其实,根据历史考察,此事纯属虚构。第一,历史上是否有于吉其人值得怀疑,即使有其人,到建安初年是否还活着也值得怀疑。据载,汉顺帝时(公元126—144年),"琅邪宫崇诣阙,上其师于吉于曲阳泉水上所得神书百七十卷,皆缥白素(月白色的绢),朱介,青首朱目,号太平清领书"①。记载没有提到这位老师有多大年纪。既为人师,而且写出了大部头的涉及社会、天文、地理、阴阳五行、谶纬迷信等内容庞杂的《太平清领书》(太平经),自然不会太年轻,若以四十岁计,到所谓孙策"欲袭许"的建安五年(公元200年),年龄当在九十六岁至一百一十四岁之间。这样的年纪,怎么可能"往来吴、会",又怎么可能随军行动,与孙策同行!第二,《江表传》记载这个故事的原文中有孙策说"昔南阳张津为交州刺史……"的句子。虞喜《志林》和裴松之注都指出,孙策死于前,张津死于后。既如此,孙策怎么可能讲到张津被杀呢?由此可

---

① 《后汉书·襄楷传》及《三国志·吴书·孙策传》注引虞喜《志林》。

见,这条记载是虚妄的。窃以为,不排除孙策确实杀过"以符水治病"、"以妖妄惑众"的一位道士,但他不大可能是于吉。

这个故事,可做两面观,第一,它说明孙策很可能同曹操一样,讨厌淫祀乱神,讨伏怪异邪说。这一点,应该肯定。第二,反映出孙策的确不容那种在自己面前喧宾夺主、影响自己威望的人。

二是身临前阵,不顾后果。孙策年轻气盛,打仗时常常置统帅责任于不顾,身先士卒,置身危境。如果说征黄祖"跨马擽陈,手击急鼓,以齐战势"尚属一个指挥员的正常行为,那么征笮融、战太史慈就把自己等同于一个战士了。如前所述,他战笮融,"为流矢所中,伤股,不能乘马";战太史慈,被摘去了头盔。对此,僚属们很是担心。比如,出征太史慈和祖郎于丹阳时,他"身临行阵",吓得张纮不得不给以劝阻。张纮对他说:"夫主将乃筹谟之所自出,三军之所系命也,不宜轻脱,自敌小寇,愿麾下重天授之姿,副四海之望,无令国内上下危惧。"①

三是好猎。孙策好猎是出了名的,甚至行军间歇中也常率领步骑数人频频出猎。一旦进入状态,"驱驰逐鹿,所乘马精骏,从骑绝不能及"。单骑突出,难免给敌人以可乘之机,最终殃及生命。《三国志·虞翻传》记载,"策好驰骋游猎",使得虞翻非常担心。虞翻利用神话典故对其劝谏,说:"明府(指孙策)用乌集之众,驱散附之士,皆得其死力,虽汉高帝(刘邦)不及也。至于轻出微行,从官不暇严(来不及准备),吏卒常苦之。夫君人者不重则不威,故白龙鱼服困于豫且②,白蛇自放,刘季(刘邦,字季)害

① 《三国志·吴书·张纮传》。
② 豫且,古代神话中一位渔者的名字。《说苑》载伍子胥谏吴王语中有"昔白龙下清冷之渊化为鱼,渔者豫且射中其目"之说。

之[①]，愿少留意。"孙策虽然认为虞翻的话是对的，但始终不改。

《孙策传》注引《江表传》记载了他最后一次出猎和被刺的情景，说：许贡被杀后，"贡奴客潜民间，欲为贡报仇"。出猎的时候，有三个许贡的人出现在狩猎现场。孙策觉得可疑，便问："尔等何人？"回答："是韩当兵，在此射鹿耳。"策说："(韩)当兵吾皆识之，未尝见汝等。""贡客"慌张，露出破绽，孙策"因射一人，应弦而倒"，另外二人"怖急，便举弓射策，中颊"。尽管随猎者立即赶到将刺客"皆刺杀之"，救孙策回营，但终因伤势过重，没有挽回孙策的性命。

胡冲《吴历》说："策既被创，医言可治，当好自将护，百日勿动。策引镜自照，谓左右曰：'面如此，尚可复建功立事乎？'椎几大奋，创皆分裂，其夜卒。"[②]

孙策，年仅二十六岁便无谓地英年早逝了。

孙策的人格局限，影响了他的威望、事业发展和生命安全。"人生局限"实际就是一种人生缺点。这种缺点在他的父亲孙坚和弟弟孙权身上都有体现。可谓是致命的。所以，陈寿在评论孙坚、孙策父子二人时特意指出："然皆轻佻果躁，陨身致败。"孙权也有这方面的毛病，幸好尚能及时醒悟，接受意见，而在较多的情况下从积极的方面接受了教训。

---

① 《史记·高祖本纪》说，白帝子化为蛇，当道，被刘邦杀死。
② 《三国志·吴书·孙策传》注。

第二章　受命于猝然之间

建安五年(公元200年)四月初四日,孙策伤重而亡。① 死前,深恐创下的基业付诸东流,急把张昭等叫到跟前嘱以后事。对张昭等说:"中国方乱,夫以吴越之众,三江之固,足以观成败。公等善相吾弟!"②同时,也像后来刘备托孤那样假惺惺,说了几句言不由衷的话:"若仲谋(孙权)不任事者,君(张昭)便自取之。"③张昭同诸葛亮一样,自然不傻,只有表示忠心辅主。不过,据《三国志·孙翊传》说,张昭等觉得三弟孙翊"性似策",曾提议把兵权交由孙翊掌握。孙策没有听他们的,当即把孙权叫来,当着张昭等人的面立即交接,亲自将朝廷授予的讨逆将军和吴侯印绶交给孙权。并讲了孙权的长处,说:"举江东之众,决机于两陈之间,与天下争衡,卿不如我。举贤任能,各尽其心,以保江东,我不如卿。"④很显然,这些话不仅是讲给孙权听的,而更重要的是讲给张昭等人听的。希望他们团结一心,共保孙氏。

孙策盛年而逝,事来突然。孙权只有十九岁,竟能处事不惊,很快稳定局势,并且开始了固土拓疆的军事行动,这决不是偶然的。

---

① 《资治通鉴》卷63,汉献帝建安五年。胡三省注谓:"《考异》曰:虞喜《志林》云策以四月四日死。"

② 《三国志·吴书·孙策传》。

③ 《三国志·吴书·张昭传》注印《吴历》。

④ 《三国志·吴书·孙策传》。

一、少年时期的磨练

历史表明，孙权不像刘备的儿子刘禅那样，生而懦弱，少不更事，长无主见，只能落得个"政由葛氏，祭则寡人"的下场；而是有点像曹操的儿子曹丕兄弟，少年时期即身临前阵，习练军政之事，既长成人，政有卓见，军善韬略，艺有多能，学有所得。

出生时的异兆和善相者的预言

关于孙权的出生和少年时代，历史记载甚少。因此，当他既成一方之主以后，志怪说异者、善相者和好事者，或凭借想象，或据流言传说，或捕风捉影，附会并记录了一些故事。

晋人干宝所著志怪小说《搜神记》对于一些历史大人物的出生，最善收集或杜撰一些荒诞传说或怪异征兆。书中说，孙坚的夫人怀孕的时候"梦月入其怀，既而生策"。后来怀孙权的时候，"又梦日入其怀"，因对孙坚说："昔妊策，梦月入我怀，今也又梦日入我怀，何也？"孙坚高兴地说："日月者阴阳之精，极贵之象，吾子孙其兴乎！"

《三国志·孙权传》注引虞溥《江表传》说："（孙）坚为下邳丞时，（孙）权生（公元 182 年），方颐大口，目有精光，坚异之，以为有贵象。"

建安三年（公元 198 年），曹操控制的朝廷遣使者刘琬授给孙策讨逆将军的称号，封吴侯。使者刘琬是个喜欢相术的人。他不仅见到了孙策，还见到了他的兄弟们。刘琬回到许都复命时对人们说："吾观孙氏兄弟虽各才秀明达，然皆禄祚不终。惟中弟（孙权）孝廉，形貌奇伟，骨体不恒，有大贵之表，年又最寿。尔试识之。"①

这些故事,自然多为敷衍之文,不一定是真实的,但它传达了一种信息,即少年时期的孙权不仅得到父母的重视,而且已经引起时人的注意,同时也反映了孙权"方颐大口,目有精光"、"形貌奇伟,骨体不恒,有大贵之表"的某些生理特点。

少年时期的教育和磨练

从历史的记载看,孙坚在时,长子孙策常随征战,次子孙权、三子孙翊、四子孙匡以及庶生子孙朗等均因年少而未与战事。他们在孙坚出征时大多时候并不随军行动,而是随同母亲吴氏寄居在地方,先居寿春,既而孙策根据周瑜的建议携母徙居舒城。孙坚死后,因丧暂居曲阿。不久,孙策带领母亲及全家渡江,居住江都。

孙权的母亲吴夫人是一个很有教养的人。据载,她"本吴人,徙钱唐,早失父母",与弟吴景相依为命。孙坚闻其才貌俱佳,欲娶之,"吴氏亲戚嫌坚轻狡,将拒焉,坚甚以惭恨"。吴氏知道得罪孙坚等于引火烧身,因对亲戚们说:"何爱一女以取祸乎? 如有不遇(如果遇不到好人),命也。"于是,"遂许为婚,生四男一女。"②这说明,孙权的母亲不仅有才有貌,而且头脑敏锐,有胆识,有远见,善断大事。

孙权兄弟都从母亲那里得到了良好的教育。孙策善谋独断,不太容易接受别人的意见,惟对母亲言听计从。孙权受益母教更多。据说,孙权"性度弘朗,仁而多断,好侠养士,始有知名,侔于父兄"。性格的培养,自然有来自社会和父兄的影

---

① 《三国志·吴书·孙权传》。
② 《三国志·吴书·妃嫔传》。

响,但不能不注意到这同母亲的言传身教、精心培育也有密切联系。

孙坚死时,孙权已经十岁。孙策特别重视弟弟们的实际锻炼。

建安二年(公元197年),孙策既定江南诸郡,立即把年仅十五岁的孙权委命为阳羡(在今江苏宜兴境)县长。

建安三年,曹操因欲抚纳孙策,"礼辟其弟孙权、孙翊"。曹操给了孙权、孙翊什么样的官职,史无明记。胡三省注《资治通鉴》说得对:"操礼辟权、翊,欲其至以为质耳。"孙策、孙权兄弟当然明白曹操的用意,所以并未应召。与此同时,曹操授意地方对孙权"郡察孝廉,州举茂才",并授"行奉义校尉(一做行奉业校尉)"①。孝廉、茂才是汉代仕途进身的重要条件,校尉是高级武职,可以带兵越境作战。这自然是求之不得。从此,孙策便让孙权以孝廉名义预政,僚属皆以"孝廉"尊称孙权;并以"行奉义校尉"官衔随军征战,经受战争锻炼。

建安四年,孙权参与了两大战事。一是从讨庐江太守刘勋,一是进讨黄祖于沙羡。孙权颇有战功,所以孙策在打败黄祖以后给皇帝的上表中特别提到奉业校尉孙权同周瑜、吕范、程普、韩当、黄盖等"同时俱进"的战斗场面。

没有多少年,孙权的睿智已有充分显露。所以史称:"及坚亡,(孙)策起事江东,权常随从。……每参同计谋,策甚奇之,自以为不及也。"孙策明确地表示,将把孙权放在统帅的位置上,所以"每会请宾客,常顾权曰:'此诸君,汝之将也。'"②

---

① 《三国志·吴书·孙权传》。

② 《三国志·吴书·孙权传》注引《江表传》。

二、构建自己得力的政治与军事班子

孙策伤重而死,孙权悲伤至极,痛哭不已。长史(相当于现在的秘书长)①张昭等一帮遗僚受命视事。这是孙策经过数年经营而建立起来的一个得力的政治和军事班子,文有张昭、张纮、顾雍,武有周瑜、程普、吕范、朱治、朱然、韩当、黄盖、太史慈。张昭、周瑜等认为孙权"可与共成大业,故委心而服事焉"。②

张昭、周瑜"委心而服",及时稳定局面

孙策死时,江南六郡局势很不稳定。《三国志·张昭传》注引《吴书》说:"是时天下分裂,擅命者众。孙策莅事日浅,恩泽未洽,一旦倾陨,士民狼狈,颇有同异。"《孙权传》说,孙策死的时候,地盘虽有会稽、吴郡、丹杨、豫章、庐江、庐陵六郡,"然深险之地犹未尽从,而天下英豪布在州郡,宾旅寄寓之士以安危去就为意,未有君臣之固"③。而且孙氏家族内也不无觊觎权力的人。比如,孙策的从兄孙暠就想乘机夺权。

张昭、周瑜等认定孙权可以与之"共成大业",因而"率群僚立而辅之"。历史记录了张昭对于稳定局势所发挥的很好的作用:

---

① 《汉官仪》说:"长史,众史之长。"《通典》卷21说,长史"众史之长,职无所监"。官秩随主官职级不同而不同。《汉书·百官公卿表》说,丞相府有两长史,秩千石;郡守有丞,边郡又有长史,掌兵马,秩皆六百石。《后汉书·百官志》说,丞相、将军属官"长史一人,千石"。《后汉书·窦宪传》则说,窦宪做大将军,其长史、司马"秩中二千石"。秩级不在多少,不管是在中央,在将军幕府,还是在郡级地方政权中,长史都是实权派人物。

② 《三国志·吴书·孙权传》。

③ 《三国志·吴书·孙权传》。

其一,他当即"上表汉室",使孙权很快获得了合法地位。是年十月,曹操即表孙权为讨虏将军,领会稽太守,准其屯吴,并派专人送达文书;

其二,他以孙策"长史"的名义行文下属各城,要求"中外将校,各令奉职",不得妄动,从而保证了地方安定;

其三,他说服孙权不拘礼制办丧事,尽快视事,从而有效地安定了人心,稳定了大局。史载,孙权哭未及息,昭对权说:"孝廉(指孙权),此宁哭时邪?且周公立法而伯禽不师,非欲违父,时不得行也。况今奸宄竞逐,豺狼满道,乃欲哀亲戚,顾礼制(按:指三年之丧),是犹开门而揖盗,未可以为仁也。"既而又说,为人后者,贵能继承和弘扬先人的事业,"方今天下鼎沸,群盗满山,孝廉何得寝伏哀戚,肆匹夫之情哉?"于是帮孙权脱掉丧服,换上戎装,并亲自扶权上马,"陈兵而出,使出巡军",众将士得见新主,"知有所归",群情遂定。①

周瑜未得召命而"将兵赴丧"的军事行动,发生了威慑和稳定众心的作用。据载,周瑜时为中护军,领江夏太守,留镇巴丘(在今江西峡江境)。巴丘距吴,何止千里,"策薨,权统事。瑜将兵赴丧,遂留吴,以中护军与长史张昭共掌众事。"②

张昭、周瑜二人,"共掌众事",有力地加强并巩固了孙权的地位。

把文官武将团结在自己周围

孙权同旧时代的一切明智的权力接替者一样,颇知为政之要。

---

① 《三国志·吴书·孙权传》、《张昭传》。引典"周公立法而伯禽不师",指周公死时,适有徐戎作难,他的儿子伯禽不拘"三年之丧"的周礼,"卒(终止)哭而征之"。

② 《三国志·吴书·周瑜传》。

虽然年轻，但既掌权力，立即把使用和提拔文官武将作为一项重要事情来抓，从而有效地将大家团结在自己周围。表现出一个青年政治家的气概和才能。这就是史所称道的"待张昭以师傅之礼，而周瑜、程普、吕范等为将率。招延俊秀，聘求名士，鲁肃、诸葛瑾等始为宾客"的初步格局的形成。

第一，待张昭以师傅之礼。张昭是受命辅臣，在孙策时期已经身居长史之职，属于将军府中的最高级官职，无可复加，因此"昭复为权长史，授任如前"。但在规格和礼遇上，则不完全以属官相待。孙策待张昭以"师友之礼"①，孙权则待昭以"师傅之礼"。《张昭传》注引《吴历》的一段话，说明了张昭地位的重要："及昭辅权，绥抚百姓，诸侯宾旅寄寓之士，得用自安。权每出征，留昭镇守，领幕府事。后黄巾贼起，昭讨平之。权征合肥，命昭别讨匡琦（地名），又督领诸将，攻破豫章贼率周凤等于南城。自此希复将帅，常在左右，为谋谟臣。权以昭旧臣，待遇尤重。"不过，这里需要顺便提一句的是，孙权拜王、称帝后，张昭并没有得到重用，一是不复为将帅，二是不得为相。论者认为，或因张昭曾经建议孙策让孙翊掌握兵权，或因张昭在赤壁战前曾劝孙权"迎操"，或因张昭有点长者自居，厉言进谏，使得孙权颇不舒服。此是后话，后面还将论及。

第二，用张纮所长，常令"草创撰作"。张纮与他人不同。他已是曹操控制的汉室朝廷的正式命官。孙策死后，曹操在表荐孙权为讨虏将军、领会稽太守的同时，"欲令纮辅权内附"，把张纮派回会稽，做会稽东部都尉。不过，《三国志·张纮传》注引《吴书》对其回吴的原因，做了不同的描述，说曹操以纮为九江太守，"纮

---

① 《三国志·吴书·张昭传》注引韦曜《吴书》。

心恋旧恩,思还反命,以疾固辞"。不管是曹操试图安个钉子在孙权身旁,还是张纮"心恋旧恩,思还反命,以疾固辞",都说明张纮确实以会稽东部都尉的身份回到了孙权身边。《江表传》的记载也证明了这一点。《江表传》说:"初,权于群臣多呼其字,惟呼张昭曰张公,纮曰东部,所以重二人也。"张纮是当时江南一大学问家,曾"入太学,事博士韩宗,治《京氏易》(西汉京房作)、《欧阳尚书》(西汉欧阳生传伏生今文尚书),又于外黄从濮阳闿受《韩诗》及《礼记》、《左氏春秋》"①,善为文。孙策的谋取江南之策,以及诸多表文和书函,大都出自张纮之手。孙权很懂得发挥其所长,继续用他做笔杆子,并授以重任。张纮同时还受到了孙权母亲吴氏的特别重视。据载,"权初承统,春秋方富,太夫人以方外多难,深怀忧劳,数有优令辞谢(张纮),付属以辅助之义。"据说,孙权"每有异事密计及章表书记,与四方交结,常令纮与张昭草创撰作。"张纮曾为文记颂孙坚"破走董卓,扶持汉室"之勋、以及孙策"平定江外,建立大业"之举。文章写成后,呈送孙权,孙权"省读悲感,曰:'君真识孤家门阀阅也。'"孙权不信离间之言,诚用张纮,即遣张纮赴会稽东部都尉之任。不久,孙权亲征江夏,命纮"居守"大本营,镇吴,全面负责后方事宜,并遥领会稽东部事。据说,孙权剿灭了黄祖以后,"以纮有镇守之劳,欲论功加赏",张纮主动多讲自己的缺点,"不敢蒙宠",孙权"不夺其志",从而对其为人愈加敬重,"每从容侍燕,微言密指,常有以规讽"。继续用其所长。②

第三,用周瑜、程普、吕范等为将帅。

周瑜手握重兵,"将兵赴丧"极好地稳定了形势。孙权即以周

---

① 《三国志·吴书·张纮传》注引韦曜《吴书》。

② 《三国志·吴书·张纮传》注引《吴书》。

瑜和张昭"共掌众事"。所谓"共掌众事",自然不是平均地分配权力,实则周瑜更多地统管军事,是军事统帅,张昭更多地综理庶务,是政府首要。

程普曾被孙策授以荡寇中郎将,也属于"与张昭等共辅孙权"的重量级人物。史称,令镇地方,为一方军帅,"周旋三郡,平讨不服"①。不久,与周瑜分为左右督。

吕范早在孙策统兵时已经升任都督,跟随孙策"从攻祖郎于陵阳,太史慈于勇里。七县平定,拜征虏中郎将,征江夏,还平鄱阳。"孙策死后,吕范奔丧于吴,孙权仍以为督,还镇鄱阳。继而,孙权复征江夏,吕范作为督兵武将与张昭、张纮共同"留守"。②

朱治也是受命"共尊奉权"的掌握武装的实权派人物。他在孙策时已领吴郡太守事,曾受命推举年仅十五岁的孙权为孝廉;孙策死后,孙权统事不久,即向朝廷上表,以朱治为正式的吴郡太守,并行扶义将军,"割娄(今江苏昆山)、由拳(今浙江嘉兴)、无锡、毗陵(今江苏武进)为奉邑,置长吏"。③

太史慈是一个被俘虏后归降的人物,但很受孙策、孙权兄弟的重视。孙策在时,已为建昌都尉,督六县,并督诸将抵抗刘表的侄子刘磐的侵扰。太史慈善射,并屡立战功。据说,曹公闻其名,很想得到他,便派人送去一封信,"以箧封之"。太史慈打开一看,"无所道",只有一种草药"当归"。孙权统事,信用不疑,"以慈能制(刘)磐,遂委南方之事"。④

第四,待鲁肃、诸葛瑾等为宾客。

① 《三国志·吴书·程普传》。
② 《三国志·吴书·吕范传》。
③ 《三国志·吴书·朱治传》。
④ 《三国志·吴书·太史慈传》。

鲁肃,字子敬,临淮东城(治今安徽定远东南)人,是东吴的重要政治家、军事家之一。他完全不是戏剧《借东风》、《草船借箭》里的草包形象,而是一位志存高远,兼有文武之才的人物。《三国志·鲁肃传》注引韦曜《吴书》说,鲁肃"体貌魁奇,少有壮节,好为奇计"。这说明少年时期的鲁肃已经引起了时人的注意。他身处乱世而头脑冷静,凭借自己的聪明,不断观察时局,谋划乱世中的进身之阶。数其要:第一,散家财,交结士人。史载,鲁肃"生而失父,与祖母居。家富于财,性好施与。尔时天下已乱,肃不治家事,大散财货,摽卖田地,以赈穷弊结士为务,甚得乡邑欢心。"第二,招集少年,讲武习兵,待机而动。史载,"天下将乱,(肃)乃学击剑骑射,招聚少年,给其衣食,往来南山中射猎,阴相部勒,讲武习兵。"第三,结交周瑜,相为助益。鲁肃、周瑜本不相识。周瑜为居巢长时,闻鲁肃名,曾带领数百人到鲁肃家拜访,并求资助粮食。鲁肃"家有两囷米(囷,圆形的粮仓),各三千斛,肃乃指一囷与周瑜,瑜益知其奇也,遂相亲结,定侨札之分(按:春秋时郑大夫公孙侨〔子产〕、吴季札互赠缟带、纻衣结为朋友。后世常以'侨札之分'比喻至友)。"第四,毅然过江,依投孙策。建安三年,鲁肃与周瑜一起归依孙策。史载,先此袁术闻其名,委任他做东城县长。"肃见术无纲纪,不足与立事,乃携老弱将轻侠少年百余人,南到居巢就瑜。"居巢近江,渡江方便,二人遂弃官东渡。韦曜《吴书》记载的情节略有不同,认为鲁肃是自渡江见孙策的,其中有云:雄杰并起,中州扰乱,鲁肃对其部属说"中国失纲,寇贼横暴,淮、泗间非遗种之地,吾闻江东沃野万里,民富兵强,可以避害,宁肯相随俱至乐土,以观时变乎?"部属皆愿从命,于是"使细弱在前,强壮在后,男女三百余人行"。据说,鲁肃渡江后往见孙策,"孙策亦雅奇之"。但是,未及用,鲁肃的祖母死了,鲁肃不得不返回家去料理丧事。

鲁肃安葬祖母以后,二次渡江。据载,有刘子扬者,与肃友善,劝肃"依就"一个叫郑宝的人。鲁肃曾经犹豫过,"葬毕还曲阿,欲北行(投郑宝)"。但在鲁肃料理丧事于东城期间,周瑜已将鲁肃的母亲迎接到吴。这已是建安五年。孙策已死,孙权继任,周瑜即与鲁肃书说:"今主人(按:指孙权)亲贤贵士,纳奇录异,且吾闻先哲秘论,承运代刘氏者,必兴于东南,推步(根据天文历法推算)事势,当其历数,终构帝基,以协天符,是烈士攀龙附凤驰骛之秋。吾方达此,足下不须以子扬之言介意也。"鲁肃听从周瑜言说,二次渡江,求见孙权。同时,周瑜对孙权说,鲁肃"才宜佐时,当广求其比(意谓应多征求他对时势的分析),以成功业,不可令去也"。据载,"权即见肃,与语甚悦之。众宾罢退,肃亦辞出,乃独引肃还,合榻对饮。"二人进行了一次密谈,鲁肃早诸葛亮"隆中对"七年,有创见地剖析了汉末大局。孙权问:"今汉室倾危,四方云扰,孤承父兄余业,思有桓文之功(桓,齐桓公;文,晋文公)。君既惠顾,何以佐之?"鲁肃回答说:

> 昔高帝(刘邦)区区欲尊事义帝而不获者,以项羽为害也。今之曹操,犹昔项羽,将军何由得为桓文乎?肃窃料之,汉室不可复兴,曹操不可卒除。为将军计,惟有鼎足江东,以观天下之衅。规模(大势)如此,亦自无嫌。何者?北方(指曹操)诚多务也。因其多务,剿除黄祖,进伐刘表,竟长江所极,据而有之,然后建号帝王以图天下,此高帝之业也。

自然,孙权当时还不敢过于暴露,因说:"今尽力一方,冀以辅汉耳,此言非所及也。"不过,张昭有点看鲁肃不起,"非肃谦下不足,颇訾毁之,云肃年少粗疏,未可用"。孙权虽然没有完全听张昭的话,"益贵重之,赐肃母衣服帏帐,居处杂物,富拟其旧",但也受到一定影响,五六年间,始终敬若宾客,虽多咨议,但不予实职。①

诸葛瑾,字子瑜,琅邪阳都(治今山东沂南南)人,蜀相诸葛亮之同父异母兄。史谓:"其先葛氏,本琅邪诸县(今山东诸城)人,后徙阳都。阳都先有姓葛者,时人谓之诸葛,因以为氏。"②其先祖诸葛丰曾在西汉元帝时做过司隶校尉,父亲诸葛珪在东汉末年做过泰山郡丞。家世传承,往往会对一个人的成长发生重要影响。所以,他与弟弟诸葛亮一样,都曾得到过较好的学问教养。不幸的是,他们的父亲过早地死了。弟弟诸葛亮、诸葛均,尚未成年,不得不跟随叔父诸葛玄生活。《三国志·诸葛亮传》说,"亮早孤,从父玄为袁术所署豫章太守,玄将(带着)亮及亮弟均之官。"诸葛玄到达豫章后,不久,汉朝中央"更选朱皓代玄"。诸葛玄丢了官以后,无所止,由于素与荆州牧刘表有旧,便"往依之"③。诸葛玄死后,诸葛亮与弟弟诸葛均开始独立生活,安家于襄阳城西二十里隆中,并亲自参加田间劳动。诸葛瑾比弟诸葛亮年长不少,史载:"瑾少游京师,治《毛诗》《尚书》《左氏春秋》。遭母忧,居丧至孝,事继母恭谨,甚得人子之道。"父亲死时,诸葛瑾已能独立闯荡社会。汉末避乱江东,"孙权妹婿曲阿弘咨见而异之,荐之于权,与鲁肃等并见宾待"。"宾待"就是待之以宾客之礼的意思。诸葛瑾同鲁

---

① 以上《三国志·吴书·鲁肃传》并注,及《资治通鉴》卷63,汉献帝建安五年。

② 《三国志·吴书·诸葛瑾传》注引《吴书》。另,注引《风俗通》说,有葛婴者,"为陈涉将军,有功而诛,(汉)孝文帝追录,封其孙诸县侯,因并氏焉"。其说不同。

③ 另《三国志·蜀书·诸葛亮传》注引《献帝春秋》记载不同,称:"初,豫章太守周术病卒,刘表上诸葛玄为豫章太守,治南昌。汉朝闻周术死,遣朱皓代玄。皓从扬州刺史刘繇求兵击玄,玄退屯西城,皓入南昌。建安二年正月,西城民反,杀玄,送首诣繇。"

肃一样,也很会说话。孙权有什么不愉快,只要诸葛瑾出来说几句话,便即陡然冰释。所以,史称诸葛瑾"与权谈说谏喻,未尝切愕(不曾激烈直言),微见风彩,粗陈指归,如有未合,则舍而及他,徐复托事造端,以物类相求,于是权意往往而释"。不久,孙权即授诸葛瑾以很高官职。①

第五,任用、提拔一批地方官和武将。

以顾雍"行会稽太守事"。顾雍,字元叹,吴郡吴人。据载,"蔡伯喈从朔方还,尝避怨于吴,雍从学琴书。"《江表传》说:"雍从伯喈学,专一清静,敏而易教。伯喈贵异之,谓曰:'卿必成致,今以吾名与卿。'故雍与伯喈同名(按:雍与邕音同,义通)。"经过州郡表荐,顾雍"弱冠(二十岁)为合肥长,后转在娄(治今江苏昆山东北)、曲阿(今江苏丹阳)、上虞(浙江今市),皆有治迹"。孙策死后,孙权以讨虏将军领会稽太守,不可能亲历郡事,于是提拔顾雍为会稽郡丞,"行太守事"。顾雍不负所望,"讨除寇贼,郡界宁静,吏民归服"。数年后,又调在身边,为左司马。②

拔虞翻为骑都尉。虞翻甚得孙策、孙权兄弟的重视。孙策死前,虞翻已从没有实权的郡功曹外任为富春县长。据载,孙策死后,部属都想赴吴奔丧,虞翻洞察形势,甚知越是这种时候越容易发生变故,因对大家说:"恐邻县山民或有奸变,远委城郭,必致不虞。"因此,要求大家就地"制服行丧"。此举影响很好,"诸县皆效之,咸以安宁"。其实,虞翻此举的用意,远不止此。他要尽己所能,制约孙氏家族内部权力之争,以保孙权的地位。《三国志·虞翻传》注引韦曜《吴书》说:"策薨,权统事。定武中郎将(孙)暠,

① 《三国志·吴书·诸葛瑾传》并注。
② 《三国志·吴书·顾雍传》。

策之从兄也,屯乌程(今浙江吴兴),整帅吏士,欲取会稽。会稽闻之,使民守城以俟嗣主之命,因令人告喻暠。"虞预《会稽典录》记载了虞翻说服孙暠的说辞:"讨逆(指孙策)明府,不竟天年。今摄事统众,宜在孝廉(指孙权),翻已与一郡吏士,婴(占据)城固守,必欲出一旦之命,为孝廉除害,惟执事(指孙暠)图之。"孙暠知事难成,不得不退返驻地乌程。因此,孙权遽拔虞翻为骑都尉。①

用黄盖、韩当、蒋钦、周泰、吕岱等为山越诸县长。黄、韩、蒋等本武将,孙权统事之后,让这些兼具治能的武将出任或继续兼领局势不稳的诸多地方的地方官。

黄盖是跟随孙坚、孙策征战有年的老将。但他不仅是一个武人。据载,黄盖父母早丧,"辛苦备尝,然有壮志,虽处贫贱,不自同于凡庸,常以负薪余闲,学书疏,讲兵事"。足见是一位兼具文武之才的人。因此,孙权继续孙策的策略,"诸山越不宾,有寇难之县,辄用盖为守长"。先后让他担任了石城(今安徽贵池)长、春谷(今安徽繁昌)长、寻阳(今湖北黄梅境)令等。"凡守九县,所在平定"。随后将他升任丹杨都尉,"抑强扶弱,山越怀附"。② 汉制,郡太守秩为二千石,都尉稍低,为比二千石。

韩当在孙策的时候已被授予先登校尉,孙权让他兼领乐安(今江西乐平)长。"山越畏服",继而授为中郎将。③ 中郎将是仅次于将军的高级军职。

蒋钦已历三县长,颇多镇抚山越、治理地方的经验,孙权让其继以(会稽)西部都尉兼领地方事。据载,"会稽冶(东冶,在今福建闽侯东北)贼吕合、秦狼等为乱,钦将兵讨击,遂禽合、狼,五县

① 《三国志·吴书·虞翻传》。
② 《三国志·吴书·黄盖传》并注。
③ 《三国志·吴书·韩当传》。

平定,徙讨越中郎将"。①

周泰曾经救过孙权的命,而且多谋善战,有独当一面之能,孙权继续让他以别部司马驻守在鄱阳湖以西,为宜春长。②

吕岱,字定公,广陵海陵(今江苏泰州境)人,为郡县吏,避乱南渡,"孙权统事,岱诣幕府"。因其有县吏经验,孙权任命他为吴县县丞。吕岱"处法应问,甚称权意"。因而,孙权将其调回身边,主管文书文字方面的工作。不久,出补余姚长。史载,"会稽、东冶五县贼吕合、秦狼等为乱,权以岱为督军校尉,与将军蒋钦等将兵讨之,遂擒合、狼,五县平定,拜昭信中郎将。"③

授严畯为骑都尉。严畯,字曼才,彭城人。"少耽学,善《诗》、《书》、三《礼》,又好《说文》。避乱江东,与诸葛瑾、步骘齐名友善。"据说,其人"性质直纯厚,其于人物,忠告善道,志存补益"。因此,张昭推荐给孙权,孙权授严畯为骑都尉、从事中郎。④

为吕蒙增兵,拜平北都尉。吕蒙,字子明,汝南富陂(治今河南新蔡东北)人。少年时期即表现出了非同寻常的英勇和机智。史载,吕蒙"少南渡,依姊夫邓当。(邓)当为孙策将,数讨山越。蒙年十五六,窃随当击贼,当顾见大惊,呵叱不能禁止。归以告蒙母,母恚欲罚之,蒙曰:'贫贱难可居,脱误有功,富贵可致。且不探虎穴,安得虎子?'母哀而舍之。"邓当的属下因吕蒙年小而看不起他,侮辱他,说:"彼竖子何能为?此欲以肉喂虎耳。"蒙大怒,杀吏,出走,继而自首,"策召见奇之,引置左右"。不久,邓当死,张昭荐蒙代领邓当兵,拜别部司马。孙权继任后,想把诸小将的兵马

① 《三国志·吴书·蒋钦传》。
② 《三国志·吴书·周泰传》。
③ 《三国志·吴书·吕岱传》。
④ 《三国志·吴书·严畯传》。

重新整编,"少而用薄者,欲并合之"。吕蒙得知消息,暗地里借钱为士兵"作绛衣(深红色的衣服)行縢(绑腿)"。检阅之日,"陈列赫然,兵人练习,权见之大悦"。孙权当即把别人的部属划归吕蒙,"增其兵"。不久,从讨丹杨,所向有功,拜平北都尉,领广德(安徽今县)长。①

授徐盛、潘璋别部司马。徐盛,字文响,琅邪莒(今山东莒县)人,"遭乱,客居吴,以勇气闻。孙权统事,以为别部司马,授兵五百人,守柴桑长"。②潘璋,字文珪,东郡发干(治今山东聊城西北)人,在孙权做阳羡长的时候,便已追随左右,据说"权奇爱之,因使召募,得百余人,遂以为将。讨山贼有功。"孙权统事,亦署潘璋为别部司马。③

第六,招延俊秀,聘求名士,破格擢用年轻人。

以步骘为主记。步骘,字子山,临淮淮阴(江苏今县)人,"世乱,避难江东,单身穷困。与广陵卫旌同年相善,俱以种瓜自给,昼勤四体,夜诵经传"。《三国志》步骘本传注引《吴书》对步骘的为人做了简短概括,说:"骘博研道艺,靡不贯览,性宽雅沉深,能降志辱身。"关于"降志辱身",《步骘传》记录了一个生动的故事。据说,会稽焦征羌(姓焦名矫,曾为征羌令)郡之豪族,本人及其亲属宾客皆放纵横行,"骘与旌求食其地,惧为所侵。乃共修刺(名片),奉瓜以献征羌。"当时,焦征羌正在内室,等了两个多小时不出来接见,卫旌不能忍耐,想走,步骘急忙阻止,对卫旌说:"本所以来,畏其强也。而今舍去,欲以为高,只结怨耳。"又耐心等了好久,焦征羌才推开窗户,"身隐几坐帐中"与之相见,"设席致地,坐

---

① 《三国志·吴书·吕蒙传》。
② 《三国志·吴书·徐盛传》。
③ 《三国志·吴书·潘璋传》。

骘、旌于牖外"。据说,"旌愈耻之,骘辞色自若"。吃饭的时候,征羌"身享大案,肴膳重沓,以小盘饭与骘、旌,惟菜茹而已"。卫旌拒不进食,步骘却"极饭致饱",然后辞出。卫旌愤怒地对步骘说:"何能忍此?"骘则坦然地说:"吾等贫贱,是以主人以贫贱遇之,固其宜也,当何所耻?"可见,其人心怀大志而颇有一点韩信甘受"胯下之辱"的精神。孙权得知其名,而召为主记。

擢骆统试为乌程相。骆统,字公绪,会稽乌伤(今浙江义乌)人。父亲骆俊,官至陈相。袁术"军众饥困,就俊求粮",俊不予,袁术便派人将其暗杀了。父亲死后,母改嫁,做了华歆的小妻。八岁的时候,骆统回到会稽,靠嫡母(骆俊的正妻)抚养成人。乐善好施,少年"显名"。孙权被授讨虏将军领会稽太守时,骆统二十岁。孙权将其遴拔民间,试为乌程相。不久,骆统即显出了卓越的能力,"民户过万,咸叹其惠理"。孙权很高兴,即予骆统嘉奖,"召为功曹,行骑都尉,妻以从兄(孙)辅女"。①

破格提拔朱然为余姚长。朱然,字义封,朱治姐姐的儿子,本姓施氏,"初(朱)治未有子,(朱)然年十三,乃启(孙)策乞以为嗣。策命丹杨郡以羊酒召然,然到吴,策优以礼贺"。到吴后,朱然曾与孙权一起读书,两人很要好。"至权统事,以然为余姚长,时年十九。后迁山阴令,加折冲校尉,督五县。权奇其能,分丹杨为临川郡,然为太守,授兵二千人。"②

辟陆绩为奏曹掾。陆绩,字公纪,吴郡吴人。父亲陆康,汉末为庐江太守。据载,绩年六岁,随父到九江见袁术。袁术用橘子招待他们,陆绩偷偷将三个橘子揣在怀里,辞别的时候,弯腰拜辞,橘

---

① 《三国志·吴书·骆统传》。
② 《三国志·吴书·朱然传》。

子"堕地"，袁术见状，说："陆郎作宾客而怀橘乎?"绩跪答："想带回去给母亲吃。"因此，袁术"大奇之"。有一次，孙策与张昭、张纮、秦松等讨论天下形势，都认为"四海未泰，须当用武治而平之"。当时，陆绩"年少末坐"，毫无顾忌，当即大声说："昔管夷吾相齐桓公，九合诸侯，一匡天下，不用兵车。孔子曰：'远人不服，则修文德以来之。'今论者不务道德怀取之术，而惟尚武，绩虽童蒙，窃所未安也。"童稚之气，溢于言表，但大家对他的言说都很惊异。史称，陆绩"容貌雄壮，博学多识，星历算数无不该览。虞翻旧齿名盛，庞统荆州令士，年亦差长，皆与绩友善"。可见，他年龄虽然不大，却已有点名气。因此，孙权统事，即用其所长，把这位年仅十五六岁的少年"辟为奏曹掾"。奏曹掾是主管奏议的佐吏。不过，孙权重其才能，但不喜欢他说话太直。后来用擢升的办法派他出去做郁林太守，并加偏将军称号，给兵二千人。①

用陆逊做幕府令史，继领海昌县事。陆逊，字伯言，吴郡吴人，"本名议，世江东大族。逊少孤，随从祖庐江太守（陆）康在官。袁术与康有隙，将攻康，康遣逊及亲戚还吴。"陆逊比侄子陆绩年长四五岁。孙权为将军，即建安五年（公元 200 年），陆逊二十一岁，"始仕幕府，历东西曹令史"。令史是主管文书的小官。不久，便表现出了很好的才能，被派出做海昌（今浙江海宁境）屯田都尉，并领县事。据载，海昌县连年亢旱，陆逊"开仓谷以振贫民，劝督农桑，百姓蒙赖"。②

征是仪专典机密。是仪，字子羽，北海营陵（今山东昌乐境）人，"本姓氏，初为县吏，后仕（北海）郡。郡相孔融嘲仪，言'氏'字

---

① 《三国志·吴书·陆绩传》。
② 《三国志·吴书·陆逊传》。

'民'无上,可改为'是',乃遂改焉。后依刘繇,避乱江东。繇军败,仪徙会稽。"孙权"优文征仪",给予充分信任,令其"专典机密"。后拜骑都尉。①

用胡综为金曹从事。胡综,字伟则,汝南固始(河南今县)人,"少孤,母带领他避难江东。孙策领会稽太守,综年十四,为门下循行(官名),留吴与孙权共读书"。孙策死后,孙权即以与己同年的胡综为金曹从事。后来,从讨黄祖,拜鄂长,继与是仪、徐详俱典军国密事。②

三、外部有利条件

孙权继承父兄之业,年未弱冠而据有六郡之地,成为雄踞江南的一方之主,内部和自身的条件固然很重要,但这也是"天时地利"和东汉末年军阀混战的形势使然。

内部的不利和有利条件,前面的叙述已经大体清楚。概括起来说,不利条件有三:第一,"孙策莅事日浅,恩泽未洽",孙权突以新主统事,人心更加不稳,"士民狼狈,颇有同异"的形势更趋紧张;第二,"深险之地犹未尽从",境内并未完全控制,山民暴动时有发生;第三,家族内部有人企图夺取权力,不仅三弟孙翊想谋军权,而且堂兄孙暠亦想乘丧兴兵。

自然,诸此种种皆不足以动摇孙权的地位,因为他有更多更强的有利条件:第一,孙坚、孙策父子创下的基业,在那部曲忠心依附主人的时代,非孙氏少敢窥其位者;第二,孙策死时,其子尚幼,不

---

① 《三国志·吴书·是仪传》。
② 《三国志·吴书·胡综传》。

足以立,孙权是其诸弟中年龄最长、能力最强、业绩最著者,从继统的规则说,孙权理当其任;第三,孙策的遗命就像历代皇帝"遗诏"一样,有不可撼动的权威性,确保了孙权的地位;第四,母亲吴氏"助治军国",使孙坚、孙策的部属更加坚定地团结在孙权的周围。如史所载:"及权少年统业,(吴)夫人助治军国,甚有禅益。"《三国志·董袭传》说,"策薨,权年少,初统事,太妃忧之,引见张昭及袭等,问江东可保安否?"《妃嫔传》载,建安七年,夫人"临薨(按:虞喜《志林》说不同,认为权母吴夫人死于建安十二年),引见张昭等,属以后事"。诸此,都说明了这个问题。

另外,吴越故地的丰富经济资源和地理环境,也为政权初建提供了重要的保证。论者或谓,江南经济是在南北朝以后发展起来的。我认为,这只能是就整体相对而言。实际上,吴郡、会稽郡等临海之地很久之前就已经有了相当发展。春秋时代的吴国、越国都曾是有相当经济基础的一代军事强国。吴王夫差力能战楚、挫越、伐齐,北会诸侯,"欲霸中国以全周室"[①];越王句践(句,音gōu)兵败,卧薪尝胆,"身自耕作,夫人自织,食不加肉,衣不重采,折节下贤人,厚遇宾客,振贫吊死,与百姓同其劳",为质于吴,返国七年,即能"拊循其士兵,欲用以报吴"。平吴后,即能以兵渡淮,与齐、晋诸侯会于徐州,致贡于周,"当是时,越兵横行于江、淮东,诸侯毕贺,号称霸王"。他的后代又曾"兴师伐齐,西伐楚,与中国争强"。[②] 至汉,经济更有发展。《汉书·地理志》说:"吴东有海盐章山之铜,三江五湖之利,亦江东一都会也。"《汉书·吴王刘濞传》说:"吴有豫章郡(按:当作故鄣郡,治今浙江安吉西北)铜

---

① 《史记·吴太伯世家》。

② 《史记·越王句践世家》。

山,即招致天下亡命者盗铸钱,东煮海水为盐,以故无赋,国用饶足。"诸此,都说明今天江浙之沿海地区在当时的经济发展情况已经不亚于中原内陆地区。

但是,一个割据政权的存废,永远都同全国的客观形势相联系又相制约。中外历史概莫能外。无疑,外部的有利条件保证了孙权的诸侯地位,使其得机割江而治,得时迅速发展自己,得势抗衡中原。

北方多务

"北方多务",局势混乱,曹操无暇南顾,是孙权得以巩固和发展自己的最重要的外部条件。建安五年十月,鲁肃向孙权献策时曾提出"因其(北方)多务,剿除黄祖,进伐刘表,竟长江所极,据而有之,然后建号帝王以图天下"的建议。对于东吴来说,这是一项伟大的战略构想。所以,胡三省注《资治通鉴》时特加批语,说:"江东君臣上下,本谋不过此耳。""本谋"就是立国之谋;"不过此耳"就是此前和以后东吴君臣上下提出的所有谋略,都不能与此同日而语。

现代人喜欢说抓住机遇。"因北方多务",讲的就是东吴要抓住北方战乱频仍、曹操无暇向南用兵的机遇,固土拓疆,发展自己。

那么,当时北方的形势到底是个什么样子呢?

我在《曹操评传》中曾对东汉末年的形势做过三项分析:一曰外戚与宦官交互专权与斗争,动荡了东汉社会根基。指出,东汉后期百余年间,时而太后临朝,外戚掌权;时而宦官得势,专断朝廷。皇帝成了他们的傀儡。公元189年汉灵帝死,皇子刘辩即位,何太后临朝,何进掌握了政权。何进掌权后,把权宦蹇硕杀了。袁绍劝何进尽诛宦官,何进尚在犹豫不决之时,宦官首先发难,杀死何进。

然后,袁绍尽杀宦官二千余人。继而董卓引兵入洛阳,废刘辩,杀何太后,立刘协,是为汉献帝。经过宦官与外戚的专权与斗争,中央的权力和威望削弱了,地方官的权力增大了,一些州郡牧守,更是竞相扩充自己的势力,手握重兵,成了实际上的各据一方之主。另外,由于地方上局势混乱,一些世豪地主武装也乘机发展了起来。二曰党锢之禁,为乱世的到来作了人才上的准备。党锢之祸,祸从宦官而来。"党人"有的被诛杀,有的被禁锢,但在社会上真正得分的却正是这些"党人"和太学生们。士人势力没有削弱,反而增强了。外戚集团想依靠他们、利用他们。许多中央和地方的官僚以自己能同"党人"沾点边为荣。宦官集团内部也起了分化,不少人同情"党人",站到"党人"一边。禁锢"党人",反使"党人"成名。士人议论朝政、褒贬人物形成风气。这种风气,既影响着已经做官的士族知识分子,也激励着诸多隐士关心社会。东汉末年及三国期间有那么多在朝的或乡居的知天下大势的智谋人物出现,都可在这里找到其最初的某些联系。三曰黄巾起义、军阀混战,为群雄争霸准备了条件。宦官与外戚交互专权,加速了统治集团的腐败,增重了农民的负担。又加天灾频仍,水灾、旱灾、蝗灾、风灾、雹灾、震灾等等接连发生。天灾人祸,民不堪命,流离失所,饿殍遍地。劳动人民为了活命,不得不铤而走险——造反、暴动。诸多农民起义,虽然失败了,但鼓舞了劳动人民的反抗斗志,同时也给汉朝政权以沉重打击,动摇了它的根基。汉灵帝中平元年(公元184年),一场大规模的全国性的农民起义——黄巾起义终于爆发。黄巾起义被镇压下去了,但它的历史影响却是不可估量的。它点燃了反抗汉朝统治者的烈火,虽然被镇压了,但烈火的余烬一直在燃烧着;另一方面,在镇压黄巾起义的过程中,用兵者和州郡史守、地方豪强,甚至一些野心家趁机招兵买马发展了自己的

75

势力,很快形成了一些各霸一方的军事集团,客观上为军阀混战创造了条件。军阀混战给人民带来了更深的灾难。数十年间,群雄割据,"大者连郡国,中者婴城邑,小者聚阡陌"①,你争我夺,无有休止之时。军阀混战,受苦受难最多最大的是老百姓。老百姓渴望安定和统一。有本事的割据称霸者,相对得到老百姓的支持,在战争中发展了自己;平庸之辈和逆潮流者、对广大民众施暴不恤者,受到历史的惩罚,由强变弱,由大变小,最终或被吞并,或被消灭。

及至建安五年(公元200年)四月孙策死的时候,北方的军阀混战和曹操统一北方的战争已经进入了关键性阶段。远者不论,先此十年间,汉献帝初平元年(公元190年),关东州郡俱起兵讨董卓,董卓胁献帝自洛阳迁都长安;初平二年(公元191年),袁绍自领冀州牧。"关东州郡务相兼并以自强大",袁绍、袁术兄弟"自相离贰"②,各领部分地方军阀,相互对峙,展开战争;初平三年(公元192年),袁绍大战公孙瓒于界桥(今河北威县境)。司徒王允与吕布诛董卓。李傕、郭汜攻吕布,杀王允,专朝政,吕布东奔。曹操收黄巾降卒三十余万;初平四年(公元193年)曹操连破袁术军。征陶谦,拔十余城,死者万数,泗水为之不流;兴平元年(公元194年),张邈、陈宫叛操迎吕布为兖州牧。陶谦死前推刘备领徐州牧;兴平二年(公元195年),曹操破吕布于定陶。李傕、郭汜构乱长安。兴义将军杨奉、安集将军董承等护献帝东归;建安元年(公元196年)献帝至洛阳。曹操至洛阳,献帝授操节钺,操自领司隶校尉,录尚书事,继为司空,行车骑将军;建安二年(公元197

---

① 《三国志·魏书·文帝纪》注引曹丕《典论·自叙》。

② 《资治通鉴》卷60,献帝初平二年。

年），曹操东征袁术，南征张绣、刘表；建安三年（公元198年），曹操东征，擒杀吕布；建安四年（公元199年），袁术死，张绣降操。袁绍精兵十万，欲以攻许，曹操进军黎阳，分兵守官渡，开始部署与袁绍的决战。建安五年（公元200年），曹操东征刘备，备奔袁绍，关羽降操。官渡之战进入决战。以上这个简短的历史年表，就是孙权统事前的"北方多务"的生动写照。这种"多务"的局面，又一直延续了十数年。

历史证明，正因北方多务、军阀林立，所以不管是袁绍、袁术，还是曹操，在此期间和以后一段时间里都把战略的重点放在北方。比如，袁绍为了战胜公孙瓒和曹操，而与刘表"深相结约"①；曹操为了巩固权力和对付袁绍和袁术，则"抚纳"孙策；袁术为了在江北立足，也尽力拉拢孙氏父子。这些有势力的军事集团的战略重点在北方，无暇南顾，相对软弱的割据南方的地方势力便可乘势发展自己。

统观大局，因势发展，是所有政治家、军事家考虑问题的重要前提。就像曹操的谋士荀彧、郭嘉曾劝曹操趁袁绍北击公孙瓒之机"因其远征，东取吕布"一样，鲁肃等也看清了在一段相当长的时间里，曹操只能把战略重点放在北方。

无疑，这是当时社会形势为孙权提供的得以迅速发展的重要外部条件。

西临庸主当政

孙权控有扬州六郡之地，其西便是荆州牧刘表统辖的荆州地盘。这样的地理形势，决定了两个军事集团的相互制约和影响，预

---

① 《资治通鉴》卷62，汉献帝建安三年。

伏着必然的利害冲突和军事危机。

刘表(公元 142—213 年),字景升,山阳高平(今山东鱼台,一说在金乡境)人,鲁恭王刘馀之后。"身长八尺余,姿貌温伟"。党锢期间,曾是一个有点名气的党人,与同郡张俭俱为党人"八顾"之一①。据载,皇帝下诏"捕案党人",刘表逃走得免,"党禁"解除以后,做了大将军何进的副官,并被派出监军,为北军中候。献帝初平元年(公元 190 年),孙权的父亲、长沙太守孙坚攻杀荆州刺史王叡后,皇帝下诏以刘表代王叡为荆州刺史。刘表单骑赴任,在蒯越等人的帮助下,平定江南,遂有"南接五岭,北据汉川,地方数千里"之地和"带甲十余万"之众。史载,刘表"招诱有方,威怀兼洽"、"万里肃清,大小咸悦而服之"。所以在北方连年战争的时候,而荆州是相对稳定的。因而兖、豫诸州及关西"学士归者盖有千数"。建安初年,骠骑将军张济与其侄建忠将军张绣,因荒年不收,士卒饥饿,自弘农南向就粮,到了刘表的地盘,在攻穰(今河南邓县)时,张济被流矢射中而死。张济死后,刘表不敢乘机拥其众,而是害怕惹来麻烦,主动派人同张绣联系,双方达成谅解,相约联合,绣屯宛,为表"北藩",从而形成了暂时的军事联合。然而,总的来看,刘表实是一个平庸儒人,胸无大志,谋无远虑,不习军事,刚刚站稳脚跟,便试图"爱民养士,从容自保"。因此,他在曹操与袁绍争持期间,既不助袁,也不援操,欲坐观天下之变②。但是,历史的现实是容不得他"坐观时变""从容自保"的。所以,当袁绍、袁术兄弟不和的时候,他只能与袁绍"相结",袁术便与孙坚"合从"攻袭他。当他狐疑于袁绍和曹操之间的时候,他的僚属韩

---

① 《后汉书·刘表传》。《三国志·魏书·刘表传》说,刘表是党人的"八俊"之一。
② 参见《后汉书·刘表传》《三国志·魏书·刘表传》。

嵩、刘先和蒯越等清楚地告诉他："将军拥十万之众,安坐而观望,夫见贤而不能助,请和而不得,此两怨必集于将军,将军不得中立矣。"毫无疑问,试图"从容自保"的观念,在那天下汹汹的年代里就是一种庸人的怯弱者的观念,自不进取,自然就为进取者的发展提供了先机。

荆州七郡,一百一十七县(含侯国),地域广阔,控有长江中段南北。但相对于曹操、袁绍、袁术、吕布等军事集团来说,刘表的力量并不甚强,所以不仅孙坚、孙策父子早已试图染指其地,曹操、刘备也都看准了这块北据汉沔、利尽南海、东连吴会、西通巴蜀的"肥肉"。

曹操是位聪明的军事家,很知避免两面或多面作战的重要,建安初年的战略重点始终放在北方,但也始终不忘向刘表示兵,使其不敢妄动。建安二年、三年,曹操三次南征张绣,并曾攻拔刘表属将邓济据守的湖阳(今河南唐河南),生擒邓济,攻下了舞阴城(治今河南泌阳西北)。最后一次,曹操有点轻敌,不听军师荀攸待机而动的建议,进兵把穰城包围起来,结果刘表"遣兵救绣",把曹操的后路切断了。张绣来追,曹操亲自断后御敌。在安众(今河南镇平东南),张绣与刘表"合兵守险",曹操前后受敌,"乃夜凿险为地道,悉过辎重,设奇兵",然后"纵奇兵,步骑夹攻",大破刘表与张绣[1]。建安六年,曹操打败袁绍后,"就穀于东平之安民(今山东郓城境,一说在阳谷境),粮少不足与河北相支,欲以绍新破,以其间击讨刘表",只是因为怕袁绍"收其余烬,乘虚以出人后"而没有成行[2]。建安八年,又想乘袁谭、袁尚兄弟相攻之机南击刘表,因

---

[1] 《三国志·魏书·武帝纪》。
[2] 《三国志·魏书·荀彧传》。

而"军于西平（河南今县）"，只是因为荀攸、郭嘉提出不同意见，才又回师河北。荀攸深刻地指出："天下方有事，而刘表坐保江、汉之间，其无四方之志可知矣。袁氏据四州之地，带甲数十万，绍以宽厚得众心，使二子和睦以守其成业，则天下之难未息也。今（袁氏）兄弟构恶，其势不两全，若有所并（联合）则力专，力专则难图也。及其乱而取之，天下定矣，此时不可失也。"郭嘉指出："四方之寇，莫大于河北，河北平，则六军盛而天下震矣。"①荀攸、郭嘉的话很有道理。曹操荡平河北，把刘表完全震住了。所以当曹操北伐乌桓时，刘备劝他趁机袭许，他不敢。

刘表的无能和军事上的不作为，不仅让曹操得以安心地驰骋河北，而且让刘备在荆州界内坐大。建安五年（公元200年）正月间，曹操击溃刘备，俘虏了刘备的妻子和关羽。刘备投靠了袁绍。刘备、关羽各在一方，分别为袁绍和曹操效力。关羽为操偏将军，斩绍将颜良，刘备则助绍作战，败于白马（今河南滑县境）南阪之下。是年七月，汝南黄巾刘辟等背叛曹操而与袁绍相呼应。刘辟攻略许下，袁绍派遣刘备率兵帮助刘辟。刘备攻略汝、颍之间，"自许以南，吏民不安"。曹操派曹仁率领骑兵击刘备，"破走之，仁尽复收诸叛县而还"。②刘备失败后，又北走，回到了袁绍那里。刘备附于袁绍麾下，前后年余，逐渐对袁绍为人有了认识，知其刚愎自用，不善大谋，终难共成大事。为了独立发展自己的势力，他"阴欲离绍"，最后终于想出了劝袁绍加紧"南联刘表"的策略。袁绍南联刘表有利于牵制曹操的兵力，固然是其原有之议，但从另一角度看，急准刘备南去，实际也是上了刘备试图远离的圈

---

① 《资治通鉴》卷64，汉献帝建安八年。
② 《三国志·魏书·曹仁传》。

80

套。袁绍派刘备率领本部兵马再至汝南。刘备到汝南后,即与黄巾龚都(一作共都)等部联合,有众数千人。曹操得知消息后,即令叶县守将蔡扬(亦作蔡杨或蔡阳)出击刘备、龚都。曹将蔡扬轻视了这支刚刚联合起来的队伍,轻进邀击,结果失利被杀。官渡之战结束,"曹公既破绍,自南击先主"。刘备最怕曹操亲征,正如他自己所说的"曹孟德单车来,吾自去"。自知不敌,于是遣麋竺、孙乾与刘表联系,情愿依附于刘表。刘备"走奔刘表,(龚)都等皆散。"①刘表对刘备来归很重视。他怀着忐忑不安的心情,亲自"郊迎"这位徒有虚名的豫州刺史,"以上宾礼待之,益其兵,使屯新野。"②刘备屯驻新野(河南今县),声名日播,荆州豪杰图谋前程者纷纷投靠。这种情形,自然引起刘表的注意,所以便有了"表疑其心,阴御之"③的记载。由此看出,刘表对于刘备待以上宾之礼,乃是表面现象,而心怀疑虑则是其真实的心理状态。刘表"阴御"刘备的方法,最主要的有两点。一是表示"信任"和"重用",让他据守边境,离开新野;二是表示"亲热",将他羁縻于襄阳,使离军事。刘备对于刘表的良苦用心自然明白,因此,能够自觉而有效地利用刘表所提供的条件,适度发展自己,相机而动。在此情况下,刘备曾经主动发动过一次博望战役,取得小胜,打败了曹操名将伏波将军、河南尹夏侯惇和虎威将军于禁。这次战争的规模虽然不大,但因对方是曹操的名将,所以大大增强了刘备在荆州地界的威望。但同时也更加增大了刘表对刘备的疑虑,使刘表感觉到让刘备远离自己而亲临军事前线,并不是制约的好办法。所以继而将刘备羁縻于襄阳、樊城(两城均属今湖北襄樊市),让其离开军事前线,

---

① 《三国志·魏书·武帝纪》。
② 《三国志·蜀书·先主传》。
③ 《三国志·蜀书·先主传》。

率领部伍屯驻樊城。其情如《三国志·先主传》注引《世语》所说："备屯樊城,刘表礼焉,惮其为人,不甚信用。"

刘表外怕曹操打来,内惮刘备发展势力,疑虑重重,使自己完全失去了初到荆州时的活力,陷入了惴惶不安之中,但求自保,无暇外图。

历史证明,刘表对孙氏父子自始至终都取守势。孙坚虽然被刘表的江夏太守黄祖的军士所射杀,但那是进攻情况下的失利。孙策生前军至沙羡(在今湖北武汉市境),大破黄祖而还。刘表东备孙权的兵力主要是两支,一为据守沙羡的黄祖,一是据守鄱阳湖畔的刘表的侄子刘磐。前者形同惊弓之鸟,自然不敢有所行动。后者形同缩头乌龟,也早在孙策时被太史慈打得不敢作为。《三国志·太史慈传》载,"刘表从子磐,骁勇,数为寇于艾(今江西修水)、西安(今江西武宁)诸县。策于是分海昏(今江西永修)、建昌(今江西奉新境)左右六县,以慈为建昌都尉,治海昏,并督诸将拒磐。磐绝迹,不复为寇。……孙权统事,以慈能制磐,遂委南方之事。"

这一政治和军事态势,对孙权初期政权的巩固和扩张非常有利。既然西面没有强敌,便相对无甚大忧,便可在一段时间里着力巩固内部,镇抚山越,从而更快地发展势力,然后西剪荆州,南拓疆土,北向示兵,"保守江东,以观天下之衅"。

不能自强者,必然招致外侮。这正是鲁肃、甘宁等劝孙权乘曹操北出之机而取荆州、剿除黄祖(刘表将、江夏太守)、进伐刘表以及诸葛亮鼓励刘备相机夺荆州的道理所在。

南方虽乱而有内附之意

孙权初期六郡之地皆属汉代所置十三刺史部之扬州辖境,其中会稽、豫章二郡南临交州。

《礼记》有称:"南方曰蛮,雕题交阯。""雕题"就是在额头上雕刺花纹。"交阯"二字,说有多种,相传:"其俗男女同川而浴,故曰交阯(按:阯,通趾)";又谓,"其地人卧时头向外,足在内而相交,故称交趾"。交阯相对于中原,地处边鄙,但很古即与中原交往,历史称为南蛮或南夷。《后汉书·南蛮传》说:"及楚子(按:楚王子爵,因称楚子)称霸,朝贡百越(按:倒装句,意即百越朝贡)。秦并天下,威服蛮夷,始开领外,置南海(治今广东广州)、桂林(治今广西桂林)、象郡(治今广西崇左)。汉兴,尉佗自立为南越王,传国五世。至武帝元鼎五年,遂灭之,分置九郡,交阯刺史领焉。"西汉末年,"凡交阯所统,虽置郡县,而言语各异,重译乃通。人如禽兽,长幼无别。项髻徒跣,以布贯头而著之。后颇徙中国(中原)罪人,使杂居其间,乃稍知言语,渐见礼化。"东汉初年,锡光为交阯刺史,任延为九真太守,"于是教其耕稼,制为冠履,初设媒娉,始知姻娶,建立学校,导之礼仪"。然而,长期以来,始终时叛时服。东汉末年情况相对好转,虽然仍有镇抚之事,但进入了一个相对稳定的时期。这与士燮兄弟的治理有很大关系。

据载,东汉末士燮为交阯太守。士燮,字威彦,苍梧广信(今广西梧州)人。祖先本是鲁国汶阳(今山东宁阳)人,王莽之乱时,避乱于交州。六世至燮父赐。桓帝时,士赐为日南太守。家势日隆,为燮兄弟的修身、进阶创造了良好条件。士燮"少游学京师,事颍川刘子奇,治《左氏春秋》。察孝廉,补尚书郎";父亲死后,士燮居丧三年,然后,州举茂才(按:即秀才。东汉避光武帝刘秀讳,改称茂才),朝廷即授巫(今重庆巫山)令,不久即因其熟悉交州情事,升迁为交阯太守。继而,"交州刺史朱符为夷贼所杀,州郡扰乱"。士燮以交阯太守之任收拾局面,于是表荐弟士壹领合浦太守(治今广东雷州),次弟徐闻(广东今县)令士䵋(音 wěi)领九真太守(治胥浦,今越南清化),弟士武领南海太守。四兄弟基本控制了交州局面。

士燮为人,"体器宽厚,谦虚下士",因此中原士人往依避难者以百数,"耽玩《春秋》,为之注解",又兼通古文与今文《尚书》,颇有学者之风。士燮兄弟"并为列郡,雄长一州,偏在万里,威尊无上",颇受蛮人拥护。他们自己也颇自得,"出入鸣钟磬,备具威仪,箫箫鼓吹,车骑满道,胡人夹毂焚烧香者常有数十。妻妾乘辎軿(辎车、軿[音 píng]车,都是高等级的有布幔屏蔽的车子),子弟从兵骑,当时贵重,震服百蛮,尉他(按:即赵佗,秦时为南海尉,秦灭自为南越武王,汉封南越王)不足逾也。"然而,非常可喜的是,士燮兄弟的态度始终是上奉曹操控制的汉室朝廷,对于两个近邻则亲孙权而拒刘表。史载,"朱符死后,汉遣张津为交州刺史,津后又为其将区景所杀,而荆州牧刘表遣零陵赖恭代津。是时,苍梧太守史璜死,表又遣吴巨代之,与恭俱。汉闻张津死,赐燮玺书曰:'交州绝域,南带江海,上恩不宣,下义壅隔,知逆贼刘表又遣赖恭窥看南土,今以燮为绥南中郎将,董督七郡,领交阯太守如故。'后燮遣吏张旻奉贡诣京都。是时,天下丧乱,道路断绝,而燮不废贡职",曹操控制的朝廷特复下诏授士燮为安远将军,封龙度亭侯。

士燮上奉朝廷,外附孙权。这样的形势,不仅使孙权没有南顾之忧,而且对其制定西讨刘表、黄祖的策略,以及后来攻夺刘备三郡地都有积极的影响。①

---

① 以上见《三国志·吴书·士燮传》。

东临海疆,有渔盐之利

吴之会稽郡、吴郡地域广阔,东临海疆,海岸线之长,约当今天上海、浙江、福建海岸线之和。这样的地理形势,对于一个军力尚不充足、经济尚未有效开发的地方政权来说,自然是有利有弊,利大于弊。

数其弊主要有:第一,东向扩展没有出路。自古以来,中国域内列国纷争、军阀混战,基本上都是陆地争夺战,历史和地理都决定了在那没有充分条件开发海洋的情况下,大海对于地方政权的拓展是难以逾越的限制。第二,近海成了"逋逃之薮",难免海匪之扰。第三,近海列岛丛立,盘踞者各自为政,不便有效控制。《汉书·地理志》和《后汉书·东夷列传》都说,"会稽海外有东鳀人,分为二十余国"。所谓"分为二十余国",实际就是一些自立于现在中国海域之内的相对独立的势力实体。

数其利有三:第一,渔盐之得,利于富国。自从汉代吴王濞"铸钱煮海,收其利以足国用"[①]以来,在此立国的统治者无不继承这一传统,孙权自然明白并且切实利用了这一点。第二,舟楫之便,利通往来。后来,孙权试图同魏国辽东太守公孙渊建立联系,就是通过海上。第三,不与强敌相临,虽有海盗之忧,但无大的边患之虞。

历史证明,凡四临强敌之政权,必须四面布防。少一面之防,自然是有利军事势力的发展,有利政权的巩固,有利巩固国防和对付外来入侵以及向薄弱方向扩张。

---

① 《汉书·吴王刘濞传》颜师古注。

第三章　镇抚山越，讨不从命

孙权身为吴国主，执政五十余年。若从战略重点观察，赤壁之战应当是一个重要的分界线。此前，主要在江南拓土固疆，镇抚山越，讨伐不从，巩固政权；此后，更重要的是北抗曹魏，西窥蜀汉，谋求帝业。

一、镇抚山越

历史记载，江浙闽粤之地，广为春秋时期的越国后人所居，部族聚落甚多，因称百越。山越，则泛指居住在山地的越族人。

越族是中国历史上古老的民族之一。据《吴越春秋》说："禹周行天下，还归大越，登茅山（在今浙江绍兴境）以朝四方群臣，封有功，爵有德，崩而葬焉。至（夏）少康，恐禹迹宗庙祭祀之绝，乃封其庶子於越，号曰无馀。"贺循《会稽记》说："少康其少子号曰於越，越国之称始此。"《史记·越王句践世家》说，夏后帝少康之庶子，"封于会稽，以奉守禹之祀。文身断发，披草莱而邑焉。后二十馀世，至于允常。允常之时，与吴王阖庐战而相怨伐。允常卒，子句践立，是为越王。"句践（句音 gōu，亦作勾）平吴，渡淮，"与齐晋诸侯会于徐州，致贡于周……当是时，越兵横行于江、淮东，诸侯毕贺，号称霸王。"他的后代，又曾兴师伐齐，伐楚，"与中国争强"。后来，楚威王大败越，消灭了越的独立政权，"而越以此散，诸族子争立,或为王,或为君,滨于江南海上,服朝于楚"。《汉书·两粤传》说,汉初有闽粤(越)王无诸及粤(越)东海王摇,"其先皆粤(越)王句践之后也,姓驺氏。武帝期间,两粤相战,闽粤发兵围东瓯,"天子遣(严)助发会稽郡兵浮海救之。……汉兵未至,闽粤引兵去,东粤请举国徙中国,乃悉与众处江、淮之间"。

越族人自从楚灭其国后,始终没有再次建立起一个统一的越族政权。部族丛立,遍布东南各地,互不相属,两粤王不能尽治,汉亦不能尽控。时而内附,时而反叛,时而为诸侯所用,时而自相攻伐。①

山越之难以镇抚的情况,仅就《汉书·严助传》载淮南王刘安《上汉武帝书》劝刘彻不要向山越用兵,便见一斑。刘安说:

> 臣闻越非有城郭邑里也,处溪谷之间,篁竹之中,习于水斗,便于用舟,地深昧而多水险,中国之人不知其势阻而入其地,虽百不当其一。得其地,不可郡县也;攻之,不可暴取也。以地图察其山川要塞,相去不过寸数,而间独数百千里,阻险林丛弗能尽著。视之若易,行之甚难。……今发兵数千里,资衣粮,入越地,舆轿而逾领(岭),拖舟而入水,行数百千里,夹以深林丛竹,水道上下击石,林中多蝮蛇猛兽,夏月暑时呕泄霍乱之病相随属也,曾未施兵接刃,死伤者必众矣。

又说:

> 越人縣力材薄,不能陆战,又无车骑弓弩之用,然而不可入者,以保地险,而中国之人不能其水土也。……南方暑湿,近夏瘅热,暴露水居,蝮蛇毒生,疾疠多作,兵未血刃而病死者什二三,虽举越国而虏之,不足以偿所亡。

---

① 《史记·越王句践世家》《汉书·两粤传》。

正因如此,两汉期间对于山越的或附或叛,基本上没有什么好的办法。所以,记载有谓:"(汉)武帝因文景之畜,忿胡、粤之害,即位数年,严助、朱买臣等招徕东瓯,事两粤,江淮之间萧然烦费矣。"①东汉末年,山越之民集落为寨,普建自己的独立武装,有的竟"有五六千家相结聚作宗伍",拥兵自保,抗拒官府,拒纳赋税,对地方政权构成了威胁。郡县无力征服,大多以抚为主。像《江表传》所载华歆在豫章的情况就算是比较好的了:"民帅别立宗部,阻兵守界,不受子鱼(华歆字)所遣长吏……惟输租布于郡耳,发召一人遂不可得,子鱼亦睹视之而已。"

　　建安期间,天下混乱,诸侯争雄,两越旧地以及内徙越民,不仅有乘机拥兵起事者,而且普遍立寨固垒,自建武装,不听地方政权的管辖。孙氏父子试图立基江南,不根除地方武装和山越的反抗,便难以建立和巩固政权。所以,孙策初进江南之时就把镇抚山越作为重要问题对待。孙权继承了孙策的谋略,并且获得了重大成果。

　　孙权镇压山越的军事行动,可谓贯彻始终,但大的行动主要发生在建安八年至十三年间(公元 203—208 年)、建安十八年(公元213 年)和二十一年(公元 216 年)。其他时间虽然时有暴乱,并且有的也颇有声势,但从局域和规模上看都相对较小,历时亦短,很快平定,没有构成大变。

　　很可惜,历史对于孙权镇抚山越的具体过程,除了几个特例外,大多记载简略,有的只是记载了结果。

　　本节着重讲述建安八年至十三年间,亦即赤壁战争之前的镇抚行动。

　　────────────

　　①　《汉书·食货志》。

豫章郡内的镇抚行动

建安八年(公元 203 年),孙权在豫章郡(按:辖地约为今江西省境)所辖各县进行了一次较大范围的镇抚山越的行动。

镇抚山越是他的既定政策,但大的行动发生在这一年却有一点偶然性。是年,孙权西伐黄祖,山越乘机"复动"。所谓"复动",是说孙策时期和孙权统事两三年间一度被镇抚的山越,现在又开始发难了。山越"复动",打破了孙权征讨黄祖的计划,不得不在取得了局部战果、打破了黄祖的水兵而"惟城未克"的情况下急急回师。在回师过程中,兵过豫章(治今江西南昌),孙权做了一次全面具体的军事部署,重要将领都派到平复山越的前线:"使吕范平鄱阳(今江西波阳),程普讨乐安(今江西乐平),太史慈领海昏(今江西永修),韩当、周泰、吕蒙等为剧县令长。"①

两三年间,诸将都出色地完成了任务。

程普"从征江夏,还过豫章,别讨乐安"。乐安平定后,又"代太史慈备海昏"。②

太史慈本以建昌都尉驻海昏,孙权令其兼领海昏长。既而,委以"南方之事",专司抗拒刘表的侄子刘磐的进犯,便由程普代其职守。③

韩当同吕范一起讨鄱阳,取得胜利,然后接程普的驻防地乐

---

① 《三国志·吴书·孙权传》。按:"为剧县令长",胡三省注《资治通鉴》说,"剧,艰也,甚也";卢弼《三国志集解》引沈家本语"是时,韩当为乐安长,周泰为宜春长,吕蒙为广德长,然恐是总叙之词,未必皆一年之事。"沈说似更近是。

② 《三国志·吴书·程普传》。

③ 《三国志·吴书·太史慈传》。

安,领乐安长,史称"山越畏服"。①

周泰被任命为宜春长,"所在皆食其征赋",足见其获得相当成功。②

董袭与凌统、步骘、蒋钦等分别征讨"鄱阳贼彭虎等众数万人"。董袭"所向辄破,虎等望见旌旗,便散走,旬日尽平"③。凌统从击山贼,"权破保屯先还,余麻屯万人,统与督张异等留攻围之,……率厉士卒,身当矢石,所攻一面,应时披坏,诸将乘胜,遂大破之。"④

潘璋为西安(今江西武宁)长,邻县建昌(今江西奉新境)"起为贼乱",孙权命他转领建昌长,加武猛校尉,"讨治恶民,旬月尽平"⑤。

十年(公元205年),上饶地方紧张,孙权将镇压山越名将、平东校尉贺齐和讨越中郎将蒋钦从东南前线调转过来,进讨上饶(江西今县)。《三国志·贺齐传》说,"使贺齐讨上饶,分为建平县(在今上饶境)"。

丹阳郡内的镇抚行动

越民反抗比较激烈的地区还有丹阳郡。丹阳郡(按:辖境相当于今安徽长江以南及江苏、浙江部分地区)是山越相对集中的地区。此前,他们曾帮助祖郎、太史慈反抗过孙策。祖郎、太史慈归附孙策以后,相对平静。孙权西向用兵时,他们也乘机"复动"。

---

① 《三国志·吴书·韩当传》。
② 《三国志·吴书·周泰传》。
③ 《三国志·吴书·董袭传》。
④ 《三国志·吴书·凌统传》。
⑤ 《三国志·吴书·潘璋传》。

因此,孙权在平定豫章郡内诸县山越反抗的同时及以后,也将丹阳郡所属各县作为重点。其中见诸历史记载的有:

徐盛受命"讨临城(今安徽青阳)南阿山贼有功"。[1]

吕蒙被命为广德(安徽今县)长,立有战功。[2]

黄盖"凡守九县,所在平定",并且留下了一些有趣的故事。史称:他为石城(今安徽贵池境)长时,"石城县吏,特难检御",黄盖为了分其权力,"乃署两掾,分主诸曹"。并写了一纸教令,约法在先,对他们说:"令长(按:黄盖自谓)不德,徒以武功为官,不以文史为称。今贼寇未平,有军旅之务,一以文书委付两掾,当检摄诸曹,纠摘谬误。两掾所署,事入诸出,若有奸欺,终不加以鞭杖(按:意为不是鞭打杖打几下就算了,而是处以重罚),宜各尽心,无为众先。"据说,"初皆怖威,夙夜恭职"。但过了一段时间后,县吏见黄盖"不视文书,渐容人事",便渐渐放肆起来。黄盖发现了"两掾不奉法数事",于是"悉请诸掾吏,赐酒食,因出事诘问"。事实确凿,"两掾辞屈,皆叩头谢罪"。黄盖严厉地当众宣布:"前已相敕,终不以鞭杖相加,非相欺也。"遂即将两掾推出去斩了,"县中震栗"。[3]

建安十年(公元205年)前后,孙权为了更有利地对付山越反抗,从丹阳郡分出一个临川郡(按:不久即废,非后来太平二年[公元257年]所设之临川郡),以朱然为太守,"会山贼盛起,然平讨,旬月而定"。[4]

---

① 《三国志·吴书·徐盛传》。

② 《三国志·吴书·吕蒙传》。

③ 《三国志·吴书·黄盖传》。

④ 《三国志·吴书·朱然传》。

吴郡和会稽等郡内的镇抚行动

吴、会稽等郡,自孙策镇压了严白虎、邹他、钱铜等诸多反抗后,局势一度相对安定。但在孙权西向用兵期间,也爆发了较大规模的骚乱。所以,孙权在镇抚豫章郡诸县的行动时,也同时注意到这些地方的局势。见诸记载的有:

命吴郡太守朱治,"征讨夷越,佐定东南"。朱治完成了使命,并顺势擒截了"黄巾余类陈败、万秉等"①。

命永宁(今浙江永嘉)长贺齐进兵会稽郡所属之建安(今福建建瓯),立都尉府,以平复建安、汉兴(今福建浦城)、南平(今福建南平)等地山越乱。这是孙权镇压山越行动中用兵规模最大的一次战事。贺齐其人,早年即以镇抚山越闻名,孙策因以为永宁长,代领都尉事。后事孙权,终生以镇压山越为务。当时山越大规模起事,史称"贼洪明、洪进、苑御、吴免、华当等五人,率各万户,连屯汉兴,吴五(人名)六千户别屯大潭(今福建建阳境)。邹临六千户别屯盖竹(在今福建建阳境),同出余汗(约在今福建松溪西)。"可见起事者竟有六万二千户之多(按:提请注意,单位是户,不是人)。孙权命"(会稽)郡发属县五千兵,各使本县长将之,皆受(贺)齐节度"。东汉末年会稽郡辖十余县,每县五千兵,那么总兵力便有五六万之多。据载,"军讨汉兴,经余汗。(贺)齐以为贼众兵少,深入无继,恐为所断,令松阳(今浙江松阳西)长丁蕃留备余汗。蕃本与齐邻城,耻见部伍,辞不肯留。齐乃斩蕃,于是军中震栗,无不用命。遂分兵留备,进讨明等,连大破之。"战果略有:1.临阵斩洪明;2.吴免、华当、洪进、苑御投降;3.转击盖竹,军向大

---

① 《三国志·吴书·朱治传》。

潭,吴五、邹临二将又降;4.杀人六千余("讨治斩首六千级");5.名帅尽擒,复立县邑,重新建立或健全了地方政权。①

命朱桓为余姚长。朱桓两手并用,重点在抚,取得了很好效果。据载,朱桓到任时,"往遇疫疠,谷食荒贵",于是"分部良吏,隐亲医药,飧粥相继",因而很得民心,"士民感戴之。"继而,他被升迁为荡寇校尉,授兵二千人,并且有权"部伍(统率)吴、会二郡,鸠合(集聚)遗散",也取得了显著成果,"期年之间,得万余人"。②

二、讨李术

前已述及,孙策活着的时候,据有会稽、吴郡、丹杨、豫章、庐江、庐陵六郡地。郡守大都是由自己的亲信担任的。惟庐江情况例外。庐江是六郡中最后得到手的。建安四年,孙策率领周瑜、孙权等"轻军袭拔庐江",太守刘勋逃依曹操。是年曹操为了集中力量对付袁绍,出自战略的考虑,很不情愿地"表孙策为讨逆将军,封为吴侯"。孙策为了回应朝廷和曹操的封赏,没有安排自己的亲信出任太守,而是"表用汝南李术为庐江太守,给兵三千人以守皖"③。

李术其人,笔者未能审其所本。只知他虽为孙策"表用",但自认是经过曹操认可的正式的朝廷命官,不愿为孙氏兄弟所用,而且野心很大,极想北依曹操,乘乱谋得扬州刺史的位置。

当时的扬州刺史名叫严象。严象是荀彧推荐给曹操的重要人物之一。《三国志·荀彧传》注引《三辅决录[注]》说:"(严)象字文则,京兆人。少聪博,有胆智。以督军御史中丞诣扬州讨袁术,

---

① 《三国志·吴书·贺齐传》。
② 《三国志·吴书·朱桓传》。
③ 《三国志·吴书·孙策传》注引《江表传》。

会术病卒，因以为扬州刺史。建安五年，为孙策庐江太守李术所杀"。对于这位曹操派出的颇有才能的封疆大吏，立足未稳，便被略占先机的李术杀了，《三国志》作者陈寿非常为之叹息："太祖（曹操）以（荀）彧为知人，诸所进达皆称职，唯严象为扬州，韦康为梁州，后败亡。"①

孙策死后不久，李术便公开宣称不听孙权管束，而且公然引诱招纳孙权"亡叛"士卒，瓦解孙权的部曲。面对李术的叛逆行径，孙权和他的幕僚们自然不能等闲视之。因此毅然利用曹操北向用兵而无暇南顾的机会，抓紧时间约在建安五年末或建安六年进行了讨伐李术的战争。

《三国志·孙权传》注引虞溥《江表传》记载了这次战争的缘起、谋略和结果：

战争缘起，略为三条：第一，防止庐江从自己的统治地盘中分裂出去，即所谓："初（孙）策表用李术为庐江太守，策亡之后，术不肯事（孙）权"；第二，根绝李术"多纳其亡叛"的不利局面，稳定和巩固自己军队；第三，惩罚李术对自己的侮辱。记载说，李术收纳孙权的"亡叛"人员，孙权曾"移书求索"，令其放回，李术不仅没有应允，而且使用了侮辱性的语言加以回复："有德见归，无德见叛，不应复还。"这是把孙权比作无德的人，无异于公然挑战，因此大大刺激了孙权。

战争谋略，重在稳住曹操，孤立李术。第一，把曹操放在朝廷"代表"的位置上，自以曹操表荐的"讨虏将军"的身份向其报告"李术凶恶"，即所谓"权大怒，乃以状白曹公"。其词略为："严刺

---

① 《三国志·魏书·荀彧传》。据《三辅决录［注］》载，韦康字元将，京兆人，被孔融誉为"渊才亮茂，雅度弘毅，伟世之器也"，代父韦端为凉州刺史，"后为马超所围，坚守历时，救军不至，遂为超所杀"。

史（按：即扬州刺史严象）昔为公（按：尊称曹操）所用，又是州举将（按：指自己被扬州刺史严象举为茂才），而李术凶恶，轻犯汉制，残害州司，肆其无道，宜速诛灭，以惩丑类。"第二，讲述讨伐李术，上利国家，下为严象报仇，完全正义。因说："今欲讨之，进为国朝扫除鲸鲵（鲸鱼，雄曰鲸，雌曰鲵。此比喻坏人），退为举将报塞怨雠，此天下达义，夙夜所甘心。"第三，请求曹操不要干预，上书中恳切地对操说："术必惧诛，复诡说求救。明公所居，阿衡之任，海内所瞻，愿敕执事，勿复听受"。

战争结果，建安五年末，孙权"举兵攻术于皖城"。李术无力相抗，"闭门自守，求救于曹公。曹公不救。粮食乏尽，妇女或丸泥而吞之"。孙权"遂屠其城，枭术首，徙其部曲三万余人"。

年轻的孙权，刚履其任，谋术并用，便取得了一次重要的局部战争的胜利。战争巩固了孙氏的既有地盘，扬州七郡，孙权有其六，而曹操重新派出的扬州刺史刘馥仅有九江一郡之地。

三、解除孙辅兵权

约在讨灭庐江太守李术的前后，孙权还做了另一项重大决策：解除了堂兄、平南将军、交州刺史孙辅的兵权。

孙辅，字国仪，是孙权伯父孙羌的第二个儿子，年龄比孙策略长数岁。父母早逝，由兄长孙贲抚养成人。史赞"弟辅婴孩，贲自赡育，友爱甚笃"。[①] 及长，随兄孙贲征战。袁术僭号称帝时，曾经以吴景为广陵太守，孙策的族兄孙香为汝南太守，孙贲为九江太守。兴平二年（公元195年），孙策谋取江东，渡江作战，给吴景、

---

① 《三国志·吴书·宗室传·孙贲》。

孙贲、孙香等发去书信:"今征江东,未知二三君意云何耳?"吴景、孙贲积极响应,迅即渡江,孙香"以道远独不得还"①。当时,孙辅已被袁术授予军职,也毅然率部随孙贲等支援作战。史载,孙辅"以扬武校尉佐孙策平三郡(按:指吴、会稽、丹阳)。策讨丹阳七县(按:汉末丹阳郡属县十六,此七县指丹阳、宛陵、泾、陵阳、始安、黟、歙),使辅西屯历阳(今安徽和县)以拒袁术,并招诱余民,鸠合遗散"。继而,"又从策讨陵阳,生得祖郎等"。建安四年,孙策西袭袁术封授的庐江太守刘勋,孙辅亦随从,"身先士卒",立有战功。因此,孙策用他做庐陵太守,"抚定属城,分置长吏",随后又升授"平南将军,假节(持有带兵凭证)领交州刺史"。

孙辅年龄比孙权大,战功比孙权也多,并且假节一方兵权,对年轻的孙权的能力有点看不起。前面提到,孙氏家族内部颇有一些人想乘孙策死时夺取权力,不仅三弟孙翊想谋军权,而且堂兄孙暠也想乘丧兴兵。不过,他们都没有对孙权构成事实上的严重威胁。真正构成威胁的是孙辅。孙辅试图北联曹操,以实现自己的阴谋。对此,《三国志》孙辅本传记载比较简单,仅称孙辅"遣使与曹公相闻,事觉,权幽系之"。裴松之注引鱼豢《典略》记录稍微详细。

> 辅恐权不能保守江东,因权出行东冶,乃遣人赍书呼曹公。行人以告,权乃还,伪若不知,与张昭共见辅,权谓辅曰:"兄厌乐邪,何为呼他人?"辅云无是。权因投书与昭,昭示辅,辅惭无辞。乃悉斩辅亲近,分其部曲,徙辅置东。

孙辅给曹操信的具体内容是什么? 不得而知。揣度之,自然不外以下几个方面:一述孙权无能,"不能保守江东";二望曹操控制的朝廷直接干预,另从孙氏家族内选立贤能;三请曹操向南示

---

① 《三国志·吴书·宗室传·孙贲》注引《江表传》。

兵,声援自己谋夺权力的行动。

毫无疑问,孙辅所为,对于一个相对独立的政权或军事集团来说,已属"谋叛"。

天助孙权,书信未能送达曹操,"行人以告"。古称使者为"行人"。用通俗的话说,就是孙辅的使者把书信交给了孙权。孙权自东冶(今福建闽侯)迅即返吴(今江苏苏州),当机立断在张昭的协助下,以迅雷不及掩耳之势,果敢、机智、妥善而又不乏威慑地处理了这件大事:第一,考虑到宗族的关系,保留了孙辅的脑袋;第二,孙辅的亲近幕僚,不论是否参与其事,全都杀了;第三,把孙辅统属的军队重新整编,化整为零,分割归属于其他将领;第四,将孙辅移地软禁起来。

据载,没有几年孙辅便死了。孙权没有连坐他的子孙。后来,孙辅的四个儿子,都被安排了官职,"皆历列位"。

四、杀盛宪,诛妫览余党

盛宪,字孝章,会稽人,曾经是汉室朝廷任命的吴郡太守。虞预《会稽典录》说:盛宪"器量雅伟,举孝廉,补尚书郎,稍迁吴郡太守,以疾去官。孙策平定吴、会,诛其英豪,宪素有高名,策深忌之。"这说明,孙策平吴以后,就曾想把不肯为己所用的盛宪杀掉。所以,少府孔融很想把他调回朝廷,以免受害。《会稽典录》记载,"宪与少府孔融善,融忧其不免祸",于是给曹操写了一封长信,恳请曹操尽快施救。书信不仅高度看重盛宪,而且写得很有文采和感情,其中有言:"岁月不居,时节如流,五十之年,忽焉已至。公(指曹操)为始满,融又过二,海内知识,零落殆尽,惟会稽盛孝章尚存。其人困于孙氏,妻孥湮没,单子独立,孤危愁苦,若使忧能伤人,此子不得复永年矣。"又说:"今孝章实丈夫之雄也,天下谭(通谈)士伏以扬声,而身不免于幽执,命不期于旦夕,是吾祖(指孔子)不当复论损益之友,而朱穆所以绝交也(按:朱穆,东汉人,曾任冀州刺史,著《绝交论》,行于世)。公诚能驰一介之使,加咫尺之书,则孝章可致,友道可弘也。"曹操接受了孔融意见,"由是征盛宪为骑都尉"。但晚了一步。约在建安七年,孙权抢在曹操所发朝廷敕命到达之前,将盛宪杀死。

孙权杀死盛宪以后,盛宪做吴郡太守时所举孝廉妫(guī)览、戴员"亡匿山中"。建安八年,孙权的弟弟孙翊为丹阳太守,以礼招致妫览、戴员,并以览为大都督,员为郡丞。不久,翊将边鸿(一作洪)杀翊,妫览、戴员均与其谋。孙权族兄、威寇中郎将、领庐江太守孙河得知孙翊遇害的消息,"驰赴宛陵(丹阳治所,今安徽宣州),责怒览、员"。览、员二人害怕了,觉得"伯海(孙河字)与将军(指孙翊)疏远(按:孙翊、孙河不是亲兄弟。孙河本姓俞氏,孙策爱之,赐姓为孙),而责我乃(尔)。讨虏(指孙权)若来,吾属无遗矣",于是反叛,"遂杀河,使人北迎扬州刺史刘馥,令住历阳(今安徽和县),以丹阳应之"。刘馥未至,孙翊夫人徐氏与孙翊帐下诸将设计将妫览、戴员杀死。《三国志·孙韶传》注引《吴历》详细记载了事情经过:"妫览、戴员亲近边洪等,数为翊所困,常欲叛逆,因吴主出征(按:指建安八年孙权征黄祖、镇山越),遂其奸计。时诸县令长并会见翊……翊以长吏来久,宜速遣,乃大请宾客。翊出入常持刀,尔时有酒色,空手送客,洪从后斫翊,郡中扰乱,无救翊者,遂为洪所杀。"边洪逃走入山。孙翊妻子徐氏悬赏"追捕",不久便将边洪捉住。妫览、戴员为了灭口,归罪于洪,将洪杀死,"诸将皆知览、员所为,而力不能讨"。妫览得势,"入居军府中,悉取翊嫔妾及左右侍御",并想占有徐氏。徐氏利用孙翊旧将孙高、傅婴等,设计除掉妫览、戴员。

孙权得知三弟孙翊被杀,驱兵奔丧,及至,徐氏与孙高、傅婴等已诛妫览、戴员。孙权"悉诛览、员余党",赏有功,"擢高、婴为牙门,其余皆加赐金帛,殊其门户",彻底平息了丹阳的地方性叛乱。随后,建安九年,以堂兄孙瑜代孙翊领丹阳太守。

五、征 黄 祖

黄祖作为荆州牧刘表麾下将军、江夏太守,驻守夏口(今湖北武汉市境),扼守长江要冲。他有两件事被生动地记在历史上,一是"拉杀"名人狂生祢衡;二是"射杀"豫州刺史孙坚,成为孙氏世仇,终被孙权"枭首"。

关于黄祖"拉杀"祢衡以及祢衡其人,笔者在《曹操传》和《曹操评传》中均较多论述。概括起来说,略为:祢衡,字正平,平原般(治今山东商河西。一说在临邑境)人,少(年少)有才辩,而尚气刚傲,好矫时慢物(喜欢同世俗对着干,待人接物傲慢),建安初自荆州北游许都,自恃才高,常发"臧否(品评人物善恶)过差"之偏激言论,众人皆切齿,但受到孔融赏识。孔融数荐祢衡于曹操。曹操欲相见,但祢衡倒摆起了臭架子,自称狂疾,不肯往,而且说了不少难听的话。曹操知道了这种情况后,很不高兴,但因其有才名,并不想杀他,只是想羞辱一下,挫其傲气,他听说祢衡善击鼓,于是"录为鼓史"。曹操大会宾客,让衡击鼓。按照时俗,鼓史击鼓皆脱其旧衣,换上专门为鼓史做的衣服从宾客面前走过。其他鼓史皆照规矩办。祢衡则"过不易衣"。受到主事吏的"呵斥"后,便走到曹操面前先解外衣,次解余服,裸身而立,然后慢慢把新衣穿上。孔融狠狠把祢衡批评了一顿,祢衡答应给曹操道歉。约好早上见,一直到日暮之时,衡身着单布衣(当时是十月,天已冷)、疏巾,坐曹操营门外,以杖捶地,大骂曹操。曹操压住怒火,没有把他杀掉,而是准备精马三匹,骑兵二人,把他礼送与刘表。据说,衡至荆州,刘表"悦之以为上宾","文章言议,非衡不定",但他老毛病不改,"复侮慢于表",再加有人从中挑唆,刘表"耻不能容",于是将他送给江夏太守黄祖。刘表明知"黄祖性急,故送衡与之"。这同曹操一样,都是想借刀杀人。

据说,黄祖亦很善待祢衡。《后汉书·祢衡传》说:"衡为作书记,轻重疏密,各得体宜。"黄祖特别高兴,握着祢衡的手说:"处士,此正得祖意,如祖腹中之所欲言也。"黄祖的儿子、章陵太守黄射,"尤善于衡"。历史记录了二人友好相处的故事。其一,黄射曾经同祢衡一同出游,"共读蔡邕所作碑文",射爱其辞,回到住地后悔没有把碑文抄录下来。祢衡从容说:"吾虽一览,犹能识(记)之,唯其中石缺(按:意谓碑文刻石残缺)二字为不明耳。"随即将碑文默写出来。黄射当即派人快马"写碑还校",果然"如衡所书",在座人等,"莫不叹伏"。其二,有一次黄射大会宾客,有人敬献一只鹦鹉,黄射举杯请祢衡为其作赋,衡当即"揽笔而作,文无加点,辞采甚丽"。然而没有多少日子,祢衡本性难移,目无尊长,狂傲之气又发作了。黄祖大会宾客,"衡言不逊顺",使黄祖下不了台。黄祖"乃呵之",衡竟瞪着两只大眼骂黄祖"死公",祖大怒,令人拖出去,"欲加箠(杖打)",衡更大骂,祖怒不可遏,即令"左右遂扶以去,拉而杀之(拉杀,以杖击死)"。据说,黄射听到消息,来不及穿鞋子便跑来相救,但已经晚了。黄祖也后悔了,"乃厚加棺敛"。衡时年仅二十六岁。①

---

① 《后汉书·祢衡传》、《三国志·魏书·荀彧传》注引《典略·祢衡传》。

黄祖是孙氏世仇。前已述及,初平三年(公元192年),孙坚攻刘表,刘表令黄祖迎击孙坚于樊、邓之间(今湖北襄樊境),"坚击破之,追渡汉水,遂围襄阳(今湖北襄樊)"。胜利在望,孙坚"单马"出行巡视,"为祖军士所射杀。"孙坚被乱箭射死以后,孙氏功业受到极大挫折,几难再振。后来,孙策据有江南,力量稍备,即谋复仇。建安四年(公元199年),发兵重创黄祖于沙羡县,"锋刃所截,炎火所焚,前无生寇,惟祖迸走"。这就是说,黄祖家属部曲,虽然被杀殆尽,但黄祖逃过一死,孙策兄弟的杀父之仇未能彻底得报。

黄祖深知决定生死的未来的战争总归是无法避免的。他紧紧依靠刘表,与刘表相互为用,全力备战:一、积极募兵,仅三四年的时间,便又重新组建起一支具有一定战斗力的队伍;二、刘表特设章陵郡(治今湖北枣阳东),用黄祖的儿子黄射为章陵太守,遥领其职,就近治兵,驻扎沙羡至柴桑(今江西九江)一线,以与黄祖为掎角之势;三、为了分散对方的兵力,刘表还加强了据守鄱阳湖畔的侄子刘磐的力量,用以牵制孙权名将太史慈等(按:太史慈死于建安十一年);四、不断骚边,示强,虚张声势。历史记载,在孙权尚未发动之前,刘表、黄祖数次支使刘磐、黄射犯边。《三国志·徐盛传》说,徐盛以五百人"守柴桑长,拒黄祖",黄祖的儿子黄射率领数千人顺流而下攻击徐盛,"盛时吏士不满二百,与相拒击,伤射吏士千余人",然后开门出战,大破黄射,"射遂绝迹不复为寇"。

听鲁肃之议,第一次出征

孙权必征黄祖,但何时用兵并不是随机的。就形势和辖属关系言,征黄祖就是对刘表用兵,而当时刘表虽弱,但孙权并不完全具备这样的势力。所以内部便产生了分歧,一方是鲁肃、甘宁等一班武将,一方是张昭等一班文臣。

前面提到,鲁肃初见孙权时就曾献计:抓住曹操胶着北方战事而无暇南顾的机会,"剿除黄祖,进伐刘表"。此说虽然受到孙权赞许,但遭到张昭"訾毁"。孙权没有听张昭的,而是命令诸将积极备战。建安八年(公元 203 年),发动了第一次征讨黄祖的战争。

孙权为什么在这一时间开始发动战争呢?

第一,统事三年,为政、用人、处理家族内争等问题都取得了好的成就,权力地位已经相对稳定;

第二,抚山越,讨不服,取得了不少局部战争的胜利,辖内略显稳定,诸将佩服,愿为之战;

第三,与荆州接壤的重要据点布防已经基本就绪。中护军周瑜继领江夏太守,驻宫亭(即宫亭湖,今鄱阳湖),柴桑长徐盛镇守柴桑(今江西九江西南),二人统制水陆,紧扼浔阳江(今江西九江北之一段长江名称)要冲;建昌都尉太史慈驻守海昏、建昌,抗住了刘表的局部用兵,基本控制了鄱阳湖以西一线;

第四,曹操的主力部队正在河北前线收拾袁谭、袁尚兄弟,孙权北面防守压力较小,没有曹操南来之虞,敢于放手灵活调动自己的军队;

第五,是年,曹操为了促进袁谭、袁尚兄弟内变,依从郭嘉的计谋,示以南征刘表的假象,曾耀兵南下,军驻西平(治今河南西平西),刘表因此大为紧张,不敢轻举妄动,不得不备兵防操;

第六,刘备军事势力在荆州的迅速发展,刘表在心理上感受到了威胁,不能不有所防备,因而也使他不敢将过多的主力调离襄阳一带,而去支援黄祖;

第七,刘表年衰,二子争立已趋白热,内部争斗很激烈;亲曹派搞得刘表心神不定。

诸此可见,在这一时间发动征讨黄祖的战争是非常适宜的。

初冬十月,孙权亲率征虏中郎将吕范,荡寇中郎将程普,别部司马黄盖、韩当、周泰、吕蒙等开赴前线,并督同周瑜、徐盛等,水陆并进,向黄祖发起进攻。战事进行得很顺利,彻底击垮了黄祖的水军,一路前进,很快兵临黄祖的大本营沙羡城下。

从历史记载分析,当时的沙羡(按:夏口在沙羡境。后来吴改沙羡为鄂城)城防是相当巩固的,所以没能即时攻破。是役,孙权的重大损失是破贼校尉凌操牺牲。凌操"从讨江夏,入夏口,先登,破其前锋,轻舟独进,中流矢死"。① 《三国志·甘宁传》注引《吴书》说,凌操是被甘宁射死的。当时,甘宁正在黄祖那里效力,"权讨祖,祖军败奔走,追兵急,宁以善射,将兵在后,射杀校尉凌操。"

正当全力攻城,有望捉住黄祖的时候,孙权接到了后方的告急情报。豫章、丹阳、庐陵、吴、会稽等郡的山越全面"复动",形势紧急,直接威胁孙氏政权的统治。权衡利弊轻重,孙权自然明白,镇抚山越比捉拿黄祖更为重要。因此,不得不下令班师,第一次出征功亏于垂成。

甘宁称说荆州形势。第二次和第三次出征

建安八年至十一年,孙权全力镇压了一些地方的山越暴乱。镇抚行动取得相当成功,孙权的军事力量非但没有削弱,而且得到更大的扩充和锻炼。

---

① 《三国志·吴书·凌统传》。

同时,周瑜、董袭等在此期间,也受命完成了进犯到刘表边缘地区、进而扫清附近"山贼"、消灭来犯之敌的任务。建安十一年,孙权督周瑜率领绥远将军孙瑜等讨麻、保二屯(在今湖北嘉鱼境)"山贼",周瑜"枭其渠帅,因俘万余口",补充了军队,"还备宫亭"。继而,约在建安十二年,黄祖遣其将邓龙率兵数千人侵入柴桑境,周瑜"追讨击,生虏(邓)龙送吴"。①

更重要的是,在此期间,甘宁来归,促进了再伐黄祖的进程。

甘宁,字兴霸,巴郡临江(今重庆忠县)人。据说,他是秦丞相甘茂的后代。甘茂是南阳下蔡人,因此历史上又称"宁本南阳人,其先(按:指先祖)客于巴郡"。甘宁年轻时候即以豪侠闻名,史谓"少有气力,好游侠,招合轻薄少年,为之渠帅;群聚相随,挟持弓弩,负毦(音 er,羽毛饰物)带铃,民闻铃声,即知是宁"。与人相处,不管是一般人等,还是地方官吏,对自己好,"接待隆厚者"便与其"交欢";否则,即让自己的属下"夺其资货"。因此,地方官吏都很怕他,以至不敢当班做事。《三国志·甘宁传》注引韦曜《吴书》还说:"宁轻侠杀人,藏舍亡命,闻于郡中。其出入,步则陈车骑,水则连轻舟,侍从被文绣,所如光道路,住止常以缯锦维舟(常用高档丝织物系舟),去或割弃,以示奢也。"后来,渐悟所作所为之非,陡然改变,"止不攻劫,颇读诸子",并曾做过县吏、郡丞,但不久又弃官归家了。继而,"乃往依刘表,因居南阳"。据载,他没有受到刘表的重视,"不见进用,后转托黄祖,祖又以凡人畜之。于是归吴"。《三国志》注引《吴书》还说:"宁将童客八百人就刘表。表儒人,不习军事。时诸英豪各各起兵,宁观表事实,终必无成,恐一朝土崩,并受其祸,欲东入吴。黄祖在夏口,军不得过,乃

① 《三国志·吴书·周瑜传》。

留依祖,三年,祖不礼之。"甘宁救过黄祖的命。孙权第一次讨黄祖时,"祖军败奔走,追兵急,宁以善射,将兵在后",射死孙权的破贼校尉凌操,黄祖免于一死。然而,"祖既得免,军罢还营,待宁如初",依然不予重用。据说,黄祖属下都督苏飞"数荐宁,祖不用"。不仅如此,黄祖还企图瓦解甘宁的部曲,"令人化诱其客",不少人渐渐离宁而去。甘宁很失望,很苦闷,"欲去,恐不获免",但想不出什么好办法。苏飞知道甘宁想要离开,一天苏飞对甘宁说:"吾荐子者数矣,主(指黄祖)不能用。日月逾迈,人生几何,宜自远图,庶遇知己。"甘宁说:"虽有其志,未知所由。"苏飞说,我去向黄祖讲讲请他放你出去做邾县(在今湖北黄冈境)长,你到了那里以后,看机行事。黄祖听从了苏飞的建议,让甘宁做邾县长。甘宁到了邾县以后,"招怀亡客并义从者,得数百人",遂即归吴。

甘宁入吴,"周瑜、吕蒙皆共荐达,孙权加异,同于旧臣"。甘宁甚知荆州之要,因而即陈征黄祖、伐刘表、奄有荆州之计。主要内容约为:

第一,申述西取荆州的重要性和必要性:"今汉祚日微,曹操弥憍(音jiāo,通骄),山陵形便,江川流通,诚是国之西势也。"

第二,申述西伐刘表的急迫性:"宁已观刘表,虑既不远,儿子又劣,非能承业传基者也。至尊(敬称孙权)不可后操(意谓不能让曹操抢先)图之。"

第三,申述欲图刘表"宜先取黄祖"之议。列举了可即兴兵的有利条件:一曰黄祖老迈昏庸,不得人心:"祖今年老,昏耄已甚,财谷并乏,左右欺弄,务于货利,侵求吏士,吏士心怨。"二曰黄祖第一次受创以后尚未恢复元气:"舟船战具,顿废不修,怠于耕农,军无法伍。至尊今往,其破可必。"三曰征破黄祖的重大意义:"一破祖军,鼓行而西,西据楚关(按:又称扞关,在今湖北长阳境),大势弥广,即可渐规(逐步谋划)巴、蜀。"

孙权认为甘宁的话很有道理,"深纳之",然而又遭到张昭的反对。张昭认为不宜出兵,应该先稳定内部,说:"吴下业业(按:意为吴下形势令人担忧),若军果行,恐必致乱。"甘宁当即批评了张昭不求进取的精神,说:"国家(指孙权)以萧何之任付君,君居守而忧乱,奚以希慕古人乎?"孙权本来有意再次发动征讨黄祖的战争,自然是听甘宁的,于是举杯对甘宁说:"兴霸,今年行讨,如此酒矣,决以付卿。卿但当勉建方略,令必克祖,则卿之功,何嫌张长史(昭)之言乎(何必在乎张长史说什么)。"

建安十二年(公元207年),孙权以第一次出征诸将,以及别部司马凌统等进行了第二次讨伐黄祖的战争。根据《三国志·孙权传》的"西征黄祖,虏其人民而还"的简短记载分析,这次征伐没有全面展开,虽然取得一定战果,但不够辉煌。究其原因,不得其详。极大可能是,母亲"疾笃"病危,孙权不得不罢兵回吴。《资治通鉴》卷65记载:"权母吴氏疾笃,引见张昭等,属(嘱)以后事而卒。"这说明,孙权紧往回赶,还是没有赶上母亲的最后一口气,所以其母弥留之际只好召见张昭等"嘱以后事"。

建安十三年春,孙权没有以"国丧不举兵"为训,第三次率领整装待发的军队开赴征伐黄祖的前线。这次,他以周瑜为前部大督,以刚刚升职为偏将军的董袭和年轻的破贼都尉凌统,以及平北都尉吕蒙等三人为前部先锋。

黄祖也已数年战备,所以战斗进行得很激烈。

《三国志·董袭传》说,黄祖"横两蒙冲(按:蒙冲是大的战船名字)挟守沔口(即汉口),以枻间大绁(按:即棕榈大绳。绁,音xiè)系石为矴(音dìng,固定船只用的石锚),上有千人,以弩交射,飞矢雨下,军不得前。(董)袭与凌统俱为前部,各将敢死百人，人被两铠，乘大舸船，突入蒙冲里。袭身以刀断两绁，蒙冲乃横流，大兵遂进。祖便开门走，兵追斩之。"

《三国志·凌统传》说，孙权"复征江夏，统为前锋，与所厚健儿数十人共乘一船，常去大兵数十里。行入右江，斩黄祖将张硕，尽获船人。还以白权，引军兼道，水陆并集。时吕蒙败其水军，而统先搏其城，于是大获。"

《三国志·吕蒙传》说，吕蒙"从征黄祖，祖令都督陈就逆以水军出战。蒙勒前锋，亲枭（陈）就首，将士乘胜，进攻其城。祖闻（陈）就死，委城走，兵追禽之。"

《三国志·孙权传》说，孙权复征黄祖，"祖先遣舟兵拒军，都尉吕蒙破其前锋。而凌统、董袭等尽锐攻之，遂屠其城。祖挺身亡走，骑士冯则追枭其首，虏其男女数万口。"

谁的功劳最大？从孙权的态度看，历史记载了四种情况：

其一，在追杀黄祖以后的第二天的庆祝会上，孙权举起酒杯对董袭说："今日之会，断绁之功也。"

其二，在另一场合说："事之克，由陈就先获也。"因此把吕蒙升为横野中郎将，赐钱千万。

其三，凌统先此酒后杀死同部督陈勤，犯杀人罪，大破保屯"山贼"以后，"自拘于军正（按：军中执法者）"，孙权"使得以功赎罪"，属于戴罪之身，不宜大的封赏，而赐号承烈都尉，以示其继承并完成了父亲凌操的意愿。

其四，甘宁陈计以后，孙权"遂西，果禽祖，尽获其士众"，孙权有言在先，"卿（指甘宁）但当勉建方略，令必克祖，则卿之功"。因此，战后"遂授宁兵，屯当口（约近夏口）"。应该指出的是，甘宁虽然拿出了用兵方略，但不可能直接参与讨伐黄祖的前阵军事行动，第一，他曾是黄祖的属下；第二，黄祖部属中不少人是他的朋友；第三,最重要的是他曾射死了凌统的父亲凌操,"凌统怨宁杀其父操,常欲杀宁",所以很难相互配合。孙权自然会考虑这些情况。战后,孙权没有忘记甘宁之功,不仅授兵,而且在处理黄祖部属问题上还给了甘宁很大面子。据载,孙权出征之前,"先做两函(匣子),欲以盛(黄)祖及苏飞首"。孙权为诸将置酒,甘宁下席叩头,血涕交流,为苏飞求情,对孙权说:"(苏)飞畴昔(往日)旧恩,宁不值(值,遇到)飞,固已损骸于沟壑,不得致命于麾下。今飞罪当夷戮,特从将军乞其首领。"孙权"感其言",答应不杀,允其流亡。甘宁仍然长跪不起,恳言:"飞免分裂之祸(按:分裂,指身首异处),受更生之恩,逐之尚必不走,岂当图亡哉(亡,逃亡)! 若尔,宁头当代入函。"因此,孙权很受感动,完全赦免了黄祖的重要将领、都督苏飞。显然,《三国演义》所谓甘宁"背射黄祖",枭其首而归的描写是不真实的。

剿灭黄祖的重要意义,对于孙权来说:

第一,世仇得报,远慰先父在天之灵,近成兄长未赏之愿;

第二,西剪刘表,拓疆扩土,实际控制线,真正地越出扬州六郡深入荆州,为以后夺取并拥有荆州,奠定了有利基础;

第三,兵扼汉沔,军驻江夏,江夏太守(治今湖北鄂城)周瑜同刘表的新任江夏太守刘琦相对夏口(即今汉口),有效地控制了长江水陆要冲,免去了上流来侵之虞,保证了下流安全,而且为以后进一步西下用兵提供了基地,得以顺利进军乌林赤壁,迎击曹操。

剿灭黄祖对于当时的形势产生了重大影响:

第一,荆州感到了严重威胁,从而促进了荆州内部的分化,一股以韩嵩、蒯越、傅巽、刘先、李羲、王粲等为主干的亲曹势力迅速增长;

第二,刘表骤失江夏,心情受到打击,病情迅速恶化,于是一场

兄弟争立的斗争愈演愈烈,内部分裂,从而导致荆州不能自保成为必然;

第三,曹操得到信息后,受到了意外刺激,使他北征乌桓回邺后,稍事休整,深恐落在孙权之后,迅速南下,谋取荆州;

第四,刘备、诸葛亮利用吴兵西来以及刘琦、刘琮兄弟斗争的机会,抓紧机会巩固和扩展势力,军控樊城和汉水襄樊以下水路,觊觎荆州之变。

第四章　赤壁之战

孙权"因北方多务"之机顺利剿灭黄祖以后，并没有回师东下，而是坐镇柴桑，除使贺齐率领部分军队镇压黟、歙山越，部分军队防曹操于合肥以外，其主力军队大部布置在柴桑至夏口一线和鄱阳湖以西地带。

毋庸讳言，孙权在觊觎荆州。这是他的既定方略，他在谋划实现鲁肃所献的"帝王之策"："剿除黄祖，进伐刘表，竟长江所极，据而有之，然后建号帝王以图天下。"①他在憧憬甘宁为他绘制的美好远景："一破祖军，鼓行而西，西据楚关，大势弥广，即可渐规巴、蜀。"②

孙权既知荆州对自己很重要，又知曹操北征乌桓以后的下一个目标必是荆州。因此，他以"当早规之，不可后操图之"为指导思想抓紧时间积极备战。

曹操早在讨伐袁氏兄弟的时候，就曾一度南向示兵，给刘表施加压力，以促进荆州内部的分裂，给亲曹势力的发展以鼓励和支持。及至北破乌桓，完成了统一北方的战争，满怀胜利的喜悦，于建安十三年（公元208年）初回到邺城后不久，便传来了孙权已经剿灭黄祖的消息。他甚感时不我待，所以不俟休整，也立即开始了

---

① 《三国志·吴书·鲁肃传》。
② 《三国志·吴书·甘宁传》。

南向用兵的准备。

孙权谋取荆州的野心既然已经明显暴露,刘备在荆州的势力也日渐坐大,曹操则想抢在孙、刘之前拥有荆州,因此荆州成为曹操、孙权、刘备争夺的焦点。他们展开了谋取荆州的"赛跑"。然而,孙权终因势力不及而后曹操一步。

一、战前形势和孙权的战略调整

在曹操完成了北方的统一战争的时候,全国军事格局发生了很大的变化,吕布、袁术、袁绍父子先后被消灭了,乌桓被征服了,能够继续与曹操为敌者,主要是南方的三个地方军事集团:一是荆州刘表,二是江东孙权,三是依附于刘表的刘备。另外,还有益州刘璋和西北方面的张鲁、马超和韩遂等。

荆州内变,孙权谋有荆州之地

历史表明,正当曹操、孙权、刘备的势力日渐壮大和发展的时候,荆州牧刘表统治十八年的荆州却已积弱难返了。

初平元年(公元 190 年),长沙太守孙坚攻杀荆州刺史王叡,朝廷即以刘表为荆州刺史。刘表在蒯越等人的帮助下,平定江南,遂有"南接五岭,北据汉川,地方数千里"之地和"带甲十余万"之众。初期颇有政绩。史载,刘表"招诱有方,威怀兼洽"、"万里肃清,大小咸悦而服之"。所以在北方连年战争的时候,而荆州是相对稳定的。兖、豫诸州及关西"学士归者盖有千数"。《刘镇南碑》对于他的政绩还夸张地说:"劝穑务农,以田以渔,稌(音 tú,稻)粟红腐,年谷丰伙。江湖之中,无劫掠之寇,沅湘之间,无攘窃之民……当世知名,辐辏而至,四方襁负,自远若归,穷山幽谷,于是为邦,百工集趣,机巧万端,器械通变,利民无穷。邻邦怀慕,交、扬、益州,尽遣驿使,冠盖相望。下民有康哉之歌,群后有归功之绪。"然而刘表乃一儒人,胸无大志,谋无远虑,不习军事,试图"爱民养士,从容自保"。[①]

曹操定冀州、征乌桓时,刘备曾建议他乘机袭击曹操的后方。他不听。曹操避免了两面作战之忧,刘表在客观上为曹操取得北方战争的胜利提供了有利条件。及至曹操还邺,刘表才开始认识到大事不好了,不无后悔地对刘备说:"不用君言,故失此大会也"。[②]

建安八年以后,荆州形势迅速陷入严重危机。

第一,离心力——亲曹势力左右政局。刘表周围逐步形成了以从事中郎韩嵩、别驾刘先、大将蒯越、东曹掾傅巽等高层领导为代表的亲曹集团。这是一批很有政治头脑的人物。他们深知曹操必成气候,刘表很难自保,因而试图说服刘表依附曹操,从而获得个人的巨大利益。

《三国志·刘表传》记载,早在曹操与袁绍争雄河北的时候,韩嵩、刘先等即对刘表说:"豪杰并争,两雄相持,天下之重,在于将军。将军若欲有为,起乘其弊可也。若不然,固将择所从。将军拥十万之众,安坐而观望。夫见贤而不能助,请和而不得,此两怨必集于将军,将军不得中立矣。夫以曹公之明哲,天下贤俊皆归之,其势必举袁绍(举,攻克),然后称兵以向江汉,恐将军不能御也。故为将军计者,不若举州以附曹公,曹公必重德将军。长享福祚,垂之后嗣,此万全之策也。"大将蒯越也竭力附和,劝刘表归附

① 参见《后汉书·刘表传》。
② 《三国志·魏书·刘表传》注引《汉晋春秋》。

曹操。刘表一度被这些人说得有点动了。因此，"表狐疑，乃遣（韩）嵩诣太祖（操）以观虚实"。《傅子》载，行前刘表对韩嵩说："今天下大乱，未知所定，曹公拥天子都许，君为我观其衅。"韩嵩再次乘机进言："以嵩观之，曹公至明，必济天下。将军能上顾天子，下归曹公，必享百世之利，楚国实受其祐"；并且非常聪明地为自己留下后路，对刘表说，如果你还没有最后拿定主意，那么我有话说在前头，假设我到京师，天子给我一官，我就成了"天子之臣，而将军之故吏"了，"在君为君，则嵩守天子之命，义不得复为将军死也"。果然，曹操以朝廷的名义"拜嵩侍中，迁零陵太守"。韩嵩回来以后，大讲曹操"威德"，并劝说刘表"遣子入质"。刘表大怒，以为韩嵩"怀贰"，所以尽为曹操说话，于是"大会僚属数百人，陈兵见嵩，盛怒，持节将斩之"。韩嵩"具陈前言"。刘表妻子蔡氏也为说情："韩嵩楚之望也，且其言直，诛之无辞"。刘表在"考杀随嵩行者"以后，确知"嵩无他意"。但他嫉怒难平，不肯无罪释放，依然将其关押了起来，"弗诛而囚之"。

这股亲曹势力，内抗刘备，支持刘琮，削弱刘琦，外慕曹操，成为曹操南下荆州的实际内应。历史的时间表证明，建安十三年七月曹操兵出宛、叶；八月刘表病死，刘琮继为荆州牧；九月曹操兵到新野，遂至襄阳，刘琮便投降了。刘琮为什么这样快就投降了呢？固然，曹操统一北方的震慑力不可低估。但荆州亲曹势力的内蚀作用更是重要。据载，大将蒯越、刚刚官复原职的韩嵩，以及东曹掾傅巽等一齐劝说刘琮投降曹操。刘琮心存侥幸，说："今与诸君据全楚之地，守先君之业，以观天下，何为不可乎？"傅巽回答说："逆顺有大体，强弱有定势。以人臣而拒人主，逆也；以新造之楚而御国家，其势弗当也；以刘备而敌曹公，又弗当也。三者皆短，欲以抗王兵之锋，必亡之道也。"傅巽进一步分析，指出刘备是靠不住的:"将军自料何与刘备?"琮说:"吾不若也。"巽说:"诚以刘备不足御曹公乎,则虽保楚之地,不足以自存也。诚以刘备足御曹公乎,则备不为将军下也。愿将军勿疑。"①文士王粲说得更干脆:"天下大乱,豪杰并起,在仓卒之际,强弱未分,故人各各有心耳。当此之时,家家欲为帝王,人人欲为公侯。观古今之成败,能先见事机者,则恒受其福","如粲所闻,曹操故人杰也,雄略冠时,智谋出世",要想保己全宗,长享福祚,只有"卷甲倒戈,应天顺命,以归曹公",才是"万全之策"。②就这样,刘琮被亲曹势力说服了,曹操军到襄阳,便乖乖举州投降了。刘琮被曹操另行安排为青州刺史,封列侯。蒯越等十五人如愿以偿,都被封侯,并授以中央要职,蒯越为光禄勋,韩嵩为大鸿胪,李羲为侍中,刘先为尚书令,王粲为丞相掾,其余人等亦"多至大官"。③

综上可见,赤壁之战以前,孙权尽管兵临夏口,但要前进夺取荆州,必将遭到以亲曹势力为中心而团结起来的各路军事力量的反抗。所以,他的条件远远不及曹操,虽然兵陈荆州边界,但不能遽然发动,只能是一种窥机而动的态势。

第二,分裂力——刘表昏庸,兄弟争夺权力。赤壁战前,刘表已经七十余岁,体弱多病,政无主见,几股势力在他的身边转。刘琦、刘琮兄弟争夺权力的斗争日趋白热。

刘表所生二子皆为平庸无能之辈,正如曹操所给的评语那样,"生子当如孙仲谋(孙权字),刘景升(刘表字)儿子若豚犬耳!"④将人比做猪狗,可见鄙视之甚。刘表生病期间,两个儿子都在觊觎

①　《三国志·魏书·刘表传》。
②　《三国志·魏书·王粲传》注引《文士传》。
③　《三国志·魏书·刘表传》。
④　《三国志·吴书·吴主传》注引《吴历》。

州牧的位子。《后汉书·刘表传》载，起初刘表因为长子刘琦的相貌酷似自己，"甚爱之"，后来为次子刘琮娶了后妻蔡氏的侄女，"蔡氏遂爱琮而恶琦，毁誉之言日闻于表。表宠耽后妻，每信受焉。又妻弟蔡瑁及外甥张允并得幸于表，又睦于琮，而琦不自宁。"

刘琦失宠了，失势了，恐慌了，因而向诸葛亮请求自安之术。《后汉书·刘表传》记载，"亮初不对。后乃共升高楼，(琦)因令去梯，谓亮曰：'今日上不至天，下不至地，言出子口而入吾耳，可以言未？'亮曰：'君不见申生在内而危，重耳居外而安乎？'琦意感悟，阴规(暗里谋划)出计。会表将江夏太守黄祖为孙权所杀，琦遂求代其任。"①《三国志·刘表传》的记载不同，认为刘琦并非自求，而是被遣外任的："初，表及妻爱少子琮，欲以为后。而蔡瑁、张允为之支党，乃出长子琦为江夏太守"。两说可以并存。

刘表晚年，完全被后妻蔡氏、少子刘琮及其"支党"所控制。据《三国志·刘表传》注引《典略》记载，刘表病甚，刘琦性孝，"还省疾"，蔡瑁、张允恐刘琦见到刘表，"父子相感，更有托后之意"，将刘琦"遏于户外，使不得见"，威胁说："将军(指刘表)命君抚临江夏，为国东藩，其任至重。今释众而来，必见谴怒，伤亲之欢心以增其疾，非孝敬也。"刘琦流涕而去。可见，刘琦、刘琮的明争暗斗是相当激烈的。亦可见，如果刘琦确实是听了诸葛亮的意见自求外任的，那实在不是好主意。这就像袁绍的长子袁谭被外任青州刺史一样，一旦离开，便失去了与其弟弟争夺州牧的机会和可能。

刘琦、刘琮兄弟的分裂，削弱了荆州力量，对于曹操、刘备、孙

---

① 申生、重耳皆春秋时晋献公儿子，申生为太子被骊姬所害，重耳出逃在外，后来返国为君，是为晋文公。

权都是可以利用的机会,所以是共所希望的。正因如此,当得到刘表死去的消息时,鲁肃便立即向孙权进言,说:"荆楚与国邻接,水流顺北,外带江汉,内阻山陵,有金城之固,沃野万里,士民殷富,若据而有之,此帝王之资也。今表新亡,二子素不辑睦,军中诸将各有彼此。加刘备天下枭雄,与操有隙,寄寓于表,表恶其能而不能用也。若备与彼协心,上下齐同,则宜抚安,与结盟好;如有离违,宜别图之,以济大事。"鲁肃请求"奉命吊表二子,并慰劳其军中用事者,及说备使抚表众,同心一意,共治曹操,备必喜而从命。如其克谐,天下可定也。今不速往,恐为操所先。"①从鲁肃的这篇说辞中看出,孙权、鲁肃很想得到荆州,但自知条件尚不成熟,面对曹操大兵南下,当务之急是支持刘备,让刘备得以抚纳刘表的部属,然后孙(权)刘(备)两家"同心一意,共治曹操";否则,曹操占有了荆州,再想得到就不可能了。因此,孙权"即遣肃行"。然而,还是晚了一步。鲁肃到夏口,"闻曹公已向荆州,晨夜兼道。比至南郡,而表子琮已降曹公,备惶遽奔走"。相比之下,还是曹操更果断、更迅速地夺得先机,更好地利用了荆州内部分裂这一条件。

第三,异己力——刘备、诸葛亮窥机谋国。刘表对刘备来归很重视。他怀着忐忑不安的心情,亲自"郊迎"这位徒有虚名的豫州刺史,"以上宾礼待之,益其兵,使屯新野"②,但始终没有把他当做自己人对待,而是目为异己,时时提防。刘备对于刘表则是虚与委蛇,抓紧一切机会和时间,积极发展自己的势力。他的目标,自从见到了诸葛亮,隆中对策,已经非常明确。诸葛亮对刘备说:"今操已拥百万之众,挟天子而令诸侯,此诚不可与争锋。孙权据有江

①　《三国志·吴书·鲁肃传》。
②　《三国志·蜀书·先主传》。

东,已历三世,国险而民附,贤能为之用,此可以为援而不可图也。荆州北据汉、沔,利尽南海,东连吴会,西通巴、蜀,此用武之国,而其主不能守,此殆天所以资将军,将军岂有意乎? 益州险塞,沃野千里,天府之土,高祖因之以成帝业。刘璋暗弱,张鲁在北,民殷国富而不知存恤,智能之士思得明君。将军既帝室之胄,信义著于四海,总揽英雄,思贤如渴,若跨有荆、益,保其岩阻,西和诸戎,南抚夷越,外结好孙权,内修政理,天下有变,则命一上将将荆州之军以向宛、洛,将军身率益州之众出于秦川,百姓孰敢不箪食壶浆以迎将军者乎? 诚如是,则霸业可成,汉室可兴矣。"可见,刘备、诸葛亮的战略思想重点就在:第一步相机据有荆州,第二步西取益州,然后实现其跨有荆、益,西和诸戎,南抚夷越,东结孙权,北拒曹操的战略构想。

刘备屯驻新野(河南今县),声名日播,荆州豪杰图谋前程者纷纷投靠。这种情形,自然更加引起刘表的注意,"表疑其心,阴御之"。① 刘表"阴御"刘备的方法,一是表示"信任"和"重用",让他拒守边场,离开新野;二是表示"亲热",将他羁縻于襄阳,使离军事。刘备对于刘表的心思自然明白。因此,他能自觉而有效地利用刘表所提供的条件,既能暂安于荆州地域,又能适度发展自己,相机而动。

史载,刘表使刘备"拒夏侯惇、于禁等于博望(今河南南阳东北)。久之。先主设伏兵,一旦自烧屯伪遁,惇等追之,为伏兵所破。"②可见是有一段比较长的时间离开了新野,驻扎在同曹操军事接壤的地区;并且曾经主动发动过一次战役,取得小胜。这次战

---

① 《三国志·蜀书·先主传》。

② 《三国志·蜀书·先主传》。

争,规模虽然不大,但因对方是曹操的名将,所以大大增强了刘备在荆州地界的威望,也更加增大了刘表对刘备的疑虑,使刘表感觉到让刘备远离自己而亲临军事前线,并不是制约的好办法。于是又让他离开军事前线,率领部伍屯驻樊城。这样,从地域上看,无疑,更有利于掌握和窥测刘备的动向。但是,这样又不免使刘表产生了新的疑虑。《三国志·先主传》注引《世语》说:"备屯樊城,刘表礼焉,惮其为人,不甚信用。"以蒯越等为代表的亲曹势力则联合刘表妻子蔡氏以及蔡瑁、张允等姻亲势力,多次设计,想把刘备除掉。

建安十二年以后,刘表与刘备的关系,相对来说,形式上比较"融洽"了。这既有刘备谋事、处事、虚与委蛇和善于掩饰方面的原因,也有刘表迫于形势方面的原因。所谓迫于形势,第一,刘表知道曹操南征荆州已经摆到日程上了。这是最重要的。第二,黄祖覆灭,荆州失去江夏要冲,吴兵已成压境之势。第三,刘备坐地日大,网罗益众,刘表深深感到了刘备的威胁。及至弥留,他已经陷入子孙难保其国的恐慌之中。第四,特别让刘表担心的是,荆州内部出现了严重危机。

刘备、诸葛亮有效地利用并促进了荆州的内部矛盾,分化了荆州力量。刘表迫于外有强邻(北有曹操,东有孙权)、近有刘备军事力量的存在、内患自己和儿子们"才不足以御(刘)备",而又面临刘琦、刘琮兄弟互不相容的严峻形势,病重期间玩了一个"托国"的把戏,试图稳住刘备,以保荆州牧的权力平稳过渡到自己儿子刘琮的手里。这就是《三国志·先主传》注引《英雄记》所说:"(刘)表病,上(刘)备领荆州刺史。"注引《魏书》所说:"表病笃,托国于备,顾谓曰:'我儿不才,而诸将并零落,我死之后,卿便摄荆州。'"当时,刘表已经立次子刘琮为嗣,刘备自然明白刘表的本

118

意所在,因而当即表示:"诸子自贤,君其忧病。"意谓"您的儿子都很好,不必担心,您就放心地走吧"。据说,刘表死后,有人劝刘备"宜从表言",即宣布遵照刘表的遗言夺了荆州牧的位子。刘备说:"此人(指刘表)待我厚,今从其言,人必以我为薄,所不忍也。"这就是被历代诸儒和治史者以及小说家所极度赞赏的德者之风。实质上,这是根本不存在的事。南朝宋人裴松之已经指出:"(刘)表夫妻素爱(刘)琮,舍嫡立庶,情计久定,无缘临终举荆州以授(刘)备,此亦不然之言。"刘表其人,"虽外貌儒雅,而心多疑忌"①。所以,如果将其视为刘表耍的政治花招,自然就会得出比较合理的解释。

刘表死后,蔡瑁、张允等遂以刘琮为嗣。刘琮继为镇南将军、荆州牧,以刘表的"成武侯"印授刘琦。刘琦不得继承荆州牧实职,勃然大怒,将侯印"投之地"(摔在地上),立即部署,准备乘奔丧的机会"作难"。②

刘琦想乘"奔丧"的机会而"作难"的计划,未及发动,曹操的大军已经到达新野,因此不得不将军队撤回待机。假设不是这样,刘表的儿子们自然必如袁绍的儿子们一样,大战一场,而最终得利的将是刘备。

从刘备方面来说,他不接受荆州之托,绝非良德有加,更非内心不欲,而是不敢。第一,荆州的实际权力主要控制在刘表的心腹大将蒯越、别驾刘先、以及妻弟蔡瑁和外甥张允等人的手里,这些人都是竭力抵制并想杀害刘备的;第二,曹操和孙权都在向荆州用兵,曹军已临国门,吴将屡蚕边场。刘备如果贸然自为,野心就会

① 《三国志·魏书·刘表传》。
② 《后汉书·刘表传》。

暴露无遗,立即就会成为曹操、孙权的征讨目标。

刘备在荆州的日益发展,既是曹操深以为忌的,也是孙权所不愿看到的。但当曹操完成了北方统一战争后,孙权、鲁肃、周瑜等都认识到危机已经来临,出路不在进攻荆州,取荆州而有之,也不在联合刘表,而在联合刘备,"共治曹操"。

曹操南取荆州,加大了对孙权的军事威胁

曹操早有南取荆州之志。建安六年春,曹操"以袁绍新破,欲以其间击刘表"。他的重要心腹、尚书令荀彧觉得条件尚不成熟,指出:"(袁)绍既新败,其众离心,宜乘其困,遂定之;而欲远师江、汉,若绍收其余烬,乘虚以出人后,则公(操)事去矣。"①因此,曹操没有发动这次行动。八年八月,曹操"击刘表,军于西平(河南今县)"。十二年,北征乌桓结束后,立即部署南征。他采用荀彧提出的"可显出宛、叶而间行轻进,以掩其不意"②的策略,建安十三年七月间,迅速到达南阳一线。

曹操疾趋宛、叶,刘表死了,荆州形势发生了急剧变化,已如前述。

曹操占有荆州,兵控长江中流,大军即可顺流而下,加重了对孙权的军事威胁。与此同时,曹操已派张辽、于禁、臧霸等讨平潜山、六安等地反叛,控制了合肥一线。这样,孙权的北面防线概与曹操的军事控制线接壤,长江水军和沿江重要据点,均处在曹操军队上下夹击的态势之中。

据载,早在建安七年九月,曹操就曾对孙权进行过书面恫吓,

---

① 《资治通鉴》卷64,汉献帝建安六年。
② 《三国志·魏书·荀彧传》。

120

"下书责孙权送儿子做人质"。元人胡三省注《资治通鉴》指出：
"操盖以此觇孙权（盖，连词），而观其所以应之。"①孙权听从周瑜
的意见，没有答应曹操的无理要求。虞溥《江表传》详细记录了孙
权、周瑜等的决策经过。

> 曹公新破袁绍，兵威日盛，建安七年，下书责权质任子
> （质任子，以儿子或亲近的人作人质）。权召群臣会议，张昭、
> 秦松等犹豫不能决，权意不欲遣质，乃独将瑜诣母（按：权母
> 吴夫人）前定议，瑜曰："昔楚国初封于荆山之侧，不满百里之
> 地，继嗣贤能，广土开境，立基于郢，遂据荆扬，至于南海，传业
> 延祚，九百余年。今将军承父兄余资，兼六郡之众，兵精粮多，
> 将士用命，铸山为铜，煮海为盐，境内富饶，人不思乱，泛舟举
> 帆，朝发夕到，士风劲勇，所向无敌，有何逼迫，而欲送质？质
> 一人，不得不与曹氏相首尾，与相首尾，则命召不得不往，便见
> 制于人也。极（最多）不过一侯印，仆从十余人，车数乘，马数
> 匹，岂与南面称孤同哉（古代帝王坐北面南，自称为孤或寡
> 人）？不如勿遣，徐观其变。若曹氏能率义以正天下，将军事
> 之未晚。若图为暴乱，兵犹火也，不戢（不熄灭）将自焚。将
> 军韬勇抗威，以待天命，何送质之有！"权母曰："公瑾议是也。
> 公瑾与伯符（孙策字）同年，小一月耳，我视之如子也，汝其兄
> 事之。"遂不送质。

孙权送不送儿子去做人质，看似简单，实则对于双方都很重
要。对于孙权，如周瑜所说，送去人质，便受制于人，不得不惟曹操
之命是从，最好的终极结果只不过是封侯而已，而建立帝王基业、
称孤道寡的理想就很难实现了。对于曹操，要不要人质，是个战略

---

① 《资治通鉴》卷64，汉献帝建安七年。

问题。曹操一向重视人质问题。比如,他征张绣受挫后对诸将说:"吾降张绣等,失不便取其质,以至于此。吾知所以败。诸卿观之,自今已后不复败矣。"①他为了控制西北,钳制马超,用升官的方式把马腾调入京师做了人质。应该说,孙权不送人质,符合自己的长远利益,但也加深了曹操的疑虑。他成了曹操取得荆州、饮马长江后的必然的再一个征讨对象。

曹操取得荆州,孙权、鲁肃等甚知大敌届临,不仅谋有荆州的远景即将化为泡影,而且自身难免有一次同曹操的存亡较量。事已至此,他们知道非联刘而不足以抗曹,于是加紧了联刘的步伐,鲁肃不畏跋涉之苦,见刘备于当阳。

刘备兵败当阳,鲁肃受命联刘成功

刘琮降操,受到最大影响的莫过于难容于曹操的刘备,其次便是正在觊觎荆州的孙权。刘备顿失所依,成了孤立之旅,所以特别紧张,特别愤怒。

刘琮遣使请降之时,刘备"屯樊,不知曹公卒至,(曹兵)至宛,(备)乃闻之,遂将其众去。"②又,《三国志·先主传》注引孔衍《汉魏春秋》说:"刘琮乞降,不敢告备。备亦不知,久之乃觉,遣所亲问琮。琮令宋忠诣备宣旨。是时曹公在宛,备乃大惊骇,谓忠曰:'卿诸人作事如此,不早相语,今祸至方告我,不亦太剧乎!'引刀向忠曰:'今断卿头,不足以解忿,亦耻大丈夫临别复杀卿辈!'遣忠去,乃呼部曲议(部曲,多义,此指部下众头目)。"

时之刘备,北临曹军压境,没有后路,只有南走江陵一途。据

---

① 《三国志·魏书·武帝纪》。
② 《三国志·蜀书·先主传》。

载,当时有人劝刘备"劫将琮及荆州吏士径南到江陵"。刘备说："刘荆州临亡托我以孤遗,背信自济,吾所不为,死何面目以见刘荆州乎!"①笔者曾在《刘备传》中指出,度势而论,刘备已经没有机会和能力为此,所言难免自高而有假惺惺之嫌。

又,《三国志·先主传》说,诸葛亮曾经主张乘机消灭刘琮,占有荆州:"过襄阳,诸葛亮说先主攻琮,荆州可有。先主曰:'吾不忍也。'乃驻马呼琮,琮惧不能起。琮左右及荆州人多归先主。"显然,非不忍,而实为不能。

对于诸葛亮劝刘备攻劫刘琮而乘机夺得荆州的事,"帝蜀寇魏"论者,如朱熹等为其未行而叹惜。然而,治史者度于形势,多有不信。卢弼《三国志集解》卷32引用的王懋竑的话是一种代表性的意见。王懋竑说:"夫跨有荆益乃隆中之本计,而以当日事势揆之,恐诸葛公未必出此。是时,曹操已在宛,军势甚盛,先主以羁旅之众,乘隙以攻人之国,纵琮可取,操其可御乎!"显然,这后一种意见是对的。

刘备听到刘琮已降的消息后,率部张飞、赵云以及诸葛亮、徐庶等急趋南下。《先主传》注引《典略》说:"(刘)备过辞(刘)表墓,遂涕泣而去。"经过襄阳,一些不愿归依曹操的刘琮左右及荆州人大多归依刘备。沿途不断有人加入,"比到当阳(湖北今县),众十余万,辎重数千两(辆)"。刘备背上了很大的"包袱",行动迟缓,日行不过十余里。这是军事上的大忌。

当时有人劝刘备弃众而走,说:"宜速行保江陵,今虽拥大众,被甲者少,若曹公兵至,何以拒之?"②无疑,这种意见是正确的。

---

① 《三国志·蜀书·先主传》注引《汉魏春秋》。
② 《三国志·蜀书·先主传》。

出此弃众而速保江陵的计策,历史讳言其名。就当时在刘备身边的几多谋人来看,糜竺、简雍、孙乾、伊籍等不谙军事,难虑及此,而能从军事角度出此策者,不是诸葛亮,就是徐庶,而最大的可能是诸葛亮①。刘备面对严峻形势,表现了一位"仁君"的胸怀,因说:"夫济大事必以人为本,今人归吾,吾何忍弃去!"对此,晋代历史家习凿齿曾作过一番颇受后人尊崇的评论。他说:"先主虽颠沛险难而信义愈明,势逼事危而言不失道。追景升(刘表)之顾,则情感三军;恋赴义之士,则甘与同败。观其所以结物情者(结物情者,意谓人心所向),岂徒投醪抚寒含蓼问疾而已哉(投醪抚寒,意谓送上醪酒抚慰饥寒;含蓼问疾,意谓不辞辛苦慰问百姓疾苦。蓼,植物名,性辛辣)!其终济大业,不亦宜乎!"②的确,刘备此举,在后人眼睛里获得了不少政治分数,从为政爱民的角度亦应给予一定肯定,但就当时言,说明刘备不善权衡政治与军事的关系,不具备军事大家的才能。

史载,曹操知江陵地处要冲,且有粮储、兵械之类,深恐为刘备据有,于是放弃辎重,轻军追击刘备,及到襄阳,听说刘备已南去,便督将曹纯和刚刚投降过来的刘表大将文聘率领精骑五千急追,一日一夜行三百里,终于在当阳县之长阪追上了刘备。曹操不顾所谓"百里而趋利者蹶上将"的兵法之忌,正是看到了刘备包袱重、行动缓、处事迟的弱点。

战斗很快结束,刘备惨败,弃妻子,与诸葛亮、张飞、赵云等数十骑逃走,曹操大获其人众辎重。

刘备惨败,流窜无定,客观上成为孙权、鲁肃主动联合刘备的

---

① 《三国演义》说,从事中郎简雍劝刘备"速弃百姓而走"。查无任何根据。
② 《三国志·蜀书·先主传》注。

有利条件。据载，鲁肃到达夏口，闻曹操已向荆州进军，于是"晨夜兼道"。当赶到南郡时，刘琮已经投降曹操，刘备惶遽奔走，欲南渡江。鲁肃只好改道，径迎向前，与刘备相遇于当阳长阪，"因宣权旨，论天下事势，致殷勤之意"①，并"陈江东强固，劝备与权并力"。②

《三国志·先主传》注引《江表传》生动地记录了鲁肃劝说刘备应同孙权结盟的对话：

鲁肃问刘备："豫州（刘备自曹操表荐其为豫州牧，人们便常尊称为刘豫州）今欲何至？"

刘备回答："与苍梧（广西今市）太守吴巨有旧，欲往投之。"

鲁肃即劝刘备与孙权结盟，说："孙讨虏（权）聪明仁惠，敬贤礼士，江表英豪，咸归附之，已据有六郡，兵精粮多，足以立事。今为君计，莫若遣腹心使自结于东，崇联合之好，共济世业，而云欲投吴巨，巨是凡人，偏在远郡，行将为人所并，岂足托乎？"

此时，刘备正苦无安身之地，很高兴地接受了鲁肃的意见，便随鲁肃东走夏口。刘备自长阪斜趋东向走汉津（今湖北沙洋境），进驻鄂县（今湖北鄂州市）之樊口。路上幸好与此前派出的相约会师于江陵的关羽水军相遇，渡过沔水（今汉水），并得到刘表长子、江夏太守刘琦的接应，一起到了夏口（今汉口）。

联合抗操实际也是刘备早已酝酿的问题。前已述及，刘备屯新野，三顾诸葛亮于茅庐之中，诸葛亮在对刘备剖析天下大势时，明确指出："操已拥百万之众，挟天子而令诸侯，此诚不可与争锋。孙权据有江东，已历三世，国险而民附，贤能为之用，此可以为援而

---

① 《三国志·蜀书·先主传》注引《江表传》。

② 《三国志·吴书·鲁肃传》。

不可图也。"①

但最初实际谋划并促成联合的关键人物是谁呢？显然，鲁肃的作用比诸葛亮更重要。所以，南朝宋人裴松之非常客观地指出，"刘备与权并力，共拒中国，皆肃之本谋。"②

《三国志·诸葛亮传》着力渲染诸葛亮在这方面的作用，裴松之注《三国志》的时候颇不为然，指出："蜀书亮传曰：'亮以连横之略说权，权乃大喜。'如似此计始出于亮。若二国史官，各记所闻，竟欲称扬本国容美，各取其功。今此二书（按：指《三国志》中的《吴书》和《蜀书》），同出一人，而舛互若此，非载述之体也。"③

刘备到达夏口，鲁肃回吴复命。诸葛亮对刘备说："事急矣，请奉命求救于孙将军。"④于是，刘备即派诸葛亮同鲁肃一起到柴桑去见孙权，"自结于孙权"。⑤

战争前的决策论战

孙刘必然联合的趋势，没有引起曹操的重视。他自以为势大，所以再也没有想到运用故伎，离间孙刘，以利各个击破。他把刘备视作屡败之将，觉得只要沿江而下即可彻底击败；孙权小儿更非对手，只要大兵压境，再恫吓一下，就会俯首听命。他甚至同他的属将们认为孙权必杀刘备。当时，只有奋武将军程昱认为孙权不仅不会杀刘备，而且必然与之联合。程昱说："孙权新在位，未为海内所惮。曹公无敌于天下，初举荆州，威震江表，权虽有谋，不能独

---

① 《三国志·蜀书·诸葛亮传》。
② 《三国志·吴书·周瑜传》注。
③ 《三国志·吴书·周瑜传》注。
④ 《三国志·蜀书·诸葛亮传》。
⑤ 《三国志·蜀书·先主传》。

当也。刘备有英名,关羽、张飞皆万人敌也,权必资之以御我。难解势分,备资以成,又不可得而杀也。"程昱的分析是对的,孙权不仅没有采取杀刘备以求自保的策略,而且主动派人同刘备联系,继而"多与备兵,以御太祖(操)"。①

曹操基于一种不切实际的判断,略作军事部署,使后军都督、征南将军曹仁和军粮督运使夏侯渊驻守江陵,以厉锋将军曹洪驻守襄阳,另以一部水陆军由襄阳沿汉水南向夏口,然后遂即率所部及新附荆州之众顺江东下。

曹操率兵自江陵顺江东下,刘备、诸葛亮害怕,驻守在柴桑(今江西九江市西南)的孙权及其部属也很恐慌。然而,就当时形势言,刘备与曹操誓不两立,最为曹操所不容,只有抗曹才有前途,所以抗曹的决心更大更坚决;孙权则与曹操尚未发生严重的军事冲突,迎曹虽失帝王之基,但仍可封侯拜将,重要的文武官员亦不失郡县之职,所以面临曹操大兵压境,上下难免踌躇,以至出现了明显的"主战"、"主和"两派。

诸葛亮劝说孙权早下决心联合抗操,表现出了出色的外交才能。

诸葛亮对孙权说:"海内大乱,将军起兵据有江东,刘豫州亦收众汉南,与曹操并争天下。今操芟夷大难,略已平矣,遂破荆州,威震四海。英雄无所用武,故豫州遁逃至此。将军量力而处之,若能以吴、越之众与中国抗衡,不如早与之绝;若不能当,何不案兵束甲,北面而事之!今将军外托服从之名,而内怀犹豫之计,事急而不断,祸至无日矣。"

孙权说:"苟如君言,刘豫州何不遂事之乎?"

---

① 《三国志·魏书·程昱传》。

127

诸葛亮回答说:"田横,齐之壮士耳,犹守义不辱,况刘豫州王室之胄,英才盖世,众士慕仰,若水之归海,若事之不济,此乃天也。安能复为之下乎!"

这是一种激将的方法。孙权听后勃然大怒:"吾不能举全吴之地,十万之众,受制于人,吾计决矣。"

诸葛亮使吴,最终完成了刘备与孙权的联合。

然后,诸葛亮为孙权分析大势,指出:第一,刘备仍有一定的力量基础,"豫州(刘备)军虽败于长阪,今战士还者及关羽水军精甲万人,刘琦合江夏战士亦不下万人。"第二,曹军虽强,但劣势明显。一谓师老兵疲:"曹操之众,远来疲弊,闻追豫州,轻骑一日一夜行三百余里,此可谓'强弩之末势不能穿鲁缟'者也。故《兵法》忌之,曰:'必蹶上将军'。"二谓"北方之人,不习水战。"三谓民心未服:"荆州之民附操者,逼兵势耳,非心服也。"

根据以上的分析,诸葛亮激励孙权说:"今将军诚能命猛将统兵数万,与豫州协规同力,破操军必矣。操军破,必北还。如此则荆、吴之势强,鼎足之形成矣。成败之机,在于今日。"[1]

孙权听了诸葛亮的话很高兴,答应进一步同群下计谋。

正在此时,曹操的恐吓书信送到了孙权面前。信上说:

> 近者奉辞伐罪,旄麾南指,刘琮束手。今治水军八十万众,方与将军会猎于吴。[2]

这封信虽然只有寥寥数语,却有震天骇地之势,"孙权得书以示群臣,莫不向震失色"。长史张昭等明确提出了投降主张,说:"曹公豺虎也,既托名汉相,挟天子以征四方,动以朝廷为辞,今日

---

① 以上《三国志·蜀书·诸葛亮传》。
② 《三国志·吴书·吴主权传》注引《江表传》。

y

w

128

拒之,事更不顺。且将军大势,可以拒操者,长江也;今操得荆州,奄有其地,刘表治水军,蒙冲斗舰,乃以千数,操悉浮以沿江,兼有步兵,水陆俱下,此为长江之险已与我共之矣,而势力众寡,又不可论。愚谓大计不如迎之。"①张昭的话显然是一种悲观论。但从一定意义上说,又不无道理:第一,曹操挟天子以令诸侯,师出有名;第二,吴失长江之险,曹控上流,顺水而下,其势难当;第三,兵力相差悬殊。不可否认,曹操的确具有不可比拟的优势,如果策略得当,凭其军事优势和地理优势彻底击垮孙权是不应该成为问题的。

孙权惶恐之际,又是力主孙刘联合的鲁肃坚定了他的抗操决心。孙权召集的诸将会议上明显地分成了"投降"和"主战"两派,但投降派占了上风。《三国志·鲁肃传》说:"会权得曹公欲东之问,与诸将议,皆劝权迎之,而肃独不语。"会上的一边倒形势,鲁肃有话想说而不能说。据载,"权起更衣,肃追于宇下(屋檐下),权知其意,执肃手曰:'卿欲何言?'"鲁肃对孙权说:"向察众人(按:指张昭等)之议,专欲误将军,不足与图大事。今肃可迎操耳,如将军不可也。何以言之? 今肃迎操,操当以肃还付乡党,品其名位,犹不失下曹从事,乘犊车,从吏卒,交游士林,累官故不失州郡也。将军迎操,欲安所归? 愿早定大计,莫用众人之议也!"鲁肃也用激将法,使孙权明白没有后路,从而说服了孙权。孙权不禁感慨说:"此诸人持议,皆失孤望;今卿廓开大计,正与孤同,此天以卿赐我也。"②

同时,鲁肃劝孙权立即把周瑜从鄱阳召回。

周瑜从鄱阳被召回,表示了与鲁肃同样坚决的态度。

① 《三国志·吴书·周瑜传》。
② 《三国志·吴书·鲁肃传》。

周瑜对孙权说:"操虽托名汉相,其实汉贼也。将军以神武雄才,兼仗父兄之烈,割据江东,地方数千里,兵精足用,英雄乐业,尚当横行天下,为汉家除残去秽;况操自送死,而可迎之邪!"这是很有针对性的一篇言词。首先,从政治的角度揭穿曹操"挟天子以令诸侯"、动辄以朝廷为辞的实质,抗操并非抗朝廷,而是为朝廷除贼。然后,周瑜讲述了能够战胜曹操的具体理由,先是分析曹军的弱点,指出:第一,操有后顾之忧,"北土既未平安,加马超、韩遂尚在关西,为操后患";第二,兵用其短,"舍鞍马,仗(依仗)舟楫,与吴、越争衡,本非中国所长";第三,时令对操不利,"又今盛寒,马无藁草";第四,北兵水土不服,战斗力将受大损,"驱中国士众远涉江湖之间,不习水土,必生疾病"。

既而,周瑜又进一步分析了曹军的实际力量,指出:"诸人徒见操书言水步八十万而各恐慑,不复料其虚实,便开此议,甚无谓也。今以实校之,彼所将中国(中原)人不过十五六万,且军已久疲;所得(刘)表众亦极七八万耳,尚怀狐疑。夫以疲病之卒御(统率)狐疑之众,众数虽多,甚未足畏。"

周瑜表示愿意请得精兵五万人,进驻夏口与操决战。

孙权听了鲁肃、周瑜的话后,抗操决心遂定,因而拔刀斫去奏案的一角,说:"诸将吏敢复有言当迎操者,与此案同!"孙权对周瑜说:"公瑾,卿言至此,甚合孤心。子布(张昭)、元表(秦松)各顾妻子,挟持私虑,深失所望;独卿与子敬(鲁肃)与孤同耳,此天以卿二人赞孤也。五万兵难卒合,已选三万人,船粮战具俱办。卿与子敬、程公(程普)便在前发,孤当续发人众,多载资粮,为卿后援。卿能办之者诚决,邂逅不如意,便还就孤,孤当与孟德决之。"[1]

① 以上见《三国志·吴书·周瑜传》并注引《江表传》。

孙权的抗操决心又反过来给周瑜等以极大激励。孙权遂以周瑜、程普为左右都督,率兵同刘备联合,共同拒操,同时以鲁肃为赞军校尉,随军助画方略。

二、会战赤壁

初战胜利

曹操据有荆州,扩大了地盘,壮大了力量,威声大震。当时,曹操本有两条可取之策,一是不要在江陵停下来,而是乘胜迅即东下继续追击刘备,以各个击破为指导思想,急破刘备于孙、刘联盟形成之前;二是索性缓攻刘备,先事休整,用贾诩之策,以其破袁氏、收汉南,"威名远著,军势既大"的声威,"乘旧楚之饶,以飨吏士,抚安百姓,使安土乐业",以达到"不劳众而江东稽服"的目的①。但曹操的决策,既非前者,也非后者,而是在江陵耽误了一段既不长也不短的时间,给了对方以喘息的机会,致使孙、刘联盟得以形成。

周瑜率领的军队在樊口与刘备会合。据载,刘备对于诸葛亮东去求救,心情急迫,但信心不足。《江表传》说:"备从鲁肃计,进住鄂县之樊口。诸葛亮诣吴未还,备闻曹公军下,恐惧,日遣逻吏于水次候望权军。吏望见瑜船,驰往白备,备曰:'何以知非青徐军(按:指曹操的军队)邪?'吏对曰:'以船知之。'备遣人慰劳之。"

周瑜为人,恃才傲物,他虽然不像《三国演义》里渲染的那样

---

① 《三国志·魏书·贾诩传》。

想以借刀杀人之计,除掉诸葛亮、刘备,但确也表现出对于惨败之后的刘备看不起,根本不将其作为封疆大吏看待,而且对其派人而不是亲自迎接自己并"慰劳"军队很不高兴。根据职阶,他应该去拜见刘备,共谋进取,然而他却要求刘备"屈驾"来见自己。因此,他让刘备派来的慰军使者带口信给刘备:"有军任,不可得委署(委署,擅离职守),倘能屈威,诚副其所望。"

据载,关羽、张飞对于周瑜如此以下傲上、口气强硬的态度很不为然。这方面,刘备的确比关羽、张飞更有头脑,是一位能屈能伸的人物。他急忙对关羽、张飞说:"彼欲致我,我今自结托于东而不往,非同盟之意也。"于是,刘备"乘单舸(按:意谓不另带护卫船只)往见周瑜"。

会见中,刘备问:"今拒曹公,甚为得计。战卒有几?"周瑜曰:"三万人。"备曰:"恨少。"瑜曰:"此自足用,豫州但观瑜破之。"刘备希望让鲁肃、诸葛亮参加会谈,"欲呼鲁肃等共会语",周瑜断然拒绝:"受命不得妄委署,若欲见子敬,可别过之。又孔明已俱来,不过三两日到也。"这说明,会谈是在周瑜盛气凌人、刘备卑而下之的气氛中进行的。

刘备与周瑜会谈以后,信心依然不足,因而预为自己留了后路。史载,刘备"虽深愧异瑜,而心未许之能必破北军也,故差池在后(故意隔开一段距离在后面),将两千人与羽、飞俱,未肯系瑜,盖为进退之计也。"[①]

本来"情急"而主动求援结盟,而又心怀异虑,不将主力开赴前哨,更不愿将自己的军队归周瑜指挥,反映了刘备谲诈的一面。

周瑜、程普等水军数万,与刘备"并力",逆水而上,行至赤壁,

---

① 以上《三国志·蜀书·先主传》注引《江表传》。

与顺水而下的曹军相遇。

赤壁位于蒲圻（今湖北赤壁市）西北,隔江与乌林（今湖北洪湖市东北）相对。据载,建安十三年（公元208年）十月十日两军刚一接战,曹操即吃了败仗。可惜,史传没有具录战役的具体情况,只谓:"时曹公军众已有疾病,初一交战,公军败退,引次江北。"

为什么初一交战曹军便失利了呢?我曾在《曹操传》一书中指出,直接的原因有四:一是曹军中瘟疫流行,病者甚众;二是曹军不习水战,站立尚且不稳,何来战斗力;三是曹操料敌不周,自以为势不可挡,猝然相遇,缺乏思想上的充分准备,未能根据当时当地的实际情况作出正确的调度与部署;四是狭路相逢,曹军虽众,但江中相接者却是对等的。诚如陆机所形容吴国地理形势:"其郊境之接,重山积险,陆无长毂之径;川阨流迅,水有惊波之艰。虽有锐师百万,启行不过千夫,轴舻千里,前驱不过百舰。"①一句话,本处优势的曹操,在此特定的情况下反而转处于劣势了。

火烧战船

曹操失利后,不得不停止前进,把军队"引次江北",全部战船靠到北岸乌林一侧。周瑜则把战船停靠南岸赤壁一侧,两相对峙。

时值寒冬,北风紧吹,战船颠簸,曹军将士不习舟楫,眩晕不能自抑;又加军中疫病流行,自然减员甚多,战斗力大损。曹操为了固结水寨,解决战船颠簸、士兵晕船之苦,令将士们用铁链把战船

---

① 陆机:《辨亡论》。

连锁在一起①；此时陆军亦陆续到达，亦令岸边驻扎。可以看出，曹操是想暂做休整，待冬尽春来，再谋进取。这样决策，把战船连锁在一起固不可取，但在战斗力甚弱的情况下暂做休整，应该说是可取的。问题是他存在轻敌思想，总以为大兵压境，足以慑敌，以至料敌不当，虑事不周，最终导致失败。

曹操、周瑜两军隔江相望，曹操连锁战船的事对方很快就知道了。周瑜部将黄盖因而献出火攻之策。黄盖对周瑜说："今寇众我寡，难与持久。然观操军船舰，首尾相接，可烧而走也。"②周瑜采纳了黄盖的意见，并即决定让黄盖利用诈降接近曹操战船，然后纵火烧之。

黄盖修降书一封，派人送给曹操，书称："盖受孙氏厚恩，常为将帅，见遇不薄。然顾天下事有大势，用江东六郡山越之人，以当中国百万之众，众寡不敌，海内所共见也。东方将史，无有愚智，皆知其不可，惟周瑜、鲁肃偏怀浅戆，意未解耳。今日归命，是其实计。瑜所督领，自易摧毁。交锋之日，盖为前部，当因事变化，效命在近。"③

这封降书，正与曹操心中所想相符，认为黄盖归降，实属情理中事。为了慎重，他还特别召见送信人，密密审问了一番。此等送信人，绝非等闲之辈，必定既有胆识，又有辩才，把黄盖欲降之意表述得更加清楚。于是，曹操让送信人向黄盖转达他的口谕："盖若信实，当授爵赏，超于前后也。"④并约定归降时的信号。看来，当

---

① 《三国演义》所谓庞士元献连环计的故事，不见史传。
② 《三国志·吴书·周瑜传》。
③ 《三国志·吴书·周瑜传》注引《江表传》。
④ 《三国志·吴书·周瑜传》注引《江表传》。《三国演义》说送信人是阚泽，于史无征。

时并未约定具体日期。

周瑜、黄盖得知曹操允降，立即进行战斗准备，"乃取蒙冲斗舰数十艘，实以薪草，膏油灌其中，裹以帷幕，上建牙旗"，又"豫备走舸，各系大船后"。① 万事具备，只欠东南之风。

我在《刘备传》中指出，至于《三国演义》中说的"草船借箭"，则完全是移花接木。《三国志·吴主传》注引《魏略》记载建安十八年孙权抵抗曹操进攻濡须口的战役，说："（孙）权乘大船来观军，公（曹操）使弓弩乱发，箭著其船，船偏重将覆，权因回船，复以一面受箭，箭均船平，乃还。"这个情节的确很精彩，所以被演说三国评话的人和罗贯中移花接木地变成了赤壁战时诸葛亮"草船借箭"的原型。实际上，这个记载是不可信的。重要理由是，《三国志·吴主传》注引《吴历》也记载了这次战役，情况完全不同。《吴历》说："曹公出濡须，作油船，夜渡洲上。权以水军围取，得三千余人，其没溺者亦数千人。"又说："权数挑战，（曹）公坚守不出。权乃自来，乘轻船，从濡须口入公军。诸将皆以为是挑战者，欲击之。公曰：'此必孙权欲身见吾军部伍也。'敕军中皆精严，弓弩不得妄发。权行五六里，回还作鼓吹。"这说明，这次战役，曹操虽然受到了损失，但并没有让士兵乱发弓箭，而是明令"不得妄发"。既如此，"草船借箭"事，自然是不曾发生过。

《三国演义》说，诸葛亮为周瑜"借东风"。这自然又是不可能的。"借东风"，不见史传，最早见于《搜神记》一类不经之书。

其实，时值隆冬，多刮北风，但按气象规律，几天严寒日过后，亦常间有稍暖之日，风向亦或变为东风、南风、东南风。据说，十一月十二日甲子日（公元208年12月7日）这一天，晴空风暖，傍晚

---

① 《三国志·吴书·周瑜传》。

南风起①,及至午夜风急,黄盖即以所备之船舰出发,以十艘并列向前,余船以次俱进。到了江的中心,众船举帆,黄盖手举火把,告诉部下,使众兵齐声大叫"我们是来投降的"。曹军吏士毫无戒备,出营立观,"皆延颈观望,指言盖降"。离操军二里许,黄盖命令各船同时发火,"火烈风猛,船往如箭,飞埃绝烂,烧尽北船,延及岸上营柴"。顷刻之间,"烟炎张天,人马烧溺死者甚众。"②周瑜等指挥轻锐船只,随继其后,雷鼓大进。曹军大溃,战船被烧,并且延及岸上,陆寨也难保守了,又加病卒甚多,曹操知道不可久留,于是下令自焚余船,引军西走。

不少记载将刘备作为战争主体。《三国志·武帝纪》记载,"公(操)至赤壁,与备战,不利。于是(时)大疫,吏士多死者,乃引军还。备遂有荆州江南诸郡。"注引《山阳公载记》也说,"公船舰为备所烧,引军从华容道步归"。这可能是就整体而说的。因为形式上孙权是应刘备的"请救"而出兵的,所以视刘备为战争主体。实际上,刘备只起了配合作用。相对来说,《三国志·先主传》和《吴主传》的记载比较客观一些。《先主传》说:"先主遣诸葛亮自结于孙权,权遣周瑜、程普等水军数万,与先主并力,与曹公战于赤壁,大破之,焚其舟船。"《吴主传》说:"瑜、普为左右督,各领万人,与备俱进,遇于赤壁,大破曹公军。"

治史者大都认为,当以《周瑜传》及其注引《江表传》为是,主要是周瑜烧毁了曹操的战舰,而不取曹操的船舰"为备所烧"的说法。

---

① 《三国志·魏书·贾诩传》裴松之注谓:"(曹操)至于赤壁之败,盖有运数。实有疾疫大兴,以损凌厉之锋,凯风自南,用成焚如之势。天实为之,岂人事哉?"可见,实为南风,"东风"云云,为后起之说。

② 《三国志·吴书·周瑜传》,并注《江表传》。

还应指出的是,曹操的很大一部分船只实是自己在退军途中烧毁的。《三国志·周瑜传》注引《江表传》载:"瑜之破魏军也,曹公曰:'孤不羞走。'后书与孙权曰:'赤壁之役,值有疾病,孤烧船自退,横使周瑜虚获此名。'"这里,固有自我解嘲的成分,但亦当反映了一定事实。所以,《三国志·郭嘉传》也记载了这件事:"太祖(操)征荆州还,于巴丘遇疾疫,烧船,叹曰:'郭奉孝在,不使孤至此。'"另,《读史方舆纪要》卷77巴陵县曹公洲注说"即孟德为孙权所败,烧船处"。巴丘,山名,在湖南岳阳市湘水右岸;巴陵,即今湖南岳阳。岳阳距赤壁、乌林不下百里之遥,可见曹操烧船多数是在退却中为了避免以船资敌,出于战略的需要而主动采取的措施。《吴主传》也承认这一点,说:"公(操)烧其余船引退,士卒饥疫,死者大半。"

刘备的主要作用在陆战方面。相传,周瑜在谋划水战的同时,派兵在乌林一侧登陆,刘备也自蜀山(今湖北汉阳西)向乌林进发①,所以他们能在曹操败退之时形成共同追击之势。曹操西走,周瑜军队紧追其后,刘备的军队也自今湖北仙桃市境急向西南方向行进,予以截击。

曹操在其船只被烧或自烧以后,"引军从华容道(在今湖北监利境)步归,遇泥泞,道不通,天又大风,悉使羸兵负草填之,骑乃得过。羸兵为人马所蹈藉,陷泥中,死者甚众。"②幸得张辽、许褚等接应,才得脱险。应该指出的是,曹操在华容道并没有遭到刘备军的伏击,更没有关羽放走曹操的事情发生。据载,"军既得出,公大喜,诸将问之,公曰:'刘备,吾俦也,但得计少晚,向使早放

① 《读史方舆纪要》卷76鱼岳山条:"先主会吴拒操,曾驻跸于蜀山。"

② 《三国志·魏书·武帝纪》注引《山阳公载记》。

火,吾徒无类矣。'"的确如操所料,刘备行动慢了一步,曹军已过,他才赶到,虽然放了一把火,但是正如记载所说:"寻亦放火,而无所及"①。

周瑜、刘备水陆并进,追赶曹操,直至南郡(治江陵)城下。操军兼以疾疫,死者大半。曹操既已失败,又恐后方不稳,于是留征南将军曹仁、横野将军徐晃守江陵,折冲将军乐进守襄阳,然后率领残部北还。

赤壁之战,孙刘联合,取得了战争的胜利。

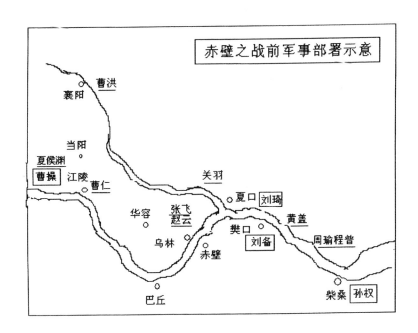

赤壁之战前军事部署示意

---

① 《三国志·魏书·武帝纪》注引《山阳公载记》。

夺取江陵，迫曹军远离江防

曹操北还以后，周瑜、程普进取南郡，"与（曹）仁相对，各隔大江"。《三国志·吴主传》说："（周）瑜、（曹）仁相守岁余，所杀伤甚众。仁委城（江陵）走。"

孙权最终取得江陵，迫使曹军远离长江防线，是其赤壁战争胜利的延续和组成部分，也是孙刘联合的又一战果。

孙权能够迫使曹军弃江陵而撤至襄阳的最重要的原因为：

一是周瑜、吕蒙、甘宁等进取夷陵的战役取得了胜利。史载，甘宁"攻曹仁于南郡，未拔。宁建计先径进取夷陵，往即得其城，因入守之。时手下有数百兵，并所新得，仅满千人。曹仁乃令五六千人围宁。宁受攻累日，敌设高楼，雨射（抛石如雨）城中，士众皆惧，惟宁谈笑自若。"①曹仁"分众攻宁"，宁兵少"困急"，遣使向周瑜求援。当时，"诸将以兵少不足分"，均感为难。吕蒙向周瑜、程普献计两条，其一，出敌不意，速战速决，留少量兵力围曹仁于南郡，以优势兵力救甘宁。吕蒙对周瑜、程普说："留凌公绩（按：凌统与甘宁有杀父之嫌，所以不令同行赴救），蒙与君行，解围释急，势亦不久，蒙保公绩能十日守也。"其二，断敌归路，夺敌战马。吕蒙"说瑜分遣三百人柴断险道，贼走可得其马。"周瑜接受了吕蒙建议。"军到夷陵，即日交战，所杀过半。敌夜遁去，行遇柴道，骑皆舍马步走。兵追蹙击，获马三百匹，方船载还。"此战意义重大，史家评价甚高，《三国志》作者陈寿说："于是将士形势自倍，乃渡江立屯，与相攻击，曹仁退走，遂据南郡，抚定荆州。"②

---

① 《三国志·吴书·甘宁传》。
② 《三国志·吴书·吕蒙传》。

二是为刘备增兵,令断曹仁归路,曹军感到恐慌。周瑜、刘备将曹仁等包围在江陵城中一年多。刘备对周瑜说:"(曹)仁守江陵城,城中粮多,足为疾害。使张益德将千人随卿,卿分二千人追(随)我,相为从夏水(汉水)入截仁后,仁闻吾入必走。"周瑜听从了刘备的意见,遂"以二千人益之"[①]。这说明,赤壁战后孙刘有过再次的军事上的联合行动。他们的联合行动,更使曹仁感到孤城难守,忧断后路,因此曹操不得不命令曹仁主动放弃江陵,退守襄阳。

三是孙权在东线发动了策应进攻。史载,十三年十二月,"权自率众围合肥,使张昭攻九江之当涂。昭兵不利,权攻城逾月不能下"。很明显,这是一次策应性的军事行动,不在于攻城略地,而在于在长江下流制造军事紧张态势。所以,"曹公自荆州还,遣张喜将骑赴合肥。未至,权退。"[②]孙权虽退,但使曹操看到了东、西两线作战颇难兼顾的不利局面。显然,对于曹操来说,东线比西线更重要。

四是江陵城外的决战胜利。史载,"宁围既解,(瑜)乃渡屯北岸,克期大战。"战斗进行得很激烈,"瑜亲跨马擽陈,会流矢中右胁,疮甚,便还。后仁闻瑜卧未起,勒兵就陈。瑜乃自兴(自起),案行军营,激扬吏士,仁由是遂退。"[③]

诸多记载,都突出了周瑜、吕蒙、甘宁等的谋略与战斗精神,而不提或很少提到刘备曾派张飞同吴军一起西上,对吴军入据夷陵起到了重要的配合作用,也不提刘备带兵断曹仁后路事,显然是不

---

① 《三国志·吴书·周瑜传》注引《吴录》。夏水,在今江陵东北,注入汉水,故汉水亦称夏水。

② 《三国志·吴书·吴主传》。

③ 《三国志·吴书·周瑜传》。

公平的。

另外，曹操赤壁惨败之后，面临严重的内部政治压力，不得不全力应付，军事上的削弱，不利战线过长，也是重要原因。

三、战争胜利的原因及其历史影响

曹仁北退，孙权遂以周瑜为南郡太守，屯江陵；程普为江夏太守，屯沙羡（今汉口西南）；吕范为彭泽（治今江西湖口东）太守；吕蒙为寻阳（治今湖北黄梅西南）令。这样，孙权便完全控制了西起夷陵（今湖北宜昌东南），经武昌，柴桑（治今江西九江西南），东至于海的长江防线。

周瑜做了南郡太守，分南岸地给刘备，刘备"立营于油江口，改名为公安（今湖北公安境）"。先此，已经投降曹军的荆州吏士"多叛来投备"，刘备"以瑜所给地少，不足以安民，复从权借荆州数郡"①，并乘周瑜、曹仁相持之际，南征武陵、长沙、桂阳、零陵。刘备先表刘琦为荆州牧，琦病死，遂自为荆州牧，治公安。

笔者在《曹操传》中指出，赤壁战前曹操的优势是非常大的。这些优势不仅曹操以为自豪，也是孙刘两家所共认的。从诸葛亮、张昭等人的话语中以及当时的力量对比看，至少可以归纳出以下几点：第一，曹操挟天子以令诸侯，诸侯自感在道义上难与争锋；第二，曹操以新胜之军南下，其气自盛，及至取得荆州，吏卒更奋；第三，曹操取荆州，收到"威震四海"之效，孙、刘为之丧胆；第四，曹操原有兵力十五六万人，合荆州水陆八万人，计二十余万人，数倍

---

① 《三国志·蜀书·先主传》注引《江表传》。

于孙、刘两家之兵。

曹操既然具有如此的优势,那为什么战争的结局却是孙权、刘备得到全面胜利而曹操失败了呢?

就孙权、刘备方面说,可以归纳为以下三点:

第一,孙权、刘备都处在生死存亡关头,困兽犹斗,上下共奋。刘备与曹操,势不共存,没有任何回旋余地和退路。这是明摆着的。孙权的出路,鲁肃、周瑜也已分析透彻,战则有望获胜,可图大事,降则寄人篱下,失去基地,不知所归,终至羁縻异地而亡。因此,孙权部属除了张昭、秦松等缺乏抗曹信心外,众多将帅大都是主战派,能够团结一心,誓死对敌。兵法云"置之死地而后生",对于孙权、刘备,从战略形势来说,均近如此。

第二,战略联合的胜利。孙权、刘备以及鲁肃、周瑜、诸葛亮都看到了联合抗曹的重要性,并且着力付诸实行。毋庸讳言,赤壁战争中主要战斗武装是孙权的军队,刘备及其部属在决定胜负的水战中的作用不大。但关羽、张飞、赵云等在牵制曹操兵力方面都发挥了作用,而且在追击曹操的追击战中成为主力。所以,有的记载便将刘备作为战争主体,说"(曹)公船舰为备所烧,引军从华容道步归"。[①] 实际上,刘备只起了配合作用。曹操的很大一部分船只是他自己在退军途中烧毁的。曹操为什么后退中又把船只烧了呢? 无疑,主要是联军紧追,曹操为了避免以船资敌,出于战略的需要而不得不主动采取的一种措施。总之,孙刘联合,确保了战争的胜利。诚如王夫之所说:"一时之大计,无有出于此者。"

第三,战术运用得当。其一,料敌周密,对于敌人的数量、战斗

---

① 《三国志·魏书·武帝纪》注引《山阳公载记》。

力都做出了合理的分析,敢于以少制敌;其二,有效地利用了曹操自傲轻敌、虑事不周、急于求成的弱点,敢于行诈降之计,并获得成功;其三,有效地利用了天时地利条件,出敌不意,火烧敌人战船成功。

就曹操方面说,笔者曾在《曹操传》中作如下分析:

从思想上说,曹操其人极易激动,易被胜利冲昏头脑,每当轻易取胜常手舞足蹈,歌咏随之,几至忘乎所以;每当受阻,常生激愤,以至乱杀无辜。曹操南征荆州,本承北伐乌桓获得大胜之后,骄傲情绪很重,所以不能冷静分析形势,过高估计自己的力量,过低估计敌人的力量,自认天下无敌。及至兵不血刃,荆州投降,威震四海,孙、刘诸敌难与争锋,曹操的头脑就更加膨胀了。他只看到了自己的优势所在,以为只要大兵压境,即可所向披靡,该用的策略、常用的战术都不再运用了。甚至向以重视人才著称的他,竟对送上门来的人才也不再虚怀相待了。史载,益州牧刘璋很想巴结曹操,听说曹操已克荆州,便派别驾张松向操致敬,表示愿"受征役,遣兵给军",以求交接。张松为人短小放荡,然识达精果。他本想乘机投靠曹操,为曹操西取益州献谋。但曹操以貌取人,看不起张松,觉得已经取得荆州、赶走了刘备,这样其貌不扬的人没有什么用处了,所以"不复存录松"。

大军南下,两弱难对一强,如要图存,孙刘必将联合的形势本来是明摆着的,以曹操之才智应该能看到这一点,但他竟做出了错误的判断。他先是认为孙权必杀刘备,继则不把孙刘联合放在眼里,从而不考虑采用多次用过而且行之有效的离间策略,也不考虑各个击破战术的运用。

从战略上说,第一,他贻误了战机,没有乘胜把刘备彻底击溃。刘备当阳惨败,已是惊弓之鸟,其兵力亦极有限,如果在刘备东走时,追而歼之完全可能,即使不能全歼,刘备将被迫南走苍梧,而大军进取夏口,进而扼住夏口、樊口要冲之地,汉沔以西全处自己控制之中,那形势将完全是另一个样子。夏口距离柴桑已不甚远,如果那时给孙权送上一封恐吓信,其威胁效果就会大得多,肯定就不止张昭、秦松等人主张投降了。第二,他弃其所长,用其所短而与敌之所长相较,使之在特定条件下,优势兵力转化为劣势。这正是敌方敢于抵抗的主要出发点。这就是诸葛亮所说的"北方之人不习水战",周瑜所说的"操舍鞍马,仗舟楫,与吴、越争衡"乃"用兵之患"。但曹操却没有认识到这种重要性,他以玄武湖上风平浪静中所练之兵投之大风大浪中,自顾尚且不暇,何来战斗力。如果用己之长,不试图依靠新附的、心怀狐疑的荆州水兵取胜,而靠自己久经征战的陆军为主谋战,自江陵长驱东下,扼江两岸,然后视机以远倍于敌而非疲病的水军战于己有利的战场,则取胜是完全有可能的。

从战术上说,第一,如前所述,曹操不用贾诩之策,贻误战机,兵进非时;第二,曹操其人深知兵法之要,尤善水、火之攻,但他为了解决士兵晕船却只考虑燃眉之急,竟将战舰连锁起来,而未谋及易被火攻的危险。而且水寨陆营紧紧相连,一旦战船被烧,迅即延及陆营,士兵惶恐,全军大乱难制。他也只好自顾性命,弃军而逃,其惨不可言状。一把火,把他统一中国的迷梦彻底摧毁。第三,曹操其人最善用诈,但他竟不识黄盖之诈,完全相信黄盖真降,而不做任何一点防范。如果稍存戒心,做些防患于未然的必要部署,至少陆营可保,不致大溃。这实际也是他傲敌思想所致。

当然还有些绝非人谋的原因,诸如:第一,疫病流行。曹操就是把失败原因归于疾病的,他说:

赤壁之役,值有疾病,孤烧船自退,横使周瑜虚获此名。[①]这实是自我解嘲、不愿面对现实。按理说,作为一个政治家、军事家,如能冷静虑事,不难想到这一点。疾疫流行,的确削弱了战斗力,的确是导致曹操失败的客观原因之一;但从另一角度看,这也是人谋失当的问题。凡事预则立,不预而成大误,所以作为统帅则难辞其咎。第二,"凯风自南,用成焚如之势"。寒冬刮东风、南风殊难料及,所以裴松之为其辩解说"天实为之,岂人事哉"[②]。严格说来,冬天间有东风南风并非偶见,作为统帅亦应知天时之变。第三,迷失路途,致使败兵再次受创。曹操败退中几为刘备所擒当是事实,他在给孙权书中称"赤壁之困,过云梦泽中,有大雾,遂便失道"[③],也当是事实。

总之,赤壁之战,包括江陵争夺战,曹败而孙刘获胜,原因是多方面的。若用简短的话概括,曹操失败的根本原因不在原来的力量对比,而在于曹操自身:他被胜利冲昏了头脑,骄傲轻敌,导致虑事不周,战术失当,优势变成劣势;孙刘胜利的原因也是重在自身:他们适时而有效地利用了曹操的弱点,成功地利用了联盟形成的合力、利用了天时地利条件,在一种特定的环境下变劣势为优势,最终以少胜多,以弱制强,获得胜利。

赤壁之战的历史影响是巨大的。第一,曹操南进之势受到遏制,天下三分成为必然趋势。东晋史学家习凿齿说:"昔齐桓一矜其功而叛者九国,曹操暂自骄伐而天下三分。皆勤之于数十年之内而弃之于俯仰之顷,岂不惜乎!"[④]此论很有道理。第二,赤壁之

---

① 《三国志·吴书·周瑜传》注引《江表传》。
② 《三国志·魏书·贾诩传》裴注。
③ 《与孙权书》,《曹操集译注》,中华书局1979年版,第122页。
④ 《资治通鉴》卷65,汉献帝建安十三年。

战等于给曹操头上泼了一盆冷水,所以不久他便冷静了。虽然在口头上他依然不断强调客观原因,但实际上已认识到自己的错误,从而把自己从狂躁的情绪中拉回现实,重谋进取,政治重点放在了巩固权力,应付内部反对势力,军事上开始做重大战略调整,考虑用兵西北。第三,赤壁之战等于给孙刘两家打了强心针。自此,孙权便公然东西两线同时部兵,表现出了绝不同曹操妥协的阵势;刘备则得机南征四郡,代刘琦而自为荆州牧,势力发展,竟使孙权感到害怕,伏下了孙刘争夺荆州的军事危机。

第五章 北抗曹操

赤壁战后,孙权与曹操形成了直接的军事对峙。孙权甚知,曹操不会善罢甘休,再次来犯,势不可免。并知曹操必将力避其短,短期内不会在大江会战,而长江以北的合肥、庐江、潜山一线将成为先期争夺焦点。因此,他把战略重点向东转移,一切政治、军事行动都围绕着在东线北抗曹操展开。

一、主动应敌

形势多变,曹操和孙权的战略战术也都因时因势而异,有时此方主动出击,彼方被动应战,有时则相反,彼方主动出击,此方被动应战。

乘曹军之敝,兵围合肥

前面提到,建安十三年十二月(按:《资治通鉴》系于十四年),孙权在东线发动了策应进攻。这次进攻对于迫使曹操江陵驻军曹仁"委城而走"有作用。然而,就当时的力量对比看,曹操虽然兵败赤壁,但在东线仍占优势。所以结果是:"权自率众围合肥,使张昭攻九江之当涂。昭兵不利,权攻城逾月不能下","曹公自荆州还,遣张喜将骑赴合肥。未至,权退。"①

---

① 《三国志·吴书·吴主传》。

具体情况,我在《曹操传》一书中曾做如下概括:孙权趁曹操赤壁败归之际,即以准备增援周瑜之兵,进攻合肥,守将张辽、李典等奋力抵抗,久攻不下。曹操遣将军张喜带一千骑兵,并让他经过汝南时再把汝南兵带上,去救援合肥。但军队又发生了传染病,所以久而未至。情况紧急,扬州别驾蒋济同刺史定了一计,诡称收到张喜的书信,信中说曹操发步骑四万已到雩娄(今安徽霍丘西),让守军快派主簿去迎接。同时派出三批使者带上书信入城"语城中守将",实是故意让孙权一方获得这一假情报。果然,三批人中的二批被孙权的人捉到。孙权得到假情报,以为曹操的救兵真的来了,便撤军了。

　　孙权此战不胜,除其力量不及外,战术也有不妥。据《三国志·张纮传》及注引《吴书》说,孙权以张纮为长史,从征合肥,合肥城久围不拔,张纮向孙权指出:"古之围城,开其一面,以疑众心。今围之甚密,攻之又急,诚惧并命戮力。死战之寇,固难卒拔,及救未至,可小宽之,以观其变。"张纮的意见,没有得到孙权及其将领们的同意,史称"议者不同"。及至曹操的救兵来到,"数至围下,驰骋挑战",孙权又表现得很不冷静,竟然想率领少数轻骑"突敌",幸被张纮阻止。张纮对孙权说:"夫兵者凶器,战者危事也。今麾下恃盛壮之气,忽强暴之虏,三军之众,莫不寒心,虽斩将搴旗,威震敌场,此乃偏将之任,非主将之宜也。愿抑贲、育之勇(按:孟贲、夏育皆古之勇士),怀霸王之计。"孙权听从了张纮的建议,没有贸然行动,随即顺利撤兵。

　　据载,回师以后,孙权依然心有不甘,"既还,明年将复出军"。张纮又阻止了一次没有把握的军事行动。张纮对孙权讲了三点:一为用兵"贵于时动",指出"自古帝王受命之君,虽有皇灵佐于上,文德播于下,亦赖武功以昭其勋。然而贵于时动,乃后为威耳";二为兵需休整,指出长期战争,师旅疲困,"宜且隐息师徒";三为施德政,积蓄物力、人力,以顺天命,提出了一些颇为迂腐但也不无道理的论点,即所谓"广开播殖,任贤使能,务崇宽惠,顺天命以行诛,可不劳而定也。"孙权接受了张纮的说教,"于是遂止不行"。①

曹操东线再示兵

曹操从赤壁实战中体验到,没有经过训练有素的水军主力,要想征服孙权是不可能的;同时深感孙刘联盟已经成为严重威胁。为了再征孙权、重集力量和瓦解孙刘联盟,更为了加强内部权力、稳固地位,曹操需要经常地向外示兵。所以,战后不久,曹操便在长江以北(东)之扬州所属丹阳、庐江诸郡县,积极备战,开始了新的行动。

第一,作轻舟,治水军。根据记载判断,曹操在谯,很快便把赤壁败下来的残兵集拢起来,而且抓紧时间造作船只,投入了军事训练。所以,不到四个月即有了一支新的水军队伍。建安十四年(公元209年)七月,军队自谯起程,由涡河顺流而下,入淮河,出肥水,驰援合肥守军。据载,曹丕参与了这次重整军旅的活动,并随军东征,情绪很高涨,因作《浮淮赋》,描述了当时的军事之盛,其序说:"建安十四年,王师自谯东征,大兴水运,泛舟万艘。时余从行。始入淮口,行泊东山,睹师徒,观旌帆,赫哉盛矣。虽孝武盛唐之狩(按:此以汉武帝巡狩盛唐山相比。盛唐山在今安徽桐城境),舳舻千里(形容船只很多,首尾相接。舳,音 zhú;舻,音 lú),殆不过也。"曹操军旅恢复之快,使孙权感到紧张。

---

① 《三国志·吴书·张纮传》。

第二,置扬州郡县长吏。扬州辖境跨越大江南北,曹操和孙权都想得而据之,是必争之地,所以双方都设置了扬州刺史。曹操、孙权既已处在战争对立状态,扬州地位更显重要,尽快备置扬州郡县长吏和确定镇将人选,从战争和备边意义说都是非常紧迫的。但以何人主治扬州,不能不慎。曹操毅然以身边重臣丞相主簿温恢出为扬州刺史,同时又遣甚得见重的原扬州别驾、现为丹阳太守的蒋济还州继任别驾。

第三,开芍陂屯田。曹操重视屯田,到建安中,已收"天下仓廪充实,百姓殷足"①之效,使操征伐四方无运粮之劳。曹操芍陂屯田的重要的目的是屯兵、备边,对付孙权。芍陂,在今安徽寿县南,因引淠(pì)水经白芍亭东积而成湖,故名。《资治通鉴》胡三省注说,陂周一百二十许里,是战国时楚相孙叔敖所造,后经历代修治,陂周扩至二三百里,灌田百余万顷。据载,扬州刺史刘馥广屯田,曾修治芍陂、茹陂等以溉稻田。时刘馥已死,曹操军合肥,开芍陂,实是进一步开发扩大屯田规模。

第四,讨斩陈兰、梅成。曹操回谯以后不久,便有"庐江(今安徽潜山)人陈兰、梅成据潜(今安徽霍山东北)、六(今安徽六安)叛"②,先此还有庐江人雷绪起兵反叛。这样,在今安徽六安、霍山、舒城、岳西、桐城、潜山一带便陷入混乱,影响了对于此一地带的控制,不利保合肥,南向用兵。因此,曹操先是派行领军夏侯渊击败雷绪,既而派荡寇将军张辽督张郃、牛盖等讨陈兰,派于禁、臧霸等讨梅成。

第五,增加合肥兵力,"使张辽、乐进、李典等率领七千余人屯

---

① 《三国志·魏书·司马芝传》。
② 《资治通鉴》卷66,汉献帝建安十四年。

合肥"。①

第六，密遣蒋干说周瑜。赤壁战后，曹操军谯期间（按：不是在赤壁战时），曾试图瓦解孙权的兵力和孙刘联盟。所以便有了密遣蒋干往说周瑜之举。蒋干，字子翼，九江人。据载，"干有仪容，以才辩见称，独步江、淮之间，莫与为对。"蒋干扮成一介书生，"布衣葛巾，自托私行"，以旧友往见周瑜。周瑜甚知蒋干来意，明确说："丈夫处世，遇知己之主，外托君臣之义，内结骨肉之恩，言行计从，祸福共之，……岂足下幼生所能移乎！"蒋干知周瑜难以说动，"终无所言"，回见曹操，称周瑜"雅量高致，非言辞所间"。②曹操密说周瑜的企图没有获得成功。

第七，征讨西北，解除对孙权用兵的后顾之忧。建安十六年，曹操进行了西征张鲁、马超、韩遂等的军事行动。此举有其更重大的战略考虑，其中一点就是避免两面作战，为下一步与孙权作战做准备。

第八，令阮瑀捉刀对孙权进行威胁。十七年正月，曹操由西北回到邺城，备战孙权的条件差不多了，即让记室令史阮瑀以曹操的名义给孙权写了一封软硬兼施的长信。阮瑀是受命而作，所以信的内容完全反映着曹操的思想和计谋。信中先述旧好，说"离绝以来，于今三年，无一日而忘前好，亦犹姻媾之义（指曹操曾把侄女许配给孙权弟孙匡，为儿子曹彰娶权堂兄孙贲之女为妻），恩情已深，违异之恨，中间尚浅也"；继而说"常思除弃小事，更申前好，二族俱荣，流祚后嗣"；然后为自己赤壁失利辩护："昔赤壁之役，遭离疫气，烧舡自还，以避恶地，非周瑜水军所能抑挫也。江陵之

---

① 《三国志·魏书·张辽传》。

② 《三国志·吴书·周瑜传》注引《江表传》。

守,物尽谷殚,无所复据,徒民还师,又非瑜之所能败也";同时假意表示,自己无意于荆州,"荆土本非己分,我尽与君,冀取其余,非取侵肌肤,有所割损也。思计此变,无伤于孤,何必自遂于此,不复还之。"然后为自己的备战活动打掩护:"往年在谯,新造舟舩,取足自载,以至九江,贵欲观湖澡之形,定江滨之民耳,非有深入攻战之计"。然后笔锋一转,威胁有加,一述自己完全有势力把你孙权打败,"以君之明,观孤术数,量君所据,相计土地,岂势少力乏,不能远举,割江之表,晏安而已哉!甚未然也";二讲水战挡不住王者师,"若恃水战,临江要塞,欲令王师终不得渡亦未必也。夫水战千里,情巧万端,……江河虽广,其长难卫";三言历史上凡抗王师者如淮南王刘安、西汉隗嚣、东汉彭宠,都没有好下场。最后,给开设二条路,任孙权选取:其一,"内取子布(张昭),外击刘备,以效赤心,用复前好,则江表之任,长以相付,高位重爵,坦然可观,上令圣朝无东顾之劳,下令百姓保安全之福,君享其荣,孤受其利,岂不快哉!"其二,"若怜子布,愿言俱存,亦能倾心去恨,顺君之情,更与从事,取其后善,但擒刘备,亦足为效。"就是说,如能把张昭、刘备都杀掉,我给你高位重爵;如果舍不得杀张昭,只要把刘备擒杀也可以得到谅解。[①] 这份富有文采的长信,是招降书,亦是宣战书。它明确告诉孙权,新的讨伐战争即将开始了。当然,孙权从未对曹操抱有幻想,更无谋降之思。

积极面对曹操威胁

孙权面对曹操的威胁,自然不会退缩。退缩没有出路。他采取了积极面对的态度。

---

① 《文选》卷42。

第一,继续同刘备联合,稳定西线,相互表请朝廷升迁或默认对方职爵。刘备表荐孙权行车骑将军,领徐州牧;孙权则默认刘备自领荆州牧,并分南郡之长江以南地给刘备,甚至"进(嫁)妹固好"。(详见下章)

第二,以周瑜为南郡太守,程普为江夏太守,吕范为彭泽太守。继而,又分豫章为鄱阳郡,步骘为太守;分长沙为汉昌郡,鲁肃为太守。有效控制西线,确保无虞,为其在东线亲自为帅、督兵抗操创造有利条件。不幸的是,建安十五年(公元210年),周瑜病故。孙权以鲁肃为奋威校尉,代周瑜领兵,并令程普领南郡太守。鲁肃继续奉行联合刘备的策略,"劝孙权以荆州借刘备,与共拒曹操,权从之"(按:"借"为吴人语,荆州南四郡实刘备自取。详见下章)。①

第三,指挥中心东移、北上。建安十四年三月,曹操自赤壁退还谯县(今安徽亳州市),练兵待战,孙权也将指挥中心东移,自柴桑回吴。十六年,孙权徙治秣陵(今江苏江宁),十七年修石头城(位今江苏南京西),改秣陵为建业。《三国志·张纮传》注引《江表传》记载,长史张纮对孙权说:"秣陵,楚武王所置,名为金陵。地势冈阜连石头,访问故老,云昔秦始皇东巡会稽经此县,望气者云金陵有王者都邑之气,故掘断连冈,改名秣陵。今处所具存,地有其气,天之所命,宜为都邑。"不久,"刘备之东,宿于秣陵,周观地形,亦劝权都之。"《献帝春秋》记载了刘备同孙权的对话:"刘备之京(今江苏镇江),谓孙权曰:'吴(今江苏苏州)去此数百里,即有警急,赴救为难,将军无意屯京乎?'权曰:'秣陵有小江百余里,可以安大船,吾方理水军,当移据之。'"据说,刘备又对孙权说,就地理形势看,"芜湖近濡须",也是个好地方。孙权说:"吾欲图徐

① 《资治通鉴》卷66,汉献帝建安十五年。

州,宜近下也。"可见,孙权不都吴而徙治秣陵,最重要的是便于指挥北抗曹操,是出于军事的考虑。

第四,再平山越之乱,以保抗曹后方巩固。丹阳郡诸县地近抗曹前阵,赤壁战争期间及以后,局势骤然再度紧张,发生了以黟县陈仆、祖山和歙县金奇、毛甘等为首的暴乱。孙权即拔镇压山越的名将、平东校尉贺齐为威武中郎将,转讨丹阳郡之黟、歙(均安徽今县)。贺齐在此进行了又一次残酷的屠杀行动。史载,贺齐到达之时,"武强、叶乡、东阳、丰浦四乡(约在今浙江淳安、金华境)先降",贺齐向孙权提议"以叶乡为始新县(治今浙江淳安西)。"从而,建起了一个后方军事基地。当时,"歙贼帅金奇万户屯安勒山,毛甘万户屯乌聊山,黟帅陈仆、祖山等二万户屯林历山。"可见:时有越民四万余户屯聚在今安徽与浙江接壤的群山中。据说,诸山形势峻峭,易守难攻,"林历山四面壁立,高数十丈,径路危狭,不容刀楯,贼临高下石,不可得攻。军住经日,将吏患之。"贺齐亲临前阵,"身出周行,观视形便",遂即"阴募轻捷士,为作铁弋(按:铁钎,铁钩),密于隐险贼所不备处,以弋拓(斩山)[堑](按:此处小括号、中括号为引文原有)为缘道(意谓用铁钎铁钩开凿出可以攀缘的道),夜令潜上,乃多县(悬)布以援下人",将士攀援悬布而上者"百数人,四面流布,俱鸣鼓角"。突然之间,越民"夜闻鼓声四合,谓大军悉已得上,惊惧惑乱,不知所为,守路备险者,皆走还依众"。因此,贺齐大军得以顺利上山,"大破仆等,其余皆降,凡斩首七千。"然后,贺齐向孙权上表"分歙为新定、黎阳、休阳"。孙权遂以黟、歙、新定、黎阳、休阳、始新六县,割为新都郡(治今浙江淳安西),"齐为太守,立府于始新,加偏将军"。[①] 讨越

---

① 《三国志·吴书·贺齐传》。

154

中郎将蒋钦也受命参加了镇压行动,《三国志·蒋钦传》说,"贺齐讨黟贼,(蒋)钦督万兵,与齐并力,黟贼平定"。

继而,又对豫章、丹阳两郡内越民的武装暴动进行了平定。这些军事行动,既利于域内的相对稳定,也利于备兵抗曹。建安十八年(公元 213 年),"豫章东部民彭材、李玉、王海等起为贼乱,众万余人"。孙权令贺齐进讨,"齐讨平之,诛其首恶,余皆降服。拣其精健为兵,次为县户"。① 二十一年(公元 216 年),毗邻丹阳郡的鄱阳(属豫章郡,今江西波阳)县民尤突起事,并北联曹操,接受曹操"印绶",反抗孙吴统治。丹阳郡的陵阳(治今安徽青阳南)、始安(按:当为安吴,治今安徽泾县西南)、泾县(安徽今县)三县山越"皆与(尤)突相应"。史称,贺齐与陆逊讨破(尤)突,"斩首数千,余党震服,丹阳三县皆降,料得精兵八千人"。②

第五,用吕蒙之议,预作濡须坞。史载,吕蒙"从权拒曹公于濡须,数进奇计,又劝权夹濡须水口(今安徽无为县东北)立坞。"③《三国志·吕蒙传》注引《吴录》说,"权欲作坞,诸将皆曰:'上岸击贼,洗足上船,何用坞为?'吕蒙曰:'兵有利钝,战无百胜,如有邂逅,敌步骑蹙入,不暇及水,其得入船乎?'权曰:'善。'遂作之。"④可见,战前孙权、吕蒙已经做好了以战略防御为主的准备,自然不为曹操的威胁所动。

第六,把战将周泰、甘宁等调来东线听用。根据记载看,贺齐、蒋钦镇压山越以后,都留在了东线。周泰、甘宁、朱然、徐盛、凌统、潘璋、宋谦、陈武、朱桓等也先后部署在了丹阳郡境。

---

① 《三国志·吴书·贺齐传》。
② 《三国志·吴书·贺齐传》。
③ 《三国志·吴书·吕蒙传》。
④ 《三国志·吴书·吕蒙传》注引《吴录》。

二、濡须战守与合肥失利

综上可见,赤壁战后,曹操、孙权均为双方再战积极准备,未曾稍懈。一切政治的、外交的、军事的行动都围绕着未来不可避免的战争而统筹酝酿着。但建安十五年、十六年、十七年的大部时间双方没有大的直接军事行动和军事接触。就曹操一方来说,这是因为:第一,曹操的主要精力用在巩固内部,先后发出了影响深远的《求贤令》和《让县自明本志令》,作铜雀台,并以自己的儿子曹丕为五官中郎将、丞相副,封曹植、曹据、曹豹三子为侯,借此把"让县"的损失收了回来,并建起了一道从今山东平原到今河北饶阳、涿州的防线,构成了根据地邺的屏障;第二,曹操的主要兵力用在西北方面,讨张鲁,伐关中,亲征马超、韩遂和关中诸将侯选、程银、杨秋、李堪、张横、梁兴、成宜、马玩等十部之反,并取得了重大胜利。孙权的方面,策略也做了一些调整。他除了必须筹划如何应对必将来临的曹操的来犯外,还必须考虑以下问题,一是对付刘备的新策略;二是巩固和加强既得地盘的统治;三是趁北面稍安之机,向南经营,加快将岭南置于治下的步伐。

曹操用兵西北,亲征马超、韩遂等是他总体战略的组成部分。其中,自然也包括了避免两面或多面作战、将来得以分别专兵孙权和刘备的考虑。

建安十七年(公元212年)正月,曹操自关中回邺,又做了一些巩固权力的事,得到了"赞拜不名,入朝不趋,剑履上殿"的特权待遇,扩大了自己封地魏郡的区辖范围,为封公建国做好了最后的准备,惟缺同孙权一战,再壮兵威。

曹操的军队,襄樊一线及淮南主力部队又经过九个月的训练备战,士气复振,于是冬十月,便又开始亲征孙权了。

濡须第一战

建安十八年(公元 213 年)正月,曹操以号称步骑四十万之大军(按:实际兵力不会有这么多)进军濡须口。孙权率领孙瑜、孙皎、甘宁、蒋钦、周泰、董袭、朱然、徐盛等,与曹操"相拒月余"。

事实证明,曹操对于南向用兵的天时地利依然估计不足,接战之初便即陷入被动。史载,曹操进军以张辽、臧霸为先锋,"行遇霖雨,大军先及,水遂长,贼(按:指孙权的军队)船稍进",将士们见此便想起赤壁之败,皆不安,就连张辽也感到害怕,想撤兵,臧霸止之,对张辽说曹公"明于利钝",怎么能不管我们呢?果如臧霸所料,第二天曹操即令大军发起攻击。这一仗,孙权江西大营被攻破,都督公孙阳被曹操俘获。

孙权得知江西大营有失,亲率众七万御操,并以甘宁领三千人为前部督。孙权密令甘宁"夜入魏军",甘宁乃选手下健儿百余人,径至曹操营下,"拔鹿角,逾垒入营,斩得数十级"。曹军突遭袭击,惊慌万状,失声鼓噪,及至点起火把,"举火如星",甘宁已退还本营,将士们"作鼓吹,称万岁",一片欢腾。甘宁当夜去见孙权,权也极为高兴,说:"足以惊骇老子否(老子,意同老头,指曹操)? 聊以观卿胆耳。"[1]

双方相持月余,但军事上的主动权基本控制在孙权一方。不久,孙权再次发动攻势。据《三国志·吴主传》注引《吴历》说:"曹公出濡须,作油船,夜渡洲上。权以水军围取,得三千余人,其没溺者亦数千人。"可见战果相当可观。又说:"权数挑战,公(曹操)坚

---

[1] 《三国志·吴书·甘宁传》注引《江表传》。

守不出。权乃自来，乘轻船，从濡须口入公军。诸将（曹操的将领）皆以为是挑战者，欲击之。公曰：'此必孙权欲身见吾军部伍也。'敕军中皆精严，弓弩不得妄发。权行五六里，回还作鼓吹。"由此可见，孙权已经掌握了相当大的主动权，竟能乘轻船而入曹军，甚至已经撤走又突然返回对曹军"鼓吹"一通，实在是无异于示威。《吴主传》注引《魏略》记得更有点离谱："权乘大船来观军，公使弓弩乱发，箭著其船，船偏重将覆，权因回船，复以一面受箭，箭均船平，乃还。"前文已经指出，《魏略》记载是不可信的，一是孙权尚不至如此放肆，二是曹操亦不至如此愚钝，三是同《吴历》所记迥别。但不管怎么样，曹操吃了败仗，致使"坚守不出"，当是真的。如果不是这样，便不会有曹操见孙权"舟船器仗军伍整肃，喟然叹曰：'生子当如孙仲谋，刘景升儿子若豚犬耳！'"①

曹操"坚守不出"，难以为功，又值春雨，再次出现了不宜于北方将士作战的条件。孙权看准了这点，但又自知不可能把曹操击溃，因而写信给曹操，说："春水方生，公宜速去。"另外又夹上一个纸条写了八个字："足下不死，孤不得安。"据说，曹操阅后，不仅不怒，反而很高兴地对诸将说："孙权不欺孤！"于是撤军而还②。孙权亦不追。

濡须之第一战，对于孙权意义重大，一是振奋了士气，二是得民十余万户。《三国志·吴主传》记载，此战之前曹操"恐江滨郡县为权所略，征令内移"，结果"民转相惊，自庐江、九江、蕲春、广陵户十余万，皆东渡江，江西遂虚，合肥以南惟有皖城"。

此战的重大损失是，偏将军董袭所督五楼船（按：可能是为孙

---

① 《三国志·吴书·吴主权传》注引《吴历》。
② 《三国志·吴书·吴主权传》注引《吴历》。

权或他的指挥部准备的一艘大船）遇暴风倾覆，董袭意外死亡。《三国志·董袭传》记载："曹公出濡须，袭从权赴之，使袭督五楼船住濡须口。夜卒暴风，五楼船倾覆"，左右都撤到小船上去，大家请董袭到小船上来。董袭愤怒地说："受将军（按：指孙权）任，在此备贼，何等委去也，敢复言此者斩！"于是大家都不敢再劝，"其夜船败，袭死"。

征皖城

　　曹操自濡须口撤军，四月回到邺城。撤军原因固有出师不利、春水将至、胜负难卜、不宜继续暴师在外的一面；但另一方面，甚至是更重要的方面则是不能长时间离开政治中心。此前西征韩遂、马超，建安十六年七月出兵，次年正月还邺，前后近七个月；此次用兵孙权，建安十七年十月东出，次年四月还邺，又是近七个月的时间。看似偶然，实有内在的必然因素。

　　曹操在其还邺前后，通过汉献帝实施了两件大事，一是正月庚寅（公元 213 年 2 月 10 日）"诏并十四州，复为九州"。十四州为司、豫、冀、兖、徐、青、荆、扬、益、梁、雍、并、幽、交；复为九州，则省司、凉、幽、并四州，其中最大的要害变动是割幽、并二州及司州之河东、河内、冯翊、扶风四郡入冀州。正如胡三省所说，并十四州复为九州，"此曹操自领冀州牧，欲广其所统以制天下耳。"[1]二是五月丙申（6 月 16 日）"以冀州十郡封曹操为魏公"，并以丞相领冀州牧如故。可见，曹操撤兵，如其说是军事原因，毋宁说是出于政治大局的统筹与考虑。

　　曹操撤军，非如乌林兵败而返。他从容作了一些御敌部署，一

---

　　① 《资治通鉴》汉献帝建安十八年注。

使张辽、乐进、李典等七千人屯合肥,一遣庐江太守朱光屯皖(今安徽潜山县),大开稻田。三派间谍招诱鄱阳"贼帅",使作内应。

曹操扩地晋爵、封公建国,用心完全昭示于天下,大大震动了孙权、刘备等。建安十九年(公元214年)闰五月,孙权主动发起了向皖城的进攻。时之皖城虽在曹操控制之下,但实为孤城一座。

孙权和大将吕蒙不失时机地利用了这一态势。史载,"魏使庐江谢奇为蕲春典农,屯皖田乡,数为边寇。蒙使人诱之,不从,则伺隙袭击,奇遂缩退,其部伍孙子才、宋豪等,皆携负老弱,诣蒙降。"针对曹操派庐江太守朱光屯皖大开稻田的情况,吕蒙对孙权说:"皖田肥美,若一收孰,彼众必增,如是数岁,操态见矣,宜早除之。"①于是,孙权决定亲自征皖。从征者有吕蒙、甘宁、鲁肃等。

孙权亲自率军征皖,"引见诸将,问以计策",诸将皆劝"作土山,添攻具",吕蒙急趋孙权面前建议速攻,指出三点:一是必须抢在敌人援军到达之前拿下,"治攻具及土山,必历日乃成,城备既修,外救必至,不可图也。"二是作战环境不允许拖延时日,"且乘雨水以入,若留经日,水必向尽,(船只)还道艰难,蒙窃危之。"三是敌城不固,我军气盛,利于速战,"今观此城,不能甚固,以三军锐气,四面并攻,不移时可拔,及水以归(借助水势而回),全胜之道也。"②

孙权听从了吕蒙的建议,即时发起进攻。吕蒙荐甘宁为升城督。甘宁"手持练,身缘城,为吏士先",督攻在前;吕蒙以精锐继后而进。《三国志·吕蒙传》说,"侵晨进攻,蒙手执枹鼓,士卒皆腾踊自升,食时破之",获朱光及男女数万口。果如吕蒙所谋,很

---

① 《三国志·吴书·吕蒙传》。
② 《三国志·吴书·吕蒙传》并注引《吴书》。

快结束了战斗。张辽率兵来救，未至，闻皖城已失，只好返回。

曹操得知皖城失守，顿觉受辱，因而大怒，就像发了疯似的不冷静。时值秋雨时节，大雨绵绵，曹操决定再次亲征孙权。从下面的一段记载可以看出曹操当时是何等的不冷静："太祖（操）欲征吴而大霖雨，三军多不愿行。太祖知其然，恐外有谏者，教曰：'今孤戒严，未知所之，有谏者死。'"曹操决心很大，部下多不敢言，丞相主簿贾逵接受教令后，感到实在是不具备出兵的条件，事关重大，不得不谏，因与同僚三主簿上书谏阻，曹操大怒，将贾逵等收监，问是谁的主意，贾逵坦称是自己的主意，遂主动蹲进牢狱。曹操得知贾逵已经戴上了刑具，怒气稍消，头脑慢慢冷静下来，因而不久又下了一道教令："逵无恶意，原复其职。"①"原"是赦免之意。"无恶意"不等于无罪，"原"其罪，复其职，只不过是从宽处理罢了。

曹操执意征孙权，遂以儿子临菑侯曹植守邺，于建安十九年七月亲征。时有丞相参军傅干再谏："治天下之大具有二，文与武也。用武则先威，用文则先德，威德足以相济，而后王道备矣。往者天下大乱，上下失序，明公用武攘之，十平其九。今未承王命者，吴与蜀也。吴有长江之险，蜀有崇山之阻，难以威服，易以德怀。愚以为可且按甲寝兵，息军养士，分土定封，论功行赏，若此则内外之心固，有功者劝，而天下知制矣。然后渐兴学校，以导其善性而长其义节。公神武震于四海，若修文以济之，则普天之下，无思不服矣。"②这种迂阔之论，当然说服不了曹操。

曹操七月出兵，十月回邺，前后不过三个月，战况如何，双方史

---

① 《三国志·魏书·贾逵传》注引《魏略》。
② 《三国志·魏书·武帝纪》注引《九州春秋》。

籍均无明记,大概未曾有过重大接触。或如傅干所说,举十万之众屯之长江之滨,"若贼负固深藏,则士马不能逞其能,奇变无所用其权,则大威有屈而敌心未能服矣。"[1]曹军未能得机,难逞其能,"军遂无功"。曹操面对现实,始悟贾逵、傅干等言有道理,亦知与其胶着于此,不如趁夏侯渊平凉得胜之威回军而西取张鲁。

孙权征皖得利和曹操出兵"无功",使孙权基本控制住了合肥以南、长江以北的局势。并且能够利用曹操西顾之机,抽出兵力,对付刘备。

合肥失利

建安二十年(公元 215 年),曹操西征张鲁。此时,刘备已经取得益州。孙权、刘备经过一段时间的摩擦,也达成了妥协,分割荆州。孙权得到湘江以东之荆州三郡,暂时没有理由西向用兵,但在东线却是难得的机会,于是八月间便乘曹操在西之机率众十万围合肥。参加这次战役的有吕蒙、凌统、甘宁、蒋钦、陈武和贺齐、徐盛等。

史载,曹操西征张鲁,出发前曾写了一道秘密教令让护军薛悌带给他的合肥守军将领们,封套的边上写着"贼至乃发"四字。孙权兵至,张辽、乐进、李典、薛悌等一起把教令打开,教令上写着:"若孙权至者,张、李将军出战,乐将军守,护军勿得与战。"为什么这样分派呢?胡三省注《资治通鉴》云:"操以辽、典勇锐,使之战;乐进持重,使之守;薛悌文吏也,使勿得与战。"此说当有一定道理。看了教令以后,诸将以众寡不敌而疑之,只有张辽领会到曹操的用心所在,因对大家说:"公(曹操)远征在外,比(等到)救至,彼

---

① 《三国志·魏书·武帝纪》注引《九州春秋》。

破我必矣。是以教指及其未合逆击之,折其盛势,以安众心,然后可守也。"乐进等犹豫不定,张辽怒曰:"成败之机,在此一战,诸君何疑。"李典素与张辽不和,但为张辽的坚决赴敌精神所打动,慨然说:"此国家大事,顾君计何如耳,吾可以私憾而忘公义乎!"于是张辽"夜募敢从之士,得八百人,椎牛犒飨将士。明日大战,辽被甲持戟,先登陷阵,杀数十人,斩二将,大呼自名,冲垒入,至权麾下。"史称:"权大惊,不知所为,走登高冢,以长戟自守。辽叱权下战,权不敢动,望见辽所将众少,乃聚围辽数重。辽左右麾围,直前急击,围开,辽将麾下数十人得出,余众号呼曰:'将军弃我乎?'辽复还突围,拔出余众。权人马皆披靡,无敢当者。自旦战至日中,吴人夺气。还修守备,众心遂安,诸将咸服。"战斗很激烈,历史的记载也颇精彩,但陈寿之笔显然有点褒张辽而贬孙权的味道。①

孙权围合肥十余日,初战失利,城不可拔,只好撤军。撤军过程中,差一点成了张辽的俘虏,"辽率诸军追击,几复获权"。② 权赖得诸将奋战,才免于难。

史载,孙权撤军,前部已发,惟与吕蒙、凌统、甘宁等少部分将士尚在合肥以东之逍遥津北,张辽得知消息,立即率领步骑突袭过去。甘宁、凌统、蒋钦、陈武与吕蒙等力战。甘宁部属"会疫疾,军旅皆已引出,唯车下虎士千余人",张辽"步骑奄至",甘宁"引弓射敌,与统等死战"(按:看来,经过七八年时间,此时甘、凌二人已能协同作战了),并"厉声问鼓吹何以不作,壮气毅然,权尤嘉之"。③

---

① 参见《三国志·魏书·张辽传》《李典传》。
② 《三国志·魏书·张辽传》。
③ 《三国志·吴书·甘宁传》。

吕蒙"以死扞卫"①,凌统"率亲近三百人陷围,扶扞孙权出"。②

孙权乘马至津桥,桥"丈余无板",马不能过。幸亲近监谷利跟随,他让孙权抱紧马鞍,放松缰绳,"于后著鞭以助马势",骏马受鞭,腾跃而起,"遂得超度"。③

孙权过桥,得到奋武将军贺齐的接应。《三国志·贺齐传》说,贺齐从征合肥,"时城中出战,徐盛被创失矛,齐引兵拒击,得盛所失",救了徐盛一命。既而,孙权"为张辽所掩袭于津北,几至危殆。齐率三千兵在津南迎权",权入大船,始得转危为安。

孙权过桥以后,凌统"复还战,左右尽死,身亦被创,所杀数十人,度权已免,乃还。"据说,桥败路绝,凌统"被甲潜行",回到孙权所在之地,孙权已经上船,"权既御船,见之惊喜。统痛亲近无反(返)者,悲不自胜"。孙权亲自用衣袖为凌统擦泪,安慰说:"公绩(凌统字),亡者已矣,苟使卿在,何患无人?"④凌统受伤很重,孙权"遂留统于舟,尽易其衣服。其创赖得卓氏良药,故得不死。"⑤

更不幸的是,偏将军陈武"奋命战死"。据说,陈武"累有战功",尤为孙权所"亲爱"。对于陈武的死,"权哀之,自临其葬",并且"命以其(陈武)爱妾殉葬",免其客二百家的赋税和徭役。⑥(按:孙权命陈武爱妾为陈武殉葬,甚为荒唐,反映出了他暴戾的一面,因而甚为历史所非。有的批评者甚至将这件事同孙吴国祚不永作出了必然性分析,如晋人孙盛说:"权仗计任术,以生从死,

---

① 《三国志·吴书·吕蒙传》。

② 《三国志·吴书·凌统传》。

③ 《三国志·吴书·吴主传》注引《江表传》。

④ 《三国志·吴书·凌统传》。

⑤ 《三国志·吴书·凌统传》注引《吴书》。

⑥ 《三国志·吴书·陈武传》并注。

世祚之促,不亦宜乎!")

张辽追击孙权,几乎把孙权捉到。《献帝春秋》记载:"张辽问吴降人:'向有紫髯将军,长上短下,便马善射,是谁?'降人答曰:'是孙会稽。'辽及乐进相遇,言不早知之,急追自得,举军叹恨。"

孙权合肥失利,兵败逍遥津,主观原因是他犯了同曹操在赤壁战争中同样的轻敌错误。他以为曹操大兵在西,合肥守军势单力薄,不足为惧,竟贸然进兵,甚至亲临前阵,把自己置于易于受敌的方位上。这一点,他和他的将领们在惨败以后都有感触。《江表传》载,孙权回到大船上以后,宴请诸将,庆祝免遭劫难,贺齐下席涕泣而言:"至尊人主,常当持重。今日之事,几至祸败,群下震怖,若无天地(按:意为如同天塌地陷),愿以此为终身诫。"孙权亲自向前为贺齐擦泪,说:"大惭!谨以剋心,非但书诸绅也。"(按:绅,大带。书诸绅,典出《论语》,子张问孔子,将孔子说的话写在衣服的大带子上,以防忘记)另外,事有凑巧,孙权的军队就像曹操军队在赤壁战时情形一样,染上了"疾疫",严重削弱了战斗力。客观原因自然是敌方张辽等英勇善战、拒守成功,但究其根底,实乃曹操用兵谋略的胜利。晋人孙盛评论说:"至于合肥之守,县弱无援,专任勇者则好战生患,专任怯者则惧心难保。且彼众我寡,必怀贪堕;以致命之兵,击贪堕之卒,其势必胜,胜而后守,守则必固。是以魏武(指操)推选方员,参以同异,为之密教,节宣其用;事至而应,若合符契,妙矣夫!"[1]

濡须第二战

孙权利用曹操西征张鲁之机,以优势兵力攻取合肥,未能成

---

[1] 《三国志·魏书·张辽传》注引孙盛语。

功。然后,双方相持经年,各自固边备战。建安二十年(公元 215 年)十一月,张鲁降操;十二月曹操自南郑还;次年二月回邺;五月晋爵为魏王;十月再次治兵,"亲执金鼓以令进退",发兵征孙权。

建安二十一年(公元 216 年)十一月,曹操军至谯。《三国志·吴主传》说:"曹操次于居巢,遂攻濡须。"《资治通鉴》根据《武帝纪》,将其系于二十二年(公元 217 年)正月,说"魏王操军居巢(今安徽无为),孙权保濡须"。二月,曹操进屯江西郝溪(地望在居巢以东,濡须以西),进攻拒守濡须口之孙权,"权在濡须口筑城拒守,(操)遂逼攻之,权退走"[①];三月,曹操"引军还,留伏波将军夏侯惇都督曹仁、张辽等二十六军屯居巢"。[②]

这次战役,时间很短,也不激烈。参战者有濡须督吕蒙,丹阳太守、绥远将军孙瑜,护军校尉孙皎,折冲将军甘宁,宜春长周泰等。

《三国志·吕蒙传》说,"曹公又大出濡须,权以蒙为督,据前所立坞,置强弩万张于其上,以拒曹公。曹公前锋屯未就,蒙攻破之,曹公引退。"

《孙瑜传》说,孙瑜"从权拒曹公于濡须,权欲交战,瑜说权持重,权不从,军果无功。"

《孙皎传》说,"是时曹公数出濡须,皎每赴拒,号为精锐。"

《甘宁传》记载:"曹公出濡须,宁为前部督,受敕出斫敌前营。……至二更时,衔枚出斫敌。敌惊动,遂退。"

《周泰传》说:"曹公出濡须,泰复赴击,曹公退,留督濡须"。[③]

这说明,第二次"孙权保濡须"之战,同第一次一样,仍然是防

---

① 《三国志·魏书·武帝纪》。
② 《资治通鉴》卷68,汉献帝二十二年。
③ 《三国志·吴书·周泰传》并注《江表传》。

御为主,打的是防御战,只是偶尔偷袭了一下。

曹操为什么匆匆撤军了呢?翻开《三国志·武帝纪》的记载,便可见其端的。二十一年五月,曹操进爵为王;然后,五至七月,抓紧处理北方问题,先后接待了"代郡乌桓单于普富卢与其侯王来朝"和"匈奴南单于呼厨泉将其名王来朝";十月,"治兵,遂征孙权";二十二年二月,曹操进军濡须口;三月,曹操"引军还";四月,"设天子旌旗,出入称警跸";五月,作泮宫(学府);六月,调整中央要职,以军师华歆为御史大夫;八月,发布《举贤勿拘品行令》;十月,戴上"十有二旒"的天子才能戴的冠冕,"乘金根车,驾六马,设五时副车";立曹丕为魏太子,有效地预防并解决了曹丕、曹植兄弟争立的问题。由此不难发现,曹操急于出兵,实是想在取得了汉中战略成果和晋爵为魏王以后,实施再一次的耀兵机会,自然也是想又一次给孙权一点颜色看看;急于撤军,是耀兵目的已经达到,更是为了谋划更大的政治行动。

濡须第二战与第一战不同,孙权虽然抗住了曹操的进攻,但主动权始终在敌人一方。此种情形,对于孙权以后的战略决策产生了重要影响。

北抗曹操的重要意义

赤壁战后,曹操与孙权在合肥、皖城、濡须口等地至少有四五次的军事接触,双方各有小胜,但都无大的进展。有时,曹操甚或以数十万之众攻孙权,孙权亦以七万或十万之众御操,规模不可谓不大,但终未形成大的战斗,到头来曹操只好发出"生子当如孙仲谋"之叹而罢,而孙权也没有很大收获,甚至差一点成了曹操的俘虏。

既然如此,那么应当如何评价曹操和孙权的频频相互用兵呢?

就曹操方面说,我在《曹操传》一书中指出:首先,必须肯定曹操布防合肥,且以重要将领张辽、李典、乐进等拒守是非常正确的决策。其一,合肥地处淮南重地,既利屯田戍守,又扼孙权北取徐、扬之路;其二,合肥、居巢遥望建业,能够对孙权构成威胁;其三,把孙权的主要兵力长期牵制于此,可保长江一线大部分地区的平安。魏吴接壤数千里,而十数年间只是在此一隅发生战斗,道理概在于此。这也是曹操决策的精当所在,时而发兵打一下,把孙权的兵力和注意力牵制住,以期达到让孙权围绕着自己的军事意图转的目的。

其次,曹操数次东击孙权,均属耀兵性质,而无彻底打垮孙吴的企图,所以虽然军无大胜,却起到了慑敌作用,使孙权不敢北向。史载,孙权曾想乘曹操西方用兵之机北取徐州,吕蒙立即指出:"今操远在河北,新破诸袁,抚集幽、冀,未暇东顾,徐土守兵,闻不足言,往自可克。然地势陆通,骁骑所骋,至尊今日得徐州,操后旬必来争"。[①] 君臣踌躇再三,终不敢动。

复次,曹操对孙权用兵战略上是可取的,但战术上却有得有失,频频失误。其中最根本的一条是他依然不能正确地认识完全不同于北方的南方的天时地利,所以战常失利。

总的看来,曹操赤壁战后对孙权的诸次用兵,虽无大胜,但绝非得不偿失。这是他统筹谋敌的组成部分,对巩固长江防线、西征张鲁和讨伐刘备、关羽等战略战术的确定,都有积极的作用。因此,应该肯定曹操的战略决策是成功的。这也是他军事思想的成功体现,绝不可以其功少而如赤壁之战视之。

就孙权方面说,他有效地抗住了曹操的来犯,使曹操合肥以南

---

① 《三国志·吴书·吕蒙传》。

只有皖城、居巢等少数据点,确保了长江防线的控制和巩固;彻底粉碎了曹操渡江而战,进而统一全国的迷梦;得机发展并锻炼了军队,得有余力,内平山越,近夺荆州,西窥益蜀,南抚交州。从而奠定并巩固了鼎足江南的立国基础。

第六章　荆州借还之争

赤壁战前,孙刘两家,形势所迫,为了共同利益而各怀异志地结成了临时联盟。这是一种既联合又斗争的联盟。从其应对共同敌人的需要来说,他们是诚心诚意的,但从其各自的未来考虑,他们又不能不是各怀异志,所以从开始就是不巩固的。战争中,周瑜对刘备之傲慢不敬,以及刘备心怀狐疑,预为自己留有后路,都说明了这一点。① 既至战争结束,矛盾立时显现出来。

一、限制刘备的活动空间

吴人认为曹操是他们打退的,荆州辖地理所当然地应该归吴所有。因此在如何安置(确切地说是如何对付)刘备方面费起周折来。

使刘备居于狭小地区之内

《三国志·先主传》注引《江表传》说,周瑜为南郡太守,分南岸地给刘备,刘备立营于油江口,改名为公安(今湖北公安)。

---

① 晋人孙盛曾为刘备预留后路进行辩解,说:"刘备雄才,处必亡之地,告急于吴,而获奔助,无缘复顾望江渚而怀后计。《江表传》之言,当是吴人欲专美之辞。"窃以为,略考刘备为人,不难发现,《江表传》的记载和评论,应当是可信的。

所谓"南岸地"并不是长江以南所有荆州四郡的地盘，而是南郡的长江以南的近江地区。这一点，前人已有辨证。如卢弼在《三国志集解》中驳胡三省注通鉴所谓"荆州八郡，瑜既以江南四郡给备，备又欲得江汉间四郡"时指出，"……周瑜分南岸地给备者，即指油口立营之地，非谓江南四郡也。若已给江南四郡，又欲兼得江汉间四郡，将置周瑜、程普于何地乎！（时，周、程二人分领南郡、江夏太守）且公瑾方深忌先主，上疏以猥割土地为虑，岂肯遽给四郡乎！是南岸之地仅限于油口立营之地无疑。"

汉末，南郡辖地十七城，大部在江北，江南部分很小，只有近江之今湖北公安、宜都、秭归等地。而宜都以西，孙权和刘备的军队都还没有到达。所以，周瑜给予刘备的实际地盘是很小的。

试图将刘备羁縻于吴

《三国志·周瑜传》记载，刘备为求土地，到京（京口，今江苏镇江）见孙权。周瑜、吕范等一班武将纷纷建议孙权把刘备扣留下来。周瑜上疏给孙权说："刘备以枭雄之姿，而有关羽、张飞雄虎之将，必非久屈为人用者。愚谓大计宜徙备置吴，盛为筑宫室，多其美女玩好，以娱其耳目，分此二人（关、张），各置一方，使如瑜者得挟与攻战，大事可定也。今猥割土地以资业之，聚此三人，俱在疆场，恐蛟龙得云雨，终非池中物也。"《三国志·吕范传》也记载，"刘备诣京见权，范（按：这时吕范为彭泽太守）密请留备（按：留，不准离去，即扣留的意思）。"

周瑜、吕范的意见，实属短视，缺乏政治家风度。鲁肃不同意他们的想法。所以，鲁肃当听到吕范劝孙权扣留刘备的话后，立即表示"不可"，因对孙权说："将军（指孙权）虽神武命世，然曹公威力实重，（将军）初临荆州，恩信未洽，宜以借（刘）备，使抚安之。

171

多操之敌,而自为树党,计之上也。"①

孙权认为鲁肃的意见是对的,"以曹公在北方,当广揽英雄,又恐(刘)备难卒制",没有接受周瑜和吕范的意见。②

据《三国志·庞统传》注引《江表传》说,刘备后来得知东吴曾有扣留之议,因而问庞统:"卿为周公瑾功曹,孤到吴,闻此人(指周瑜)密有白事,劝仲谋(孙权)相留,有之乎?"庞统回答:"有之。"刘备不禁后怕,惊叹说:"孤时危急,当有所求,故不得不往,殆不免周瑜之手! 天下智谋之士,所见略同耳。时孔明谏孤莫行,其意独笃,亦虑此也。孤以仲谋所防在北,当赖孤为援,故决意不疑。此诚出于险涂,非万全之计也。"

"借荆州"

刘备得到暂时的喘息机会,收拢了原来刘表的部属,发展了自己的军队。《江表传》载,赤壁战后,"刘表吏士见从北军,多叛来投备。备以瑜所给地少,不足以安民,复从权借荆州数郡"。③《资治通鉴》卷66的记载,则避开"借"字,称:"刘表故吏士多归刘备,备以周瑜所给地少,不足以容其众,乃自诣京见孙权,求都督荆州。"

所谓"借",是站在孙吴的立场上说的,不见于《蜀书》。可能是鲁肃首倡其说,所以,《三国志·吴主传》明载:"后备诣京见权,求都督荆州,惟肃劝权借之,共拒曹公。"

"借荆州"的决策,确切地说,就是允许刘备收取江南四郡。这对于孙刘两家都是有利的。我们可以从曹操的态度体味到它的

---

① 《三国志·吴书·鲁肃传》注引《汉晋春秋》。

② 《三国志·吴书·鲁肃传》、《周瑜传》。

③ 《三国志·蜀书·先主传》注引《江表传》。

正确性。据说,"曹公闻权以土地业备,方作书,落笔于地。"①

从刘备的角度看,"借荆州"的说法是不确切的,所以后人常论其非。实际上,赤壁战中刘备也是出了力的。刘备向南拓地,是自主的军事行动,"求取四郡"只不过是期望得到孙权的默认罢了。清人赵翼《二十二史札记·借荆州之非》说:"借荆州之说,出自吴人事后之论,而非当日情事也。……夫借者,本我所有之物而假与人也。荆州本刘表地,非孙氏故物,当操南下时,孙氏江东六郡,方恐不能自保,诸将咸劝权迎操,权独不愿,会备遣诸葛亮来结好,权遂欲藉备共拒操。其时但求敌操,未敢冀得荆州也。亮之说权也,权即曰非刘豫州莫可敌操者,乃遣周瑜、程普等随亮诣备,并力拒操,是且欲以备为拒操之主而已为从矣。亮又曰:'将军能与豫州同心破操,则荆吴之势强,而鼎足之形成矣。'是此时早有三分之说,而非乞权取荆州而借之也。……迨其后三分之势已定,吴人追思赤壁之役,实藉吴兵力,遂谓荆州应为吴有,而备据之,始有借荆州之说。"此论很有道理。

刘备并没有被孙权、周瑜设的限制所束缚,而是在给孙权打了招呼以后,便即开始了实际行动。

刘备先表举刘表的儿子刘琦为荆州牧。这是明智之举。这样做不仅利于收纳刘表之众,更利于收服原属刘表治下之荆州江南诸郡。然后,南征江南荆州辖地武陵、长沙、桂阳、零陵四郡。武陵(治今湖南常德西)太守金旋、长沙太守韩玄、桂阳(治今湖南郴州)太守赵范、零陵(治今湖南零陵北)太守刘度皆降。根据记载分析,刘备南征,除武陵太守金旋微有抗拒,因而"为备所攻劫死"

---

① 《三国志·吴书·周瑜传》。

外,基本上没有遇到严重的抵抗。①《三国演义》中收四郡的精彩战争场面,大都是虚拟的。

刘备占有江南四郡之后不久,刘琦病死。刘备"在群下的推举下"自为荆州牧,州治设在公安(湖北今县)。刘琦的数万之众,顺利地成为刘备直接控制的武装力量。这样,刘备又有了江北部分地区。

建安十四年(公元 209 年)十二月,刘备为了换得自领荆州牧的被承认,特意主动与孙权做了一笔交易,上表荐"(孙)权行车骑将军,领徐州牧"。有记载说,"会刘琦卒,权以备领荆州牧"。②

所谓孙权"以刘备为荆州牧"出自《资治通鉴》等著作,后人因之,不见《三国志》之《吴主传》与《先主传》。《吴主传》说:"刘备表权行车骑将军,领徐州牧。备领荆州牧,屯公安。"这条记载,"备领荆州牧"前没有"以"字。《先主传》以及《华阳国志·刘先主志》亦无孙权对于刘备为荆州牧的态度的记述。笔者以为,孙权绝不可能同意并且主动让刘备做荆州牧。如果那样,吴人所谓刘备"借荆州"之说便成为荒唐了。孙权及其僚属不会犯如此战略性的、幼稚的错误。

刘备自为荆州牧,便有资格和力量建设州级机构,委署自己的官吏了。史载,"先主遂收江南,以亮为军师中郎将,使督零陵、桂阳、长沙三郡,调其赋税,以充军实";"以羽为襄阳太守、荡寇将军,驻江北";"以飞为宜都太守(宜都郡为刘备分南郡而置)、征虏将军,封新亭侯,后转在南郡"③;"以偏将军赵云领桂阳太守"。④

---

① 《三国志·蜀书·先主传》注引《三辅决录注》、《赵云传》注引《云别传》。
② 《资治通鉴》卷 65,汉献帝建安十四年。
③ 《三国志·蜀书·诸葛亮传》《关羽传》《张飞传》。
④ 《资治通鉴》卷 65,汉献帝建安十四年。

至此,刘备对东汉末年荆州七郡①中的大部分地区(四郡,加南郡分置出的宜都郡,江夏郡部分地区)实现了直接控制。曹操在荆州地区仅控南阳(和由南阳南部、南郡北部析置的襄阳郡、章陵郡[治今湖北枣阳市境]以及由南阳西部分置的南乡郡),孙权仅控南郡、江夏部分地区。因此,客观地说,刘备已是真正的荆州之主,所控荆州地盘远较孙权为多。

二、表面相安,内怀疑忌

刘备征有江南四郡以后,坐地日大,势力渐强,"跨有荆益"的目标便自然提到日程上来。刘备、诸葛亮都很清楚,如要实现这个目标,必须有一定的步骤。其中,"结好孙权",解除后顾之忧是不可少的。然后,一旦条件成熟,西取刘璋,占有巴蜀。回过头来,再同孙权周旋。

刘备力量的逐渐强大,顿使孙权感到威胁。但另一方面,孙权又知道,严重的危险依然来自北方。如此军事态势,孙权自然不敢两面受敌,构恶同刘备的关系。

刘备此时既有不小的地盘和势力,自然也觉腰板硬起来,所以也敢于再次至吴见孙权。

质言之,孙权和刘备当时都认识到北有强敌而不宜将对方吃掉。固结友好成为共同的需要。

----

① 两汉郡置时有变化,《后汉书·地理志》载荆州七郡:南阳、南郡、江夏、长沙、武陵、零陵、桂阳,无章陵。所谓荆州八郡,注史者均据《汉官仪》加章陵。此可能是建安末年曹操将南阳之章陵诸县析出而置。

"进妹固好"

《三国志·先主传》说:"先主(刘备)为荆州牧,治公安。权稍畏之,进妹固好。"这条记载说明,是孙权主动将年仅二十岁左右的同父异母妹妹嫁给年已四十九岁的刘备的。历史上,特别喜欢突出周瑜的"徙备置吴,盛为筑宫室,多其美女玩好,以娱其耳目"的计策。毫无疑问,这是孙权、周瑜计策的组成部分。是一桩双方自愿的政治婚姻。至于说刘备甘露寺招亲,孙权想乘机将其杀掉,幸吴国太主婚,才成其美事云云,都是文学家的虚妄之言。其实,孙权的母亲吴国太早在建安七年(一说十二年)已经死了。而孙权"进妹固好"是在建安十四年。

建安十四年(公元 209 年),刘备的妻子甘夫人病卒南郡。这件不幸的事,适为孙权和刘备"结好"的谋略提供了契机。据说,"先主至京(今江苏镇江)见权,绸缪恩纪"。① "绸缪恩纪"是指刘备与孙权的关系非常融洽呢,还是指刘备与孙权的妹妹情深义重呢,史记含糊。所以,卢弼著《三国志集解》注引说:"此处必有脱文,与下文意不相属。"我意不妨两方面看待,一是出于相互为用的考虑,孙刘的表面关系的确很好,所以能有以后数年的和平共处;二是夫妻情深,达到了亲密"绸缪"的极致。

但从历史的记载看,这桩婚姻,自始至终都笼罩在政治的阴影中。《三国志·法正传》说:"(权)妹才捷刚猛,有诸兄之风,侍婢百余人,皆亲执刀侍立,先主每入,衷心常凛凛。""凛凛"是心中感到有一股阴森寒气而恐惧的意思。为什么这样呢? 元人胡三省注《资治通鉴》说得很对:"恐为所图也。"《三国志·赵云传》注引

---

① 《三国志·蜀书·先主传》。

《云别传》也说："此时先主孙夫人以权妹骄豪，多将吴吏兵，纵横不法。"据说，刘备为了壮胆，特意将赵云安排在身边："先主以（赵）云严重，必能整齐，特任掌内事。"不难想见，数年中，孙权时以妹妹为砝码胁迫刘备，刘备则亦始终处在戒备之中。

孙权是什么时候将妹妹接回去的？

《资治通鉴》卷66说，建安十四年十二月"权以妹妻备"，十六年"孙权闻备西上，遣舟船迎妹"。这样看来，他们的婚姻仅有两年的时间。此说源自《赵云传》注引《云别传》。《云别传》说："先主入益州，（赵）云领留营司马……权闻备西征，大遣舟船迎妹，而夫人内欲将后主（刘禅）还吴，云与张飞勒兵截江，乃得后主还。"《三国演义》"赵云截江夺阿斗"就是据此演义而成的。

《三国志·穆皇后传》则载，"先主既定益州，而孙夫人还吴。"刘备克蜀定益是建安十九年的事。《华阳国志·刘先主志》也说，孙夫人回吴是刘备定益以后法正劝刘备主动做的事："（法）正劝先主还之。"这样，刘备与孙权妹的婚姻大约维持了六七年。

《三国志集解》注引王闿意见说，孙夫人还吴是迫不得已的："法正已进刘瑁妻吴氏于宫中，舟船之迎，实夫人见几（机）之哲。是岁建安二十年乙未，正（孙）权袭取长沙分界联合之日。可想见，蜀主与夫人同牢已七年矣。"①窃以为，这个推断是接近于事实的。

历史表明，权妹返而难归，是这桩政治婚姻的必然历史悲剧。就孙权来说，迎妹回吴是谋略上的重大失误，不仅暴露了自己的意图，构恶双方关系，而且使刘备得以解脱。就刘备来说，自然当作

---

① 以上参阅《资治通鉴》卷66；《三国志·蜀书·赵云传》注引《云别传》；《三国志·蜀书·穆皇后传》等。

两方面的分析,一是孙氏既回,刘备一身轻松,不仅纳妾数人,并且毫无顾忌地即纳刘焉儿子刘瑁的遗孀吴氏为夫人;二是加深了孙刘裂痕,在吴蜀战争成为不可避免时,失去了一味有利的缓冲剂。一句话,这桩政治婚姻的结束,对于双方,都是弊大于利。同时也害苦了年轻貌美的无辜的孙氏夫人。孙夫人回吴后,寡居抑或他适,史失记载,不知所终。

内怀疑忌

孙刘联姻结好,双方都在一定程度上解除了后顾之忧,得以自谋新的进取。但他们自始至终都没有把对方看作是可靠的朋友。荆州的拥属,始终是双方斗争的焦点。

就孙权方面来说,刘备在荆州的势力存在,深刻地制约着他的进一步发展。因此,君臣上下总有一种"养虎贻患"的恐惧感。特别是周瑜,对于未能根除刘备,至死耿耿于怀。

为了对刘备形成半包围形势和建构北战曹操的有利条件,周瑜曾提出过"取蜀(刘璋)而并张鲁"的策略。周瑜对孙权说:"今曹操新败,忧在腹心,未能与将军(指孙权)连兵相事也。乞与奋威(奋威将军孙瑜)俱进取蜀,取蜀而并张鲁,因留奋威固守其地,与马超结援,瑜还与将军据襄阳以蹙操,北方可图也。"[①]权许之。可惜,周瑜返还江陵途中,病卒于巴丘(今湖南岳阳境),其谋未行。

周瑜弥留之际,给孙权书,除述知遇之恩外,一言形势严峻,坦言对刘备的疑虑,二荐鲁肃自代。书谓:"……人生有死,修命短矣,诚不足惜,但恨微志未展,不复奉教命耳。方今曹公在北,疆场

---

① 《资治通鉴》卷66,汉献帝建安十五年。奋威,指孙权堂弟、奋威将军孙瑜。

未静,刘备寄寓,有似养虎,天下之事未知终始,此朝士旰食之秋,至尊垂虑之日也。鲁肃忠烈,临事不苟,可以代瑜。人之将死,其言也善。倘或可采,瑜死不休矣。"①另,《三国志》鲁肃本传载文稍异,但同样反映了周瑜对于刘备的担心,文中说:"当今天下,方有事役,是瑜乃心夙夜所忧,愿至尊(指孙权)先虑未然,然后康乐。今既与曹操为敌,刘备近在公安,边境密迩,百姓未附,宜得良将,以镇抚之。鲁肃智略足任,乞以代瑜,瑜陨踣(yǔn bó,指死亡)之日,所怀尽矣。"

"刘备寄寓,有似养虎",反映了孙权、周瑜的心理状态。这说明,周瑜看到了孙、刘稳定局面下潜伏着危机;也反映了他对刘备必欲除之的决心。客观地说,周瑜的意见不无道理,但失在对于相对稳定的局面对于自己一方临时有利的一面以及鼎足形势的必然性认识不足。

孙权和鲁肃没有按照周瑜的意见办,鲁肃坚持了将荆州部分地区"借给"刘备的策略。当然,应该看到问题的另一面,即名之为"借",实际也是想在"借地"的名义下,把自己的势力扩展到刘备的占领区内,从而达到制约对方的目的。《三国志·鲁肃传》说,瑜死,孙权即以鲁肃为奋武校尉,代瑜领兵;令程普领南郡太守,继领江夏太守;将已为刘备占有的长沙郡一分为二另设汉昌郡,试图将今湘阴、岳阳及其以东地区控制在自己手里;同时,加强荆州江南四郡以东的实际军事控制,分扬州部之豫章郡地加设鄱阳郡。可见,孙权、鲁肃也是把刘备作为潜在敌人看待的,只不过是他们看到了可以利用的一面,因而对付的手段不同于周瑜罢了。

就刘备方面来说,他自然明白孙、刘两家在荆州问题上存在着

---

① 《三国志·吴书·鲁肃传》注引《江表传》。

严重的利害冲突,联盟不可久恃。因而积极扩大军事力量。他虽然不与孙权明争,但实际不断加强着对于已有地区的实际控制,并切实制约了孙权在荆州地区的发展。他自驻公安,而以关羽为襄阳太守驻江北,并将南郡的江南地分出来另置宜都郡让张飞统兵驻守。这样,便在实际上形成了对于军事要地南郡首府江陵的包围,从而控制了自江陵西上入蜀的长江水域和周边军事要地。

欲与刘备"共取蜀"

孙权、刘备以及曹操都想西取巴蜀。

就当时的驻军和地理形势看,曹操取蜀,必走北路,计在先灭马超、韩遂和张鲁,取得汉中,掌握益州北门锁钥,然后相机而进。

孙权取蜀,有两条路可以考虑,一是北上今湖北房县、上庸,经安康,西取汉中入蜀。这就是前面讲的建安十五年(公元210年)十二月,周瑜要求孙权允许他与孙权的堂兄弟、奋威将军孙瑜率兵"俱进取蜀,得蜀而并张鲁"的计划所在。但这条路是绝对走不通的,因为在军事形势上如同"螳螂捕蝉,黄雀在后",曹操是不会放过他的。二是走南路,沿江西上。但此路也是难以走通的,因为他不能越过刘备在荆州的地盘而取益州。

周瑜"得蜀而并张鲁"的计划,对曹操震动很大,从而使曹操加快了既定的西取马超、韩遂和张鲁而窥蜀的步伐。建安十六年三月,曹操遣司隶校尉锺繇讨张鲁,使征西护军夏侯渊等率兵出河东,与锺繇会师共进,摆开必将谋蜀的架势。关中诸将疑为袭己,马超、韩遂、侯选、程银、杨秋、李堪、张横、梁兴、成宜、马玩等十部皆反。七月,曹操亲征。不数月,破潼关,两渡河,结营渭南,瓦解马超、韩遂联盟,大破十部军,斩成宜、李堪等,马超、韩遂西逃。曹操控制了关中地带,既扩大了地盘,解除了西北之忧,又使孙权北路取蜀成为不可能。因此,孙权只有考虑南路,沿江而上、联合刘备共同取蜀。

孙权联合刘备取蜀的首要目的不在蜀,而在将刘备挤出荆州。

从地理形势和实际控兵情况看,孙吴既然不可能越过荆州而有巴蜀,刘备亦不可卒灭,所以便有了试图与刘备共谋伐蜀的问题。

孙权欲与刘备共取蜀,遣使对刘备说:"米贼张鲁居王巴汉,为曹操耳目,规图益州。刘璋不武,不能自守。若操得蜀,则荆州危矣。今欲先攻取璋,进讨张鲁,首尾相连,一统吴楚,虽有十操,无所忧也。"①又谓:"雅愿以隆,成为一家。诸葛孔明母兄在吴,可令相并(相见)。"②

孙权"越荆取蜀",阴谋若揭,自然不能为刘备所接受。但当时刘备尚不敢直接对抗孙权,因此采用了缓兵之计。有人提出"宜报听许",因为"吴终不能越荆有蜀,蜀地可为己有"。据载,时为荆州主簿的殷观分析了这种同吴联合观点的危险,对刘备说:"若为吴先驱,进未能克蜀,退为吴所乘,即事去矣。"毫无疑问,这正是孙权的如意算盘。但当时,刘备正与孙权处于表面友好的情势下,力又难敌吴兵,因此殷观进一步献策:"今但可然赞其伐蜀,而自说新据诸郡,未可兴动,吴必不敢越我而独取蜀。如此进退之计,可以收吴、蜀之利。"③

刘备认为殷观的意见是对的,因而对孙权的来报"据答不听",并以三条理由回绝:一是条件不具备,胜负难以预料,说:"益州民富强,土地险阻,刘璋虽弱,足以自守。张鲁虚伪,未必尽忠于操。今暴师于蜀、汉,转运于万里,欲使战克攻取,举不失利,此吴

---

① 《三国志·蜀书·先主传》注引《献帝春秋》。
② 《华阳国志·刘先主志》。
③ 《三国志·蜀书·先主传》。

起不能定其规,孙武不能善其事也。"二是恐怕曹操袭于后,指出:
"曹操虽有无君之心,而有奉主之名,议者见操失利于赤壁,谓其
力屈,无复远志也。今操三分天下已有其二,将欲饮马于沧海,观
兵于吴会,何肯守此坐须老乎?"三是忧虑攻伐西蜀,给敌以可乘
之机,因说:"今同盟(按:泛指同益州牧刘璋的关系)无故自相攻
伐,借枢于操,使敌承其隙,非长计也。"①

孙权不听,遣奋威将军孙瑜率水军进住夏口,蓄势待发。

刘备既然控制了江陵周围的水陆要冲,自然不准孙瑜的军队
通过,因而回报孙权,一是假意为刘璋求情,说:"备与璋托为宗
室,冀凭英灵,以匡汉朝。今璋得罪左右,备独辣惧,非所敢闻,愿
加宽贷。"二是表明强硬态度,说:"若不获请,备当放发归于山
林。"同时还对孙瑜说:"汝欲取蜀,吾当被发入山,不失信于天下
也。"②自然,这是些威胁话,他怎么会真的归隐山林呢。

刘备坚决阻止孙权取蜀,迅疾调整并加强了阻抗孙权的布防,
使关羽屯江陵,张飞屯秭归,诸葛亮居南郡,自己在屠陵(今湖北
公安南),构成了数百里防线。孙权知道刘备决意阻止吴军取蜀,
只好命令孙瑜撤军。

这是建安十六年(公元 211 年)的事。

三、夺 三 郡

孙权撤军后,刘备立即加紧了自取西蜀的准备。一方面,调整

---

① 《三国志·蜀书·先主传》注引《献帝春秋》。
② 以上参阅《三国志·蜀书·先主传》并注和《吴书·鲁肃传》。《华阳国志·刘
先主志》记刘备对孙权说的话稍异:"益州(指刘璋)不明,得罪左右,庶几将军
高义,上匡汉朝,下辅宗室。若必寻干戈,备将放发于山林,未敢闻命。"

并加强了阻抗孙权的布防,一方面积极考虑入蜀的计策,开始了前期工作。

建安十六年(公元 211 年),曹操谋取汉中的军事行动,震动了各方诸侯,客观上也为刘备入蜀提供了条件。益州牧刘璋遥闻曹公将遣锺繇等向汉中讨张鲁,内怀恐惧,不知如何自保。里通刘备的张松便乘机威胁刘璋说:"曹公兵强无敌于天下,若因张鲁之资以取蜀土,谁能御之者乎?"璋说:"吾固忧之而未有计。"张松说:"刘豫州,使君之宗室而曹公之深仇也,善用兵,若使之讨鲁,鲁必破。鲁破,则益州强,曹公虽来,无能为也。"进而又对刘璋说:"刘豫州,使君之肺腑,可与交通。"刘璋然其谋,问谁可为使,张松推荐了法正。①

法正是另一个想让刘璋倒霉的人,时为军议校尉,没有受到重用,"既不任用,又为其州邑俱侨客者所谤无行,志意不得"。法正与张松要好,政见相同。法正第一次奉命同刘备联系之后,便与张松一起开始了谋迎刘备的实际行动。

刘璋完全被张松、法正所说服,决意引刘备入蜀。

这样,刘备便于建安十六年十二月开始进军了。他留诸葛亮、关羽、张飞等镇荆州,以赵云领留营司马,据守后方,以待后命,自在军师庞统的辅助下,将步卒数万人溯江西上,向益州进发。刘备入川,转战巴蜀,不仅为曹操敢于调动襄樊一线驻军北上而用于关中战场准备了条件;同时也因相应减弱了荆州兵力而为孙权夺回荆州提供了更多希望。

建安十七年(公元 212 年)十月,曹操征孙权,进军濡须口,攻破孙权江西营,获孙权都督公孙阳。十二月,孙权曾向刘备求救。

---

① 以上《三国志·蜀书·先主传》、《刘二牧传》。

对于孙权"呼备自救"这件事,刘备的态度是:不仅没有回兵施救,而且也不令尚在荆州的关羽等相为策应。当时,刘璋正对刘备起了疑心,这件事恰好为刘备制造急返荆州的假象提供了条件。刘备给刘璋写信说:"曹公征吴,吴忧危急。孙氏与孤本为唇齿,又乐进(曹操将)在青泥(今襄樊西北)与关羽相拒,今不往救(关)羽,(乐)进必大克,转侵州界,其忧有甚于(张)鲁。鲁自守之贼,不足虑也。"于是以此为理由,要求刘璋支援,"从璋求万兵及资实,欲以东行"。① 刘璋没有完全满足刘备的要求,刘备便即揭去面纱,正式向刘璋宣战了。

建安十九年(公元 214 年)五月,诸葛亮受刘备之招,留关羽守荆州,与张飞、赵云"将兵泝流而上"入蜀,克巴东(巴东郡,辖今四川云阳、重庆奉节等地),至江州(今重庆)。继而,分兵略地。诸葛亮定德阳(今四川遂宁),张飞攻巴西(治今四川阆中),赵云平江阳(治今四川泸州)、犍为(治今四川彭山)。很快同刘备会合,完成了对成都的战略包围。刘璋无能,别无他途,只有投降。

吕蒙受命取三郡

孙权曾经想同刘备一起西取巴蜀,刘备以"放发归于山林"为词加以拒绝。及至刘备西图刘璋,据有巴蜀,孙权甚感受到愚弄,愤谓:"猾虏乃敢挟诈!"②短短数语,反映了孙权对刘备的愤怒。

刘备主力大部入川,荆州兵力相对减弱。孙权、吕蒙等认为,这是夺得荆州的极好机会。因此在刘备取得蜀地以后不久,孙权即利用曹操用兵西北对刘备形成压力之机,向刘备提出了"欲得

---

① 《三国志·蜀书·先主传》。
② 《三国志·吴书·鲁肃传》。

荆州"的要求。

此时,孙权屯驻陆口的横江将军鲁肃与刘备留守荆州的关羽相邻,"数生狐疑,疆埸纷错",常常发生摩擦。据说,"(鲁)肃常以欢好抚之"。[①] 但孙权、吕蒙等一些谋夺荆州的人,心理很难平衡。因此,夺取荆州的既定决策,便随着形势的变化,提到了实施的日程上。

建安二十年(公元215年)五月,孙权第一次命令中司马诸葛瑾奉使去成都,"通好刘备",试图先用外交手段谋得荆州三郡。

诸葛瑾是诸葛亮的兄长,也是吴蜀交际中的重要人物之一。他以公使之身到蜀,受到军师将军、其弟诸葛亮的官方正式接待,并在诸葛亮的陪同下会见刘备。兄弟二人,各为其主。为避嫌隙,公事公办,除了在公开场合的会晤以外,二人从不单独见面。史家称为"退无私面"。

诸葛瑾转达了孙权"欲得"被刘备占领的荆州诸郡的要求。刘备自然不许,但又不便硬顶,因说:"吾方图凉州,凉州定,乃尽以荆州与吴耳。"

孙权得到回报,看清了刘备的用意在于搪塞拖延,很愤怒地指出:"此假而不反,而欲以虚辞引岁。"(按:假,借口。全句意为用取凉州作借口而不归还荆州,就是想拖延时间)[②]因而不管刘备的态度如何,遂自置已为刘备据有的荆州南三郡长沙、零陵、桂阳长吏,建立自己的地方政权。

关羽都督荆州事,自然遵循刘备、诸葛亮的既定战略决策,尽

---

① 《三国志·吴书·鲁肃传》。

② 以上《三国志·吴书·吴主传》、《诸葛瑾传》。瑾传说,"权遣瑾使蜀通好,(瑾)与其弟亮俱公会相见,退无私面。"《三国演义》所说孙权预为拘执诸葛瑾家室老小,以及诸葛瑾奔返于荆、益之间,均属渲染,实无其事。

保荆州已有土地，所以对孙权所置三郡长吏"尽逐之"。孙权大怒，于是分遣两路大军，一由"吕蒙督鲜于丹、徐忠、孙规等兵二万取长沙、零陵、桂阳三郡"；二由"鲁肃以万人屯巴丘（在今湖南岳阳东）以御关羽"。同时，孙权自住陆口（今湖北嘉鱼西南），"为诸军节度"。①

据载，吕蒙趋袭三郡，兵到，致书长沙、桂阳二郡，皆服。其中，颇得刘备和诸葛亮信任的年未三十的长沙太守廖立弃城而去。历史记谓："（孙）权遣吕蒙奄袭三郡，（廖）立脱身（逃）走，自归先主。"②桂阳太守，本由赵云兼领，云已入蜀，城守力薄，自然难以抗敌。只有零陵太守郝普据城不降。

刘备得知孙权出兵夺三郡，情知形势严峻，遂以诸葛亮镇守成都，自己率兵五万回到公安（湖北今县），并使关羽率领三万兵至益阳（湖南今市）境，列开了誓保三郡架势。一场大的战争即将不可避免。

孙权闻讯，则即重新部署军队，使鲁肃率领万人由巴丘趋屯益阳（今湖南益阳东），同时急召吕蒙等，"使舍零陵，急还助肃"，准备在益阳境内迎战关羽。

吕蒙接到"急还助肃"的信后，秘而不宣，立即将一个谋划好的利用零陵太守郝普旧友邓玄之诱降郝普的计划付诸实施了。吕蒙"夜召诸将，授以方略"，故作姿态，假称明天早晨就要攻城，声云郝普不识事务，说："郝子太（普字）闻世间有忠义事，亦欲为之，而不知时也。"随即煞有介事地对邓玄之等人讲了一些假的军事情报，一说刘备远在汉中，为夏侯渊所围；二说关羽已经吃了败仗：

———————————

① 《三国志·吴书·吴主传》。
② 《三国志·蜀书·廖立传》。

186

"关羽在南郡，今至尊(指孙权)身自临之。近者破樊本屯，(关羽)救酆，逆为孙规所破。此皆目前之事，君所亲见也。"结论是："彼方(刘备)首尾倒悬，救死不给，岂有余力复营此哉?"吕蒙让邓玄之进城转达这些"情报"和威胁："今吾士卒精锐，人思致命，至尊(孙权)遣兵，相继于道。今子太以旦夕之命，待不可望之救，犹牛蹄中鱼，冀赖江汉，其不可恃亦明矣。若子太必能一士卒之心，保孤城之守，尚能稽延旦夕，以待所归者，可也。今吾计力度虑，而以攻此，曾不移日，而城必破，城破之后，身死何益于事，而令百岁老母，戴白受诛，岂不痛哉? 度此家(指郝普)不得外问，谓援可恃，故至于此耳。君可见之，为陈祸福。"

邓玄之见到郝普，"具宣蒙意，普惧而听之"。既而郝普出降，"蒙迎执其手，与俱下船"。然后，吕蒙将孙权命他"急还援肃"的信给郝普看。因为计谋得逞，高兴得拍手大笑。郝普见书，始知刘备已在公安而关羽兵屯益阳，形势颇对自己有利，虽然"惭恨入地"，但为时已晚。

郝普降，吕蒙尽得三郡将守，"因引军还，与孙皎、潘璋并鲁肃兵并进，拒羽于益阳"。孙权已在实际上控制了三郡。①

鲁肃、关羽"单刀俱会"

史载，"(鲁)肃住益阳，与(关)羽相拒。肃邀羽相见，各驻兵马百步上，但诸将军单刀俱会。"可见，鲁肃虽然是主邀方，但会见地点并不是如小说家所说的在孙吴一边，而是在两军之间，且各在百步之外驻有精兵。所谓"单刀赴会"也不仅是关羽，双方是对等的。所以，对于这次相会，双方都是"诸将军单刀俱会"，都有点紧

---

① 以上《三国志·吴书·吕蒙传》、《吴主传》。

张。相对来说，关羽傲气十足，表现倒也坦然；鲁肃一方反而心中有点打鼓。

《三国志·鲁肃传》注引《吴书》说："肃欲与羽会语，诸将疑恐有变，议不可往。"鲁肃度其大势，认为尚不至此，因对大家说："今日之事，宜相开譬。刘备负国，是非未决，羽亦何敢重欲干命（干命，违犯命令）！"

会见时，鲁肃首先发话，责备关羽，说："国家（按：指孙权）区区本以土地借卿家者，卿家军败远来，无以为资故也。今已得益州，既无奉还之意，但求三郡，又不从命。"

话音未落，关羽一方，坐有一人说："夫土地者，惟德所在耳，何常之有！"肃厉声呵之，辞色甚切。羽操刀起立，说："此自国家事，是人何知！"目使此人离开会所。此人是谁？肯定不是如《三国演义》所说的周仓，因为周仓的身份只能立后，不能与坐；且话语也不合周仓性格。

关羽对鲁肃回答说："乌林之役，左将军（刘备）身在行间，寝不脱介，戮力破魏，岂得徒劳，无一块壤，而足下来欲收地邪？"

鲁肃："不然。始与豫州（刘备）观于长阪，豫州之众不当一校，计穷虑极（竭），志势摧弱，图欲远窜，望不及此。主上（孙权）矜愍豫州之身，无有处所，不爱土地士人之力，使有所庇荫以济其患，而豫州私独饰情，愆德隳好。今已藉手于西州矣，又欲翦并荆州之土，斯盖凡夫所不忍行，而况整领人物之主乎！肃闻贪而弃义，必为祸阶。吾子（指关羽）属当重任，曾不能明道处分，以义辅时，而负恃弱众以图力争，师曲为老，将何得济？"《左传·僖公二十八年》有谓"师直为壮，曲为老"。"师曲为老，将何得济"云云，就是说，你们没有道理地赖在这里，赖在这里是必定要失败的。关羽很不善辩，竟被说得"无以答"。

当然,关羽虽督荆州事,但无权决定割让土地这样的大事,所以会见虽然沟通了看法,但不果而终。① 自然,也无所谓胜利者。

湘水为界分荆州

历史的结局是,这场蓄势待发的战争并没有打起来。《三国志·鲁肃传》说,鲁肃与关羽会见后,"(刘)备遂割湘水为界,于是罢军"。显然,这样讲述事物的因果关系是不对的。真正的原因,当如《吴主传》所说,"未战,会曹公入汉中,备惧失益州,使使求和。权令诸葛瑾报,更寻盟好。遂分荆州,长沙、江夏、桂阳以东属权,南郡、零陵、武陵以西属备。"

可见,是曹操的进一步向西北用兵,构成了对刘备的威胁,又促使孙、刘两家再次联合起来。②

历史的时间表亦足证明这一点。这就是:建安十九年夏,刘备定蜀;二十年五月,孙权便遣诸葛瑾使蜀,欲得荆州三郡,结果被刘备拒绝,怒而自置三郡长吏;同月,关羽尽逐孙权三郡长吏,孙权即遣吕蒙督兵二万,以武力夺三郡,双方进入战争状态;约六月,刘备带兵回到公安,部署部队,为力保荆州准备同孙权决战。此前,刘备对吴的态度是强硬的;此后,形势突变,秋七月,曹操的军队到达阳平(今陕西勉县西),打败张鲁守军,张鲁溃奔巴中,曹操占领南郑,尽得汉中。北抗曹操,阻止魏军入蜀,成为刘备的当务之急。

孙刘的再次联合,同首次联合一样具有重要的战略意义。对刘备来说,虽然失地,但能够将主要兵力集中到汉中一线,从而比较好地扼住了益州"北门",确保了益州的安全。很明显,就当时

① 《三国志·吴书·鲁肃传》并注。
② 以上参阅《三国志》之《先主传》《关羽传》《吴主传》《鲁肃传》《吕蒙传》;《华阳国志·刘先主志》;《资治通鉴》卷67,等。

的大局来看,刘备在东线"以土地换和平"的决策是正确的。但是,这也伏下了刘备必然全失荆州的危机。

汉末,赤壁之战以后,荆州七郡,南阳基本在曹操的手里,江夏、南郡属孙刘交叉共有,其余四郡武陵、长沙、桂阳、零陵本由刘备控制。刘备的东部防线大体在鄱阳湖、赣水一线。分荆州三郡与孙权后,即以洞庭湖、湘水为界,刘备不仅失掉了湘水以东和沿江的土地,而且孙权的势力直接构成了对于南郡、公安、益阳等地关羽驻军的威胁,为孙权谋击关羽和后来夷陵之战打败刘备提供了地理上的优势。所以,严格地说来,曹操出兵汉中,迫使刘备同孙权重新联合,对于孙权来说,倒是有百利而无一害;而对于刘备来说,虽然得以集中兵力于汉中,但在东边却伏下了严重的危机。

第七章 把刘备的势力赶出荆州

建安二十一年(公元216年)冬,曹操出兵击孙权,兵驻居巢。孙权保濡须(在今安徽无为境),"在濡须口拒守"。二十二年二月,曹操"逼攻之",孙权后撤。孙权虽退,但并没有受到重大损失,依然不失为一次成功的防御。三月,曹操撤兵,留夏侯惇、曹仁、张辽等屯居巢。双方处在对峙但并不紧张的态势中。然而,就在此时,孙权突然做出了一项重大的战略决定:"令都尉徐详诣曹公请降"。曹操当即"报使修好,誓重结婚"。① 一个以孙权"请降"为前提的各自为用的临时同盟,戏剧性地形成了。

一、战略调整

孙权和曹操都做了重大的战略调整,形式上发其端者是孙权,实则是双方共同的需要,也是孙、刘、曹三方军事大势所使然。

第一,先此,刘备顺利取蜀,已入成都,宣布自领益州牧,建起了以"诸葛亮为股肱,法正为谋主,关羽、张飞、马超为爪牙(爪牙,意谓亲信武将)"②的地方政权。但他并不放弃荆州。史称,刘备"复领益州牧"。"复领"云云,表明他不仅是荆州牧,而且还是益

---

① 《三国志·吴书·吴主传》。
② 《三国志·蜀书·先主传》。

州牧,已经是兼牧荆、益二州的强大军政集团了。他摆开的架势,就是东拒孙权,北抗曹操。况且刘备入蜀前使关羽屯江陵,张飞屯秭归,诸葛亮据南郡的部署,已曾是一种准军事对峙状态了。

第二,孙权在刘备取得益州以后,令中司马诸葛瑾赴蜀求见刘备,"欲得荆州",遭到刘备的拒绝;令吕蒙夺取三郡,引得刘备"引兵五万下公安",关羽进兵益阳,孙权不得不使鲁肃将万人"屯益阳,以抗关羽",并亲临前线,进住陆口"为诸军节度",几乎酿成严重的军事冲突;最后虽然以湘水为界,分得三郡,但仍然心有不甘,并甚感关羽军事存在的威胁;孙权妹妹被遣(或接)回吴,一桩政治婚姻的结束,加深了孙刘裂痕,意味着孙刘联盟的破裂成为不可避免;横江将军鲁肃病死,联刘抗曹之声不再,夺荆州、驱关羽之议又复嚣然。

第三,曹操刚刚进爵为王,正为自己"设天子旌旗"而忙碌,为确立接班人、立太子而伤脑筋,为巩固权威而不惜诛杀功臣中尉崔琰,黜免尚书仆射毛玠,为平许都之乱而滥杀无辜;在军事上,北需安抚乌桓、匈奴,西方虽已解决了西北马超、韩遂的军事存在,张鲁投降,兵临汉中,试图入益,但遭到刘备的抵抗。曹操刚刚回邺,刘备便听从法正的意见,立即亲自率兵进击汉中,并派张飞、马超等攻取曹操西北驻军重地下辩(今甘肃成县西),已经对曹操的汉中驻军构成威胁。

因此,时之孙权、曹操都注目刘备。孙权知其全力抗操难获大益,而赶走关羽夺回荆州倒是现实的需要;曹操亦知目前依然不具备彻底击溃孙权的条件,而刘备据有蜀汉,已成鼎足之势,因而正在考虑进一步讨伐刘备的计划。孙权派人请降,正得曹操之意,所以很爽快地就答应了。

魏、吴修好,此后,两军虽然遥相拒守,但除建安二十四年(公元219年)七月,孙权有过一次小的行动外,较长时间基本上没有发生大的战斗。

吕蒙主兵，战略重点转向

建安二十二年（公元 217 年），年仅四十六岁、主张联刘抗曹的代表人物鲁肃病故了。周瑜死时，认为鲁肃"智略足任"，荐以自代。肃先后以奋武校尉、横江将军主兵，督守西线。七年间，鲁肃虽然对刘备、关羽也有警惕，但主张联合抗曹，所以孙刘两家虽有摩擦，但基本没有发生大的军事冲突，是相对平静的。

鲁肃是位很有头脑的政治家、军事家。《三国志·鲁肃传》注引韦曜《吴书》说："肃为人方严，寡于玩饰，内外节俭，不务俗好。治军整顿，禁令必行，虽在军陈，手不释卷，又善谈论，能属文辞，思度宏远，有过人之明。周瑜之后，肃为之冠。"

鲁肃的战略重心是以北抗曹操为主。孙权因以论鲁肃有二长一短。后来，孙权有一次与陆逊论周瑜、鲁肃及吕蒙，讲到鲁肃时，孙权说："公瑾昔要子敬来东，致达于孤，孤与宴语，便及大略帝王之业，此一快也。后孟德因获刘琮之势，张言方率数十万众水步俱下。孤普请诸将，咨问所宜，无适先对，至子布（张昭）、文表（秦松），俱言宜遣使修檄迎之，子敬即驳言不可，劝孤急呼公瑾，付任以众，逆而击之，此二快也。且其决计策意，出张（仪）、苏（秦）远矣。后虽劝吾借玄德地，是其一短，不足以损其二长也。周公不求备于一人，故孤忘其短而贵其长"。又说："图取关羽，（吕蒙）胜于子敬。子敬答孤书云：'帝王之起，皆有驱除，羽不足忌。'此子敬内不能办，外为大言耳，孤亦恕之，不苟责也。然其作军屯营，不失令行禁止，部界无废负，路无拾遗，其法亦美也。"[1]

---

① 《三国志·吴书·吕蒙传》。

其实,历史地站在孙吴的角度看,鲁肃和吕蒙的不同战略主张反映着不同的历史现实,都是应该肯定的。我在《刘备传》和《曹操评传》中都曾经讲到,起初鲁肃坚决主张联刘抗曹,认为“以曹操尚存,宜且抚辑关羽,与之同仇,不可失也。”及至吕蒙代鲁肃为督,“以为羽素骁雄,有兼并之心,且居国上流,其势难久”,因而主张把重点转向关羽。对此两种主张,论者大都褒鲁肃而非吕蒙,认为天下大势,孙刘非联合不足以抗操,如果孙刘相争,必给曹操以渔利之机。我认为,从谋划打败曹操的角度说,此说不无道理,但却明显地表露出一种非历史的观点。这在客观上是把曹操置于非正义一方,立论完全着眼于如何打败曹操。事实上,曹操、孙权、刘备三方是相对独立的三个实体,各自决策的出发点,均在于权衡三方关系,进而考虑自己的利益所在。三角的关系,对任何一方来说,其他两方都是自己的敌人或潜在敌人。联合一方对另一方,有力地抗击或抑制、削弱了另一方,于己是有利的。但如果致使临时联合的一方,实即潜在的敌人乘机大大发展起来,也是于己不利的。由此看来,我们不能不注意到,就东吴的利益说,没有孙刘联合便没有赤壁的胜利。但后来情况不同了。所以,起初鲁肃劝孙权联刘抗曹是正确的;后来孙权、吕蒙一变而为取援曹操、进攻关羽,亦是对的。刘备的势力正趋迅猛发展,东取房陵、上庸,益州与荆州便在地理上从北到南联在一起,而关羽亦在荆州诸郡坐大。不难看出,就当时的军事形势言,关羽对吴的威胁远远超过了曹操对吴的威胁。

任何军事上的联盟,都是利益的联盟。当此之时,曹操要解除关羽的威胁,孙权又何尝不是如此。他们因为有利益上的共同点,自然就比较容易地暂释前嫌而联合起来了。

其实,鲁肃死前,也已经感到刘备、关羽威胁的来临,战略思想已经开始变化,如果天假数年,他目睹关羽势力的迅速扩展,也会毅然抵抗刘备和关羽。下面的一个故事,说明了鲁肃的思想正在起变化。

《三国志·吕蒙传》载,"鲁肃代周瑜,当之陆口(今赤壁市陆溪口),过蒙屯下。肃意尚轻蒙",有人对鲁肃说:"吕将军功名日显,不可以故意待也,君宜顾之。"鲁肃便去见吕蒙。吕蒙设酒招待,蒙问肃:"君受重任,与关羽为邻,将何计略,以备不虞?"肃顺口回答:"临时施宜。"蒙说:"今东西虽为一家,而关羽实熊虎也,计安可不豫定?"当时,吕蒙"为肃画五策"(按:五策,史不具载,不知其详)。鲁肃于是急忙走到吕蒙跟前,手拍其背说:"吕子明,吾不知卿才略所及乃至于此也。"既而,"遂拜蒙母,结友而别"。可见,吕蒙的主张已经受到鲁肃的重视,吕蒙其人也成了鲁肃早已注意的人物。

鲁肃死,孙权以从事中郎严畯代肃,督兵万人,镇据陆口。严畯前后固辞:"朴素书生,不闲军事,非才而据,咎悔必至。"严畯"发言慷慨,至于流涕,权乃听焉"。[1] 于是拜左护军、虎威将军吕蒙为帅代肃,"西屯陆口,肃军人马万余尽以属蒙。又拜汉昌太守(治今湖南平江境),食下隽、刘阳、汉昌、州陵。"

据载,吕蒙此前已向孙权密陈计策说:"今令征虏(孙皎)守南郡,潘璋住白帝,蒋钦将游兵万人,循江上下,应敌所在,蒙为国家前据襄阳,如此,何忧于操,何赖于羽?且羽君臣,矜其诈力,所在反复,不可以腹心待也。今羽所以未便东向者,以至尊(孙权)圣明,蒙等尚存也。今不于强壮时图之,一旦僵仆,欲复陈力,其可得邪?"孙权认为吕蒙的意见很对,"深纳其策",但又想向北扩张,

<hr>

① 《三国志·吴书·严畯传》。

195

"复与论取徐州意"。蒙指出:"今操远在河北,新破诸袁,抚集幽、冀,未暇东顾。徐土守兵,闻不足言,往自可克。然地势陆通,骁骑所骋,至尊今日得徐州,操后旬必来争,虽以七八万人守之,犹当怀忧。不如取羽,全据长江,形势益张。"孙权"尤以此言为当"。

吕蒙代肃,"初至陆口,外倍修恩厚,与羽结好",充分制造假象,把自己的真实意图掩饰起来;内则积极谋战,待机而动。因此想出了装病一招。据载,关羽围曹仁、攻襄樊时,曾经留下部分兵力驻守公安、南郡,以备孙权。吕蒙即上疏孙权说:"羽讨樊而多留备兵,必恐蒙图其后故也。蒙常有病,乞分士众还建业,以治疾为名。羽闻之,必撤备兵,尽赴襄阳。大军浮江,昼夜驰上,袭其空虚,则南郡可下,而羽可擒也。"于是吕蒙"遂称病笃",孙权发出不加密封的文书(露檄)"召蒙还",秘密地商量征伐关羽的计谋。关羽果然上了当,"信之,稍撤兵以赴樊。"[①]

陆逊为督,继用吕蒙策略

既尔,陆逊拜为偏将军右部督,代吕蒙,进一步对关羽施以麻痹之术。

陆逊,时年三十六岁,由定威校尉遽拔为督,是吕蒙向孙权推荐的。陆逊为督,并非偶然。他21岁为海昌屯田都尉,并领县事。十数年间,政事、军事能力都得到了锻炼。在县,"开仓谷以振贫民,劝督农桑,百姓蒙赖"。在军,敢以不多的兵力讨伐叛乱,"时吴、会稽、丹杨多有伏匿(按:指藏起来的应当服兵役的人),逊陈便宜,乞与募焉。"据载,会稽有"山贼大帅潘临,历年不禽"。陆逊"以手下召兵,讨治深险,所向皆服"。鄱阳"贼帅尤突作乱,复往

---

① 《三国志·吴书·吕蒙传》。

讨之"，因而被授定威校尉。

据说，孙权以兄孙策的女儿许配给陆逊，引为知己，"数访世务"，陆逊多有建策。陆逊建议重点有二：一曰"克敌宁乱，非众不济"。他主张通过招募与平叛的办法，取其精锐，扩充军队。二曰"腹心未平，难以图远"。他主张严厉镇压反叛，以保后方安定。孙权接受了陆逊的建策，即以陆逊为帐下右部督，并将其建策付诸实行。历史记载，"会丹杨贼帅费栈受曹公印绶，扇动山越，为作内应，权遣逊讨栈。栈支党多而往兵少，逊乃益施牙幢，分布鼓角，夜潜山谷间，鼓噪而前，应时破散。遂部伍东三郡，强者为兵，羸者补户，得精卒数万人，宿恶荡除，所过肃清，还屯芜湖。"仅此一战，陆逊不仅成了手握数万重兵的将领，而且以少胜多的军事才干得到体现，引起了孙权以及诸将的重视。

史载，吕蒙称病回建业，路经芜湖，陆逊甚知吕蒙用意，因对吕蒙说，"关羽接境，如何远下，后不当可忧也？"吕蒙说："诚如来言，然我病笃。"陆逊进计说："羽矜其骁气，陵轹于人。始有大功，意骄志逸，但务北进，未嫌于我，有相闻病，必益无备。今出其不意，自可禽制。下见至尊（按：指孙权），宜好为计。"吕蒙怕过早泄露机密，故作不然状，说："羽素勇猛，既难为敌，且已据荆州，恩信大行，兼始有功，胆势益盛，未易图也。"话虽这样说，但吕蒙由此得知陆逊之能及其对关羽的态度，所以吕蒙至都，孙权问："谁可代卿者？"便对孙权说："陆逊意思深长，才堪负重，观其规虑，终可大任。而未有远名，非羽所忌，无复是过（意谓没有比陆逊更好的人选了）。若用之，当令外自韬隐，内察形便，然后可克。"于是，孙权即召陆逊，"拜偏将军，右部督，代蒙"。

陆逊至陆口，执行"外自韬隐，内察形便"的策略，针对关羽喜欢"戴高帽"的弱点，立即给了关羽一封信，将其大大吹捧了一通，并深表钦慕之情,说:"前承观衅而动,以律行师,小举大克,一何巍巍!(按:当时自许以南,"群盗"遥应关羽,关羽所向辄克,"威震华夏")敌国(魏)败绩,利在同盟(吴),闻庆拊节,想遂席卷,共奖王纲。近以不敏(逊自谦),受任来西,延慕光尘(光尘,犹言风采),思禀良规。"又说什么"于禁等见获,遐迩欣叹,以为将军之勋足以长世,虽昔晋文城濮之师,淮阴(韩信)拔赵之略,蔑以尚兹"。同时,假意向关羽献策,劝其"广为方计",抢在曹操"增众"之前,乘胜消灭魏将徐晃的驻军。又致谦下自托之意,自称"书生疏迟,忝所不堪,喜邻威德,乐自倾尽,虽未合策,犹可怀也。倘明注仰,有以察之。"

关羽读了陆逊的信,觉得陆逊"有谦下自托之意,意大安,无复所嫌"。陆逊察觉到时机已经成熟,遂向孙权"具启形状,陈其可禽之要"。①

联合曹操,"乞以讨关羽自效"

建安二十三年(公元 218 年),曹操西北战事紧张。三月,都护将军曹洪、骑都尉曹休战败张飞和马超;四月,刘备屯阳平关,征西将军夏侯渊率张郃、徐晃等与之相拒;七月,曹操亲征刘备,九月至长安;二十四年春,曹操自长安出斜谷,兵临汉中,出师不利,"操与备相守积月,魏军士多亡(逃)";五月,曹操"悉引出汉中诸军回长安,刘备遂有汉中"。历史表明,当曹操放弃汉中,率领军队后撤,返回长安时,刘备、诸葛亮非常有效地利用了这一形势,遂东西拓展地盘,很快进入今湖北境内,占领了房陵(今房县)、上庸(今竹山),营造东进之势,遥与关羽相呼应,给曹操南方重要据点

---

① 以上《三国志·吴书·陆逊传》。

襄阳以重大威胁;继而,刘备自称汉中王,退还了曹操所表授的印绶,表示彻底断绝同曹操所控制的朝廷的联系,进一步表明了他坚决抗操而谋取大业的决心。

大约就在同时,即刘备称王而颐指气使地回成都的时候,孙权曾经乘机攻合肥。但不久他便认识到,刘备、关羽的威胁已经形成了。

关羽在刘备、诸葛亮总战略的指导下,向曹军发动了进攻。

建安二十四年(公元 219 年)七月,关羽使南郡太守麋芳守江陵,将军士仁(姓士名仁。一作傅士仁)守公安,自率主力攻曹操的征南将军曹仁于樊城。

曹操遣左将军于禁"督七军三万人救樊"。八月,大雨连绵十余日,汉水泛滥,平地水五六丈,于禁等"七军皆没"。于禁与诸将"登高望水,无所回避",关羽乘大船因水势而攻于禁,于禁穷迫,为保数万士兵的性命,不得已,投降了关羽。①

大水给关羽水军带来了极大方便。汉水泛溢,平地数丈,大水灌入城内,"羽急攻樊城,樊城得水,往往崩坏,众皆失色"。有的主张弃城而走,对曹仁说:"今日之危,非力所支,可及羽围未合,乘轻船夜走,虽失城,尚可全身。"汝南太守满宠当时受命协助曹仁,住在城内,竭力劝阻大家。满宠说:"山水速疾,冀其不久。闻羽遣别将已在郏下(今河南郏县境),自许(昌)以南,百姓扰扰,羽所以不敢遂进者,恐吾军掎其后耳。今若遁去,洪河(指黄河)以南,非复国家有也,君宜待之。"②曹仁听从了满宠的建议,曹仁、满宠等于是沉杀白马与军人盟誓,同心固守。当时,城中人马才数

---

① 《三国志·魏书·于禁传》。
② 《三国志·魏书·满宠传》。

千,大水不断上涨,"城不没者数板(胡三省注通鉴云:城高二尺为一板)。"关羽"乘船临城,立围数重",曹军"外内断绝,粮食欲尽,救兵不至";同时,关羽又遣别将包围曹操将军吕常于襄阳。曹操所授之荆州刺史胡修、南乡太守(治今河南淅川西南)傅方都投降了关羽。①

水淹七军前后,关羽在南阳、颍川、弘农诸郡,招附纳降,大大发展势力,使曹魏在此地区的统治很不稳固,正如满宠所说,"自许以南,百姓扰扰"。

先是南阳民苦于供给曹仁徭役,宛守将侯音、卫开等以宛反,曹操命曹仁讨侯音等,曹仁与庞德一起破宛而屠之,斩侯音、卫开。侯音等反,即使参与镇压的人,如功曹宗子卿也承认造反者"顺民心,举大事,远近莫不望风"。② 曹仁屠宛,显然是不得人心的。

继而是陆浑(今河南嵩山境)民孙狼等反,杀县主簿,南附关羽。"羽授狼印,给兵,还为寇贼"。③

曹操既弃关中,失利于西;又值梁、郏、陆浑"群盗"并起。不管是叛将,还是反民,又大都遥受关羽印号,为羽支党,与羽相呼应。历史记载说,这时自许以南,"群盗"遥应羽,因而关羽"威震华夏",竟使曹操被迫召集重要的政治军事会议,讨论了要不要"徙许都以避其锐"的问题。④

在此关键时刻,丞相军司马司马懿和西曹属蒋济献出了联吴以制关羽的谋略。他们对曹操说:"于禁等为水所没,非战攻之失,于国家大计未足有损。刘备、孙权外亲内疏,关羽得志,权必不

① 《三国志·魏书·曹仁传》、《资治通鉴》汉献帝建安二十四年。
② 《资治通鉴》汉献帝建安二十三年。
③ 《资治通鉴》汉献帝建安二十四年。
④ 《三国志·蜀书·关羽传》。

愿也。可遣人劝蹑其后，许割江南以封权，则樊围自解。"①曹操接受了司马懿和蒋济的意见。

对比起来，曹操对于这个问题的认识，赤壁战后虽然有所觉悟，也曾试图挑拨孙、刘关系，鼓励孙权把刘备赶出荆州，但远不及诸葛亮、鲁肃的认识深刻。这是因为曹操低估了孙、刘的力量，尤其是低估了孙、刘联合所形成的合力，自以为中原大军数倍于孙、刘，总有一天会把他们通通收拾掉。在这种思想指导下，相当长的时间内，他始终按照两面作战的战略布兵。因此，对吴用兵，不能不顾及西北方面的形势；对西北或刘备用兵，又不能不顾及孙权屡屡犯边的事实。现在形势起了变化，西北军事不利，刘备益张；荆宛关羽构难，吏民为乱；襄樊受困，许都临险。在此形势下，经司马懿、蒋济一点，以曹操之聪明自然顿时彻悟。于是他立即作出了联吴击关羽的正确的军事决策。

必须指出的是，刘备、诸葛亮在没有其他更好人选的情况下，授关羽以重任，使之镇守荆州，虽然不能过责他们决策失当，但也不能不承认其缺乏知人善任之明。

关羽其人，高傲自负，轻视他人，都督荆州事以后，这种致命的缺点，更有了新的发展。对此，刘备、诸葛亮都是非常清楚的。但他们都没有对其施之以教，更不敢行之以约束，反而采取了放任纵容的态度。

关羽刚愎自用，妄自尊大。所以，很不善于处理同敌国、友国的关系。据载，孙权为了暂时稳定孙刘两家关系，曾经派遣使者为儿子向关羽的女儿求婚，"羽骂辱其使，不许婚"。② 至于是否如

---

① 《三国志·魏书·蒋济传》。
② 《三国志·蜀书·关羽传》。

《三国演义》所说,孙权的使者是诸葛瑾,关羽闻瑾来意,勃然大怒说:"吾虎子安肯嫁犬子乎! 不看汝弟之面,立斩汝首,再休多言!"以及"诸葛瑾抱头鼠窜,回见吴侯"等等,历史皆无可考。就当时的情势看,双方关系尚未完全破裂,出言当不至此。但关羽"不许婚"这件事,极大地激怒了孙权,当是真的。自然也使孙权进一步感到了刘备、关羽的威胁。

另,鱼豢《典略》载,关羽围樊时,孙权曾一度想站在关羽一边,"遣使求助之"。正式的使节出发前,"又遣主簿先致命于羽"。然而,关羽不但不抓紧机会暂时稳住孙权,或利用吴军牵制曹操的一部分军队,反而毫无道理地"忿其淹迟"。当时,于禁已经投降,关羽已经飘飘然,利令智昏,竟然出口不逊,大骂:"貉子(按:蔑称孙权)敢尔,如使樊城拔,吾不能灭汝邪!"短短数语,不仅侮辱了别人,而且完全暴露了自己的野心。据说,"权闻之,知其轻己,伪手书以谢羽,许以自往。"表现出了一个战略家的心计,表面谦逊,实则暗中加紧谋划新的对策。[①]

当然,更重要的是关羽围曹仁于襄樊,并且水淹于禁七军,"以舟兵尽虏禁等步骑三万送江陵"[②],从而形成了北扼汉水、南控长江的形势。如此声威大震,直接构成了对东吴的严重威胁。

孙权明白,第一,单靠自己的力量,尚无绝对取胜的把握;第二,两面作战非常危险。因此,要想同关羽较量,必须取得同曹操的暂时联盟。《三国志·吴主传》载,"权内惮羽,外欲以为己功,笺与曹公,乞以讨羽自效。"《武帝纪》注引《魏略》说:"孙权上书称臣,称说天命(即劝曹操做皇帝)"。孙权此举,计在自保,但也

---

① 《三国志·蜀书·关羽传》注引《典略》。
② 《三国志·吴书·吴主传》。

恰好适应了曹操准备联吴抵抗关羽的战略调整。

孙权"乞以讨羽自效"的请求得到了曹操"许割江南以封权"的承诺,于是一种各存异心、互相利用的暂时联盟便告成立。关羽必败的大势,从此也便注定了。

建安二十四年十月,曹操派平寇将军徐晃屯宛,助曹仁,并决定亲自率领大军南救曹仁。曹操驻军摩陂(今河南郏县境),遥制诸军抗援事宜。

关羽兵屯偃城(今湖北襄阳境),徐晃率兵到,"诡道作都堑,示欲截其后"(按:指绕到羽军背后构筑工事,表示要截断羽军后路),羽军害怕,"烧屯走"。晃得偃城。据称,徐晃两面连营,稍前,距关羽的围城兵仅有三丈,但不发动进攻。①

曹操命令徐晃把孙权"请以讨羽自效"的信息分别射进曹仁营中和关羽的营屯中。据载,孙权派人告诉曹操,说要遣兵西上,偷袭关羽的江陵、公安二城,"江陵、公安累重,羽失二城,必自奔走,樊军之围,不救自解",希望不要泄露,以免关羽有备。曹操向群臣征求意见,大家都认为应该保密。老谋深算的董昭甚知曹操心意,却说:"军事尚权(崇尚权变),期于合宜。宜应(孙)权以密,而内露(暗里泄露)之。羽闻权上,若还自护,围则速解,便获其利。可使两贼相对衔持,坐待其弊。秘而不露,使权得志,非计之上。又,围中将吏不知有救,计粮怖惧,倘有他意,为难不小。露之为便。且羽为人强梁,自恃二城守固,必不速退。"②曹操按照董昭所说,表面上答应孙权保密,实则故意暴露给关羽。

事态发展果如曹操、董昭所料,被围困的曹仁军闻之,"志气

---

① 《三国志·魏书·徐晃传》。
② 《三国志·魏书·董昭传》。

百倍";关羽闻之,顿起犹豫。为什么犹豫呢? 胡三省认为,"羽虽见权书,自恃江陵、公安守固,非权且夕可拔;又因水势结围以临樊城,有必破之势,释之而去,必丧前功,此其所以犹豫也"。① 做此分析,确有道理。到了口边的肉不取而去,的确是于心不甘。关羽犹豫了,拔樊的决心动摇了,两面抗敌的信心自然也就不足了。信心既然不足,斗志亦自然受到影响。

曹操前后又给徐晃派去了殷署、朱盖等十二营军队。徐晃兵力既增,遂趁关羽狐疑之机向关羽发起了攻击。关羽因水而临樊城,所以军营大都屯驻于高阜之上。史载,关羽"围头有屯,又别屯四冢(当指屯住四个土丘之上)。晃扬声当攻围头屯,而密攻四冢。羽见四冢欲坏,自将步骑五千出战,晃击之,(羽)退走,(晃)遂追陷与俱入围,破之,(羽军)或自投沔水死。"②投降关羽的荆州刺史胡修和南乡太守傅方,亦皆被徐晃军杀死。瞬息之间,军事态势发生了根本变化,本具强劲势力的关羽军队,由优势转为劣势,如无回天之谋,只有等待失败了。

二、擒杀关羽

关羽撤樊城围而退,但其舟船仍据沔水。曹操并没有进一步追击关羽。这是为什么呢? 战争的过程告诉我们,这是曹操欲使孙权、关羽两存、两战、两伤,最后相机而取之的计策。

孙权视关羽为严重威胁,必欲除之而后安,既然与曹操达成谅解,便立即开始谋划攻取江陵的行动。孙权及其将吕蒙、陆逊等甚

---

① 《资治通鉴》卷68,汉献帝建安二十四年注。
② 《三国志·魏书·徐晃传》。

知关羽的弱点,而且成功地利用了关羽"意骄志逸"的弱点和"但务北进"、少备孙权的战略错误。

关羽俘获于禁等人马数万后,粮食乏绝,擅取孙权湘关米,为孙权发兵提供了借口,"权闻之,遂行,先遣(吕)蒙在前"。

《三国志·孙皎传》载,孙权发兵袭关羽,"欲令(孙)皎与(吕)蒙为左右部大督"。吕蒙对孙权说:"若至尊以征虏(孙皎)能,宜用之。以蒙能,宜用蒙。昔周瑜、程普为左右部督,共攻江陵,虽事决于瑜,普自恃久将,且俱是督,遂共不睦,几败国事,此目前之戒也。"孙权恍然大悟,表示歉意,当即以吕蒙独掌都督大权,说:"以卿为大督,命皎为后继。"

参加这次战役的,除了虎威将军吕蒙、征虏将军孙皎外,还有偏将军陆逊、朱然、潘璋,以及骑都尉虞翻等。

此时,曹操在打了一场有限的战争后,便拥兵不前而坐山观虎斗了。但曹操没有想到孙权、吕蒙竟会那样容易地取得南郡。

吕蒙潜进得江陵

史载,孙权"潜军而上,使陆逊与吕蒙为前部,至即克公安、南郡"。[1] 什么是"潜军而上"?吕蒙的行动是个很好的注脚。据说,"蒙至寻阳,尽伏其精兵䑽䑦(按:一种本非用于战斗的船)中,使白衣摇橹,作商贾人服,昼夜兼行,至羽所置江边屯候(哨所),尽收缚之,是故羽不闻知。遂到南郡,士仁、麋芳皆降。蒙入据城,尽得羽及将士家属"。[2]

麋芳是刘备的南郡太守、已故麋夫人的二哥、蜀安汉将军麋竺

---

① 《三国志·吴书·陆逊传》。

② 《三国志·吴书·吕蒙传》、《吴主传》。

的弟弟,其位不可谓不显;将军士仁,亦得刘备重视,镇守公安。二人据守长江南北,扼住长江咽喉。然而关羽却看不起他们。《三国志·关羽传》载,糜芳、士仁"素皆嫌羽轻己。羽之出军,芳、仁供给军资,不悉相救(按:意为数量不足,供不及时)。"关羽因此扬言回去后一定治他们的罪。糜芳、士仁很怕被治罪,"咸怀惧不安"。孙权得知情况,于是"阴诱芳、仁,芳、仁使人迎权"。《三国志·吕蒙传》注引张勃《吴录》和韦曜《吴书》记载有不同,但更详细。《吴录》说:"初,南郡城中失火,颇焚烧军器。羽以责芳,芳内畏惧,权闻而诱之,芳潜相和。及蒙攻之,乃以牛酒出降。"《吴书》说,士仁在公安据守,吕蒙令虞翻对他说以利害,指出:"吕虎威(蒙)欲径到南郡,断绝陆道,生路一塞,案其地形,将军为在箕舌上耳,奔走不得免,降则失义,窃为将军不安,幸熟思焉。"士仁得书,"流涕而降"。然后,吕蒙带上士仁,兵至南郡,"南郡太守糜芳城守,蒙以仁示之,(芳)遂降。"

关羽闻南郡失守,不得不立即向南撤退。这就是说,孙权几乎是兵不血刃地夺取了南郡。

据说,曹操的将领们,深恐功劳被孙吴独占,大都认为应该乘关羽危惧之机,追而擒之。曹操听到关羽南走的消息,深恐诸将追击,急令曹仁勿追。曹操的用意很清楚,就是让孙权去消灭关羽,从而使孙、刘势不两立。

吕蒙入据南郡之后,积极稳定局势,利用怀柔策略,大大瓦解了关羽的军心。其一,"蒙入据城,尽得羽及将士家属,皆抚慰,约令军中不得干历人家(不准骚扰住户),有所求取。"据说,有"蒙麾下士,是汝南人(吕蒙亦汝南人),取民家一笠,以覆官铠,官铠虽公,蒙犹以为犯军令,不可以乡里故而废法,遂垂涕斩之。于是军中震栗,道不拾遗。"其二,"蒙据江陵,抚其老弱","旦暮使亲近存恤耆老,问所不足,疾病者给医药,饥寒者赐衣粮。"其三,"羽府藏财宝,皆封闭以待权至。"其四,厚待关羽的人,"羽还,在道路,数使人与蒙相闻,蒙辄厚遇其使,周游城中,家家致问,或手书示信。羽人还,私相参讯,咸知家门无恙,见待过于平时,故羽吏士无斗心。"[1]另外,还把前时投降关羽而被关闭起来的魏将于禁释放出来,客待之,借以向魏示好。

朱然、潘璋伏兵擒关羽

关羽"自知孤穷,乃走麦城(今湖北当阳东南),西至漳乡,众皆委羽而降。"[2]或谓:"关羽还当阳,西保麦城,权使诱之,羽伪降,立幡旗、为象人(假人)于城上,因遁走,兵皆解散,尚十余骑。"[3]这就是说,关羽已经众叛亲离了。

孙权料关羽必将逃走,先使朱然、潘璋在麦城周围设伏,"断其径路"。关羽士卒解散,孤城难保,不得已率领仅有的十余骑逃出麦城,结果在漳乡(一说走到临沮。漳乡、临沮均在当阳境内),被孙权的伏兵、潘璋的司马马忠等截获。关羽及其养子关平、都督赵累等均被斩首。

《三国志·关羽传》注引《蜀记》说:"权遣将军击羽,获羽及子平。权欲活羽以敌刘、曹,左右曰:'狼子不可养,后必为害。曹公不即除之,自取大患,乃议徙都。今岂可生!'乃斩之。"南朝宋人裴松之认为这条记载不可靠,他说:"按《吴书》:孙权遣将潘璋逆断羽走路,羽至即斩,且临沮去江陵二三百里,岂容不杀羽,方议其生死乎?又云'权欲活羽以敌刘、曹',此之不然,可以绝智者之

---

① 《三国志·吴书·吕蒙传》。
② 《三国志·吴书·吕蒙传》。
③ 《三国志·吴书·孙权传》。

口。"揣度之，吴将"截获"关羽，没有权力擅杀，况且马忠只不过是一位低级将领，所以需经孙权批准而杀之的情节是合理的；就两地距离来说，孙权既临前线，就在南郡（按，当阳属南郡），沮漳水到孙权本营（江陵）不会超过五十公里，所以先请示而后杀之是不困难的。况且，《三国志·吴书》诸传实际都没有裴松之所谓关羽被捉后即为马忠或潘璋斩首的记载，如《吴主传》说，建安二十四年十二月，"璋司马马忠获羽及其子平、都督赵累等于章乡，遂定荆州。"《潘璋传》也仅说："权征关羽，璋与朱然断羽走道，到临沮，住夹石。璋部下司马马忠禽羽，并羽子平、都督赵累等。"前者用"获"字，后者用"禽"字，均无"即斩"一说。而《吴范传》更是反映了孙权离前线不远而焦急等待消息的心情："权使潘璋邀其迳路，觇候者还，白羽已去。范曰：'虽去不免。'问其期，曰：'明日日中。'权立表下漏以待之。及中不至，权问其故，范曰：'时尚未正中也。'顷之，有风动帷，范拊手曰：'羽至矣。'须臾，外称万岁，传言得羽。"所以，"羽至"，而最终由孙权决定斩杀的记载是正确的。

　　关羽被杀是建安二十四年十二月的事。早在建安十九年，刘备夺得益州，将益州牧刘璋赶下台，"尽归其财物及故配振威将军印绶"，安置在南郡公安。孙权杀关羽、取荆州后，为了表示对刘备的不承认，即以被刘备废逐的刘璋再为益州牧，驻秭归。不久，刘璋死（约在魏黄初二年，蜀章武元年，公元221年），孙权又以刘璋的儿子刘阐为益州刺史，"处交、益界首（界首，两地交接的地方）"。①

　　关羽死后，孙权既感除掉大患，又感问题严重。从战略上考虑，他不能不把曹操拉上。他要制造假象表明自己是奉曹操的命

---

　　① 《三国志·蜀书·刘璋传》。

令而袭杀关羽的,据《三国志·关羽传》注引《吴历》说:孙权把关羽的首级送给了曹操,而以"诸侯礼葬其尸骸"。就这样,一位刚愎自用、勇冠三军而不善谋略、"善待卒伍而骄于士大夫"、甚被后世褒扬的人物便可悲地"身首异地"而葬了。

三、陆逊西上,把刘备余部赶出荆州

孙权带兵亲至江陵(南郡),住都公安。在公安,孙权有喜有悲,并且甚为惶恐地度过了半年时间。

一喜消灭了关羽,武力夺取荆州成功。

二喜刘备所置荆州将吏"悉皆归附",说明他已经真正拥有了荆州。

三喜南平武陵成功。史载,刘备所置荆州将吏"悉皆归附"后,只有治中从事潘濬"称疾不见",于是孙权令人用车子拉着床铺去请,"濬伏面著床席不起,涕泣交横,哀哽不能自胜"。孙权亲切地"呼其字与语(按:称字,表示尊敬),慰谕恳恻",并且让亲近人用手巾为潘濬擦泪。潘濬很受感动,"下地拜谢"。孙权当即"以为治中,荆州军事,一以谘之。"随后,潘濬为孙权带兵五千,平定了"武陵部(郡)从事樊伷"。当时樊伷正"诱导诸夷,图以武陵附汉中王(刘)备"。有人提出需要一位都督,"督万人往讨之",权问濬,濬认为"以五千兵往,足以擒伷"。果然成功。①

四喜陆逊西上,把刘备余部全都赶出荆州。攻克公安、江陵之后,孙权即以吕蒙为南郡太守,封孱陵侯,赐钱一亿,黄金五百斤;以陆逊领宜都太守,拜抚远将军,封华亭侯,并令其继续西上。陆

① 《资治通鉴》卷68,汉献帝建安二十四年。

逊"别取宜都,获秭归、枝江、夷道,还屯夷陵,守峡口以备蜀"。刘备所置宜都太守樊友弃郡而逃,"诸城长吏及蛮夷君长皆降于(陆)逊"。陆逊即遣将军李异、谢旌等率领三千人,断绝险要,先攻蜀将詹安、陈凤,又攻蜀置房陵太守邓辅、南乡太守郭睦,均大破之。另,秭归大姓文布、邓凯等合夷兵数千人,声援蜀军,"(陆逊)复部(谢)旌讨破布、凯。布、凯脱走,蜀以为将。逊令人诱之,布帅众还降"。真可谓兵败如山倒。短短的时间之内,陆逊"前后斩获招纳,凡数万计"①。至此,孙权已把荆州诸郡,除了曹操控制的南阳以及江夏、上庸等部分地区外,全都置于麾下。刘备势力被赶出了荆州,孙权因而又加封陆逊为右护军、镇西将军,进封娄侯。

孙权之悲莫过于爱将吕蒙病逝。攻克公安、江陵之后,孙权在尚未取得完全胜利的情况下,急于加封吕蒙和陆逊,重要原因是吕蒙病情不稳,生死未卜之兆已显。据载,吕蒙"固辞金钱,权不许。封爵未下,会蒙疾发"。当时,孙权在公安,将吕蒙"迎置内殿,所以治护者万方,募封内有能愈蒙疾者,赐千金"。他守护在吕蒙的周围,"时有针加,权为之惨戚,欲数见其颜色,又恐劳动,常穿壁瞻之,见小能下食则喜,顾左右言笑,不然则咄唶(duō jiè,叹息),夜不能寐。病中瘳,为下赦令,群臣毕贺。后更增笃,权自临视,命道士于星辰下为之请命。"吕蒙年四十二,卒于孙权内殿。孙权哀痛过甚,以至身体受到伤害。吕蒙遗嘱,将所得金宝诸赐尽付府藏,"命绝之日皆上还,丧事务约"。孙权闻之,"益以悲感"。②

---

① 《三国志·吴书·陆逊传》、《吴主传》;《资治通鉴》卷68,汉献帝建安二十四年。

② 《三国志·吴书·吕蒙传》。

第八章　劝曹操做皇帝　　接受曹丕赐封

关羽既已授首,为了共同的利益,曹操和孙权相互利用,加紧联系和改善关系。

曹操明白,当前想消灭孙权已是完全不可能的,但利用他制约或削弱刘备却是非常现实的。建安二十四年末,曹操控制的汉朝廷封孙权为骠骑将军,假节,领荆州牧,南昌侯。这是一次带有质变的封赏。汉制,将军之号,分有若干等级:大将军、骠骑将军,"位次丞相(按:次,作相当于解,不作次于解)";车骑将军、卫将军、前后左右将军,"皆金紫,位次上卿"。① 其他列将军,大都是临时设置的名号将军,包括孙坚和孙策、孙权的破虏将军、讨逆将军、讨虏将军都属此类。骠骑将军是武将的最高封级之一。假节,就是得到皇帝授权,可以代表皇帝,自主征伐。领荆州牧,使孙权第一次成为朝廷的正式的封疆大吏,并且标志着朝廷对刘备自领荆州牧的不承认。为什么说这是一次带有质变的封赏呢? 先此,建安五年,曹操曾"表权为讨虏将军,领会稽太守",虽然有权越境作战,但尚属一般的名号将军,无权假节,而且只给郡一级的地方官头衔;赤壁战争以后,建安十四年,刘备自领荆州牧,并"表权行车骑将军,领徐州牧",将军之号上升到第二等级的重号将军,但所

---

① 《后汉书·百官志》刘昭补注引蔡质《汉仪》,《通典》卷28。

谓徐州牧实属遥领而未有其地,更重要的是他们刚把曹操打败,所以根本不可能得到曹操控制的朝廷的认可。而这一次是曹操亲自决定并付诸实施的以孙权"为骠骑将军,假节,领荆州牧",所以,情况完全不同。

一、劝曹操做皇帝

孙权接到曹操的封赏,陡然间成了被朝廷承认的地方上职级最高、势力最强的军政集团首领,自然是非常高兴(按:此时刘备虽然自称王,但被朝廷承认的官职只是左将军和徒具虚名的豫州牧以及自领而未被朝廷承认的荆州牧、益州牧头衔)。

当然,更重要的是,孙权鉴于孙刘两家战争的不可避免,必须稳定北方,避免两面作战,不得不在战略战术上做出根本性的转变。从此,正当刘备大骂曹操"窃执天衡"、"穷凶极逆"、"剥乱天下,残毁民物"起劲的时候,而首倡曹操是"托名汉相,其实汉贼"的东吴,此类的话却不再见诸君臣上下之口,而是改变为遣使进贡,主动上书向曹操称臣了。

"奉贡于汉"

孙权夺得荆州并得到朝廷赐封以后,立即加强同曹魏的联系。有三件事被记载在历史上:

一是立即进贡。史载,孙权"遣校尉梁寓奉贡于汉"(按:实贡于操。因为汉天子已是曹操的傀儡)。梁寓其人,历史记载很简短,《三国志·吴主传》注引《魏略》说,梁寓"字孔儒,吴人也。权遣寓观望曹公,曹公因以为掾,寻遣还南"。这说明,孙权遣使进贡的目的,除了表示臣服外,更重要的是观望曹操的动静和对自己

的态度,以便决定下一步的决策;

二是沟通贸易,"令王惇市马"。市,是做买卖,互通有无,互利的,但历史上国与国之间的互市常常是带有政治目的的。孙权令人到曹操那里买马,既为战争所需,也不排除是一种示好和变相进贡的方式。(按:王惇是孙权麾下一位将军,孙权死后数年,因参与孙氏内部的权力之争,被当权者孙綝杀死);

三是把征皖城时俘获的庐江太守朱光及参军董和等"遣归"。前面讲到,建安十九年(公元214年)闰五月,孙权曾主动发起了向皖城的进攻,"侵晨进攻","食时破之",俘获朱光等及男女数万口。为了表示友好,把朱光等遣返了。但所获之男女数万口,并没有一同遣返。

"称说天命"

孙、刘战争势所难免,吴兵主力大都调往荆州西线,扼长江两岸或近江而扎。形势紧迫,孙权必须确保北边无虞,因此言不由衷地不惜向曹操称臣。

建安二十四年十月,孙权向曹操"上书称臣,称说天命"。"称臣",是表示愿意做曹操的藩属、臣子;"称说天命",是劝曹操做皇帝。上书的具体内容,历史没有记载。既然是"称说天命",自然是天命所归之类的谄媚阿谀之辞。

中国历史上改朝换代的皇帝们,无不鼓吹天命有德,把自己说成是当之无愧的真命天子。与此相应的是,朝廷内外往往是一片歌功颂德和称说谶语、瑞兆的声音。窃以为,孙权"称说天命"完全是政治的需要,不要看得太认真。但是这件事在魏国却引起了很大波澜,客观上正式启动,或者说是加速了曹氏父子代汉自立的进程。影响不可低估。

笔者曾在《曹操评传》一书中讲过,曹操封公建国以前,虽然被敌对势力骂为汉贼,但他并没有明显的篡汉自立的言论和行动。朝廷内外多有言曹操有不逊之志者,曹操则尽力反复说明自己如何屡立大功,如何忠于汉室,遂有《让县自明本志令》一类的文字写出。但封公建国后不久,事物的本质便在起变化。建安十九年(公元214年)正月,即魏国政权正式建立不到二个月,曹操行天子仪式"始耕藉田";三月,以天子诏宣布"魏公位在诸侯王之上,改授金玺、赤绂(红色的官印丝带)、远游冠";十一月,杀汉献帝皇后伏寿;十二月,以天子命"置旄头(旌旗用牦牛尾装饰),宫殿设钟虡(虡,音jù,悬挂编磬、编钟的木架。皆诸侯及天子之待遇)";二十年(公元215年)九月,"承制封拜诸侯守相",把皇帝形式上的任命郡守、国相的权力也剥夺了;十月,为了拉拢更多的人,始置名号侯至五大夫,与旧列侯、关内侯凡六等,以赏军功;二十一年(公元216年)五月,进爵为魏王。

如果说受爵魏公还仅是"拟于天子"、"同制京师"的话,那魏王就不同了。史载,曹操假天子之命,很快便获得如下特权:(一)"天子命王设天子旌旗,出入称警跸。"设天子旌旗就是打天子的旗号,用天子规格的仪仗队、銮驾;称警跸,就是如天子一样,在出入经过的地方实行戒严,断绝行人;(二)"天子命王冕十有二旒,乘金根车,驾六马,设五时副车。"旒,指冠冕(帽子)前后的玉串。据《周礼》和《礼记》载,子、男的冠冕五旒,侯、伯七旒,上公九旒,"天子玉藻,十有二旒"。就是说曹操戴的帽子是只有天子才有资格戴的那种有十二条玉串的帽子。至于"乘金根车、驾六马,设五时副车"亦皆天子之仪。

不难看出,不管是实际权力,还是冠冕形式、乘车策马,曹操都已经是毫无二致的"天子"了。所谓绝无不逊之志、绝无篡汉之心

214

一类的表示都被自己的行动揭穿了。他已经过了做天子的瘾，但他不承认自己是"真正的天子"，更不篡汉称帝。这是为什么呢？一个重要的原因是，曹操拥汉扶汉而不篡汉的话说得太多了，实在是不便自食其言。这类话，如从兴平二年（公元195年）《领兖州牧表》算起到建安十八年（公元213年）《上书谢策命魏公》，讲了近二十年；直到建安十九年"位在诸侯王之上"以后，才不再说了。不再说了，说明他的内心深处正在起变化。再就是，他不愿把自己同刘备、孙权摆在同等地位上。天下三分之势已成，但汉天子仍是汉室的象征、统一的象征，如果遽为天子而废汉，不仅给刘备、孙权等以口实，成为众矢之的，而且在客观上无异于承认了刘备、孙权割据政权的合法性，无异于把自己同他们置于同等地位。

其实，曹操的内心深处正在准备着这一步的来临。我认为，建安二十四年曹操在洛阳构筑建始殿，是他准备走向最后一步的明显表现。至于这一步是由自己还是由儿子去完成，那是要看形势来定的。可以断言，如果身体健康，天假数年之寿，他会亲自完成这一步的。

孙权"上书称臣，称说天命"，启发并促进了魏国上下劝曹操代汉自立的积极性。正如《三国志·武帝纪》注引《魏略》所说，"孙权上书称臣，称说天命"，曹操当即特意将孙权的上书向大家展示，并且不由诙谐地说："是儿欲踞吾著炉火上邪"。话虽这样说，但大家从曹操准备以魏代汉的诸多表现中，甚明曹操展示孙权上书的用意，于是侍中陈群、尚书桓阶等即以孙权上书为由乘机劝进：

> 汉自安帝已来，政去公室，国统数绝，至于今者，唯有名号，尺土一民，皆非汉有，期运久已尽，历数久已终，非适今日

也。是以桓、灵之间，诸明图纬者，皆言"汉行气尽，黄家当兴"。殿下应期，十分天下而有其九，以服事汉，群生注望，遐迩怨叹，是故孙权在远称臣，此天人之应，异气齐声。臣愚以为虞、夏不以谦辞，殷、周不吝诛放，畏天知命，无所与让也。

夏侯惇说得更干脆利落：

> 天下咸知汉祚已尽，异代方起。自古已来，能除民害为百姓所归者，即民主也。今殿下即戎三十余年，功德著于黎庶，为天下所依归，应天顺民，复何疑哉！

据载，曹操听了陈群、桓阶、夏侯惇的话以后，先是引用孔子的话"施于有政，是亦为政"（按：意为重要的是掌握实权，不必看重名号），自我解嘲；进而根据当时的形势，可能还有自己身体的原因，更可能是为了明确表态"魏将代汉"而故意为之，说："若天命在吾，吾为周文王矣！"（按：周文王生前未能灭商，其子武王姬发抱着他的牌位伐纣，终将殷商灭掉而代之）。对于曹操的表态，论者常常重视曹操生前无意做皇帝，而忽视了曹操已经很明确地表示"魏将代汉"。只是这最后的一步，"就让自己的儿子去完成吧！"[1]

毋庸讳言，正是曹操在现实和舆论上都已做好了充分的准备，也正由于是孙权的劝进书使曹操做出了明确的表态，所以曹操死后，曹丕仅仅用了几个月的时间就顺利地逼汉禅位了。

很明显，孙权上书称臣，称说天命，客观上就像一副催化剂，在曹魏代汉的过程中产生了重大的历史作用。

---

① 参见《三国志·魏书·武帝纪》注引《魏略》、《魏氏春秋》。

二、向曹丕称藩,受封吴王

建安二十五年(公元 220 年)正月,曹操死了,曹丕代为汉丞相、魏王,改(汉)建安年号为(汉)延康,不久逼禅成功,改为(魏)黄初元年。

曹丕称帝对于当时的军事态势没有产生重大影响,但促进了孙刘两家各自称帝的步伐。如史所载,曹丕十月称帝,次年四月刘备便在成都祭告天地自称蜀汉皇帝了。此时的孙权,刚被封为骠骑将军,荆州牧,南昌侯,且面临一场必不可免的大的战争,尚未称王,自然是不具备遽为皇帝的条件。但他很明白,自己不能长时间在这种非均衡的、等而下之的名义下鼎足于两个皇帝之间,必须积极谋划既利战争又利迅速进阶的策略。

向魏称藩

曹丕为王以后,为了代汉自立的需要,除了内修政事、大造天命所归的舆论,还要广建武功,以示圣明。所以,不久便遣使宣威四方。五月间,"山贼"郑甘、王照及卢水胡"率其属来降";派兵镇压了酒泉黄华和张掖张进的叛乱;七月间,蜀将孟达率众投降、武都氐王杨仆率种人内附。对此,曹丕很是得意,高兴地说:"以此而推,西、南将万里无外,(孙)权、(刘)备将与谁守死乎?"[①]就在这种形势下,曹丕决定,治兵南征,耀武吴疆。

前已讲到,曹操在世时,孙权已经上书称臣,"称说天命",所以南部边场基本安定。曹丕六月辛亥治兵,草草准备了四十天,便

---

① 《三国志·魏书·文帝纪》注引《魏略》。

于庚午南征。七月,曹丕率军到谯。八月,大飨六军及谯父老百姓。

这时,孙权正积极备战西线,甚知绝对不能同曹丕打起来。因此,又一次"遣使奉献"。送了些什么东西,史无记载。但曹丕不久便撤军了。就当时的情势看,曹丕撤军的重要原因应当是急于回去加紧逼汉禅位的活动,但孙权"遣使奉献"也确实给了他一个很好的下台阶。

曹丕做皇帝以后,孙权立即做出两点反映,即如《三国志·吴主传》所载:"自魏文帝践阼,权使命称藩,及遣于禁等还"。

"使命称藩",就是向曹丕称臣。历史或谓,"孙权遣使称臣,卑辞奉章"。① 谦恭卑辞当属事实。但应该看到的是,孙权"称藩"的实质并非是一般地方诸侯向中央表示隶属关系,而是表示自己非同普通地方州牧史守,是不受制于对方的、自主征伐的一方独立政权。他的战略意义当是首位的。

"遣于禁等还",是一种主动改善关系的积极行动。于禁是曹操名将,建安二十四年,关羽攻曹操的征南将军曹仁于樊城。曹操遣左将军于禁、立义将军庞德助援曹仁,驻屯于樊北。遭遇大水,"禁等七军皆没",被迫投降关羽。孙权征关羽,吕蒙"据江陵,抚其老弱,释于禁之囚"。因此,于禁为吴所得。于禁在吴,受到孙权的礼遇。史载:"魏将于禁为羽所获,系在城中,权至释之,请与相见。"由于礼遇太过,以致引起骑都尉虞翻等人的反对。据说,有一天,"权乘马出,引禁并行",虞翻向于禁大吼:"尔降虏,何敢与吾君齐马首乎!"随即"欲抗鞭击禁,权呵止之"。后来孙权召集群臣饮酒,于禁"闻乐流涕",虞翻又呵斥于禁是故作姿态,"欲以

---

① 《资治通鉴》卷69,魏文帝黄初二年。

218

伪求免",使得孙权颇为尴尬,"怅然不平"。及至孙权欲遣于禁"还归北",虞翻更是反对,急忙谏阻,说:"禁败数万众,身为降虏,又不能死。北(按:指魏)习军政,得禁必不如所规。还之虽无所损,犹为放盗,不如斩以令三军,示为人臣有二心者。"孙权没有听从虞翻的说教,即令群臣为于禁送行。在送行的时候,虞翻不无感慨地对于禁说:"卿勿谓吴无人,吾谋适不用耳。"据说,于禁"虽为翻所恶,然犹盛叹翻"。①

历史地看,孙权称藩,并把于禁送回魏国,绝不是表示投降。他的见解,远非虞翻者流所能比拟。虞翻乃一儒者,看问题不离儒家道德规范;孙权是一位有作为的政治家,处理问题着眼于政治和军事大局。

孙权所为,适应了形势的发展,有利于吴的根本利益,也迎合了曹魏的需要,因而很快得到了曹丕的回应。

封 吴 王

黄初二年(公元 221 年),曹丕顺利完成了逼禅代立的程序以后,有效地稳定了自己的统治。四月,刘备在蜀自立为(蜀)汉皇帝。嗣后,立即加紧部署对孙权的战争。七月,刘备"自率诸军击孙权",孙权遣使求和,遭到拒绝。八月,吴蜀战争迫在眉睫,形势严峻。孙权为了避免两面作战,不得不"卑辞奉章",向曹丕称臣。对于孙权的动机,《三国志·吴主传》注引《魏略》说:"权闻魏文帝受禅而刘备称帝,乃呼问知星者,已分野中星气何如,遂有僭意。而以位次尚少,无以威众,又欲先卑而后踞(傲)之,为卑则可以假

---

① 《三国志·吴书·吴主传》、《吕蒙传》、《虞翻传》并注,及《三国志·魏书·于禁传》。

宠,后踞则必致讨,致讨然后可以怒众,众怒然后可以自大,故深绝蜀而专事魏。"实则问题没有那么复杂,最重要最现实的是孙权的战略重点必须如此定位:媾和魏国,专力对蜀。当时,许多事情都是围绕着这个重点进行的。

面对孙权称臣,曹魏朝廷出现了两种不同的意见。《三国志·刘晔传》记载,曹丕下诏令群臣讨论一下刘备会不会出兵为关羽报仇? 大多数人认为:"蜀,小国耳,名将唯羽。羽死军破,国内忧惧,无缘复出。"侍中刘晔则认为,刘备必定出兵报仇:"蜀虽狭弱,而备之谋欲以威武自强,势必用众以示其有余。且关羽与备,义为君臣,恩犹父子,羽死不能为兴军报敌,于终始之分不足。"及至刘备出兵击吴,"吴悉国应之,而遣使称藩",魏国"朝臣皆贺"。据说,只有刘晔大唱反调。刘晔讲了很长一段话,要点略为:第一,揭开了孙权"求降"的实质:"权无故求降,必内有急。权前袭杀关羽,取荆州四郡,备怒,必大兴师伐之。外有强寇,众心不安,又恐中国(按:魏居中原,因称中国)承其衅而伐之,故委地求降,一以却中国之兵,二则假中国之援,以强其众而疑敌人。权善用兵,见策知变,其计必出于此。"第二,应该乘机亡吴:"今天下三分,中国十有其八,吴蜀各保一州,阻山依水,有急相救,此小国之利也。今还自相攻,天亡之也。宜大兴师,径渡江袭其内。蜀攻其外,我袭其内,吴之亡不出旬月矣。吴亡则蜀孤。若割吴半,蜀固不能久存,况蜀得其外,我得其内乎!"[1]

我在《曹操评传》一书所附《曹丕评传》中曾指出,曹丕对于自己的军事才能很自负,但算不上是军事家,更不是军事战略家,他的诸多军事行动,大都没有建树。所以,他看不到长远,只看到共

---

[1] 《三国志·魏书·刘晔传》注引《傅子》。

同制蜀一点,失去了一次极好的伐吴机会。曹丕认为:"人称臣降而伐之,疑天下欲来者心,必以为惧,其殆不可! 孤何不且受吴降,而袭蜀之后乎?"刘晔针对曹丕之问,当即回答:"蜀远吴近,又闻中国伐之,便还军,不能止也。今备已怒,故兴兵击吴,闻我伐吴,知吴必亡,必喜而进与我争割吴地,必不改计抑怒救吴,必然之势也。"曹丕不仅不听,而且决定封孙权为吴王。刘晔急忙阻止:"不可。"随即陈述了三点理由,第一,王位太崇。指出:"不得已受其降,可进其将军号,封十万户侯,不可即以为王也。夫王位,去天子一阶耳,其礼秩服御相乱也。"第二,为虎添翼。指出:"我信其伪降,就封殖之,崇其位号,定其君臣,是为虎傅翼也。"第三,增加了将来对吴用兵的困难。指出,孙权"既受王位,却蜀兵之后,外尽礼事中国,使其国内皆闻之,内为无礼以怒陛下。陛下赫然发怒,兴兵讨之",孙权即可告知其民说"我委身事中国,不爱珍货重宝,随时贡献,不敢失臣礼也,(魏)无故伐我,必欲残我国家,俘我民人子女以为童隶仆妾",如此吴民"信其言而感怒,上下同心,战加十倍矣"。曹丕依然不听。

黄初二年八月丁巳,魏文帝曹丕正式策命孙权为吴王。十一月,遣太常邢贞将策书送达于吴。策书写得很长很隆重。先讲套话,表明自己继承"圣王之法",以"君临万国"之尊,"秉统天机",进行封赏。然后,赞扬孙权"天资忠亮"、"深睹历数,达见废兴"、"忠肃内发,款诚外昭,信著金石,义盖山河"。

最后讲述赐封的实质内容:

今封君为吴王,使使持节太常高平侯(邢)贞,授君玺绶策书、金虎符第一至第五、左竹使符第一至第十,以大将军使持节督交州,领荆州牧事,锡君青土(锡,通赐;青土,指东方土地),苴(jū,包裹)以白茅,对扬朕命,以尹东夏。其上故骠骑将军南昌侯印绶符策。今又加君九锡，其敬听后命。以君绥安东南，纲纪江外，民夷安业，无或携贰。是用锡君大辂、戎辂各一，玄牡二驷。君务财劝农，仓库盈积，是用锡君衮冕之服，赤舄副焉。君化民以德，礼教兴行，是用锡君轩县之乐。君宜导休风，怀柔百越，是用锡君朱户以居。君运其才谋，官方任贤，是用锡君纳陛以登。君忠勇并奋，清除奸慝，是用锡君虎贲之士百人。君振威陵迈，宣力荆南，枭灭凶丑，罪人斯得，是用锡君铁钺各一。君文和于内，武信于外，是用锡君彤弓一、彤矢百、玈弓十、玈矢千。君以忠肃为基，恭俭为德，是用锡君秬鬯一卣，圭瓒副焉。钦哉！敬敷训典，以服朕命，以勖相我国家，永终尔显烈。

这是曹丕第一次，也是惟一的一次显示天子威风的重封异姓王的行动，所以显得特别自豪和大方。次年，所封曹彰、曹植等诸兄弟之同姓王，统统等而下之，不可同日而语。

应该特别指出的是，这份策书除了封王、加九锡，最为现实的是以下三点：第一，由骠骑将军升为大将军。东汉以来，"大将军，位丞相上"。① 第二，假节变为持节。节是天子授予的权力凭证，持节就是持有天子给予的这种凭证，假节是假持节，就是凭节行使权力，带有某种临时性质。第三，增大封疆，不仅领荆州牧事，而且得到督领交州的许可。

对于是否接受魏封，孙权君臣多有不甘者。史载，"权群臣议，(群臣)以为宜称上将军九州伯，不应受魏封。"孙权不同意大家的意见，首先指出："九州伯，于古未闻也。"然后道出受封实质："昔沛公(刘邦)亦受项羽拜为汉王，此盖时宜耳，复何损邪？""时

---

① 《汉官仪》。

宜耳"三字,生动地刻画出他的深谋远虑和受封时的实用主义心情。主动称藩和接受封王,统统是谋取更大事业的权宜之计。①后来,孙权做皇帝以前,曾把接受封王的战略考虑告诉大臣们:"往年孤以玄德(刘备)方向西鄙,故先命陆逊选众以待之。闻北(指魏)部分,欲以助孤,孤内嫌其有挟,若不受其拜,是相折辱而趣其速发,便当与西(指蜀)俱至,二处受敌,于孤为剧,故自抑按,就其封王。低屈之趣,诸君似未之尽,今故以此相解耳。"②短短数语,一个善谋大略的政治家形象,被他自己生动地刻画出来了。

历史还记载了一些相关故事,说明孙权君臣"诚心不款"和不愿把吴置于藩属地位的态度。《三国志·张昭传》载:"魏黄初二年,遣使者邢贞拜权为吴王。贞入门,不下车。昭谓贞曰:'夫礼无不敬,故法无不行。而君敢自尊大,岂以江南寡弱,无方寸之刃故乎!'贞即遽下车。"《徐盛传》说:"权为魏称藩,魏使邢贞拜权吴王。权出都亭候贞,贞有骄色,张昭既怒,而盛忿愤,顾谓同列曰:'盛等不能奋身出命,为国家并许、洛,吞巴、蜀,而令吾君与贞盟,不亦辱乎!'因涕泣横流。"邢贞听此话,不由感叹地对属下们说:"江东将相如此,非久下人者也。"

遣使谢封,再献方物

孙权接受封王后,即擢拔"博闻多识,应对辩捷"的知识分子、南阳人赵咨为中大夫,使魏,谢封。赵咨不辱使命,在曹丕面前把孙权和吴国上下人等大大吹嘘了一番。

曹丕问:"吴王何等主也?"赵咨回答说:"聪、明、仁、智、雄、略

① 《三国志·吴书·吴主传》注引《江表传》。
② 《三国志·吴书·吴主传》注引《江表传》。

之主也。"曹丕问何以见得,赵咨说:"纳鲁肃于凡品,是其聪也;拔吕蒙于行陈,是其明也;获于禁而不害,是其仁也;取荆州而兵不血刃,是其智也;据三州虎视于天下,是其雄也;屈身于陛下,是其略也。"①曹丕很欣赏赵咨的回答。

在曹丕眼里,孙权乃一武夫,因而颇带不屑的神情又问:"吴王颇知学乎?"赵咨非常巧妙地回答:"吴王浮江万艘,带甲百万,任贤使能,志存经略,虽有余闲,博览书传历史,藉采奇异,不效诸生寻章摘句而已。"元人胡三省注《资治通鉴》时指出了这几句话的内涵本质:魏文帝"好文章,故赵咨以此言讥之。"

曹丕又问:"吴可征不?"赵咨借用《管子》之语,坦然回答:"大国有征伐之兵,小国有备御之固。"

曹丕又问:"吴难魏不?"(按:意思是说吴是不是怕同魏为敌?)赵咨曰:"(吴)带甲百万,江汉为池,何难之有?"

赵咨的机警、谈吐颇使曹丕惊异,曹丕因问:"吴如大夫者几人?"赵咨虚张声势地说:"聪明特达者八九十人,如臣之比,车载斗量,不可胜数。"

嗣后,赵咨"频载(多年次)使北,[魏]人敬异"。赵咨为吴争了光,孙权"闻而嘉之",升了他的官,"拜骑都尉"。

赵咨频使魏国,通过观察,知道魏吴之盟不可长久,因而对孙权说:"观北方终不能守盟,今日之计,朝廷承汉四百之余,应东南之运,宜改年号,正服色,以应天顺民。"无疑,此说对于孙权早在酝酿之中的称帝活动起到了一定的促进作用。②

由此可以看出,北方魏国固然"终不能守盟",南方孙吴又何

---

①　《三国志·吴书·吴主传》。
②　以上参阅《三国志·吴书·吴主传》,并注韦曜《吴书》。

尝不是呢？双方都很明白，临时结盟只能是一种相互利用的关系。

曹丕继承了曹操常令地方藩镇送子为质的政策，为了制约孙权，是年十二月，便想用封孙权儿子孙登为万户侯的办法，令孙登入京受封，从而将其作为人质控制起来。孙权自然明白，即以四招应对：第一，以孙登"年幼，上书辞封"；第二，即立孙登为王太子，从而表明不便送出为质；第三，再次遣使"陈谢"；第四，再"献方物"。

前两项，详见本书第十一章。后两项，历史也有比较详细的记载。《三国志·吴主传》说，孙权"重遣西曹掾沈珩陈谢"。沈珩同赵咨一样，不辱使命。韦曜《吴书》记载，沈珩"少综经艺，尤善《春秋》内外传。权以珩有智谋，能专对，乃使至魏。"是年十二月，曹丕刚刚"东巡"，因而见到沈珩便问："吴嫌（按：意为不满）魏东向乎？"珩答："不嫌。"问："为什么？"沈珩以诚信守盟相答："信恃旧盟，言归于好，是以不嫌。"曹丕又问："听说太子会来受封，有这回事吗？"沈珩不作正面回答，婉转推说不知此事："臣在东朝，朝不坐，宴不与，若此之议，无所闻也。"据说，曹丕"引珩自近，谈语终日。珩随时响应，无所屈服"。

沈珩回吴复命时，同赵咨一样着重申述了联盟不可久恃的问题，并献强国之策。他对孙权说："臣密参（按：密参，指秘密考察）侍中刘晔，数为贼设奸计，终不久悫（音 què，诚实）。"因而提醒孙权："臣闻兵家旧论，不恃敌之不我犯，恃我之不可犯"。并献议四则，一曰"省息他役，惟务农桑以广军资"；二曰"修缮舟车，增作战具，令皆兼盈"；三曰"抚养兵民，使各得其所"；四曰"揽延英俊，奖励将士"。沈珩认为，只要这四条做到了，"则天下可图矣"。沈珩所论，虽属儒、法、兵家"教条"，但必定有所针对，因而对于孙权内图强盛，外谋周旋，自然会发生一定影响。沈珩"以奉使有称"，被封永安乡侯,后来官至吴国少府。

再献方物事,《三国志·吴主传》和注引《江表传》记载不同。《吴主传》的记载是,"遣使陈谢"和"献方物"都是孙权同时付诸实施的主动行动。《江表传》的记载则认为是曹丕"遣使索求"而孙权不得不"与之"。抑或是两回事,先有孙权主动奉献,继而又有曹丕的"点名"索求"珍玩之物"。看来,无需细究。《江表传》是这样记载的:"是岁魏文帝遣使求雀头香、大贝、明珠、象牙、犀角、玳瑁、孔雀、翡翠、斗鸭、长鸣鸡。"对此,群臣都很恼火。大家说:"荆扬二州,贡有常典,魏所求珍玩之物非礼也,宜勿与。"孙权很冷静地向大家剖析孰轻孰重的问题,说:"昔惠施尊齐为王,客难之曰:'公之学去尊,今王齐,何其倒也?'惠子曰:'有人于此,欲击其爱子之头,而石可以代之,子头所重而石所轻也,以轻代重,何为不可乎?'方有事于西北(按:指抵抗刘备),江表元元,恃主为命,非我爱子邪?彼所求者,于我瓦石耳,孤何惜焉?彼在谅闇之中,而所求若此,宁可与言礼哉!"孙权一番以"瓦石"代儿子"脑袋"(不送质)的道理,说服了大家。因此,照单奉献,"皆具以与之"。表现出一个善度轻重缓急的军事战略家的胸怀。

第九章　夷陵——猇亭之战

对于夷陵—猇亭之战，笔者曾在《刘备传》一书中做过较为详细的论述。战争主体相同，因此本章内容亦大体相略。

夷陵（亦作彝陵）—猇亭之战（简称夷陵之战或猇亭之战）是同官渡、赤壁两大战役齐名的重大战役。战争的结局都是以主动发起战争者的失败而告终。

一、战前的战略调整

关羽败死麦城后，蜀、吴都在为一场不可避免的复仇与反复仇的战争积极准备。魏国也因此而调整着自己的战略。

曹操亟望通过战争削弱蜀、吴的力量，因而鼓励战争的爆发，特表孙权为骠骑将军，假节，领荆州牧。曹丕继位后，利用两敌相持的时机，加速并实现了称帝的活动，拓展、巩固了西北边防，遏制刘备北向凉州地区的发展，同时不在魏、吴边境示兵，封孙权为吴王，鼓励孙权备战抗蜀。

孙权的一切内政、外交措施以及军事部署都围绕着应对未来的战争而大动脑筋。

"卑辞奉章"，谋求北方边境的暂时稳定

建安二十四年以后，孙权为了专力对付关羽和刘备，不惜"卑

辞奉章",北结曹魏。这是具有重大远见的政治和军事谋略。用今天的话说,他在外交上取得了重大收获。不仅获得封王,而且获得了北方边境的相对暂时稳定,得以专力向西。具体内容前面大多已经述及,不再重复。仅列一个时间表如下,便可看出夷陵战前孙权的心态和谋略调整重点。

(1)建安二十四年(公元219年)七月,关羽攻曹将曹仁于樊;八月,曹将于禁以及荆州刺史胡修、南乡太守傅方等投降关羽;十月,许以南,乱民"遥应关羽,羽威震华夏"。曹操感到威胁,"议徙许都以避其锐",并且遣人劝孙权出兵抄关羽的后路,事成之后,"许割江南以封权"。

(2)关羽北上、东向,得志猖狂,孙权深感关羽对吴已经构成了威胁。"关羽得志,权不愿也"。吕蒙献策,与其北拒曹操取徐州,"不如取关羽,全据长江,形势益张,易为守也"。孙权同意吕蒙的主张,因即响应曹操的出兵之约,开始部署对关羽的战争。十月,孙权正式做出重大决策,由联刘抗曹转变为联曹制刘,上书曹操,"请以讨羽自效"。

(3)十一月,孙权乘关羽被曹操打败之机,以左护军、虎威将军吕蒙兵出寻阳,直捣关羽老巢江陵;以右护军、镇西将军陆逊取宜都,屯夷陵,守西陵峡口,断关羽西窜之路。

(4)十二月,关羽"自知孤穷,西保麦城",孙权伏兵获关羽及其子关平于章乡,斩之,遂定荆州。孙权虽然获得胜利,但又感到了问题的严重,于是将关羽的首级送给曹操,以诸侯礼葬其尸骸。

(5)夺得荆州以后,孙权即以被刘备软禁在南郡公安的刘璋继为益州牧,驻秭归,以示对刘备自领益州牧的不承认。

(6)同月,孙权向曹操上书称臣,"称说天命",劝曹操做皇帝。曹操以汉朝廷的名义封孙权为骠骑将军,假节,领荆州牧,南昌侯。

曹孙两家的政治交易暂趋完成。

（7）建安二十五年（延康元年，黄初元年，公元220年）一至七月，曹丕继为魏王，掌汉政。孙权遣校尉梁寓入贡；派人入魏"市马"；遣返前时（建安十九年闰四月）所获魏庐江太守朱光；再次"遣使奉献"。

（8）黄初元年十月，曹丕称帝。对于曹丕废汉献帝自立为魏帝的这样大事，西蜀反应强烈，大骂曹丕"载其凶逆，窃据神器"，而孙吴不作片言的公开反映。

（9）黄初二年（蜀汉章武元年，公元221年）四月，刘备自称蜀汉皇帝，自谓修汉社稷，"嗣武二祖（刘邦、刘秀），龚行天罚"，以汉家正统自居。孙权坦然处之，不作祝贺，也不公开谴责。

（10）八月，孙权遣使向曹丕称臣，并礼送前被关羽所获而后归吴的于禁回魏。在魏、（蜀）汉两个皇帝之间，选择了曹魏，把政治砝码放到了曹丕一边。

（11）十一月，孙权坦然地接受曹丕所给的吴王封号。

（12）同月，孙权受封之后，立即派人"入谢"，并且再献方物。他用简单的话语表达了他对曹丕求索方物的战略考虑："方有事于西北，江表元元，恃主为命……彼所求者，于我瓦石耳，孤何惜焉？"

（13）十二月，曹丕欲封孙权子孙登为万户侯，试图引以为质，孙权则即立登为太子，"以登年幼，上书辞封"。这是惟一没有按照曹魏要求办的事，因此被魏认为，孙权外托事魏，而"诚心不款"。①

---

① 以上参阅《三国志·魏书·武帝纪》、《文帝纪》和《三国志·吴书·吴主传》、《吕蒙传》，《三国志·蜀书·刘璋传》等。

实践证明,孙权的决策,总的来看,是非常正确的,即以卑下之态,在一段不长的时间里有效地稳住了曹丕,从而得以专力对付刘备。

向蜀请和,做好战和两手准备

吴蜀战争势所难免,而且战争的前景堪忧。因此,孙权曾经试图和平解决,向蜀请和。

孙刘之间每有纠葛,孙权往往利用诸葛兄弟的特殊关系,让诸葛瑾出面交涉。史载,诸葛亮的兄长诸葛瑾"从讨关羽"有功,被孙权封为宣城侯,领南郡太守,住公安,直接与蜀军相拒。黄初二年(蜀章武元年)四月,刘备称帝于蜀,七月便即发兵东向。战争之箭已在弦上,孙权做了最后的和平努力,向刘备求和,授意诸葛瑾给刘备写信说:

> 奄闻旗鼓(按:指刘备)来至白帝,或恐议臣以吴王侵取此州(按:指荆州),危害关羽,怨深祸大,不宜答和,此用心于小,未留意于大者也。试为陛下论其轻重,及其大小。陛下若抑威损忿,暂省瑾言者,计可立决,不复咨之于群后也。陛下以关羽之亲何如先帝? 荆州大小孰与海内? 俱应仇疾,谁当先后? 若审此数,易于反掌。[①]

此信内容,除了求和本意外,有两点特别应该注意:第一,称刘备为"陛下"。这等于是正式宣布,承认刘备自称汉皇帝的合法性(按:实际也是为孙权自立皇帝伏笔);第二,所谓"以关羽之亲何如先帝? 荆州大小孰与海内? 俱应仇疾,谁当先后?"云云,实际是要刘备明白,曹魏才是吴蜀首先应该共同对付的敌人。这充分

---

① 《三国志·吴书·诸葛瑾传》。

表露了孙权首鼠两端的态度。这种话,当时自然不能由孙权直接、公开地表述出来。

孙权的良苦用心,诸葛瑾的说教,不能说动刘备。对于诸葛瑾的这封信,历史评论家有两种意见。南朝宋人裴松之认为,在刘备的眼里,时之孙权,"潜包祸心,助魏除害,是为羁宗子勤王之师(按:指杀关羽,夺荆州),纡曹公移都之计(按:意谓帮助曹氏父子篡汉得逞)","义旗所指,宜共在孙氏矣"。况且自己与关羽,"有若四体,股肱横亏,愤痛已深,岂此奢阔之书所能回驻哉?"因此,完全是一篇废话,"载之于篇,实为辞章之费"。① 元人胡三省则认为,"诸葛瑾之言,天下之公也,使汉主因此与吴解仇继好,魏氏其旰食乎(按:旰食,晚食。此谓寝食不安,不能按时吃饭)!"②

刘备的大兵已达白帝,孙权此举实属知不可为而为之。说准确点,只不过是一种姿态而已。当时,他的军事部署已经到位了。

二、战前的军事备战和战争过程

蜀是战争的发动者,但相对来说,刘备忙于称帝,很少战略的考虑。对魏,他固然难谋进取,但也不思暂时缓和的策略,反使其得机平定了西北地方叛乱,从而构成了北面的后顾之忧;用人失误,孟达被迫降魏,丢失了东出的战略要地房陵、上庸、西城三郡;借称帝之机,大骂曹魏,将其置于"篡盗"的位置上,进一步构恶双方的关系。因此,刘备面临着两面备兵的军事局面。从战略上说,刘备即已先输一着。从战术上说,刘备虽为主攻一方,但并未充分

① 《三国志·吴书·诸葛瑾传》裴注。
② 《资治通鉴》卷69,魏文帝黄初二年,胡三省注。

准备,从开始之时起,便即伏下了必败的因素。

吴国君臣在战争问题上的认识比较一致,因而能够上下同心,协力备战。

移都武昌,以利督战

孙吴本都建业(今南京),征战关羽期间,孙权亲临前阵至公安;此时又自公安徙都鄂(今湖北武昌)。史载,黄初二年四月,"刘备称帝于蜀,权自公安都鄂,改名武昌"。并即下达两项措施加强武昌的地位,先是宣布"以武昌、下雉(治今湖北阳新东南)、寻阳(治今湖北黄梅西南)、阳新(湖北今县)、柴桑(治今江西九江西南)、沙羡(在今湖北武汉市境)六县为武昌郡",扩大武昌的直接统辖地区;继而,八月"城武昌",修筑武昌城防,作长期抵抗蜀汉的准备。诚如胡三省注《资治通鉴》所说,"既城石头,又城武昌,此吴人保江之根本也。"

同时,孙权命令诸将提高警惕,加强武备。他在命令中告诫说:

> 夫存不忘亡,安必虑危,古之善教。昔隽不疑汉之名臣,于安平之世刀剑不离于身,盖君子之于武备,不可以已。况今处身疆畔,豺狼交接,而可轻忽不思变难哉?项闻诸将出入,各尚谦约,不从人兵,甚非备虑爱身之谓。夫保己遗名,以安君亲,孰与危辱?宜深警戒,务崇其大,副孤意焉。[1]

孙权把指挥部自公安东撤至鄂,有两大意义,一是后撤可避蜀军之锋;二是武昌形势险要,都武昌而不返建业,不仅便于督战和临事决议,而且必给三军全力抗蜀以重大鼓舞。

---

[1] 《三国志·吴书·吴主传》。

232

孙权"宜深警戒,务崇其大"的告诫令,强调了"存不忘亡,安必虑危"的古训和形势的严峻,让上下人等都把准备战争的这根弦绷紧起来。

重地部兵

《三国志·陆逊传》载,"刘备率大众来向西界,权命逊为大都督,假节,督朱然、潘璋、宋谦、韩当、徐盛、鲜于丹、孙桓等五万人拒之。"

具体部署是:

大都督、右护军镇西将军陆逊驻守夷陵(今湖北宜昌东南),以为本营;

第一道防线,振威将军、固陵太守潘璋守秭归,将军李异、郎将刘阿等守巫山(今重庆巫山)、巴山(今四川巴东东北)、兴山(今湖北兴山南)等地;

第二道防线,安东中郎将孙桓守夷道(今湖北枝城西北),将军宋谦屯枝江(今湖北枝江东北),建武将军、庐江太守徐盛屯当阳;

第三道防线,昭武将军朱然与偏将军领永昌太守韩当共守江陵,绥德将军领南郡太守诸葛瑾则屯守南岸公安,兴业都尉周胤(周瑜次子)率兵千人助守,建忠中郎将骆统屯屠陵(今湖北公安南);

另以平戎将军步骘率交州义士万人出长沙守益阳,武陵郡都尉鲜于丹守武陵,遥相策应;

同时,将本屯柴桑的平南将军吕范改拜为建威将军,封宛陵侯,领丹阳太守,治建业,镇守大本营;调濡须督、平虏将军周泰为汉中太守,拜奋威将军,封陵阳侯,固防西北,以防蜀军另路来犯;

以裨将军朱桓代周泰为濡须督、安东将军贺齐"出镇江上"和相对较弱的力量，备边防魏于东线，以防不测。

其余诸将，如建忠中郎将骆统等大都随孙权驻守武昌，枕戈待命。[①]

无疑，这是一个立足于防御和后发制人、而且为实践所证明了的行之有效的军事战略部署，从而保证了吴兵处乱不惊，稳步后撤，最终消灭了来犯之敌。

主动后撤

刘备的称帝活动草草结束后，便于章武元年(魏黄初二年，公元 221 年)六月调动军队，七月正式率兵"东伐"。但相对来说，主攻一方的刘备并没有做好充分的准备。

首先，蜀汉内部对于这场复仇战争的认识上下很不统一。

谋臣诸葛亮态度暧昧，明知难以取胜，却怀有冒险之思，所以不予切谏，客观上支持了刘备的错误行动。

宿将赵云持反对态度。《三国志·赵云传》注引《云别传》说赵云力谏，"国贼是曹操，非孙权也，且先灭魏，则吴自服。操身虽毙，子丕篡盗，当因众心，早图关中，居河、渭上流以讨凶逆，关东义士必裹粮策马以迎王师。不应置魏，先与吴战。兵势一交，不得卒解也。"刘备不听，不让赵云随征，而将其留督江州。

从事祭酒秦宓试图阻兵，陈说天时不利，被抓进了监狱。《华阳国志·刘先主志》载："广汉秦宓上陈天时必无其利，先主怒，絷之于理(理，指狱官)。"

---

① 以上据《三国志》中吴国诸将本传；参考《中国历代战争史》第 4 册，译文出版社。

其次,刘备过高地估计了自己的力量。此前刘备不仅获得了据有巴蜀的全面胜利,而且在对魏战争中也取得了许多成功,如张飞大破魏将张郃于宕渠(今四川渠县);自率兵进屯阳平关,"南渡沔水,缘山稍前,营于定军山",破斩魏将夏侯渊;赵云设伏击魏兵,"魏兵惊骇,自相蹂践,堕汉水中死者甚多"。一时间,刘备的心气甚足,甚至对于一向很怕的曹操也不放在眼里了,竟说"曹操虽来,无能为也",结果如愿以偿,"操与备相守积月,魏军士多亡(逃走)",曹操被迫率领诸军返回长安,刘备遂有关中。如此诸多胜利,不仅使他敢于称王称帝,而且敢于指使关羽攻取襄樊,对魏吴同时用兵。关羽虽然失败被杀了,但他仍认为自己的兵力远超于吴,无须做更多的准备,也无须进行必要的整军练兵活动,从而也不严肃地考虑周密的布兵、进军规划。

第三,兵未动,张飞被部下杀死。史载,刘备将东征以复关羽之耻,命张飞率巴西兵万人,自阆中(今四川阆中)会江州(今重庆),"临发,其帐下将张达、范强杀飞,顺流而奔孙权"。张飞、关羽都是刘备的心腹猛将,但他们各有一个突出的优点和缺点,即"羽善待卒伍而骄于士大夫,飞爱敬君子而不恤小人"。刘备常常告诫张飞说:"卿刑杀既过差,又日鞭挝健儿,而令在左右,此取祸之道也。"但张飞始终不知觉悟。据说,刘备忽闻有人报告,"(张)飞营军都督有表",即知张飞出了事,惊叹说:"噫!飞死矣。"[①]当时,张飞为蜀汉车骑将军领司隶校尉,镇守巴西,是刘备的最高军事将领,亦当是伐吴的主将。无疑,张飞之死,不仅失去了一位人称"万人之敌"的将领、削弱了军事力量,而且也会极大地影响三军士气。

---

① 参见《三国志·蜀书·张飞传》、《华阳国志·刘先主传》。

张飞死了,赵云又不重用,战将魏延、马超防魏于北,可用之兵和善战之将便可想而知了。

章武元年七月,刘备自率兵四万余人,以将军吴班、冯习为左右领军,张南为前部,赵融、廖淳、傅肜各为别督,杜路、刘宁等各以所部随领军吴班及将军陈式等东征。尚书令刘巴,偏将军黄权,侍中马良,太常赖恭,光禄勋黄柱,少府王谋,大鸿胪何宗,太中大夫宗玮,从事祭酒程畿(继秦宓为从事祭酒),从事王甫、李朝等亦均随军出征。①

首战,刘备自江州至白帝(今重庆奉节东),指挥所设在白帝,督令将军吴班、冯习攻吴将李异、刘阿所守巫及兴山,进而向秭归进发。《三国志·先主传》说:"将军吴班、冯习自巫攻破异等,军次秭归(次,到达,驻留)。"形势对刘备来说,不可谓不好。

实际上,吴之诸将并没有积极抵抗,而是按照既定方略,既然不能缨其锋,两兵相接,即主动后撤,引敌深入。

吴黄武元年(蜀章武二年,魏黄初三年,公元222年)正月,刘备进驻秭归,继而大进。偏将军黄权深恐长驱有失,试图劝刘备稳扎稳打,因谏刘备说:"吴人悍战,又水军顺流,进易退难,臣请为先驱以尝寇(试探敌人),陛下宜为后镇。"刘备不仅不听黄权的意见,而且以为黄权阻军,即"以权为镇北将军,督江北军以防魏师",而"自在江南"。② 刘备命令吴班、陈式水军攻夷陵。"将军吴班、陈式水军屯夷陵,夹江东西岸",控制了长江两岸和水道。并且"自佷山(今湖北长阳西。佷,音恒)通武陵,遣侍中马良安慰五溪蛮夷",赐以金锦,授以官爵,因而五溪蛮夷"咸相率响应",从

<hr>

① 参阅《三国志·蜀书·先主传》、《华阳国志·刘先主传》;《中国历代战争史》(四),军事译文出版社1983年版,第192页。

② 《三国志·蜀书·黄权传》。

而增强了力量。

二月，刘备自秭归渡江东进，"率诸将进军，缘山截岭，于夷道猇亭驻营"，而以"镇北将军黄权督江北诸军，相拒于夷陵道"。① 双方展开了战略与战术的角逐。

五月，刘备已从巫峡、建平（吴分宜都郡置建平郡，治今重庆巫山）连营至夷陵界，立数十屯，绵延七百里。陆逊大步后撤，坚守不战。刘备"先遣吴班将数千人于平地立营，欲以挑战"；陆逊的将领们见吴班兵少，"皆欲击之"，陆逊以为不可，对大家说："此必有谲，且观之。"并向大家阐述不战则已，战则必胜的重要性："备举军东下，锐气始盛，且乘高守险，难可卒攻，攻之纵下，犹难尽克，若有不利，损我大势，非小故也。今但且奖厉将士，广施方略，以观其变。若此间是平原旷野，当恐有颠沛交驰之忧，今缘山行军，势不得展，自当罢（罢，通疲）于木石之间，徐制其弊耳。"大家还是不理解，以为陆逊怯懦畏敌，"各怀愤恨"。刘备的诱敌之计不能得逞，遂将埋伏在山谷中的八千伏兵调出。陆逊借此因对诸将说："所以不听诸君击班者，揣之必有巧故也。"②诸将始服。

刘备在攻夺猇亭的同时，另以将军张南为先锋，自秭归南岸长驱东南，将孙权的族侄、安东中郎将孙桓所部万余人包围在夷道。试图引陆逊出战。孙桓求救于陆逊。陆逊说："未可。"诸将说："孙安东公族，见围已困，奈何不救？"陆逊回答说："安东得士众心，城牢粮足，无可忧也。待吾计展，欲不救安东，安东自解。"据说后来陆逊得计，刘备大溃，孙桓见到陆逊说："前实怨不见救，定至今日，乃知调度自有方耳。"③

---

① 《三国志·蜀书·先主传》。
② 《三国志·吴书·陆逊传》。
③ 《三国志·吴书·陆逊传》。

吴兵与刘备的主力部队,自正月至六月相拒于夷陵、猇亭间,数月不决。吴军,以逸待劳,养精蓄锐,枕戈待发;蜀兵,帅老兵疲,士气低落,懈于再战。一种新的战争对比形势正在起变化。

重拳出击

《三国志·吴主传》载:"蜀军分据险地,前后五十余营,(陆)逊随轻重以兵应拒"。

陆逊先以轻兵试敌,派部将宋谦等攻刘备五屯,"皆破之,斩其将"。陆逊逐步认清了刘备的弱点,一个完整的破敌计划渐趋完成。因而给孙权上疏,剖析敌我形势说:"夷陵要害,国之关限,虽为易得,亦复易失。失之非徒损一郡之地,荆州可忧。今日争之,当令必谐。备干天常,不守窟穴而敢自送。臣虽不材,凭奉威灵,以顺讨逆,破坏在近。寻备前后行军,多败少成。推此论之,不足为戚。臣初嫌之水陆俱进,今反舍船就步,处处结营,察其布置,必无他变。伏愿至尊高枕,不以为念也。"陆逊所言,要在三不:一为夷陵不可失,失之荆州难保;二为刘备不可怕,因为他既违天时地利之宜,又乏用兵之能。的确是这样,刘备一生置身军旅,名气也不小,但打胜仗的时候很少,临战败走的时候很多。现在又舍船就步,处处结营,而且所置营寨,缺乏应战之变,破之不难。三为安定孙权,让他高枕无忧,"不以为念"。

闰六月,陆逊决定反攻。诸将感到困惑,表示疑义,齐声说:"攻备当在初,今乃令入五六百里,相衔持经七八月,其诸要害皆以固守,击之必无利矣。"陆逊对大家说:"备是猾虏,更尝事多,其军始集,思虑精专,未可干也。今住已久,不得我便,兵疲意沮,计不复生,掎角此寇,正在今日。"陆逊先令部队攻刘备一营,试其兵力虚实,观其营寨设施,结果"不利"。诸将皆表示不满说:"空杀兵耳。"(意谓白白让士兵送死)但陆逊却从战斗中得到了有益的启发,因而高兴地对大家说:"吾已晓破之之术。"于是命令士兵"各持一把茅,以火攻拔之。"结果获得大胜。

历史记载,吴振威将军潘璋与陆逊并力拒刘备,"部下斩备护军冯习等,所杀伤甚众";

昭武将军朱然,先督五千人与陆逊并力拒备于宜都,继而别攻,"破备前锋,断其后道,备遂破走";

偏将军韩当,配合陆逊、朱然,"共攻蜀军于涿乡(今湖北枝城西北),大破之";

安东中郎将孙桓,年仅二十五岁,"与陆逊共据刘备。备军众甚盛,弥山盈谷,桓投刀奋命,与逊戮力,备遂败走";

建武将军徐盛"攻取诸屯,所向有功";

绥南将军诸葛瑾、建忠郎将骆统、兴业都尉周胤亦皆率其所部自公安、屠陵(今湖北公安南)进击猇亭。

吴军主力在陆逊的号令下,齐集猇亭,大战刘备,"一尔势成,通率诸军同时俱攻,斩张南、冯习及胡王沙摩柯等首,破其四十余营",刘备之将军杜路、刘宁等穷途末路投降了东吴。[①]

刘备猇亭大败,退守马鞍山(今湖北宜昌西北。一说在宜都西、长阳南),"陈兵自绕"(意为周围布兵设防)。陆逊紧逼山下,将其团团围住。《三国志·陆逊传》载,"逊督促诸军四面蹙之,(刘备)土崩瓦解,死者万数"。刘备自知难于在马鞍山立足,即趁夜黑率轻骑突围,向西北方向遁逃。士兵溃散,幸得"驿人自担烧铙铠断后",有效地阻滞了吴军的前进的步伐,刘备才得脱身,回

---

① 以上参见《三国志·吴书·陆逊传》、《潘璋传》、《朱然传》、《孙桓传》、《诸葛瑾传》等。

到白帝城。① 刘备当时大概只有部分近卫跟随,败状之惨,史谓:"其舟船器械,水步军资,一时略尽,尸骸漂流,塞江而下"。②

刘备败得如此惨重,大为惭恚,不禁长吁:"吾乃为逊所折辱,岂非天邪!"

另,《三国志·孙桓传》载,孙桓率部,奋力直追,竟绕过刘备,断其归路,"斩(断)上夔道(指长江三峡,秭归、巴东、奉节一线),截其径要"。要塞被吴占有,近路为吴所截,刘备只有带着很少的人"逾山越险",狼狈之状可见。因此他又不禁忿恚而说:"吾昔初至京城(今江苏镇江),桓尚小儿(孙桓战刘备时年龄仅25岁),而今迫孤乃至此也!"

据载,蜀军在败退过程中,将军傅肜、从事祭酒程畿都表现了英勇的精神。傅肜殿后,"兵众尽死,肜气益烈。吴人谕之使降,肜骂曰:'吴狗,安有汉将军而降者!'遂死之。"程畿溯江而退,吴兵即将追及,"众曰:'后追将至,宜解舫轻行。'畿曰:'吾在军,未习为敌之走也。'亦死之。"③

刘备败退,黄权军在江北,道路隔绝,不得西还,不得已率其所部投降于魏。侍中马良所督五溪蛮众亦为吴将军步骘所败,马良战死。

适时而止

《三国志·先主传》说,刘备"自猇亭还秭归,收合离散兵,遂

① 胡三省注《资治通鉴》卷69说:"汉主初连兵入夷陵界,沿路置驿,以达于白帝。及兵败,诸军溃散,惟驿人自担所弃铙铠,烧之于隘以断后,仅得脱也。"《水经注》说:"烧铠断道处,地名石门,在秭归县西。"杜佑《通典》说:"归州巴东县有石门山,刘备断道处。"

② 《三国志·吴书·陆逊传》。

③ 《资治通鉴》卷69,魏文帝黄初三年。傅肜,《华阳国志·刘先主志》作傅彤。

弃船舫,由步道还鱼复,改鱼复县曰永安"。永安,治所在白帝城。吴遣将军李异、刘阿等紧追其后,进屯白帝南面的南山。

刘备急召留督江州的赵云。赵云勒兵到达永安,遏住颓势,使永安周围的军事态势发生了变化。刘备由绝对的军事劣势变为可以重新组织新的进攻;孙权则因深入过急,而后需难继。一种新的局部地区的军事平衡,又在特定条件下形成了。

正是在上述情况下,而且更重要的是曹魏伐吴的征兆已经表现出来,因此孙权又作出了富有重大意义的战略调整。

《陆逊传》载,"备既住白帝,徐盛、潘璋、宋谦等各竞表言备必可禽,乞复攻之。"就当时的情况看,诸将联合,遽取白帝而擒刘备不是没有可能。但孙权明白,如果这样,大军必然胶着与西,而无力对抗曹魏来犯。这是非常危险的。因此,孙权征求陆逊等人的意见,"逊与朱然、骆统以为曹丕大合士众,外托助国(指吴)讨备,内实有奸心,谨决计辄还。"

孙权、陆逊决策既定,即命刘阿等自南山撤兵,驻守巫县(今重庆巫山)。

秋八月,刘备"收兵还巫"。蜀吴相拒于巫。自巫而东,荆州全境,蜀汉不复再有。

三、吴胜蜀败的必然性分析

刘备失败,自谓:"吾之败,天也。"[1]这是不愿从自我检讨的角度去总结战争。很清楚,两家胜败既有客观的因素,也有主观的因素,而其主观方面又当是最为主要的。

---

[1] 《华阳国志·刘先主志》。

241

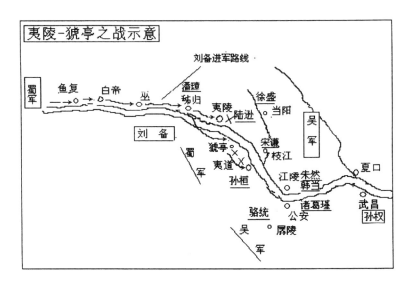

夷陵-猇亭之战示意

刘备进军路线

蜀军　鱼复　白帝　坐　潘璋
　　　　　　　　　秭归　夷陵　陆逊　徐盛　当阳　吴军
　　　　　　刘备　　　　　　　宋谦　枝江
　　　　　蜀军　猇亭　　　江陵　朱然　夏口
　　　　　　夷道　　　　孙桓　　　　韩当
　　　　　　　孙桓　　　　　　诸葛瑾　武昌
　　　　　骆统　公安　　　　　孙权
　　　　　吴军　屏陵

战争的结局,证明了孙权的用兵之得。

第一,战备充分。孙权击杀关羽以后,深知刘备必然发兵复仇,虽然试图谋和,但不抱幻想,因此在战备上做了充分的准备,已如前述,不赘。

第二,战略正确。一是避免两面作战,同魏修暂时之好,得以集中兵力对付刘备。非如此,他不能,也不敢将其主力部队和诸多重要将领置于夷陵前线。也正为此,刘备兵有后顾,既要置兵汉中,又要防魏侧击,兵力本来不多,竟然又需遣黄权率八千兵防魏,大大分散了兵力,削弱了战斗力。二是先取战略防御,不惜大步后撤,迫使刘备拉长战线、分散兵力,从而使战斗力量的对比不断向有利于自己的方面发展,时机成熟,一举歼敌。正如毛泽东在《中国革命战争的战略问题》中所指出的:"楚汉成皋之战、新汉昆阳之战、袁曹官渡之战、吴魏赤壁之战、吴蜀彝陵之战、秦晋淝水之战等等有名的大战,都是双方强弱不同,弱者先让一步,后发制人,因而战胜的。"①

第三,选帅得人。孙权重用陆逊,足见其很有知人善任之明。当时,历有战功,且职爵或年资高于陆逊的宿将如朱然、吕范、韩当、凌统、徐盛等俱在,但是不三年,却将相对年轻的陆逊由校尉遽拔为偏将军,抚边将军,右护军,镇西将军,封侯,进而临变受命为大都督,假节,督兵抗敌。升迁之快,世所少有。因而诸将多有不服者。实践证明,陆逊是当之无愧的帅才。一是打败关羽以后,他在不长的时间里有效地控制了新得荆州之地:他领宜都太守,迫使刘备的宜都太守樊友"委郡走",并致"诸城长吏及蛮夷君长皆降";他从孙权那里请得权力,可以代表孙权以金银铜印"假授初附",从而很快地变敌为友,稳定了地方秩序;他遣将军李异、谢旌等率三千人继破蜀将詹晏、陈凤,"又攻房陵太守邓辅、南乡太守郭睦,大破之",又破降已经归蜀为将的秭归大姓文布、邓凯等,"前后斩获招纳,凡数万计"。他连打胜仗,拓展了土地,获得了地方势力和"蛮夷"君长的支持,同时也得到了下级将吏的信任和爱戴。二是他熟悉兵法,甚通谋略,能屈能伸,善知制敌而不制于敌的策略。屈能卑辞而下之,麻痹敌人,蓄势待发,被人视为畏进怯敌;伸能统兵长驱,"一尔势成,通率诸军同时俱攻",前后不及两月,即全收失地,把刘备赶回到了东征的出发点上。三是他尤知御将之要,刚柔相济,最终能够把资深老将团结在自己周围,全力对敌。陆逊大步后退、坚守不出的方针,被部下诸将视为怯敌,纷纷表示不满。据载,"当御备时,诸将军或是孙策时旧将,或公室贵戚,各自矜恃,不相听从。逊案剑曰:'刘备天下知名,曹操所惮,今在境界,此强对也。诸君并荷国恩,当相辑睦,共剪此虏,上报所

① 《毛泽东选集》第1卷,人民出版社1991年版,第204页。

受,而不相顺,非所谓也。仆虽书生,受命主上。国家所以屈诸君使相承望者,以仆有尺寸可称,能忍辱负重故也。各任其事,岂复得辞! 军令有常,不可犯矣。'及至破备,计多出逊,诸将乃服。"后来,孙权听说这件事,因问陆逊:"君何以初不启诸将违节度者邪?"陆逊回答:"受恩深重,任过其才。又此诸将或任腹心,或堪爪牙,或是功臣,皆国家所当与共克定大事者。臣虽驽懦,窃慕(蔺)相如、寇恂相下之义(按:春秋赵国相蔺相如,后汉光武时颍川太守寇恂,都以善处同僚关系著称),以济国事。"表现出了一位智勇兼备的统帅的风范:容众、果断、知己知彼、刚柔相济、善谋大局。孙权对于陆逊的回答非常高兴,"大笑称善,加拜逊辅国将军,领荆州牧,即改封江陵侯"。[①]

第四,地势之利。历史表明,自刘备谋蜀起兵之日起,孙权也同时加紧了谋得荆州的行动。及至关羽败死,孙权已完全控制了长江水域及其临江诸郡、沿岸战略要地,迫使刘备只能沿江布兵,连营向前。七百里布兵,自然兵力严重分散,后方既远,又乏两厢策应,蜿蜒如同长蛇,一旦头部遭到致命打击,全身立即瘫痪。

战争是双方的,胜败自有两方面的因素。就刘备方面说,表现出来的弱点非常突出。

(1)从战略上说。

第一,他早此支持关羽伐吴,构恶双方关系,即已违背了"西和诸戎,南抚夷越,外结好孙权,内修政理"的总的战略方针,在自己力量尚未丰实的情况下,促使孙吴在一段时间内改变策略,向魏称臣,提前了谋取荆州全境的行动;

第二,关羽失败,他没有预为防范和及时支援,随使自巫以下

---

① 以上《三国志·吴书·陆逊传》。

沿江战略要地尽失,吴方控制了夔道及沿江地区,蜀军如果深入,自然便有被夹于狭窄地带和被切断后路之虞,因而他不得不连营向前;

第三,由于自己失误,孟达降魏,失掉荆州北三郡,从而失去了可派另部自汉江而下、进而威胁武昌的军事态势;

第四,两面作战,兵力分散。这一点,他远不及孙权聪明。孙权为了对付刘备,不惜上书曹操"称说天命",进而向魏称臣。而刘备却始终处在两面作战的态势中。此时,曹操虽从汉中撤兵了,但魏军仍控陈仓一线,具有再出汉中的威慑力量。因此,他不能更多地集中兵力,不敢把据守益州北部、汉中地区的骠骑将军马超、镇北将军魏延、偏将军吴壹所部调往荆州前线。

顺便说一下,刘备发动讨吴战争犯有战略性错误,诸多蜀臣都清楚地认识到这一点,所以有"先主东伐,群臣多谏,不纳"[1]和"先主既即尊位,将东征孙权以复关羽之耻,群臣多谏,一不从"[2]一类的记载。

值得注意的是诸葛亮对于这场战争态度模糊,并没有强烈反对。战争失败后,诸葛亮不禁叹息:"法孝直(法正,字孝直)若在,则能制主上,令不东行;就复东行,必不倾危矣。"诸葛亮所以这样说,自然是因为自己没有做到这一点,同时也透露了他对战争的态度。

那诸葛亮为什么不能力谏呢?揣度之,第一,他对战争形势估计不足,未曾料到战争结局会如此之惨;第二,一时间他对战争首鼠两端。从根本上说,他一直主张"外结孙权"。况且,"群臣多

① 《华阳国志·刘先主志》。
② 《三国志·蜀书·法正传》。

谏"和老兄诸葛瑾时领吴国南郡太守直接与蜀军相持及其代表孙权向刘备求和的行动与意见,对他自然产生影响。因此,他不会积极主张东征,或有少谏,亦属可能。但早期史著,没有这方面的记载,可见影响不大。直到元明清时代,为了树立诸葛亮的形象,开脱诸葛亮的责任,演义作品和官方史作才有了诸葛亮谏阻东征的内容。如:《三国演义》第81回记诸葛亮自言"苦谏数次不听"及上表救秦宓,其中有谓:"……窃谓魏贼若除,则吴自宾服。愿陛下纳秦宓金石之言,以养士卒之力,别作良图,则社稷幸甚!天下幸甚!"细品其文,托作之义甚明。这样说来,诸葛亮岂不是支持了刘备东征吗?窃以为,客观上的确是这样的。因为诸葛亮战略总目标的重要内容之一是跨有荆、益以制曹魏。荆州既失,吴扼夔门,魏据三郡,蜀汉用兵只有北出秦川一途,诸葛亮的战略目标落空了。他深知,仅靠北出汉中,不可能制魏,更不可能灭魏。他试图能得荆州数郡之地,与魏接壤,以利待机东出击魏。所以,他虽知东击孙吴有危险,但却觉得稍有拓地以取吴数郡是可能的,更未想到惨败。所以,他既不赞成出兵,也不坚决阻谏,客观上默认、支持了刘备的错误决策和行动。因此,作为蜀汉丞相、军师将军,诸葛亮对于夷陵—猇亭战争的失败不能不负有一定责任。论者或谓刘备缺乏远略,不明诸葛亮隆中决策之远大,致有此败。这样分析,固然不错,但尚需看到诸葛亮在其"跨有荆益"的目标落空之后的思想感受和变化。所以,如果换个角度看问题,也可以说,刘备东征,正是谋求对于诸葛亮隆中决策目标的实现。

(2)从战术上说,关键在于刘备不善指挥战争。陆逊给他"前后行军,多败少成"的评价是非常确切的。

第一,军未熟练。历史的时间表说明,建安二十四年(公元219年)十一月,关羽失败被杀,刘备"忿孙权之袭关羽",即要起兵东征,但当闻知曹丕称帝后,便紧锣密鼓地开始筹划并实施自己的称帝活动;章武元年(魏黄初二年,公元 221 年)四月,刘备登基为汉皇帝,并按汉代礼制设官立制,备后宫,立太子,改元,大赦,两三月间草草地完成了必要的诸多程式之后,便即移跸江州了;在江州,刘备迅速地调动军队,粗粗地按照一相情愿的原则作了初步的战争规划,任命了左右大督、先锋及各部将领,七月便出兵了。可见,他集中起来的以步兵为主的军队并没有经过认真的训练,特别是没有经过乘船水上作战的训练,从素质上说,虽非乌合,但乏机动作战的能力。

第二,将无英才。帅(指刘备)本不明,又加军谋乏人,将无良才,后果自然可知。法正已死,孔明留蜀,军中几乎无人能够对刘备的战略战术指导思想和战争部署提出不同意见,更不用说建设性的良计。只有黄权通达军谋,但得不到信任,难展其能。黄忠先此而亡①,张飞死难,赵云留守江州,马超、魏延北拒魏军,竟然没有一位名宿大将随征,所用督锋诸将大都是一些名气不大或无名之辈。这些人是否能够服众,是否具有指挥作战的能力,姑且不论,但其自然为敌方所轻、反长敌人的志气。所以,负面作用是非常明显的。至于小说家言关兴、张苞大展乃父雄风,兴斩仇人潘璋,苞刃仇人范强、张达,二人护驾救主,均属无稽。因为张苞早夭,未及战争;关兴年少,未预战事;潘璋死于吴嘉禾三年(公元 234 年),那已经是战争十年以后的事了。

第三,自恃其力。刘备兵本不众,汉中必须布以重兵防魏,又失荆州北三郡,牵涉了一些兵力;本要张飞率巴西兵万人,自阆中

---

① 黄忠死于建安二十五年。《三国演义》说黄忠于章武元年被任命为先锋,战死疆场。这是完全不可能的。

会江州,张飞被杀,这万余人是否调到了夷陵前线,不得而知。权算其数,可用兵力,倾其所有,大约也只能调集四万余人,最多不超过五万人。① 所以,仅就兵力而言,同陆逊都督五万人相比,并不占优势。况且陆逊守势待敌,兵力容易集中;刘备长驱而进,沿途设防,兵力自然分散。但刘备却自恃其力,少有自知之明,认为以此足以败敌复仇;既得武陵"蛮夷"愿为己用,遥为策应,更觉得胜利指日可待了。实际上,刘备可用于阵前的兵力是非常有限的。相反,陆逊在猇亭决战前,则已把所督诸将各部大都集中到作战前阵,相对兵力超过了刘备,具备了集中兵力打击敌人的能力。

第四,不善知彼。刘备出兵,只是激于义愤,没有对魏蜀吴三方基本形势作出应有的分析。他对魏吴能够达成谅解,暂时媾和,从而使孙权可以将主要精力和兵力用于对付蜀军的形势估计不足,此其一。其二,他没有认识到魏国曹丕仍在忙于巩固地位,特别是着力对付自己的弟弟曹植、曹彰等,暂时不可能在秦川举兵,从而使自己不敢把备战于汉中的具有战争经验的将领和富有战斗力的主力部队调动一部到荆州前线。其三,最为重要的是,他没有把年轻的陆逊、孙桓等人放在眼里。他低估了孙吴的军事势力和军事指挥者的能力。时,吴名将鲁肃、吕蒙、甘宁先后死去,陆逊虽在打败关羽时起了重要作用,但在刘备眼里,年已三十八岁的陆逊仍被看做是不谙军旅的年轻人。这从前引"吾之败,天也"、"吾乃

① 刘备出兵多少,记载不一。《三国志·魏书·文帝纪》注引《魏书》载孙权上魏文帝书说"刘备支党四万人,马二三千匹,出秭归,请往扫扑,以克捷为效"。《中国历代战争史》(四)和《中国军事史·兵略(上)》均取此说,谓刘备率兵四万人。《三国志·魏书·刘晔传》注引《傅子》说"权将陆议(逊)大败刘备,杀其兵八万余人,备仅以身免",亦可备一说。《三国演义》第81回说刘备有"川将数百员,并五溪番将等,共兵七十五万",显然是个被非常夸大了的数字。

为逊所折辱,岂非天邪"以及"吾昔初至京城,(孙)桓尚小儿,而今迫孤乃至此也"的话语中,清楚地看到了这种最初的情绪。其四,他不善因时因地具体分析敌我双方的力量对比,错把劣势当优势,缺乏应有的应敌之变。

第五,舍船就步。蜀军居水上游,乘船作战,顺水而下,易于成势,是其有利条件。战争开始时,最使陆逊担心的也是蜀军"水陆俱进"。但刘备没有有效地利用这一条件,而是"舍船就步",跋涉并屯兵于"苞原隰险"之地,其结果便是士卒疲敝,立营难固,最终给敌人以可乘之机。当然,有一点是我们应该注意到的,即刘备并非完全不知"水陆俱进"的好处,但客观条件使他不得不如此。因为他急急调集起来的军队绝大部分是步兵,陆战犹未熟练,水战自然不行。况且,他已没有耐性去考虑筹建、训练水师的问题了。

第六,连营向前。刘备长驱深入数百里,连营数十座,声势虽然很大,但却伏下了严重的危机。善治兵者皆知其误。陆逊既知刘备舍船就步、处处结营,便得出了正确的结论:"察其布置,必无他变"。的确,这样布兵是没有办法变化应敌的。所以,他便觉得胜券在握了,满有把握地给孙权上书:"伏愿至尊高枕,不以为念也"。《三国志·文帝纪》载,曹丕"闻(刘)备兵东下,与(孙)权交战,树栅连营七百余里,谓群臣曰:'备不晓兵,岂有七百里营可以拒敌者乎!"苞原隰险阻而为军者为敌所禽",此兵忌也。孙权上事今至矣。'后七日破备书到。"连曹丕这种略通兵法但并不深知治军用兵之要的人都看到了这一点,而刘备却如此布兵,一是七百里连营大大分散了兵力,二是"苞原隰险阻而为军",将军队驻扎在不利作战的地方,三是树栅成营易被火攻。由此可见,刘备之失,失在制军之误。但是,客观地说,还应该看到刘备如此布兵亦属大势使然。他长驱深入,只控长江沿线,两厢大都为敌方领地,不能不担心敌人断其后路。连营向前,正是为此。

第七,师老不振。蜀军东出,利在速决。但陆逊大步后撤,避免接触,以待敌疲而战的方针,使刘备无法得到这种条件。刘备曾试图诱致吴军出战,但所用之法,形同儿戏,善用兵者一看便知,所以始终不能成功。因此,"自正月与吴相拒,至六月不决"。正如前引陆逊所分析的那样"其军始集,思虑精专,未可干也。今住已久,不得我便,兵疲意沮,计不复生"。师老兵疲,刘备熟视无睹,抑或虽知而乏复振之策,客观效果都一样。因此一败涂地,不堪收拾。

第八,不虞后路。说刘备完全没有考虑后路,自然不是这样。他沿江设营四五十座,目的不外:一保军需可继;二御两厢敌人,防断后路;三利大兵进退。但他没有考虑战争或有大失的可能,因此也就没有虑及战略退却和撤兵安全的问题。所以,其一,他立营虽多,但却没有选择有利地势建立几个可资战守的据点;其二,由于自上而下没有兵败退却的思想准备,设营不固,人员分散,不能形成有战斗力的独立作战单位。俗谓"兵败如山倒"。预为战败之谋尚且如此,况无如此准备者。

另外,还要讲一点的是,三国时代,任何一方的军事行动,都受鼎足之势的制约。因此,曹魏的政策不能不对吴蜀战争及其最终结果产生间接或直接的影响。无疑,曹操接受孙权"讨关羽自效"是正确的,已如前述。但曹丕不乘蜀吴争战之机用兵,反而接受孙权称臣,封权为王,这对曹魏来说,是失掉了一次极好的"蹙吴"机会;而对吴、蜀来说,客观上等于支持了孙权,制约了刘备。

曹丕谋作"壁上观"的策略,使吴得以暂释后顾之忧,而蜀则不得不再从仅有的四万兵力中分出八千重兵,以备不虞,从而削弱了战斗力。

第十章　决策新变

吴黄武元年(蜀章武二年,魏黄初三年)①八月,刘备败归白帝,吴蜀战争基本结束。而时之曹丕已经甚明孙权"外托事魏,而诚心不足",后悔不听刘晔乘机伐吴之言,正在酝酿新的行动。

适应新的形势,孙权应付魏蜀两国的决策又有了新的变化。

一、两手对曹魏

历史表明,孙权为了获得西抗刘备的支持和封王,实际上曾经假意答应过送子为质等许多条件。只是每到动真格的时候,便"多设虚辞"而虚与委蛇。既然"诚心不款",便给曹魏提供了借口,最终也就脱不了兵戎相见的结果。

虚与委蛇

孙权大败刘备,陆逊"临陈所斩及投兵降首数万人。刘备奔走,仅以身免"。② 然后,立即遣使向曹丕报告。《三国志·吴主传》注引《吴历》说:

---

① 是年孙权四十一岁,虽未称帝,但毅然改元,以示自己不奉曹魏和蜀汉正朔。他改元黄武,同魏改元黄初含有同样意思。胡三省说,"吴改元黄武,亦以五德之运承汉为土德也"。以五德终始论,汉为火德。

② 《三国志·吴书·吴主传》。

权以使聘(聘,修好)魏,具上破备获印绶及首级、所得土地,并表将吏功勤宜加爵赏之意。

曹丕为了表示庆贺,特派使者赠送鼲子裘、明光铠、骓马,并且用白色帛绢抄写自己的著作《典论》及诗赋与权。同时,还特下诏文,赞扬孙权的功劳,鼓励其以前人为鉴,穷追敌人,"务全独克"。诏文说:

> 老虏(按:指刘备)边窜,越险深入,旷日持久,内迫罢弊,外困智力,故现身于鸡头(按:山名,在今湖北荆门境),分兵拟西陵(按:即夷陵),其计不过谓可转足前迹以摇动江东。根未著地,摧折其支,虽未刳备五脏,使身首分离,其所降诛,亦足使虏部众凶惧。昔吴汉先烧荆门,后发夷陵,而子阳(按:公孙述字)无所逃其死;来歙始袭略阳,文叔(按:刘秀字)喜之,而知隗嚣无所施其巧。[①] 今讨此虏,正似其事,将军勉建方略,务全独克。

孙权决策已定,自然不会听曹丕的。吴兵后撤,曹丕完全明白了孙权不惜称臣、纳贡的本意及其战略重点的新变(实为逐步回复到原来的联蜀抗魏立场)。魏三公(按:时魏之三公应当是太尉钟繇、司徒华歆、司空王朗)联名上奏,数孙权罪十五条,鼓动曹丕立即"移兵进讨,亦明国典"。三公奏文很长,其要略为:

第一,陈述削藩之要:

> 臣闻枝大者披心,尾大者不掉,有国有家之所慎也。昔汉承秦弊,天下新定,大国之王,臣节未尽,以萧(何)、张(良)之谋不备录之,至使六王先后反叛,已而伐之,戎车不辍。又文、景守成,忘战弭役,骄纵吴、越,养虺(音 huì,小蛇)成蛇,既为

---

① 见《后汉书·吴汉传》和《来歙传》。建武十一年,后汉大将吴汉,破公孙述于荆门;建武八年,来歙突袭略阳,斩隗嚣守将。

社稷大忧,盖前事之不忘,后事之师也。

第二,概述孙权之诡诈和罪过:

吴王孙权,幼竖小子,无尺寸之功,遭遇兵乱,因父兄之绪,少蒙翼卵昫伏之恩(昫伏,鸟孵卵),长含鸱枭反逆之性,背弃天施,罪恶积大。复与关羽更相觇伺,逐利见便,挟为卑辞。先帝(按:指曹操)知权奸以求用,时以于禁败于水灾,等当讨羽,因以委权。先帝委裘下席,权不尽心,诚在恻怛(忧伤),欲因大丧,寡弱王室,希托董桃传先帝令(按:董桃其人,未详),乘未得报许,擅取襄阳,及见驱逐,乃更折节。邪辟之态,巧言如流,虽重译累使,发遣禁等,内包隗嚣顾望之奸,外欲缓诛,支仰蜀贼。圣朝含弘,既加不忍,优而赦之,与之更始,狠乃割地王之,使南面称孤,兼官累位,礼备九命(周礼爵分九等,称九命,九命最高),名马百驷,以成其势,光宠显赫,古今无二。权为犬羊之姿,横被虎豹之文,不思靖力致死之节,以报无量不世之恩。

第三,指出孙权必叛:

臣每见所下权前后章表,又以愚意采察权旨,自以阻带江湖,负固不服,狃状累世,诈伪成功,……终非不侵不叛之臣。

第四,请免孙权官爵:

臣谨考之周礼九伐之法,平(衡量)权凶恶,逆节萌生,见罪十五。昔九黎乱德,黄帝加诛;项羽罪十,汉祖不舍。权所犯罪衅明白,非仁恩所养,宇宙所容。臣请免权官,鸿胪削爵土,捕治罪。敢有不从,移兵进讨,以明国典好恶之常,以静三州(按:指荆、扬、交三州)元元之苦。①

---

① 《三国志·吴书·吴主传》注引《魏略》。

曹丕甚悔不用刘晔之谋,因而决定重施软硬两手,再次遣使与盟,要求孙权送子为质。孙权自然"辞让不受"。

其实,孙权在为王之前表面上是曾答应过送子为质的。《三国志·吴主传》注引《魏略》说,于禁投降关羽的时候,护军浩周、军司马东里衮也投降了,以后他们又一起为吴所得。孙权在谋联曹魏的时候,放回浩周、东里衮,利用他们向刚即王位的曹丕"自陈诚款"。后人司马光说,孙权"自陈诚款,辞甚恭悫"。孙权在给曹丕的信中说:

> 昔讨关羽,获于(禁)将军,即白先王(按:指曹操),当发遣之。此乃奉款之心,不言而发。先王未深留意,而谓权中间复有异图,愚情偻偻(音 lòu,恭谨之意),用未果决。遂值先王委离国祚,殿下承统,下情始通。公私契阔,未获备举,是令本誓未即昭显。梁寓传命,委曲周至,深知殿下以为意望。权之赤心,不敢有他,愿垂明恕,保权所执。谨遣浩周、东里衮,至情至实,皆周等所具。

又说:

> 权本性空薄,文武不昭,昔承父兄成军之绪,得为先王所见奖饰,遂因国恩,抚绥东土。而中间寡虑,庶事不明,畏威忘德,以取重戾。先王恩仁,不忍遐弃,既释其宿罪,且开明信。虽致命虏廷,枭获关羽,功效浅薄,未报万一。事业未究,先王即世。殿下践阼,威仁流迈,私惧情愿未蒙昭察。梁寓来到,具知殿下不遂疏远,必欲抚录,追本先绪。权之得此,欣然踊跃,心开目明,不胜其庆。权世受宠遇,分义深笃,今日之事,永执一心,惟察偻偻,重垂含覆(包容)。

然后,对东线摩擦进行辩解:

> 先王以权推诚已验,军当引还,故除合肥之守,著南北之

254

信，令权长驱不复后顾。近得守将周泰、全琮等白事，过月（按：当指黄初元年六月。是月，曹丕"南征"）六日，（魏）有马步七百，径到横江，又督将马和（人名）复将四百人进到居巢，琮等闻有兵马渡江，视之，为兵马所击，临时交锋，大相杀伤。卒得此问，情用恐惧。权实在远，不豫闻知，约敕无素，敢谢其罪。

最后，婉斥曹丕不讲信用：

又闻张征东（按：张辽为征东将军）、朱横海（按：未详，或谓朱灵）今复还合肥，先王盟要，由来未久，且权自度未获罪衅，不审今者何以发起，牵军远次？事业未讫，甫当为国讨除贼备，重闻斯问，深使失图。凡远人所恃，在于明信，愿殿下克卒前分，开示坦然，使权誓命，得卒本规。凡所愿言，周等所当传也。

曹丕当即召见浩周、东里衮。浩周"以为权必臣服"，而东里衮则"谓其不可必服"。是岁冬，曹丕称帝，遣使封孙权为吴王，使浩周与持节使者邢贞一同前往。公事完后，浩周赴孙权私宴，对孙权说："陛下未信王遣子入侍也，周以阖门百口明之。"孙权很感动，当即表示："浩孔异（浩周字），卿乃举家百口保我，我当何言邪？"遂流涕沾襟。及与周别，又指天为誓，表示一定送子为质。

浩周回去以后，"权不遣子而设辞，帝（曹丕）乃久留其使"。孙权善为托辞，于下可见其妙：黄武元年（魏黄初三年）八月，孙权再次上书表示送子为质，并与浩周书："昔君之来，欲令遣子入侍，于时倾心欢以承命，徒以登年幼，欲假年岁之间耳。而赤情未蒙昭信，遂见讨责，常用惭怖。自顷国恩，复加开导，忘其前愆，取其后效，喜得因此寻竟本誓。前已有表具说遣子之意，想君假还，已知之也。"但同时提出了不能即行的理由，希望同夏侯氏联姻，等儿子成了曹魏宗室女婿之后再送,说:"今子当入侍,而未有妃耦,昔君念之,以为可上连缀宗室若夏侯氏,虽中间自弃,常奉弭在心(按:事指建安二十二年孙权向曹操请降,曹操"报使修好,誓重结婚")。当垂宿念,为之先后,使获攀龙附骥,永自固定。其为分惠,岂有量哉!"孙权明知这是不可能的,于是故作姿态,进一步表示"诚意":"如是欲遣孙长绪(按:孙邵字长绪,黄武初曾为吴丞相)与小儿俱入,奉行礼聘,成之在君。"又表示:"小儿年弱,加教训不足,念当与别,为之缅然,父子恩情,岂有已邪!又欲遣张子布(昭)追辅护之。孤性无余,凡所欲为,今尽宣露。惟恐赤心不先畅达,是以具为君说之,宜明所以。"

从记载看,曹丕似乎有点被说服了,于是下诏说:"权前对浩周,自陈不敢自远,乐委质长为外臣,又前后辞旨,头尾击地,此鼠子自知不能保尔许地也。又今与周书,请以十二月遣子,复欲遣孙长绪、张子布随子俱来,彼二人皆权股肱心腹也。又欲为子于京师求妇,此权无异心之明效也。"曹丕"既信权甘言,且谓周为得其真,而权但华伪,竟无遣子意"。曹丕想派侍中辛毗、尚书桓阶为使,"往与盟誓,并征任子",孙权"辞让不受"。至此,曹丕完全明白了孙权答应送子为质纯属权宜之计,因而大怒,"自是之后,帝(曹丕)既彰权罪,周亦见疏远,终身不用"。[①]

顽抗曹魏三路兵

曹丕对吴,与盟不得,征质不至,感到了对自己权威的挑战。《三国志·刘晔传》说:"备军败退,吴礼敬转废,帝(曹丕)欲兴众伐之。"刘晔认为:"彼新得志,上下齐心,而阻带江湖,必难仓卒。"

---

① 以上见《三国志·吴书·吴主传》并注引《魏略》、《三国志·魏书·文帝纪》。

曹丕不听。

黄初三年(吴黄武元年,公元 222 年)九月,曹丕兵分三路征吴。一路:命征东大将军曹休、前将军张辽、镇东将军臧霸出洞口(在今安徽和县江边);二路:大将军曹仁出濡须;三路:上军大将军曹真、征南大将军夏侯尚、左将军张郃、右将军徐晃围南郡。十月,曹丕亲驾南征,十一月至宛,就近督军。

孙权亦分三路兵相对,派建威将军吕范等督五军,以舟军拒曹休等;裨将军朱桓为濡须督拒曹仁;左将军诸葛瑾、平北将军潘璋、将军杨粲救南郡。

双方军队部署到位,孙权感到形势严重。面对魏军来势汹汹,又加"时扬、越蛮夷多未平集,内难未弭",孙权内外交急,再次主动求和,"卑辞上书,求自改厉"。孙权在上书中假意说:

> 若罪在难除,必不见置,当奉还土地民人。乞寄命交州,以终余年。

曹丕也知,完全征服孙权非常困难,所以也想迁回一步。于是给孙权回了一封很长的信,一赞孙权事功:"君生于扰攘之际,本有纵横之志,降身奉国,以享兹祚。自君策名已来,贡献盈路。讨备之功,国朝仰成。"二责孙权所为,引起朝臣疑虑,说:"三公上君过失,皆有本末。朕以不明,虽有曾母投杼之疑,犹冀言者不信,以为国福。故先遣使者犒劳,又遣尚书、侍中践修前言,以定任子。君遂设辞,不欲使进,议者怪之。又前都尉浩周劝君遣子,乃实朝臣交谋,以此卜君,君果有辞。"最后,再次强调指出如要解疑,必须送质:"今省上事,款诚深至,心用慨然,凄怆动容。即日下诏,敕诸军但深沟高垒,不得妄进。若君必效忠节,以解疑议,(孙)登身朝到,夕召兵还。此言之诚,有如大江!"

孙权当然不答应,随即改年号为黄武,不用曹魏正朔,以示不服,"临江拒守"。

一路战况：

吴方记载,《三国志·吴主传》说:"冬十一月,大风,(吕)范等兵溺死者数千,余军还江南。曹休使臧霸以轻船五百、敢死万人袭攻徐陵(在洞口对岸),烧攻城车,杀略数千人。将军全琮、徐盛追斩魏将尹卢,杀获数百。"《吕范传》说:"曹休、张辽,臧霸等来伐,范督徐盛、全琮、孙韶等,以舟师拒休等于洞口。……时遭大风,船人覆溺,死者数千,还军"。《徐盛传》说:"曹休出洞口,盛与吕范、全琮渡江拒守。遭大风,船人多丧,盛收余兵,与休夹江。休使兵将就船攻盛,盛以少御多,敌不能克,各引军退。"《吾粲传》说:"值天大风,诸船绠绁断绝,漂没著岸,为魏军所获,或覆没沈溺,其大船尚存者,水中生人皆攀缘号呼,他吏士恐船倾没,皆以戈矛撞击不受。粲与黄渊独令船人以承取之,左右以为船重必败,粲曰:'船败,当俱死耳! 人穷,奈何弃之。'粲、渊所活者百余人。"《全琮传》说:"魏以舟军大出洞口,权使吕范督诸将拒之,军营相望。敌数以轻船抄击,琮常带甲仗兵,伺候不休。顷之,敌数千人出江中,琮击破之,枭其将军尹卢。"《贺齐传》说,安东将军贺齐出镇江上(今南京以上至皖),"魏使曹休来伐。齐以道远后至,因住新市为拒。会洞口诸军遭风流溺,所亡中分,将士失色,赖齐未济,偏军独全,诸将倚以为势。"

魏方记载,《曹休传》说:此前"孙权遣将屯历阳,休到,击破之,又别遣兵渡江,烧贼芜湖营数千家。"此次"帝(曹丕)征孙权,以休为征东大将军,假黄钺,督张辽等及诸州郡二十余军,击权大将吕范等于洞浦(口),破之。"《张辽传》说:"孙权复叛,帝遣辽乘舟,与曹休至海陵,临江。权甚惮焉,敕诸将:'张辽虽病(按:辽刚病愈),不可当也,慎之!'是岁,辽与诸将破权将吕范。"《臧霸传》

说,臧霸与曹休讨吴,"破吕范于洞浦"。

这说明,孙权的兵马在洞口对曹休等进行了顽强抵抗,虽有所得,但吕范等被打败,损失惨重。所以有关魏方的记载,数称"破"敌;《资治通鉴》卷69说,"会暴风吹吴吕范等船,绠缆悉断,直诣休等营下",魏军"斩首获生以千数,吴兵迸散";《三国志·文帝纪》注引《魏略》载曹丕诏书,甚至夸张地说"斩首四万,获船万艘"(按:当时,吴不可能集这样多的兵力于此)。吴方记载则没有那么严重,但也相当可观,谓:"遭遇大风",溺死者数千;被杀者数千;失踪、逃亡者"过半";惟贺齐"偏军独全"。战后,孙权对有功者给予封赏,对出战不利者进行了处罚,包括异母弟孙朗。《江表传》载,曹休出洞口,孙朗(原书作匡,裴松之辨证:匡已早故,当为朗)为定武中郎将,孙朗随吕范御敌,"违令放火,烧损茅芒,以乏军用",随被吕范遣送回吴,孙权不再称其为兄弟,"别其族为丁氏,禁锢终身"。

二路战况:

吴方,《朱桓传》比较详细地记录了朱桓抗敌过程,说:朱桓为濡须督,"魏使大司马曹仁步骑数万向濡须,仁欲以兵袭取州上,伪先扬声,欲东攻羡溪(在濡须东)。"朱桓当即"分兵将,赴羡溪",队伍开拔以后,侦察兵报告说曹仁已"进军拒濡须七十里"。朱桓随即"遣使追还羡溪兵",结果晚了一步,"兵未到而仁奄至"。当时,朱桓"手下及所部兵,在者五千人,诸将业业(按:业业,谓非常惊慌),各有惧心",朱桓给大家鼓气,说:"凡两军交对,胜负在将,不在众寡。……今仁既非智勇,加其士卒甚怯,又千里步涉,人马罢困,桓与诸军,共据高城,南临大江,北背山陵,以逸待劳,为主制客,此百战百胜之势也。虽曹丕自来,尚不足忧,况仁等邪!"据说,朱桓"因偃旗鼓,外示虚弱,以诱致仁。"曹仁果然被朱桓牵着鼻子走,分兵三支:(1)"遣其子泰攻濡须城",(2)"分遣将军常雕督诸葛虔、王双等,乘油船别袭中洲(江中小岛)。中洲者,(桓)部曲妻子所在也",(3)"仁自将万人留橐皋(在濡须西),复为泰等后拒。"朱桓以部分兵攻取油船,以部分兵别击常雕等,亲自拒曹泰,烧营而退,"遂枭(常)雕,生房(王)双,送武昌,临陈斩溺,死者千余"。取得了重大胜利。

魏方,《曹仁传》讳记此役。大概是因为曹仁战而无功随后郁病而死、史讳其短的缘故。《文帝纪》注引《魏略》所载曹丕诏却又作夸张地说:"大司马(按:黄初二年十月,曹仁被授大司马)据守濡须,其所禽获亦以万数。"

显然,二路战役吴方取得了决定性胜利。

三路战况:

吴方记载,《朱然传》说,魏遣曹真、夏侯尚、张郃等攻江陵,魏文帝自住宛,为其势援,连屯围城。孙权"遣将军孙盛督万人备州上,立围坞,为然外救。郃渡兵攻盛,盛不能拒,即时却退,郃据州上围守,然中外断绝"。孙权"遣潘璋、杨粲等解[围]而围不解",而此时江陵城中"兵多肿病,堪战者裁五千人"。曹真等"起土山,凿地道,立楼橹临城,弓矢雨注,将士皆失色",但朱然"晏如而无恐意,方厉吏士,伺间隙攻破两屯"。魏军攻围朱然"凡六月日",曹真、夏侯尚等"不能克,乃彻攻退还"。《诸葛瑾传》并注引《吴录》记载,诸葛瑾迁左将军,督公安,"曹真、夏侯尚等围朱然于江陵,又分据中州,瑾以大兵为之救援。……兵久不解,权以此望之。及春水生,潘璋等作水城于上流,瑾进攻浮桥,真等退走。虽无大勋,亦以全师保境为功。"《潘璋传》说:"魏将夏侯尚等围南郡,分前部三万人作浮桥,渡百里洲上。诸葛瑾、杨粲并会兵赴救,未知所出,而魏兵日渡不绝。"潘璋认为"魏势始盛,江水又浅,未可与战",于是便带着人马"到魏上流五十里,伐苇数百万束,缚作大筏,欲临流放火,烧败浮桥"。据说,刚刚缚作苇筏完毕,夏侯尚便退军了,潘璋重演周瑜的"火烧"计谋,没有派上用场。

魏方记载,《曹真传》说,曹真为上军大将军,都督中外诸军事,假节钺,"与夏侯尚等征孙权,击牛渚屯,破之。"《夏侯尚传》说,尚为征南大将军,"孙权虽称藩,尚益修攻讨之备,权后果有贰心",曹丕幸宛,"使尚率诸军与曹真共围江陵。权将诸葛瑾与尚军对江,瑾渡入江中渚,而分水军于江中。尚夜多持油船,将步骑万余人,于下流潜渡,攻瑾诸军,夹江烧其舟船,水陆并攻,破之。城未拔,会大疫,诏敕尚引诸军还。"据载,曹丕所以让夏侯尚主动撤军是因为听了侍中董昭的话。

这说明,此路兵,魏虽小胜而无大获,吴虽不利而无大失。

总之,曹丕三路伐吴的战争,双方互有所得,互有所失,谁也没有占到很大便宜。但从战略上看,曹丕没有取得预期成果,是"失败";孙权顽抗敌人来犯,使曹魏不能逞其志,是"成功"。

再抗魏军

如果说,曹丕在黄初三年(吴黄武元年)九月三路伐吴和十一月至次年三月御驾南征算是两次用兵的话(按:从作战实体看,也可算做一次),那么黄初五年(吴黄武三年,公元 224 年)八月,曹丕又第三次兴兵伐吴。

此期间,魏蜀吴三方形势又发生了新的变化,其中最重要的是刘备亡故,诸葛亮遣使修好于吴,吴蜀复通,孙权又可全力对魏,如史所载,"遂绝魏,专与汉(蜀)连和"。① 甚至还主动向北示兵,如

---

① 《资治通鉴》卷70,魏文帝黄初四年。

《三国志·贺齐传》载,起初孙权戏口(今地不详)守将晋宗"以众叛如魏,还为蕲春太守",此时孙权"出其不意,诏(贺)齐督糜芳、鲜于丹等袭蕲春,遂生虏宗"。

对于曹丕此次"兴军伐吴",侍中辛毗竭力谏阻。他认为,"吴楚之民,险而难御……方今天下新定,土广民稀。夫庙算(按:行兵前朝廷中的谋划)而后出军,犹临事而惧,况今庙算有缺而欲用之,臣诚未见其利也。先帝(曹操)屡起锐师,临江而旋。今六军不增于故,而复循之,此未易也。"曹丕不听,遂"于八月,为水军,亲御龙舟,循蔡、颍,浮淮如寿春。九月,至广陵(治今江苏扬州东北)。"①

《三国志·徐盛传》、《资治通鉴》卷70记载,"魏文帝大出,有渡江之志",吴安东将军徐盛建计,"植木衣苇,为疑城假楼(按:胡三省注云,植木于内,以苇席遮外),自石头至于江乘(今江苏句容),连绵相接数百里,一夕而成;又大浮舟舰于江。"曹丕到广陵,"望围愕然,弥漫数百里,而江水盛长,便引军退"。不由长叹:"魏虽有武骑千群,无所用之,未可图也。"②

此次战役,秋汛未过,"帝(曹丕)御龙舟,会暴风漂荡,及至覆没"。孙权知曹丕不能有所作为,所以没有亲临前线。《三国志·刘晔传》记载,曹丕"幸广陵泗口,命荆、扬州诸军并进"。丕问群臣:"权当自来不?"许多人都说:"陛下亲征,权恐怖,必举国而应。又不敢以大众委之臣下,必自将而来。"只有刘晔认为不可能。果然如此,曹丕"大驾停住积日,权果不至",于是退兵。

黄初六年(吴黄武四年,公元225年)三月,曹丕第四次伐吴。

---

① 《三国志·魏书·辛毗传》。
② 《资治通鉴》卷70,魏文帝黄初五年。

三月"辛未,帝为舟师东征",五月至谯。御史中丞鲍勋谏阻,说:
"王师屡征而未有所克者,盖以吴、蜀唇齿相依,凭阻山水,有难拔
之势故也。往年龙舟飘荡,隔在南岸,圣躬蹈危,臣下破胆,此时宗
庙几至倾覆,为百世之戒。今又劳兵袭远,日费千金,中国虚耗,令
黠虏玩威,臣窃以为不可。"曹丕大怒,给了鲍勋以降职处分并于
兵罢之后找个理由将其杀死。① 八月,曹丕"遂以舟师自谯循涡入
淮,从陆道幸徐。九月,筑东巡台。"十月,军至广陵故城,"临江观
兵,戎卒十余万,旌旗数百里"。一时间,曹丕踌躇满志,诗兴大
发,于马上留下名诗一首:

> 观兵临江水,水流何汤汤,戈矛成山林,玄甲耀日光。猛
> 将怀暴怒,胆气正从横。谁云江水广,一苇可以航? 不战屈敌
> 虏,戢兵称贤良。古公(按:指周人祖先古公亶父)宅岐邑,实
> 始翦殷商。孟献营虎牢,郑人惧稽颡(按:《左传》襄公二年,
> 孟献子"请城虎牢以逼郑")。充国务耕植(按:指汉赵充国屯
> 田),先零自破亡。兴农淮、泗间,筑室都徐方。量宜运权略,
> 六军咸悦康;岂如《东山诗》,悠悠多忧伤。

但是,面对吴人严兵固守,水面结冰,船只不得入江,曹丕又一
次眼望大江不由惊叹:"嗟乎,固天所以限南北也!"遂归。据载,
归时,吴兵将其截杀了一顿。吴扬威将军孙韶"遣将高寿率敢死
之士五百人,于迳路(小路)要击帝(曹丕)。帝大惊。寿等获副
车、羽盖以还"。② 可见其状,相当狼狈。魏军战船数千统统搁浅
动不了,幸蒋济想法"遏断湖水",船只才驶入淮中,得脱而还。黄
初七年正月,曹丕回到洛阳,开始认识到自己不是善于用兵的人,

---

① 《三国志·魏书·鲍勋传》。
② 《三国志·吴书·吴主传》注引《吴录》。

对蒋济说:"自今讨贼计画,善思论之。"①

总的来看,曹丕对于三国鼎立的形势一直缺乏清醒的认识,因而在军事和处理同吴、蜀的关系上都出现了错误。该出兵时不出兵,错过战机;不该出兵时出兵,构恶关系。孙权利用了曹丕的错误和弱点,对魏外卑而内亢,从来不抱幻想;用得着时,借魏胁蜀,用不着时,考虑到自身的长远利益,则联蜀抗魏,纵横捭阖真还有点自如。

二、不再向魏称藩

魏黄初七年(吴黄武五年,公元 226 年)五月,年仅四十岁的魏文帝曹丕死了,儿子曹叡继位。魏明帝曹叡忙于内务,一时无暇西征南讨。

"叡不如丕"

孙权在曹丕死后,对曹氏祖孙三人做过长篇分析,基本的结论很正确:丕不如操,叡不如丕(按:就文才论曹叡的确不如曹丕,但其武略似不亚之)。

据说,曹丕死后,陆逊曾向孙权上表,"以为曹丕已死,毒乱之民,当望旌瓦解,而更静然。闻皆选用忠良,宽刑罚,布恩惠,薄赋省役,以悦民心,其患更深于操时"。这说明,陆逊把曹叡的能力估计得很高,从而对魏吴间的形势预测得也过于悲观。孙权不同意陆逊的观点,"以为不然"。

首先,孙权对操、丕、叡三人作了对比,认为:"操之所行,其惟杀伐小为过差,及离间人骨肉,以为酷耳。至于御将,自古少有。

① 《三国志·魏书·蒋济传》。

264

丕之于操,万不及也。今叡之不如丕,犹丕不如操也。"用"曹丕万不及操,叡又万不及丕"一类的语言刻画曹叡,可见鄙视之甚。

其次,对于曹叡上台后推行的惠民政策也极贬抑,以为只是一些"欲以自安"的屑小举措,不足以兴邦定国:"其所以务崇小惠,必以其父新死,自度衰微,恐困苦之民一朝崩沮,故强屈曲以求民心,欲以自安住耳,宁是兴隆之渐邪!"

第三,指出曹叡"威柄不专",必致后患,理由有二:(一)他说:"闻任陈长文(群)、曹子丹(真)辈,或文人诸生,或宗室戚臣,宁能御雄才虎将以制天下乎?夫威柄不专,则其事乖错(按:曹丕死前,召中军大将军曹真、镇军大将军陈群、征东大将军曹休、抚军大将军司马懿四人,'并受遗诏辅嗣主')。如昔张耳、陈馀(按:张、陈均汉初人),非不敦睦,至于秉势,自还相贼,乃事理使然也。"(二)他认为,陈群之徒,过去"畏操威严,故竭心尽意,不敢为非耳",后来,曹丕继业,"年已长大,承操之后,以恩情加之,用能感义",现在,"叡幼弱,随人东西",曹真、曹休、陈群、司马懿等辈,"必当因此弄巧行态,阿党比周,各助所附。如此之日,奸谗并起,更相陷怼,转成嫌贰。一尔已往,群下争利,主幼不御,其为败也焉得久乎?"进而指出,"自古至今,安有四五人把持刑柄,而不离刺转相蹄啮者也!强当陵弱,弱当求援,此乱亡之道也。"

第四,孙权认为陆逊对曹丕死去以后魏国形势的认识,是其一生中的一次失误,因对诸葛瑾说:"子瑜,卿但侧耳听之,伯言常长于计校,恐此一事小短也。"[①]

孙权的话,实是抓住由头大做舆论上的准备,自然有一定道

---

① 以上《三国志·吴书·诸葛瑾传》。按:南朝宋人裴松之不同意孙权的见解,认为:"魏明帝(曹叡)一时明主,政自己出,孙权此论,竟为无征,史载之者,将以主幼国疑,威柄不一,乱亡之形,有如权言,宜其存录以为鉴戒。"

理。没有这样的认识,就不会有主动向北耀兵,就不会有不久以后自立为皇帝的大举,也就不会有不断加强绝魏睦蜀的新举措,从而也就不会出现真正意义的三个帝国的鼎立局面。

主动示兵

正是基于以上认识,所以曹丕死后不久,孙权便主动出兵了。但成效不好。

(1)《三国志·吴主传》说,黄武五年"秋七月,权闻魏文帝崩,征江夏,围石阳(在今湖北应城境),不克而还。"对于这次战役,主攻方因为无功而还,所以历史记载较少,相反被动方的记载却相对较多。《文聘传》说:"孙权以五万众自围(文)聘于石阳,甚急。聘坚守不动,权住二十余日乃解去。聘追击破之。"《明帝纪》说:"八月,孙权攻江夏郡,太守文聘坚守。"朝议的时候众大臣"欲发兵救之",曹叡则认为:"权习水战,所以敢下船陆攻者,几掩不备也。今已与聘相持,夫攻守势倍,终不敢久也。"曹叡分析得对,魏吴两军"相持",魏方仅增小股兵力,便将吴兵赶走了:"先时遣治书侍御史荀禹慰劳边方,禹到,于江夏发所经县兵及所从步骑千人乘山举火,权退走。"[1]战争中,吴国的江夏太守孙奂表现比较突出,受到封赏。《孙奂传》说:"权攻石阳,奂以地主,使所部将军鲜于丹帅五千人先断淮道。自帅吴硕、张梁五千人为军前锋,降高城,得三将。大军引还"。孙权见奂军阵整齐,高兴地说:"初吾忧其迟钝,今治军,诸将少能及者,吾无忧矣。"

(2)派诸葛瑾、张霸等寇襄阳,瑾败霸死。《三国志·明帝纪》说,魏以抚军大将军司马懿对付诸葛瑾,"讨破之,斩霸"。《晋

---

① 《三国志·魏书·明帝纪》。

266

书·宣帝纪》说;"及孙权围江夏,遣其将诸葛瑾、张霸并攻襄阳,帝(司马懿)督诸军讨权,走之。进击,败瑾,斩霸,并首级千余。"司马懿因功被升迁为骠骑大将军。

(3)以别将侵扰寻阳(治今湖北黄梅西南),一将被杀,两将投敌。《三国志·明帝纪》载,魏以征东大将军曹休"又破其别将于寻阳。"《曹休传》载,"吴将审德屯皖,休击破之,斩德首,吴将韩综、翟丹等前后率众诣休降。"

孙权主动发兵数股扰魏,大都失利。但其重要意义不容忽视。这标志着双方关系发生了新的转折。他不再向魏称藩,而是完全结束了称臣的历史,谋称尊号,积极把自做皇帝的目标提到了日程上。

大战曹休

黄武七年(魏太和二年,蜀建兴六年,公元 228 年),孙权与曹休大战。

从整体战略看,黄武以来孙权的所有军事行动,都是准备大战曹魏的组成部分。除了上述主动示兵外,为了便于用兵和解除北战曹魏的后顾之忧,孙权还先后出兵收拾了叛投魏国的将领晋宗和阴与魏国相呼应的鄱阳大帅彭绮。

史载,"先是(吴)戏口守将晋宗杀将王直,以众叛如魏,魏以为蕲春(治今湖北蕲春西北)太守,数犯边境",并向孙权的驻跸地武昌骚扰,"图袭安乐(在今武汉市境),取其保质"。孙权"以为耻忿",黄武二年(魏黄初四年)六月,令后将军贺齐率领糜芳、鲜于丹、刘邵、胡综等"出其不意"袭蕲春,活捉了晋宗。①

黄武四年(魏黄初六年)十二月,鄱阳人彭绮"自称将军,攻没诸县,众数万人",并"自言举义兵,为魏讨吴"。曹魏朝臣都很高兴,以为"因此伐吴,必有所克"。魏明帝曹叡问中书令孙资,孙资不同意,认为鄱阳宗人前后数有举义者,"众弱谋浅,旋辄乖散",孙权肯定有办法对付他们,所以彭绮也靠不住。① 果然,黄武六年(魏太和元年)春,孙权派解烦督胡综和鄱阳太守周鲂出兵将其生擒了。

　　孙权决定发动大战曹休的对魏战争,绝非贸然行动,而是考虑了当时的形势。就自己一方说:(1)镇抚山民近年又取得了成功;(2)巩固内部统治和南抚交阯的"柔远"举措都有成效;(3)称帝活动正在加紧进行,对于提高孙权的威望和军民团结产生了积极影响;(4)经过夷陵之战,士气旺盛。就客观形势说,最为重要的是魏蜀吴三方态势的新变化,更容易让孙权迅速做出策略上的新调整。这种新变化表现在:(1)吴蜀复通(后详),减轻了西面的军事压力;(2)魏文帝曹丕死了,明帝曹叡初登帝位,忙于人事、政务、军务的新调整;(3)诸葛亮率军伐魏,已经"北驻汉中"了。诸葛亮第一次出祁山(今甘肃西和西北),虽然是先胜后败,但对魏国产生了重大影响。《三国志·诸葛亮传》载,"建兴六年(魏太和二年,吴黄武七年,公元228年)春,(诸葛亮)扬声由斜谷道(今陕西眉县西南)取郿(治今眉县北),使赵云、邓芝为疑军,据箕谷(今陕西汉中北)。魏大将军曹真举众拒之。亮身率诸军攻祁山,戎阵整齐,赏罚肃而号令明,南安(今甘肃陇西东)、天水(今甘肃通渭西北)、安定(今甘肃定西)三郡叛魏应亮,关中响震。"曹魏对于诸葛亮来犯,很感突然,《资治通鉴》说:"始,魏以汉昭烈(刘备)既

---

　　① 《三国志·吴书·吴主传》、《资治通鉴》卷70,魏文帝黄帝六年。

死,数岁寂然无闻,是以略无备豫;而卒闻亮出,朝野恐惧,于是天水、南安、安定皆叛应亮。"因此,曹叡不得不亲率重大兵力对付蜀兵来犯。

诸此,都是孙权发动一次大的战争的有利条件。

孙权考虑了这些条件后,便即开始了他的具体行动。

第一步是引曹休出兵。《三国志·周鲂传》记载,黄武七年五月,孙权特命鄱阳太守周鲂"密求山中旧族名帅为北敌所闻知者",用假情报引诱魏大司马、扬州牧曹休出兵。周鲂提出,"恐民帅小丑不足仗任,事或漏泄,不能致休",因而请求以自己的名义派人送信给曹休,诱其出兵。孙权批准了周鲂的诱敌计划和诱敌信。周鲂给曹休的信,共七条,很长,近两千言,重要内容略为:(1)愿意弃暗投明,"惟明公君侯(曹休)垂日月之光,照远民之趣,永令归命者有所戴赖";(2)尽述归降之诚,"敢缘古人,因知所归,拳拳输情,陈露肝膈。乞降春天之润,哀拯其急,不复猜疑,绝其委命";进而假意请求"保密"并表示积极响应曹休的军事行动:"事之宣泄,受罪不测,一则伤慈损计,二则杜绝向化者心,惟明使君远览前世,矜而愍之,留神所质,速赐秘报。鲂当候望举动,俟须响应";(3)历陈自己处境危险,并致"情报",真真假假,诱曹休上钩,说孙权众兵在外,武昌空虚:"东主(孙权)顷者潜部分诸将,图欲北进。吕范、孙韶等入淮,全琮、朱桓趋合肥,诸葛瑾、步骘、朱然到襄阳,陆议(逊)、潘璋等讨梅敷(人名)。东主(孙权)中营自掩石阳,别遣从弟孙奂治安陆城(今湖北安陆),修立邸阁,辇赍运粮,以为军储,又命诸葛亮进指关西,江边诸将无复在者,才留三千所兵守武昌耳。"表示,"若明使君(曹休)以万兵从皖南首江渚,鲂便从此率历吏民,以为内应";(4)再明精诚、惶恐、悬命西望之意;(5)具言内外配合必获全胜之机,煞有介事地说:"今使君若从皖

269

道进住江上,鲂当从南对岸历口为应。"并鼓动曹休赶快发兵:"鲂生在江、淮,长于时事,见其便利,百举百捷,时不再来,敢布腹心。"(6)假说孙权此次用兵"内幕",东主"当以新赢兵置前,好兵在后,攻城之日,云欲以赢兵填堑,使即时破,虽未能然,是事大趣也。"(7)请备好印信数百,"得以假授诸魁帅,奖厉其志",请备幢麾数十,"以为表帜,使山兵吏民,目瞻见之,知去就之分"。最后,为了让曹休相信,再次煞有介事地请求保密,说什么"今之大事,事宜神密,若省鲂笺,乞加隐秘。"周鲂七条,貌似情意真切、孙权之误历历在目、曹魏必胜的结局已跃然纸上。

曹休果然上当,"休闻之,率步骑十万向皖以应鲂";曹叡"又使司马懿向江陵,贾逵向东关(今安徽含山境),三道俱进。"①《三国志·曹休传》记载略异,说:"太和二年,帝为二道征吴,遣司马懿从汉水下,休督诸军向寻阳。"根据《三国志·贾逵传》看,三道俱进的说法是对的:"太和二年,帝使(贾)逵督前将军满宠、东莞太守胡质等四军,从西阳(今安徽桐城东北)直向东关,曹休从皖,司马懿从江陵。"

第二步,集中布兵,决战曹休。《三国志·陆逊传》说:"(黄武)七年,权使鄱阳太守周鲂谲魏大司马曹休。休果举众入皖,(权)乃召(陆)逊假黄钺,为大都督,逆休"。当时的授权仪式很隆重。后来,陆逊的孙子陆机为其祖写墓志铭的时候很以为荣。陆机说:"魏大司马曹休侵我北鄙,乃假公(陆逊)黄钺,统御六师及中军禁卫而摄行王事,主上执鞭,百司屈膝。"张勃《吴录》也记载:"假逊黄钺,吴王亲执鞭以见之。"②

① 《资治通鉴》卷71,魏明帝太和二年。
② 《三国志·吴书·陆逊传》注。

陆逊为帅自统中部,令朱桓、全琮为左右督,各督三万人击休,三道俱进。朱桓、全琮皆吴国名将。

至此,曹休已经知道受骗,然而"耻见欺诱,自恃兵马精多",遂与吴战。

曹休深入,在魏引起震动。尚书蒋济上表以为:"深入虏地,与权精兵对,而朱然等在上流,乘休后,臣未见其利也。"曹休军队至皖,吴出兵安陆,蒋济又上疏说:"今贼示形於西,必欲并兵图东,宜急诏诸军往救之。"①前将军满宠也上疏说:"曹休虽明果而希用兵,今所从道,背湖旁江,易进难退,此兵之洼地也(按,洼当作挂。《孙子兵法·地形篇》:'可以往,难以返,曰挂')。"②

第三步,决战曹休于石亭。黄武七年"秋八月,权至皖口,使将军陆逊督诸将大破(曹)休于石亭(在今安徽潜山境)"。③ 陆逊、朱桓、全琮三路并进,"冲休伏兵,因驱走之,追亡逐北,径至夹石(在今安徽桐城境),斩获万余,牛马骡驴车乘万辆,军资器械略尽。休还,疽发背死"。④ 曹休损兵万余,当是真的,《三国志·周鲂传》也这样记载:"休果信鲂,帅步骑十万,辎重满道,径来入皖。鲂亦合众,随陆逊横截休,休幅裂瓦解,斩获万计。"

曹休幸免于被擒,全赖贾逵相救。《三国志·贾逵传》载,"逵至五将山,休更表贼有请降者,求深入应之。诏司马懿驻军,逵东与休合进。"贾逵觉察到,孙权实无东关之备,必然是"并军于皖",所以"休深入与贼战,必败",于是"部署诸将,水陆并进,行二百里",得知"休战败,权遣兵断夹石"。一时间,"诸将不知所出,或

①《三国志·魏书·蒋济传》。
②《三国志·魏书·满宠传》。
③《三国志·吴书·吴主传》。
④《三国志·吴书·陆逊传》。

欲待后军"。贾逵对大家说："休兵败于外,路绝于内,进不能战,退不得还,安危之机,不及终日。贼以军无后继,故至此;今疾进,出其不意,此所谓先人以夺其心也,贼见吾兵必走。若待后军,贼已断险,兵虽多何益!"于是兼程进军,多设旗鼓为疑兵,吴兵见状,遂退。贾逵据夹石,以兵粮给休,曹休得免全军覆没之灾。因此,史家评论说,如果没有贾逵,"休军几无救也"。

此次战役,吴军虽有大获,但惜未听从朱桓的意见,预伏军队于夹石。朱桓曾向孙权进计说:"休本以亲戚见任,非智勇名将也。今战必败,败必走。走当由夹石、挂车(挂车岭,在今安徽桐城北),此两道皆险陀,若以万兵柴路(按:柴路,谓设置路障),则彼众可尽,而休可生虏,臣请将所部以断之。若蒙天威,得以休自效,便可乘胜长驱,近取寿春,割有淮南,以规许、洛,此万世一时,不可失也。"事实证明,朱桓的意见是非常正确的。然而,孙权、陆逊都没有看到这一点,关键的时候,用兵过于保守。孙权征求陆逊的意见,陆逊"以为不可,故计不施行"。[①] 曹休失败,果由夹石而还。孙权、陆逊急忙派兵追击,但晚了一步,贾逵已到夹石,据守险要,设伏待敌,吴兵只得作罢。

孙权大战曹休的胜利,对三国形势产生了很大影响,给了蜀汉以重大鼓舞。此前,曹丕死,孙权率兵攻江夏郡,继则以左将军诸葛瑾攻襄阳。诸葛亮认为是北伐曹魏的好机会,所以便率军出发,进行了第一次伐魏战争。但马谡失街亭,战争失利。此时,诸葛亮闻曹休败,魏兵东下,关中虚弱,认为又是一次出兵机会,因即出散关(今陕西宝鸡西南),围陈仓(今陕西宝鸡东),进行了第二次伐魏战争,并且取得小胜。

① 《三国志·吴书·朱桓传》。

三、吴蜀复通

夷陵战后,刘备退据白帝,孙权没有穷追,而是决计撤兵,以应来自北方的侵犯。果然,没有多久,"魏军果出,(吴)三方受敌"。同时,辖境以内也极不平静。在此情况下,孙权除了武装应敌以外,同时展开了两方面的外交活动,一是卑辞向曹丕上书,"求自改厉"(前已述及),二是谋求复与蜀通。

刘备闻魏军出,给陆逊送去一封信,说:"贼今已在江陵(按:指曹魏军队进入南郡界),吾将复东,将军谓其能然不?"实际上,这是虚张声势。刘备根本没有重新振兵再战的能力。陆逊看得很清楚,所以回信说:"但恐军新破(按:指刘备军),创痍未复,始求通亲,且当自补,未暇穷兵耳。若不惟算,欲复以倾覆之余,远送以来者,无所逃命。"把刘备的毫无势力依托的恐吓顶了回去。①

主动向刘备请和

魏兵压境,战事失利,刘备虽败,尚有威胁之虞。此种形势,对吴极为不利。《三国志·先主传》说:"孙权闻先主(刘备)住白帝,甚惧"。为了避免两面作战,孙权即于吕范等失利后不久,黄武元年十二月,主动派遣太中大夫郑泉到白帝城见刘备,谋求"复通"。并且公开表现一种新的姿态,特意对群下说:"近得玄德书,已深引咎,求复旧好。前所以名西为蜀者,以汉帝尚存故耳,今汉已废,自可名为汉中王也。"②

---

① 《三国志·吴书·陆逊传》注引《吴录》。
② 《三国志·吴书·吴主传》注引《江表传》。

据《三国志·吴主传》注引《吴书》载,夷陵战争之前,刘备曾致书孙权,要孙权支持、承认他的称帝行动,孙权没有理睬。刘备因而问郑泉说:"吴王何以不答吾书,得无以吾正名不宜乎?"(按:意为是不是认为我称皇帝是不应该的?)郑泉回答说:"曹操父子陵轹汉室,终夺其位。殿下既为宗室,有维城之责,不荷戈执殳为海内率先,而于是自名,未合天下之议,是以寡君未复书耳。"据说,刘备听了郑泉的话后"甚惭恶(音 nù,惭愧)"。显然,这是站在吴国的立场上说话。刘备自认称帝是理所当然的,怎么会感到惭愧呢!

刘备在白帝,心情颓唐,渐悟用兵之误。十一月,染疾在身,不能自振。十二月,境内出现不稳,"汉嘉太守黄元,素(诸葛)亮所不善,闻先主有疾,虑有后患,举郡拒守。"①同时,曹魏军队远临江汉,不仅严重威胁东吴,而且如果势成,对蜀亦将形成压力。诸此,都迫使刘备不能不重新考虑对吴策略。因此,他响应了孙权的请和行动,即遣同等级别的官员、太中大夫宗玮"报命"。所谓"报命",就是回复孙权的请和要求。此后,三四个月中,孙权的使节又多次到达白帝。《三国志·邓芝传》载,刘备死前也"累遣宋玮(按:即宗玮)、费祎等相与报答"。刘备死的时候,孙权特遣立信都尉冯熙聘于蜀,"吊备丧"。② 从此,蜀吴"复通",蜀汉边场又获得了相对平静。

响应诸葛亮,绝魏联蜀

黄武二年(蜀章武三年,魏黄初四年)四月,刘备死了。刘禅

---

① 《华阳国志·刘先主志》。
② 《三国志·吴书·吴主传》注引《吴书》。

继位，"政事无巨细，咸决于亮"。用刘禅的话说，就是"政由葛氏，祭则寡人"。

诸葛亮已知刘备伐吴之失，因而坚定了联吴拒魏的战略。当时，蜀地不稳，"南中诸郡，并皆叛乱，亮以新遭大丧，故未便加兵"。鉴此形势，诸葛亮以丞相"开府治事"后，对外首先想到的是"遣使聘吴，团结和亲，遂为与国（与国，友好交往的国家）"①，与吴通好。而对曹魏则完全是另一种态度。据载，曹魏曾经想乘诸葛亮初秉蜀政之机，把蜀汉拉到自己一边。魏司徒华歆、司空王朗、尚书陈群、太史令许芝、谒者仆射诸葛璋等分别写信给诸葛亮，"陈天命人事，欲使举国称藩。"诸葛亮一律不复，而公开作《正议》一文以示回答，其中有云："及至孟德（曹操），以其谲胜之力，举数十万之师，救张郃于阳平，势穷虑悔，仅能自脱，辱其锋锐之众，遂丧汉中之地，深知神器不可妄获，旋还未至，感毒而死。子桓（曹丕）淫逸，继之以篡。纵使二三子多逞苏（秦）、张（仪）诡靡之说，奉进驩兜（传说唐尧时代的恶人）滔天之辞，欲以诬毁唐帝（按：以唐尧喻刘备），讽解禹、稷（按：以禹、稷自喻），所谓徒丧文藻烦劳翰墨者矣。夫大人君子之所不为也。"又说，从前轩辕氏"整卒数万，制四方，定海内"，势不可挡，况且蜀"以数十万之众，据正道而临有罪，可得干碍者哉（干碍，阻碍）！"②

正当诸葛亮"深虑（孙）权闻先主殂陨，恐有异计，未知所如"的时候，尚书邓芝建议"宜遣大使重申吴好"，并主动请缨为使。诸葛亮即遣邓芝固好于吴。是年十月，邓芝至吴。据载，当时孙权尚怀狐疑，"不时见芝，芝乃自表请见权"，说："臣今来亦欲为吴，

① 《三国志·蜀书·诸葛亮传》。
② 《诸葛亮集·正议》。

非但为蜀也。"于是孙权与邓芝相见,首先发话:"孤诚愿与蜀和亲,然恐蜀主幼弱,国小势逼,为魏所乘,不自保全,以此犹豫耳。"邓芝说:"吴、蜀二国四州之地,大王命世之英,诸葛亮亦一时之杰也。蜀有重险之固,吴有三江之阻,合此二长,共为唇齿,进可并兼天下,退可鼎足而立,此理之自然也。大王今若委质於魏,魏必上望大王之入朝,下求太子之内侍,若不从命,则奉辞伐叛,蜀必顺流见可而进,如此,江南之地非复大王之有也。"孙权觉得邓芝的分析有道理,"默然良久",说:"君言是也。"①

孙权本来已经准备"与蜀和亲",因而响应蜀汉,"遂自绝魏,与蜀连和",即遣辅义中郎将张温回访蜀汉。史载,孙权对张温说:"卿不宜远出(按:当时张温为太子太傅,所以说不宜远出),恐诸葛孔明不知吾所以与曹氏通意,故屈卿行。若山越都除,便欲大构于丕(按:意谓山越平定后,便想与曹丕大战)。行人(即使者)之义,受命不受辞也。"温对曰:"臣入无腹心之规,出无专对之用,惧无张老延誉之功(按:春秋时晋国大夫张孟元出使,"延君誉于四方"。见《国语·晋语》),又无子产(按:春秋郑国大夫)陈事之效。然诸葛亮远见计数,必知神虑屈申之宜,加受朝廷天覆之惠,推亮之心,必无疑贰。"张温至蜀,并没有完全表达出孙权意思。他给后主刘禅上书,把刘禅比作殷代武丁、周代成王,并吹捧说:"今陛下以聪明之姿,等契(意同相等,合契,相合)往古,总百揆于良佐,参列精之炳耀(列精,泛指日月星辰),遐迩望风,莫不欣赖。"孙权对于张温的这次使蜀及其对刘禅的吹捧很不满意,"既阴衔温称美蜀政,又嫌其声名大盛,众庶炫惑,恐终不为己用,思有

① 《三国志·蜀书·邓芝传》。

以中伤之",不久便借故罢了张温的官。①

自是之后,吴、蜀"聘使往来以为常","信使不绝"。其中,最多的是经陆逊同诸葛亮联系。据载,"时事所宜,吴主常令陆逊语诸葛亮,又刻印置逊所,王(孙权)每与汉主(刘禅)及诸葛亮书,常过示逊,轻重、可否有所不安,每令逊改定,以印封之。"②

邓芝多次赴吴。因此,留下了不少有趣故事。如,邓芝再次至吴,孙权在与邓芝之间谈话时说:"若天下太平,二主分治,不亦乐乎!"邓芝反应很快,立即说:"天无二日,土无二王,如并魏之后,大王未深识天命者也,君各茂其德,臣各尽其忠,将提枹鼓,则战争方始耳。"孙权闻言,不禁大笑说:"君之诚款,乃当尔邪!"③还有,先此刘备的益州太守张裔被少数族帅雍闿"缚送于吴"。诸葛亮令邓芝同孙权会谈时请求把张裔放回。《三国志·张裔传》载,"裔自至吴数年,流徙伏匿,权未之知也,故许芝遣裔。"张裔临行,孙权引见,问裔:"蜀卓氏寡女,亡奔司马相如,贵土风俗何以乃尔乎?"张裔很不客气地回答:"愚以为卓氏之寡女,犹贤于买臣之妻(按:朱买臣,吴人)。"孙权又对张裔说:"君还,必用事西朝(按:指蜀汉),终不作田父于闾里也,将何以报我?"张裔回答说:"裔负罪而归,将委命有司。若蒙徼幸得全首领,五十八已前父母之年也,自此已后大王之赐也。"张裔谈吐,引起了孙权的注意,"言笑欢悦,有器裔之色"。会见后,张裔"深悔不能阳愚,即便就船,倍道兼行"。据说,"权果追之,裔已入永安界数十里,追者不能及"。

邓芝之后,蜀汉出使吴国最多的是费祎。刘禅继位后,以费祎

①　《三国志·吴书·张温传》。
②　《资治通鉴》卷70,魏文帝黄初五年。
③　《三国志·蜀书·邓芝传》。

为黄门侍郎。诸葛亮南征后,以费祎"为昭信校尉使吴"。《三国志·费祎传》说:"孙权性既滑稽,嘲啁(按:意指调笑)无方,诸葛恪,羊衜等才博果辩,祎辞顺义笃,据理以答,终不能屈。权甚器之,谓祎曰:'君天下淑德,必当股肱蜀朝,恐不能数来也。'"实际上,费祎回蜀后的确升了官,但仍然因为"奉使称旨,频烦至吴"。

为表友好,两国之间还互赠礼物,蜀赠吴"马二百匹,锦千端,及方物",吴"亦致方土所出,以答其厚意焉"。①

吴蜀重新联合所以取得成功,固然是由于两国领导人都认识到联合的重要。但还有一个原因也应注意,这就是魏国皇帝曹丕犯了战略性错误。正当吴蜀谋求联合的时候,他倾全国主力,向吴国发起新的进攻,吴国边境吃紧,再次感到了曹魏的威胁。诸葛亮则感受到北上用兵的机会。因此,双方愿意互为犄角,不仅"信使不绝",而且在军事上遥相策应。

---

① 《三国志·吴书·吴主传》注引《吴历》。

第十一章　做皇帝

谋大业,做皇帝,是孙氏父子早已确定的目标。孙坚入洛阳,一枚传国玉玺,促使他即刻南下谋创自己的事业。孙坚此一行动,受到注史者、南朝宋人裴松之的批评:"孙坚于兴义之中最有忠烈之称,若得汉神器而潜匿不言,此为阴怀异志,岂所谓忠臣者乎?吴史欲以为国华,而不知损坚之令德。……匹夫怀璧,犹曰有罪,而况斯物哉!"①孙坚死后,孙策自称是想"收合流散,东据吴会,报仇雪耻,为朝廷外藩。"张纮甚知孙策心志,把话挑明,说:"若投丹杨,收兵吴会,则荆扬可一,仇敌可报。据长江,奋威德,诛除群秽,匡辅汉室,功业侔于桓、文,岂徒外藩而已哉?"孙策当即明确表示,自己的想法"一与君同符合契"。②

及至孙权继业,上上下下谋取帝业的决心,一般说来是不再隐讳了。周瑜对鲁肃说:"承运代刘氏者,必兴于东南,推步事势,当其历数,终构帝基,以协天符"。鲁肃初见孙权,即言可乘曹操忙于北方战争的机会,"剿除黄祖,进伐刘表,竟长江所极,据而有之,然后建号帝王以图天下"。孙权表面谦虚,说"此言非所及也",而内心实然其说。③

---

①　《三国志·吴书·孙坚传》裴注。
②　《三国志·吴书·孙策传》注引《吴历》。
③　《三国志·吴书·鲁肃传》。

一、积极准备

事实证明,自从刘备自称汉帝于蜀,孙权亦即加紧准备,把做皇帝的活动提到了日程上。

外部准备,已如前述,大战曹魏,不再向魏称藩,不坚决反对刘备称帝,都是其重要战略组成部分。

内部准备,除了程序问题,重在两个方面,一是在自己的统辖范围内积极构建有利环境,一是大造舆论。

构建有利环境

孙权明白,要想平稳地登上皇帝宝座,域内的相对稳定是很重要的。当时,他必须解决好两个问题,一是平抚山越,二是宽息安民。

《三国志》作者陈寿说:"山越好为叛乱,难安易动,是以孙权不遑外御,卑词魏氏。"孙权称帝前夕,进行了又一次的镇抚山越行动。就当时的形势看,目的自然不仅是为了御魏,而更重要是为了自己做皇帝。

黄武四年(公元 225 年),鄱阳大帅彭绮作乱,自称将军,攻没属城,有众数万人。六年,孙权以周鲂为鄱阳太守,与建武中郎将胡综一起戮力攻讨,遂将彭绮生擒,稳定了鄱阳周围局势。

黄武五年,"丹杨、吴(郡)、会(稽)山民复为寇贼,攻没属县",孙权立即把这三郡中的"险地"划出来,另置东安郡,以绥南将军全琮领太守。全琮到达事发地点后,"明赏罚,招诱降附,数年中,得万余人"。事情略定,孙权即召全琮回来,并罢东安郡。①

---

① 《三国志·吴书·全琮传》。

宽息安民是稳定广大百姓的重要措施。黄武五年春,孙权下令说:"军兴日久,民离农畔,父子夫妇,不听相恤,孤甚愍之。今北虏缩窜,方外无事,其下州郡,有以宽息。"[1]

是时,陆逊因为驻地"所在少谷",上表请求"令诸将增广农亩"。孙权以"甚善"回复,遂广屯田。

孙权的诸多措施,效果明显。尽管没有明确的记载,但我们从冯熙对曹丕的一番有所夸张的谈话中,可见一斑。立信都尉冯熙使蜀吊刘备丧后被提升为中大夫。孙权称帝前,又派他到魏观察动静。曹丕问:"吴王若欲修宿好,宜当厉兵江关,悬旌巴蜀,而闻复遣(使与蜀)修好,必有变故。"熙答:"臣闻西使直报问,且以观衅,非有谋也。"曹丕又问:"闻吴国比年灾旱,人物凋损,以大夫之明,观之何如?"熙答:"吴王体量聪明,善于任使,赋政施役,每事必咨,教养宾旅,亲贤爱士,赏不择怨仇,而罚必加有罪,臣下皆感恩怀德,惟忠与义。带甲百万,谷帛如山,稻田沃野,民无饥岁,所谓金城汤池,强富之国也。以臣观之,轻重之分,未可量也。"[2]

大造舆论

孙权的臣下同曹丕、刘备的臣下一样,为了让孙权心安理得地做皇帝,也做了不少舆论准备。虽然不及曹魏那样"天瑞纷呈",但也足见"天命所在"。

黄武二年,"曲阿(今江苏丹阳)言甘露降",群臣劝孙权"即尊号",孙权"不许"。孙权辞让说:"汉家埋替(已亡),不能存救,亦何心而竞乎?"意思是,汉室刚灭,不忍自为。实际上,一是魏兵压

---

① 《三国志·吴书·吴主传》。
② 《三国志·吴书·吴主传》注引韦曜《吴书》。

境,刚谋通蜀,未便遽为;二是舆论造得还不够火候。群臣再次称说"天命符瑞,固重以请"。黄武四年,"皖口(在今安徽怀宁西)言木连理"。黄龙元年(公元229年),称帝之前,武昌、夏口都有"黄龙、凤凰见",公卿百司再一次劝孙权"正尊号"。同时,把三十年前汉献帝兴平年间流行的童谣传唱开来:"黄金车,班兰耳,闾昌门(按:吴西门),出天子。"①

孙权因黄龙见于夏口,便即筹备"因瑞改元",并做黄龙大旗,立于中军帐,"诸军进退,视其所向"。同时,命解烦右部督、建武中郎将胡综作《黄龙大牙》长赋,其中有云:

> 明明大吴,实天生德,神武是经,惟皇之极。……应期受命,发迹南土……四灵(此指龙、凤、龟、麟)既布,黄龙处中,周制日月,实曰太常(按:《书·君牙》孔安国传说:"王之旌旗画日月,曰太常"),桀然特立,六军所望。仙人在上,鉴观四方,神实使之,为国休祥(吉祥)。军欲转向,黄龙先移,金鼓不鸣,寂然变施,暗谟若神,可谓秘奇。在昔周室,赤乌衔书,今也大吴,黄龙吐符。合契河洛(按:指《河图》《洛书》),动与道俱,天赞人和,佥曰惟休(意谓大家都说是美好的事)。②

很明显,赋的中心就是一句话,黄龙吐符,大吴当有天下,孙权应该做皇帝。

这时,曹魏已经称帝二代八年六个月,蜀汉也已称帝二代八年了。况且,不久前他大破曹休于石亭,取得了对魏战争的重大胜利;蜀汉诸葛亮已经是第三次兵出祁山,也给曹魏构成了一定威胁。鼎足三分的形势已固。时机成熟,东吴君臣自然不愿再以不

①　《三国志·吴书·吴主传》。
②　《三国志·吴书·胡综传》。

对等的称谓面对魏蜀。因此,孙权称帝的大典便顺理成章地在武昌举行了。

二、"正 尊 号"

黄龙元年(魏太和三年,蜀建兴七年)四月丙申(公元229年5月23日),孙权在武昌城南举行郊祀大典,即皇帝位,改年号黄武为黄龙(黄武是称帝前、为王时的年号;黄龙是称帝后的第一个年号)。

孙权即位做皇帝,吴人称之为"正尊号"。这是因为他们觉得,孙权从建元黄武之时已经是"皇帝"了,只不过是没有使用"皇帝"的称号罢了。现在是补行大典,予以"正名",所以称"正尊号"。

秉承汉统

魏蜀吴三国都自称是汉朝的继统者,互不奉行另两方的正朔。公元220年,汉禅于魏,曹丕建号黄初;刘备继续用建安年号,直至次年(公元221年)称帝,改用章武年号;孙权也是继续用建安年号,到公元222年,虽未称帝,但毅然建号黄武。

孙权称帝,按照历朝惯例,发表告天文书,说明自己做皇帝是天命所归,不得不为,希望得到天帝的庇护。全文如下:

皇帝臣权敢用玄牡(黑色公牛)昭告于皇皇后帝:汉享国二十有四世,历年四百三十有四,行气数终,禄祚运尽,普天弛绝,率土分崩。尊臣曹丕遂夺神器,丕子叡继世作慝,淫名乱制。权生于东南,遭值期运,承乾秉戎,志在平世,奉辞行罚,举足为民。群臣将相,州郡百城,执事之人,咸以为天意已去于汉,汉氏已绝祀于天,皇帝位虚,郊祀无主。休征嘉瑞,前后杂沓,历数在躬,不得不受。权畏天命,不敢不从,谨择元日,登坛燎祭,即皇帝位。惟尔有神飨之,左右有吴,永终天禄。①

孙权的告天文书虽然不长,但有四个特点很突出,一是直承汉统,说"汉氏已绝祀于天,皇帝位虚,郊祀无主",自己畏天命,不得不为。二是不承认魏承汉统。这一点,只要把孙权、曹丕二者的告天文加以对照,便即赫然。曹丕说,汉"历年四百二十有六";孙权说,汉"历年四百三十有四"。两者相差八年。这八年就是曹氏已经称帝的八年。三是明确表示了同曹魏彻底决裂,直称"孽臣曹丕遂夺神器,丕子叡继世作慝,淫名乱制"。四是没有对蜀汉政权表态,实际承认了刘备政权的合法性,所以随后有了愿意与蜀"中分"天下之举。

同时,孙权还按照惯例,"追尊父破虏将军(孙)坚为武烈皇帝,母吴氏为武烈武皇后","吴王太子登为皇太子。"另,追封兄长讨逆将军孙策为长沙桓王,并封孙策的儿子孙绍为吴侯。

爵赏将吏

重量级历史人物爵级的变动和升迁,必然标志着历史的重大变易,也体现着诸多历史人物的淹沉与泛起。

孙权做皇帝时,已经四十八岁。先此,他已历职汉讨虏将军,领会稽太守(建安五年,公元200年,曹操表举);行车骑将军,领徐州牧(建安十四年,公元209年,刘备表举);骠骑将军,领荆州牧,南昌侯(建安二十四年,公元219年,曹操表举);吴王(黄初二年,公元221年,曹丕策命)。每次职攀爵变,他都不忘记僚属的

① 《三国志·吴书·吴主传》注引《吴录》。

升赏,使大家同享荣誉,从而更好地把文武大臣团结在自己周围,加强政治和军事权力的控制。

孙权宣告:

辅国将军、领荆州牧陆逊,授上大将军,领牧如旧,"辅太子,并掌荆州及豫章三郡事,董督军国"。①

左将军诸葛瑾,授大将军、左都护,领豫州牧。

右将军、左护军步骘,授骠骑将军,领冀州牧。

昭武将军朱然,授车骑将军、右护军,领兖州牧。

奋武将军朱桓,授前将军,领青州牧。

绥南将军全琮,授卫将军,左护军,领徐州牧。

安南将军、交州刺史吕岱,进拜镇南将军,继领交州刺史。

平北将军、襄阳太守潘璋拜右将军。

奋威将军潘濬,拜为少府。

偏将军、省尚书事、外总平诸官兼领辞讼是仪,"复拜侍中、中执法,平诸官事、领辞讼如旧"。

解烦左右部督徐详、胡综,并为侍中,兼左右领军。

另,宗室、扬威将军孙韶授镇北将军。建义校尉朱据,娶公主,授左将军。西曹掾阚泽拔为尚书。

孙权很重视太子孙登的培养,遴拔一些崭露头角、颇具才干的年轻人予以辅佐。先此,孙登为王太子的时候,即"选置师傅,铨简秀士,以为宾友"。于是诸葛瑾的儿子诸葛恪、张昭的儿子张休、陈武的儿子陈表,以及顾雍的孙子顾谭等"选入,侍讲诗书,出从骑射"。黄龙元年,孙权立登为皇太子,"以恪为左辅,休右弼,谭为辅正,表为翼正都尉,是为四友。而谢景、范慎、刁玄、羊衟

---

① 《三国志·吴书·陆逊传》。

(循,古道字)等皆为宾客,于是东宫号为多士。"①

孙权称帝之后,惟一没有得到爵赏的,只有老臣张昭。前面讲到,孙策临死之前,"以弟托昭,昭率群僚立而辅之"。张昭对于孙权地位的确立卓有功勋。然而不久以后,特别是经过赤壁之战,因为政见不同,加以张昭惯以长者自居,常使孙权下不了台,二人关系裂缝日深。孙权封王,张昭以顾命老臣,"与孙绍(邵)、滕胤、郑礼等,采周、汉(制度),撰定朝仪",有功。当时,大家都以为丞相之职非张昭莫属,然而孙权只"拜昭为绥远将军,封由拳侯"。孙权冠冕堂皇地说,不忍心让张昭负担太重:"方今多事,职统者责重,非所以优之也。"而用了一位业绩并不显赫的孙邵为丞相。据《江表传》载:"权既即尊位,请会百官,归功周瑜。"张昭有点不识相,"举笏欲褒赞功德,未及言,权曰:'如张公之计(按:赤壁之战时,张昭主张迎操)今已乞食矣。'"张昭闻言,"大惭,伏地流汗"。② 随后,张昭"以老病,上还官位及所统领"。孙权当即答应张昭的请求,更拜为"辅吴将军,班亚三司,改封娄侯,食邑万户"。自此,张昭"在里宅无事,乃著《春秋左氏传解》及《论语注》",做学问去了。③ 虽然时有咨问,但已经没有实际权力,失去了昔日辅政大臣的风采。

三、吴蜀"中分天下"

孙权四月称帝,五月即派出两路使节,一是派校尉张刚、管笃

① 《三国志·吴书·孙登传》。
② 《三国志·吴书·张昭传》注引《江表传》。
③ 《三国志·吴书·张昭传》。

出使辽东,回应魏扬烈将军、辽东太守公孙渊声言来附(后详);二是派出使节"以并尊二帝之议往告于(蜀)汉"。①

"并尊二帝"是孙权称帝时的重大战略决策。这意味着吴、蜀共有天下,而把魏国排斥在外。据载,此事在蜀引起了不小震动。《三国志·诸葛亮传》注引《汉晋春秋》说:"是岁,孙权称尊号,其群臣以并尊二帝来告"。蜀国大臣们讨论这件事,都以为"交之无益,而名体弗顺",一致主张,应该"显明正义,绝其盟好"。诸葛亮力排众议,剖析形势,讲明利害,指出:

> 权有僭逆之心久矣,国家所以略其衅情者,求掎角之援也。今若加显绝,仇我必深,便当移兵东伐,与之角力,须并其土,乃议中原。彼贤才尚多,将相缉穆,未可一朝定也。顿兵相持,坐而须老,使北贼得计,非算之上者。昔孝文卑辞匈奴,先帝(指刘备)优与吴盟,皆应权通变,弘思远益,非匹夫之为忿也。今议者或以(孙)权利在鼎足,不能并力,且志望以满,无上岸之情,推此,皆似是而非也。何者?其智力不侔,故限江自保;权之不能越江,犹魏贼之不能渡汉,非力有余而利不取也。若大军致讨,彼高当分裂其地以为后规,下当略民广境,示武于内,非端坐者也。若就其不动而睦于我,我之北伐,无东顾之忧,河南之众不得尽西(按,指魏兵因要备吴而不能全力抗蜀),此之为利,亦已深矣。权僭之罪,未宜明也。②

不难看出,这是夷陵之战以后,诸葛亮处理蜀吴关系的一次纲领性的谈话,完全是一种战略的考虑:一是明确了联吴的目的在"求掎角之援",深刻地指出,如果与吴绝盟,吴蜀立即又成敌国,对方

---

① 《资治通鉴》卷71,魏明帝太和三年。
② 《三国志·蜀书·诸葛亮传》注引《汉晋春秋》。

"仇我必深"，我方则当"移兵东伐，与之角力"，但条件很不成熟，一旦出兵，必"顿兵相持，坐而须老"，给曹魏以可乘之机，反之，吴蜀盟好则可给曹魏以压力；二是讲清了"应权通变"之宜，要学习先人，遇事想得远一点，不能感情用事；三是进一步分析形势，指出当前均势状态下，吴国孙权不能越江，就像曹魏之不能渡汉（水）一样，"非力有余而利不取"，而是"智力不侔，故限江自保"，但是，如果对其用兵，他们必将动员起来，全力对我；四是透露了"和吴"对于即将北伐曹魏的重大意义，指出"若就其不动而睦于我，我之北伐，无东顾之忧"。

诸葛亮说服了大家，对孙权称帝不仅没有明确表示反对，而且特派卫尉陈震赴吴"庆权践位"。

两月后，黄龙元年（蜀建兴七年）六月，陈震到达武昌。于是，孙权与汉（蜀）人盟，宣告"参分天下"（按：两家把地盘全分了，何来三分？所以《资治通鉴》卷71改做"中分天下"），将魏国地盘"豫、青、徐、幽属吴，兖、冀、并、凉属蜀。其司州之土，以函谷关为界。"这份由吴方起草而通过的盟文写得很长，因很重要，全文录下：

> 天降丧乱，皇纲失叙，逆臣乘衅，劫夺国柄，始于董卓，终于曹操，穷凶极恶，以覆四海。至令九州幅裂，普天无统，民神痛怨，靡所戾止。及操子丕，桀逆遗丑，荐作奸回，偷取天位。而叡么麽（按：意为小人物），寻丕凶迹，阻兵盗土，未伏厥诛。昔共工乱象而高辛行师，三苗干度而虞舜征焉。今日灭叡，禽其徒党，非汉与吴，将复谁任？夫讨恶翦暴，必声其罪，宜先分裂，夺其土地，使士民之心，各知所归。是以春秋晋侯伐卫，先分其田以畀（bì，给，给予）宋人，斯其义也。且古建大事，必先盟誓，故《周礼》有司盟之官，《尚书》有告誓之文，汉之与吴，

虽信由中，然分土裂境，宜有盟约。诸葛丞相德威远著，翼戴本国，典戎在外，信感阴阳，诚动天地，重复结盟，广诚约誓，使东西士民咸共闻知。故立坛杀牲，昭告神明，再歃加书，副之天府。天高听下，灵威棐谌(棐谌，即棐忱，辅助诚信的人)，司慎司盟，群神群祀，莫不临之。自今日汉、吴既盟之后，戮力一心，同讨魏贼，救危恤患，分灾共庆，好恶齐之，无或携贰。若有害汉，则吴伐之；若有害吴，则汉伐之。各守分土，无相侵犯。传之后叶，克终若始。凡百之约，皆如载书，信言不艳，实居于好。有渝此盟，创祸先乱，违贰不协，慆慢天命，明神上帝是讨是督，山川百神是纠是殛，俾坠其师，无克祚国。于尔大神，其明鉴之！①

这篇盟文，不仅是把曹操及其子孙痛骂一顿，重要的是把"戮力一心，同讨魏贼"、"若有害汉，则吴伐之；若有害吴，则汉伐之"以及"各守分土，无相侵犯"这样的重要内容，亦即共同对敌、相互支援、互不侵犯这样的原则，用盟约的形式确定下来，奠定了吴蜀两国终世不再战争的基础，反映了孙权、诸葛亮两个战略家谋求"掎角"而应对曹魏的正确决策。据载，赤乌年间，国内曾刮起了一股蜀汉将要毁盟之风，像步骘、朱然等这样一些重量级人物也分别上疏，言说蜀汉将要叛吴联魏，讲了两条"根据"：一谓"自蜀还者，咸言(蜀)欲背盟与魏交通，多作舟船，缮治城郭"；二谓不配合吴国的军事行动，"蒋琬(按：诸葛亮的继承人，时掌蜀政)守汉中，闻司马懿南向，不出兵乘虚以掎角之，反委汉中，还近成都"。结论是"事已彰灼，无所复疑，宜为之备。"孙权力排众议，以为事情

---

① 《三国志·吴书·吴主传》。按：此盟文为孙权授意建武中郎将胡综写成。陈寿在《胡综传》中评说："综为盟文，文义甚美"。

不会这样,指出四点:(一)"吾待蜀不薄,聘享盟誓,无所负之,何以致此?"(二)"司马懿前来入舒,旬日便退,蜀在万里,何知缓急而便出兵乎?"(三)过去魏欲入汉川,我们准备策应,但没有"举动","会闻魏还",准备活动就停止了,蜀难道可以以此怀疑我们吗?(四)"人家治国,舟船城郭,何得不护?"就像现在我们这里"治军",难道是想对付蜀吗?最后,孙权断然说:"人言苦不可信,朕为诸君破家保之。"①事实正如孙权所说,蜀汉根本没有叛盟的打算。

① 《三国志·吴书·吴主传》。

第十二章　固土拓疆

黄龙元年秋九月,孙权由武昌迁都建业。同时,"征上大将军陆逊辅太子登,掌武昌留事"。①

孙权既做皇帝,便试图以天子之威,君临神州之半。当时,诸葛亮已经三次出兵战魏,虽然军无大功,但牵涉了曹魏的主力部队。这一客观有利形势,为孙权抓紧固土拓疆的行动提供了新的契机。

一、加强交州的控制

前面讲到,东汉末年,交州刺史朱符被地方"夷人"所杀,州郡扰乱。朱符死后,几方势力都想把交州置于自己的控制之下。

他们争夺交州控制权的历程,可以简述如下:一、交阯太守士燮,上报朝廷以自己的三个弟弟分别为合浦太守(治今广东雷州)、九真太守(治胥浦,今越南清化)、南海太守。从此,士燮兄弟"并为列郡,雄长一州,偏在万里,威尊无上",基本控制了交州局面。但士燮兄弟没有得到刺史之封。二、曹操控制的汉廷在建安二年(一说八年)派遣南阳人张津为交州刺史。张津上任后不久为其将区景所杀。三、荆州牧刘表闻知张津死,即"遣零陵赖恭代

① 《三国志·吴书·吴主传》。

津",并遣吴巨为苍梧太守。四、曹操后刘表一步得知张津死讯,既闻刘表已派赖恭代津,立即以皇帝的名义加封士燮"为绥南中郎将,董督七郡,领交阯太守如故"。"董督七郡"就是把交州七郡(南海、苍梧、郁林、合浦、交阯、九真、日南)全部军政置于其控制之下。并"赐燮玺书",称:"逆贼刘表窥看南土"。自此,虽天下丧乱,道路断绝,但"燮不废贡职",汉廷特复下诏拜士燮为安远将军,封龙度亭侯。这说明,士燮虽然不曾对孙权构成威胁,而且对吴相对友好,但交州并非吴有,名义上依然是朝廷直属州。①

争夺岭南治权

建安十五年(公元 210 年),孙权开始直接染指交州。此时,刘表派出的交州刺史赖恭和苍梧太守吴巨火并,吴巨"举兵逐恭,恭走还零陵"。孙权得知赖恭被逐,遂以鄱阳太守步骘为交州刺史、立武中郎将。步骘得到命令,即"领武射吏千人,便道南行"。第二年,孙权又追拜步骘"使持节,征南中郎将"。

步骘到达交州后,一是果断地诱杀了吴巨,二是较好地处理了同士燮兄弟的关系,从而使士燮兄弟成为吴国封官。史载,"刘表所置苍梧太守吴巨阴怀异心,外附内违。骘降意怀诱,请与相见,因斩徇之,威声大震。"士燮兄弟,"相率供命",孙权加燮为左将军。建安末年,"燮遣子廞入质,权以为武昌太守,燮、壹(燮弟)诸子在南者,皆拜中郎将。"士燮积极效命,"又诱导益州豪姓雍闿等,率郡人民使遥东附",孙权"益嘉之",升授士燮为"卫将军,封龙编侯,弟壹偏将军,都乡侯。"从此,士燮不断向孙权贡献,"每遣使诣权,致杂香细葛,辄以千数,明珠、大贝、流离、翡翠、玳瑁、犀、

---

① 《三国志·吴书·士燮传》。

象之珍,奇物异果,蕉、邪(按:即椰子)、龙眼之属,无岁不至。
(士)壹时贡马凡数百匹。权辄为书,厚加宠赐,以答慰之"。士燮
兄弟,相率供命,标志着孙权基本上用非武力的方式解决了交州问
题,"南土之宾(宾服,归顺),自此始也"。[1]

加强直接控制

延康元年(魏黄初元年,公元 220 年),孙权遣吕岱代骘。从
此,孙权对于交州开始了新的方略。他要加强自己对交州的控制,
削弱士氏家族的势力。黄武五年(公元 226 年),年已九十岁的士
燮死去,孙权以士燮的儿子士徽为安远将军,领九真太守,而以校
尉陈时代燮为交阯太守,试图动摇士氏在交阯的根基。吕岱则以
"交阯绝远",表请孙权分割交州,海南三郡(交阯、九真、日南)为
交州,以将军戴良为刺史,海东四郡(苍梧、南海、郁林、合浦)为广
州,岱自为刺史。史载,吕岱驻留南海,戴良与陈时俱前行,到达合
浦。士徽知道孙权、吕岱的目的,不听所命,"自署交阯太守,发宗
兵拒良"(或谓"徽不承命,举兵戍海口以拒良等")。吕岱于是上
疏孙权"请讨徽罪",孙权即予批准。吕岱出士徽不意,"潜军轻
举,掩其无备",督兵三千人晨夜浮海,"自广州将兵昼夜驰入,过
合浦,与良俱前"。据说,吕岱还派士壹的儿子、中郎将士匡"移书
交阯,告喻祸福",劝士徽投降,假说只要服罪,"虽失郡守,保无他
忧"。徽闻岱至,大为震怖,不知所出,即率兄弟六人肉袒迎岱。
吕岱令士徽等穿好衣服,阳示宽宏。第二天,吕岱"早施帐幔,请
徽兄弟以次入,宾客满坐。岱起,拥节读诏书,数徽罪过,左右因反
缚以出,即皆伏诛,传首诣武昌。"随后,孙权铲除士氏势力的目的

---

① 《三国志·吴书·步骘传》、《士燮传》。

既已达到,又即撤销广州建制,仍以吕岱为交州刺史,统交州七郡如故。士燮之兄弟及质子廞等,皆免为庶人。①

黄龙初,吕岱"既定交州,复讨九真,斩获以万数"。又派出使节中郎康泰、宣化从事朱应"南宣国化"。据说,徼外扶南(今泰国)、林邑(在今越南中南部)、堂明(今柬埔寨)诸王,"各遣使奉贡"。②

黄龙三年,孙权已经完全控制了交州,"以南土清定",把吕岱召回,还屯长沙附近,会讨"武陵蛮夷"。③

孙权称帝前后,结束了交州地方势力的统治,割断了交州与魏的政治联系,真正地把交州置于自己的控制之下,扩大了版图,使之成为吴国的有机组成部分。

这里顺便要说的是,黄龙二年孙权在"浮海求夷州(今台湾)"(后详)的时候,曾经准备另遣偏师取珠崖(亦作珠厓、朱厓,治今海南海口),受到陆逊的阻止。陆逊说:"珠崖绝险,民犹禽兽,得其民不足济事,无其兵不足亏众。""求夷州"的军事行动没有收到预期的效果,"取珠崖"的计划也遂搁置。

十二年后,赤乌五年(公元242年)七月,孙权在取得一次对魏战争的胜利后,遂将征讨珠崖的计划付诸实施。《三国志·吴主传》说,孙权派遣将军聂友、校尉陆凯"以兵三万讨珠崖、儋耳(今海南儋州)"。用兵取得相当成功,控制了两郡,然后将珠崖郡治移至徐闻(广东今县),从而更为相对有效地将海南置于交州刺史的统治之下。

赤乌十一年(公元248年),交阯、九真"夷贼"攻没城邑,交州

① 《三国志·吴书·吕岱传》、《士燮传》。
② 参见《梁书·诸夷·扶南国》。
③ 《三国志·吴书·吕岱传》。

"骚动"。孙权以衡阳督军都尉陆胤为交州刺史、安南校尉,率兵南向。陆胤率部进入交州,"喻以恩信,务崇招纳",高凉(今广东阳江西)渠帅黄吴等支党三千余家皆出降。然后,继续引军而南,到达交阯、九真郡,"重宣至诚,遗以财币。贼帅百余人,民五万余家,深幽不羁,莫不稽颡"。骚乱平定后,陆胤因功加授安南将军,又随即回师交州北部诸郡,"复讨"苍梧(今广西梧州)反叛,前后虏获八千余人,"以充军用"。①

二、谋有幽燕之地

孙权用兵交州,加强了对岭南的直接控制,谋略是成功的。但试图拥有幽燕之地,联合公孙渊,掎角曹魏,则完全是建立在战略幻想之上,所以失败了。

公孙渊,魏辽东太守。其祖公孙度,父公孙康都先后为汉朝辽东太守。汉末,公孙康归附曹操,继领辽东,封左将军。公孙康死的时候,渊尚年幼,群下拥立康弟公孙恭为太守。魏文帝曹丕承认事实,遣使授恭车骑将军,并追认康为大司马,以示优待。公孙恭"劣弱不能治国"。太和二年,公孙渊先斩后奏,强夺恭位,然后报告魏廷。此事在魏引起了震动和特别注意,不少大臣主张乘机根除公孙氏在辽东的势力。《三国志·刘晔传》载:"辽东太守公孙渊夺叔父位,擅自立,遣使表状。晔以为公孙氏汉时所用,遂世官相承,水则由海,陆则阻山,故胡夷绝远难制,而世权日久。今若不诛,后必生患。若怀贰阻兵,然后致诛,于事为难。不如因其新立,有党有仇,先其不意,以兵临之,开设赏募,可不劳师而定也。"魏

---

① 《三国志·吴书·陆凯传》附《陆胤传》。

明帝曹叡没有听取刘晔等人的意见,而是继续奉行怀柔政策,封渊为扬烈将军、辽东太守。

公孙渊称臣

公孙渊虽受魏封,但知朝中人对自己很不信任。在此情况下,公孙渊"遣使南通孙权,往来赂遗"。[1] 不久,曹叡即令幽州刺史王雄与东莱太守(失名)由陆路、汝南太守(一作平州刺史)田豫督青州诸军自海道进讨公孙渊。据《三国志·蒋济传》注引司马彪《战略》说,明帝命田豫、王雄"并攻辽东",蒋济不同意,认为:"凡非相吞之国,不侵叛之臣,不宜轻伐。伐之而不制,是驱使为贼。"并进而指出,即使一举便克,"得其民不足益国,得其财不足为富;倘不如意,是为结怨失信也。"曹叡不听,豫等果然无功而退。

孙权称帝后,即派校尉张刚、管笃为使向公孙渊通报。继而,嘉禾元年(魏太和六年,公元 232 年)三月,又派将军周贺、校尉裴潜、都尉葛某(按:失名。《魏略》作郎中令万泰)晓谕"圣意"。九月,周贺返回时,在今山东半岛之端的成山,遭到魏军伏击,被杀。据《三国志·田豫传》载,"豫度贼(吴)船垂还,岁晚风急,必畏漂浪,东随无岸,当赴成山。……贼还,果遇恶风,船皆触山沉没,波荡著岸,无所蒙窜,尽虏其众。"十月,公孙渊回应孙权,即派校尉宿舒、郎中令孙综"称藩于权,并献貂、马"。[2]《三国志·公孙渊传》注引韦曜《吴书》记录了公孙渊向孙权称臣的表文。表文表露了得不到魏国朝廷信任而不知应该依附于谁的郁悒心情,说:"自先人以来,历事汉、魏,阶缘际会(攀附交往),为国效节,继世享

---

① 《三国志·魏书·公孙渊传》。
② 《三国志·吴书·吴主传》。

任,得守藩表",然而"犹知符命未有攸归"。然后,为孙权大唱赞歌,卑词承命,愿意为臣:

> 每感厚恩、频辱显使,退念人臣交不越境,是以固守所执,拒违前使。虽义无二信,敢忘大恩!陛下(按:承认孙权为皇帝)镇抚,长存小国,前后裴校尉、葛都尉等到,奉被敕诫,圣旨弥密,重纨累素(按:意谓圣旨写得很长,密密麻麻写在多块白绢上),幽明备著,所以申示之事,言提其耳。臣昼则呕吟,宵则发梦,终身诵之,志不知足。……今魏家不能采录忠善,褒功臣之后,乃令谗伪得行其志。听幽州刺史、东莱太守诡误之言,猥兴州兵,图害臣郡。臣不负魏,而魏绝之。盖闻人臣有去就之分……伏惟陛下德不再出,时不世遇,是以悾悾怀慕自纳,望远视险,有如近易。诚愿神谟蚤定洪业,奋六师之势,收河、洛之地,为圣代宗。天下幸甚!

孙权接到公孙渊的上表,陡然有点利令智昏了,觉得拥有中原的日子不远了,"大悦",连例行的冬日郊祀也不进行了,说什么"郊祀当于土中(土中,即中土,指中原),今非其所,于何施此"。当即决定"加渊爵位"。①

封渊为王

嘉禾二年(魏青龙元年,公元233年)正月,孙权封公孙渊为燕王。送达的诏书有几点内容特别引人注意:

第一,完全是真命天子君临天下的口气。

> 朕以不德,肇受元命,凤夜兢兢,不遑假寝(按:意谓连打盹的时间都没有)。思平世难,救济黎庶,上答神祇,下慰民

---

① 《三国志·吴书·吴主传》并注《江表传》。

望。是以眷眷(一心一意),勤求俊杰,将与戮力,共定海内。苟在同心,与之偕老。

第二,不仅立渊为燕王,而且扩大其封疆,将其统治地盘由辽东扩展到幽州、青州(今河北、山东境)。

今使持节督幽州领青州牧辽东太守燕王,久胁贼虏,隔在一方,虽乃心于国,其路靡缘。

第三,毫不掩饰即将"普天一统"的欣喜之情。

今因天命,远遣二使(按:指公孙渊派来的使节),款诚显露,章表殷勤,朕之得此,何喜如之!虽汤遇伊尹,周获吕望,世祖未定而得河右(按:指刘秀天下未定,张掖属国都尉窦融以河西五郡内附),方之今日,岂复是过?普天一统,于是定矣。书不云乎:'一人有庆,兆民赖之'。其大赦天下,与之更始,其明下州郡,咸使闻知。特下燕国,奉宣诏恩,令普天率土备闻斯庆。

随后,是年三月,孙权派太常张弥、执金吾许晏、将军贺达等将兵万人,"金宝珍货,九锡备物,乘海授渊",并护送宿舒、孙综等还辽东。同时,孙权让张弥等又给公孙渊带去一道长诏。

诏文首述即将平一天下的前景,然后,大赞公孙渊识时务,"天姿特达,兼包文武,观时睹变,审于去就",功劳比周公、姜太公还大,理应受到重赏。最后,胪列赏格。第一项,授土地:"今以二州十七郡[百]七十县,封君为燕王";第二项,授玺绶策书,符节,金虎符五、竹使符十,并赐"玄土"、"白茅",用以祭祀社稷;第三项,授兵权,可用大将军仪仗:"方有戎事,典统兵马,以大将军曲盖麾幢、督幽州、青州牧辽东太守如故";第四项,加九锡:其中有大辂、玄牡、衮冕之服、轩县之乐、虎贲之士百人、斧钺各一、彤弓一、彤矢百、旅(音lú,黑色)弓十、旅矢千、秬鬯(酒之一种)一卣

298

（酒器），等等。①

孙权此举，引起群臣反对，"举朝大臣，自丞相（顾）雍已下皆谏，以为渊未可信，而宠待太厚，但可遣吏兵数百护送舒、综，权终不听。"②老臣张昭力谏说："渊背魏惧讨，远来求援，非本志也。若渊改图，欲自明于魏，两使不反，不亦取笑于天下乎？"君臣二人争执不下，"权不能堪，案刀而怒曰：'吴国士人入宫则拜孤，出宫则拜君（指张昭），孤之敬君，亦为至矣，而数于众中折孤，孤尝恐失计。'"张昭"忿言之不用，称疾不朝"。③ 骑都尉虞翻，虽然已经充军交州，仍不忘国事，"常忧五溪宜讨，以辽东海绝，听人使来属，尚不足取，今去人财以求马，既非国利，又恐无获"，欲谏不敢，作表请吕岱转报，吕岱不敢转达。④ 孙权皆不听。

徒送使者和万人性命

魏国很快便知公孙渊通吴，因而即采两种措施予以应对。一是布兵今山东半岛东端陆上并海域，拦击吴兵和使者（如前所述）。二是加紧对公孙渊和辽东吏民的威胁利诱。《魏略》载："国家（魏明帝）知渊两端，而恐辽东吏民为渊所误"，因而向辽东发出了公开信，"告辽东、玄菟（郡名，辖今辽宁东部、吉林南部等地）将校吏民"。重点有三：一把孙权痛骂一顿，说："逆贼孙权遭遇乱阶，因其先人劫略州郡，遂成群凶，自擅江表，含垢藏疾。冀其可化，故割地王权，使南面称孤，位以上将，礼以九命。权亲叉手，北向稽颡。假人臣之宠，受人臣之荣，未有如权也。狼子野心，告令

① 《三国志·吴书·吴主传》注引《江表传》。
② 《三国志·吴书·吴主传》。
③ 《三国志·吴书·张昭传》。
④ 《三国志·吴书·虞翻传》注引《吴书》。

难移,卒归反覆,背恩叛主,滔天逆神,乃敢僭号。恃江湖之险阻,王诛未加。比年已来,复远造船,越渡大海,多持货物,诳诱边民。"二斥公孙渊背义,说公孙渊此举是:"厌安乐之居,求危亡之祸,贼忠贞之节,重背叛之名。"三赦所有"反邪就正"者,说:"朕为天下父母,加念天下新定,既不欲劳动干戈,远涉大川,费役如彼,又悼边陲遗余黎民,迷误如此……。若股肱忠良,能效节立信以辅时君,反邪就正以建大功,福莫大焉。……其诸与贼使交通,皆赦除之,与之更始。"

公孙渊果然害怕了,又恐孙权"远不可恃,且贪货物",于是又叛吴归魏。他非常凶残地诱致吴使,悉斩张弥、许晏、裴潜、万泰等,"送其首于魏,没其兵资"。当时,吴军号称万人,实约七八千人,除张弥等"将吏兵四百余人"外,其余皆由军将贺达、虞咨率领,驻扎沓津(约在今辽宁辽阳境)。公孙渊袭杀张弥等后,将其他"面缚乞降"的"吏从兵众"数百人,"徙充边城"。同时遣将韩起率将三军,驰行至沓津,诱杀贺达、虞咨及其兵众三百余人。另,"吴兵被创赴水没溺者可二百余人,其散走山谷,来归降及藏窜饥饿死者,不在数中"。

公孙渊杀吴使、屠吴军,即时向魏明帝上报,并为自己辩护,诡称前遣校尉宿舒、郎中令孙综赴吴是"甘言厚礼,以诱吴贼。幸赖天道福助大魏,使此贼虏暗然迷惑,违戾群下,不从众谏,承信臣言,远遣船使,多将士卒,来致封拜"。

孙权失利,痛心疾首,大怒,决定亲征,对臣下说:"朕年六十,世事难易,靡所不尝,近为鼠子所前却(摆布),令人气涌如山。不自截鼠子头以掷于海,无颜复临万国。就令颠沛,不以为恨。"[1]

---

① 以上《三国志·魏书·公孙渊传》并注,《三国志·吴书·吴主传》。

但大臣们多不同意。上大将军陆逊上疏"以小不忍则乱大谋"之意劝孙权,指出:"……今不忍小忿,而发雷霆之怒,违垂堂之戒(按:古训'坐不垂堂',意为堂屋檐下容易受到坠落物的伤害),轻万乘之重,此臣之所惑也。……强寇在境,荒服未庭(按:指辖区之边远地方还没有归附),陛下乘桴远征,必致窥觎(按:指曹魏必乘机兴兵),愍至而忧,悔之无及。若使大事时捷,则渊不讨自服;今乃远惜辽东众之与马,奈何独欲捐江东万安之本业而不惜乎?乞息六师,以威大虏,早定中夏,垂耀将来。"①

尚书仆射薛综上疏说:"水火之险至危,非帝王所宜涉也。今辽东戎貊小国,无城池之固,备御之术,器械铢钝,犬羊无政,往必禽克",然而有"三不可"。他说:"其方土寒埆(土地温度低而瘠薄),谷稼不殖,民习鞍马,转徙无常。卒闻大军之至,自度不敌,鸟惊兽骇,长驱奔窜,一人匹马,不可得见,虽获空地,守之无益,此不可一也。""海行无常,风波难免,倏忽之间,人船异势。虽有尧舜之德,智无所施,贲育之勇(贲,孟贲;育,夏育。皆古之勇士),力不得设,此不可二也。""郁雾冥其上,咸水蒸其下,善生流肿,转相污染,凡行海者,稀无斯患,此不可三也。"薛综最后劝孙权先把注意力集中到中原,说:"中国一平,辽东自毙,但当拱手以待耳。今乃违必然之图,寻至危之阻,忽九州之固,肆一朝之忿,既非社稷之重计,又开辟以来所未尝有,斯诚群僚所以倾身侧息,食不甘味,寝不安席者也。惟陛下抑雷霆之威,忍赫斯之怒,遵乘桥之安,远履冰之险,则臣子赖祉,天下幸甚。"②

选曹尚书陆瑁连上两篇长疏,其中有"陛下不忍悁悁之忿,欲

---

① 《三国志·吴书·陆逊传》。
② 《三国志·吴书·薛综传》。

越巨海,身践其土,群臣愚议,窃谓不安"之句,主要理由有:(1)吴国的主要危险是曹魏,"北寇(指魏)与国,壤地连接,苟有闲隙,应机而至",如果为了眼前利益,"而更弃本追末,捐近治远,忿以改规,激以动众",是危险的,是"猾虏(指魏)所愿闻",而"非大吴之至计也";(2)兵势不利,"兵家之术,以功役相疲,劳逸相待",现在吴兵到海岸以后,离渊"道里尚远",因此必然是"兵势三分,使强者进取,次当守船,又次运粮,行人虽多,难得悉用;加以单步负粮,经远深入,贼地多马,邀截无常";(3)魏国会支援公孙渊,"若渊狙诈,与北(指魏)未绝,动众之日,唇齿相济";(4)士兵有恐怖情绪,军队"若实子然无所凭赖,其畏怖远迸,或难卒灭";(5)山越会乘机起事,"使天诛稽于朝野(稽,延迟。此指征伐拖的时间很长),山房承间而起,恐非万安之长虑也。"陆瑁进而恳请孙权,"愿陛下抑威住计,暂宁六师,潜神嘿规,以为后图,天下幸甚。"①

　　经过群臣力谏,孙权终于取消了渡海北伐公孙渊的军事行动。

　　非常有趣的是,四年后,赤乌元年(魏景初二年,公元238年)正月,公孙渊再次"遣使称臣"。公孙渊反复无常、首鼠两端,最终落得个国破家亡、身首异处的下场。据载,公孙渊绝吴后,魏明帝封他为大司马、乐浪公,"持节,领郡如故"。但始终两相疑虑。魏景初元年(公元237年),魏遣幽州刺史毌丘俭等带着皇帝的玺书征召公孙渊入朝,"渊遂发兵反",逆战毌丘俭于辽隧(今辽宁海城西)。毌丘俭等败而归,公孙渊"遂自立为燕王,置百官有司",并再次向吴称臣。晋人习凿齿《汉晋春秋》记载:"公孙渊自立,称绍汉元年。闻魏人将讨,复称臣于吴,乞兵北伐以自救。"当时,吴人对公孙渊的反复无常很气愤,"欲戮其使",只有羊衜认为"不可"。

---

① 《三国志·吴书·陆瑁传》。

羊衜劝孙权发兵,说:"不如因而厚之,遣奇兵潜往以要其成。若魏伐渊不克,而我军远赴,是恩结遥夷,义盖万里;若兵连不解,首尾离隔,则我虏其傍郡,驱略而归,亦足以致天之罚,报雪曩事矣。"孙权认为羊衜意见很对,"乃勒兵大出"。对公孙渊的使者说,愿与公孙渊"同休戚,共存亡",就是死在中原,"吾所甘心也。"结果,又是毫无所获。次年,魏遣太尉司马懿征渊,历经数战,终于"斩渊父子",并"斩相国以下首级以千数,传渊首洛阳"。[1]

孙权试图将公孙渊纳为藩属的行动,谋在扩大帝业,动机不可为非,但就当时形势言,纯属贸然行动。

孙权失算了,但有一个意外的收获,被历史记录了下来,这就是沟通了同朝鲜的联系。据载:"初,张弥、许晏等俱到襄平(辽东郡治襄平,今辽宁辽阳北),官属从者四百许人。渊欲图弥、晏,先分其人众,置(于)辽东诸县,以中使秦旦、张群、杜德、黄疆等及吏兵六十人,置(于)玄菟郡。"秦旦等谋袭玄菟郡太守王赞,失败,旦、疆到达句骊,假传(孙权)圣旨,"因宣诏于句骊王宫及其主簿",宣称吴帝赏赐的东西,已被辽东公孙渊抢走。"宫等大喜,即受诏"。其年,"宫遣皂衣二十五人送旦等还,奉表称臣,贡貂皮千枚,鹖鸡皮十具。"嘉禾四年(公元 235 年),孙权又"遣使者谢宏、中书陈恂拜宫为单于,加赐衣物珍宝"。此时,"宫受魏幽州刺史讽旨",令他把吴使捉起来。王宫派遣主簿笮咨、带固等出安平,与谢宏相见。谢宏先发制人,"即缚得三十余人质之",王宫"于是谢罪,上马数百匹"。谢宏让笮咨、带固二人回去"奉诏书赐物与宫"。是时宏船小,载马八十四而还。[2] 不过,从《三国志·明帝

---

① 《三国志·魏书·公孙渊传》。
② 《三国志·吴书·吴主传》注引韦曜《吴书》。

纪》记载看,吴同高句骊的这种关系仅仅维持了很短时间,是年七月,高句骊把孙权的新来使者胡卫杀了,将其首级送到幽州。

三、遣将浮海求夷洲

黄龙二年(魏太和四年,公元230年),孙权派遣将军卫温、诸葛直率领甲士万人,"浮海求夷洲及亶洲"。

夷洲(一作夷州),即今我国台湾。

亶洲(一作澶洲)指什么地方? 史无定论。有谓日本者,有谓琉球者,有谓吕宋者,有谓对于东海岛屿的称呼者,甚至还有认为是指美洲者。窃以为,既然兵出一路求两洲,必然是或大体是同一方向,如有其地,当在东海外域之大洋中。《后汉书·东夷列传》和《三国志·吴主传》都记载,亶洲在海中,传言秦始皇遣方士徐福将童男女数千人入海,求蓬莱神仙(山)及仙药不得,徐福畏诛不敢还,遂止此洲。世世相承,有数万家。其人民,常有到会稽交易者,会稽东冶县人海行,亦有遭风流移至亶洲者。所在绝远,不可往来。这些记载,写明了亶洲的方位,但并不是肯定的,而是将"传言"的故事记录在"传言"的地方上。事实上,直到孙权时代,人们并不知道传说中的亶洲在什么地方。所谓"求"亶洲,即有寻找它的意思。值得注意的是,从东冶(今福州)船行东向,"流移"所至,似乎只能到琉球群岛南端诸岛,只有遇飓风而折向北上,才有可能性抵达现在的日本本土。所以,我认为,亶洲是传说中的地理概念,"其人民常有到会稽交易者",可能是泛指东海外域大洋中列岛,其中主要是琉球群岛南端诸岛之民。论者,特别是讨论徐福为秦始皇求仙药而不敢回来的论者,多谓亶洲是日本。如果是那样,既然倭人早已同汉有所联系,甚至倭人女王还向魏"遣使奉献"，居地已很明确，(如：《后汉书·东夷列传》所说"倭在韩东南大海中，依山㟖(ào)为居，凡百余国。自武帝灭朝鲜，使译通于汉者三十余国，国皆称王，世世传统……。建武中元二年，倭奴国奉贡朝贺……光武赐以印绶")，而《后汉书》作者就不会又在同传中把日本再说成是一个"所在绝远，不可往来"的"亶洲"。况且，那时候，既然人们已知"东倭重译纳贡"[1]于魏的事实存在，孙权怎么又会把日本称作亶州呢。

孙权遣将"浮海求夷洲及亶洲"的决策，上大将军陆逊和卫将军全琮等都提出异议。《三国志·陆逊传》载，孙权"欲遣偏师取夷州及朱崖（今海南海口，此处泛指海南），皆以谘逊"，陆逊上疏说："臣反复思惟，未见其利，万里袭取，风波难测，民易水土，必致疾疫，今驱见众，经涉不毛，欲益更损，欲利反害。"又说，"珠崖绝险，民犹禽兽，得其民不足济事，无其兵不足亏众。"进而讲述应当"畜力而后动"的道理，说"治乱讨逆，须兵为威，农桑衣食，民之本业，而干戈未戢，民有饥寒。臣愚以为宜育养士民，宽其租赋，众克在和，义以劝勇，则河渭可平，九有（州）一统矣。"《全琮传》说："权将围珠崖及夷州，皆先问琮"。全琮认为："以圣朝之威，何向而不克？然殊方异域，隔绝障海，水土气毒，自古有之，兵入民出，必生疾病，转相污染，往者惧不能反，所获何可多致？猥亏江岸之兵，以冀万一之利，愚臣犹所不安。"

陆逊、全琮的意见，从军事的角度看，自然很有道理。但他们没有理解或没有注意到孙权用兵的动机不在所获多少，而在于拓展封疆。因此，孙权没有听从武将们的劝阻。不幸的是，结局被陆逊、全琮言中。"卫温、诸葛直军行经岁，士众疾疫死者什八九，亶

---

[1]　《晋书·宣帝纪》。

洲绝远,卒不可得至,得夷洲数千人还。"①所谓"亶洲绝远,卒不可得至",不外两种可能,一是船队绕过夷洲后没有把握好方向,迷途了,驶入夷洲以东、琉球以南的旷洋中,找不到陆地可靠;二是以亶洲命名的地方不存在。

此次出兵,得不补失,孙权"深悔之",怒将卫温、诸葛直"以违诏无功"的罪名,杀了。②"违诏",自然不是因为病死了许多人。这是非人为的因素。而是因为违背了孙权的出兵本意,没有达到预期的目的。历史记载很明确,孙权的目的是"求夷洲及亶洲"。"求",乃寻求之意,是求得其地,建立联系,求其内附。用陆逊的话说,是"远规夷洲"。"远规夷洲"就是试图将远方的夷洲纳入自己的统治范围之中。诏用"求"字,而不用"征"、"伐"或"讨"字。因为两者的意思,迥然不同。卫温、诸葛直,第一没有到达(说得确切些是没有找到)亶洲,是"违诏";第二,他们虽然开通了大陆与夷州的水上交通,并在实际上把夷洲纳入了吴国版图,但没有建立起永久性政权,也没有有效地建立和加强同地方势力或民人的联系,是"违诏";第三,孙权用兵虽然常常带有"强者为兵,赢者补户"的功利主义,但夷州用兵并不为此,他们掳掠了夷洲数千人,不符合孙权的本意,同样也是"违诏"。

孙权此次用兵,从军事上说,失多得少,不足为训。但加深了大陆与夷洲的交通和经济交流,扩大了两岸人众交往,使其成为祖国不可分离的组成部分,对于后世的影响是积极的、深远的。

---

① 《资治通鉴》卷71,魏明帝太和四年。
② 《三国志·吴书·吴主传》。

四、平"蛮夷"、讨山越

孙权统事以来,始终重视域内安定,尤其注意夷越的武装反抗势力。若有动乱,常即发兵镇抚。称帝前夕,因为忙于吴蜀媾和与对魏的战事,对内着重于"抚";称帝后,为了巩固统治和域内形势稳定,又加强了兵力镇压,发动了数次平"蛮夷"、讨山越的军事行动。

潘浚"讨五溪蛮夷"

黄龙三年(公元231年)二月,孙权"遣太常潘浚率众五万,讨武陵蛮夷"。

潘浚,武陵汉寿(湖南今县)人,曾为荆州牧刘表的江夏从事、湘乡令;刘备领荆州牧时,以浚为治中从事;孙权杀关羽,并荆土,"拜浚辅军中郎将,授以兵。迁奋威将军,封常迁亭侯。"孙权称帝后,"拜(浚)为少府。进封刘阳侯,迁太常"。潘浚是武陵郡人,熟悉武陵情况。刚被孙权所用时,即以五千人平定过武陵境内五溪蛮夷叛乱立功。以善抚蛮夷著名。

武陵蛮夷,久不顺服。吴、蜀夷陵战争的时候,"诸县及五溪民皆反为蜀",全都投到刘备方面去,听从马良的调遣。

从潘浚第一次平定五溪蛮夷(建安二十四年,公元219年),到黄龙三年(公元231年),已有十数年了。此期间,五溪蛮夷不仅曾经帮助过刘备,而且又有了新的集结和组合。

史载,"五溪蛮夷叛乱盘结,权假浚节,督诸军讨之。"潘浚历时四年,付出了很大努力,杀了不少人,"信赏必行,法不可干,斩首获生,盖以万数",从此,"郡蛮衰弱,一方宁静"。直到嘉禾三年

（公元 234 年）冬，潘浚才算是"平武陵蛮夷，事毕"，回到武昌，与陆逊继续辅太子，"共掌留事"。

镇南将军吕岱参加了会讨武陵蛮夷的军事行动。吕岱本交州刺史，黄龙三年，"以南土清定"，召还长沙。史称："会武陵蛮夷蠢动，岱与太常潘浚共讨定之。"①

全琮征六安、诸葛恪平丹杨

嘉禾二年（公元 233 年），卫将军全琮率领步骑五万征六安（安徽今市），"六安民皆散走"。据说，诸将想分兵追捕。全琮不同意，认为："分兵捕民，得失相半"，"纵有所获，犹不足以弱敌而副国望也。如或邂逅，亏损非小，与共获罪，琮宁以身受之，不敢徼功以负国也。"②

嘉禾三年（公元 234 年）秋，孙权以诸葛恪为抚越将军，丹杨太守，讨山越。

诸葛恪，诸葛瑾的长子，"少知名，弱冠拜骑都尉，与顾谭、张休等侍太子登讲论道艺，并为宾友"。孙权称帝后，诸葛恪"从中庶子转为左辅都尉"。孙权异其才捷，"欲试以事，令守节度"，因授以实职。

诸葛恪认为，"丹杨山险，民多果劲，虽前发兵，徒得外县平民而已。其余深远，莫能禽尽"。他屡次自求去完成这件事，并说"三年可得甲士四万"。朝臣都不同意，理由有三：（一）丹杨地势险阻，说丹杨"与吴郡、会稽、新都、鄱阳四郡邻接，周旋数千里，山

---

① 以上见《三国志·吴书·潘浚传》、《吴主传》、《吕岱传》。按：五溪蛮，《水经·沅水注》说，武陵有五溪，谓雄溪、樠溪、无溪、酉溪、辰溪，"蛮夷"（今苗、瑶族祖先）居此者，"故谓此蛮五溪蛮也"。
② 《三国志·吴书·全琮传》。

308

谷万重";(二)民无反叛迹象,认为"其幽邃民人,未尝入城邑,对长吏,皆仗兵野逸,白首于林莽";(三)民人善战,越民"俗好武习战,高尚气力,其升山赴险,抵突丛棘,若鱼之走渊,猿狖之腾木也。时观间隙,出为寇盗,每致兵征伐,寻其窟藏。其战则蜂至,败则鸟窜,自前世以来,不能羁也"。据说,他的父亲诸葛瑾也不支持,认为无故兴兵,"事终不逮"。恪则力排众议,力言必能取得胜利。

然而,孙权支持他。诸葛恪到丹杨后,没有采取屠杀政策,但手段也是非常残酷的。他首先通知四部属城长吏,"各保其疆界"(按:四部长吏指四部都尉。胡三省注《资治通鉴》说:四部当作四郡,即丹杨相邻之吴郡、会稽、新都、鄱阳。山越依阻出没,故令其各保其疆界也。亦通),命令山民集中,"其从化平民,悉令屯居"。然后,部署诸将对付不肯"从化"的山民,"罗兵幽阻,但缮藩篱,不与交锋,候其谷稼将熟,辄纵兵芟刈,使无遗种"。山民的庄稼被官军收割光了,"旧谷既尽,新田不收,平民屯居,略无所入,于是山民饥穷,渐出降首"。

诸葛恪对于投降的山民,采取怀柔策略。他下令说:"山民去恶从化,皆当抚慰",徙出外县者,"不得嫌疑,有所执拘。"据说,对于不遵从他命令的人,处罚很严厉。有一位臼阳(治今安徽当涂东北小丹阳镇)长胡伉,"得降民周遗,遗旧恶民,困迫暂出,内图叛逆,伉缚送诸府"。恪没有杀周遗,却"以伉违教,遂斩以徇,以状表上"。这一手很见效,"民闻伉坐执人被戮,知官惟欲出之而已,于是老幼相携而出"。三年的任务,一年就完成了,"岁期,人数皆如本规(按:指可得甲士四万)。恪自领万人,余分给诸将。"

孙权表彰诸葛恪的功劳,特派尚书仆射薛综劳军。薛综其人,颇善文辞,喜欢引经据典,将孙权的意思表述得淋漓尽致,不无夸张地说:

山越恃阻(凭靠地势险阻),不宾历世(不服很久),缓则首鼠,急则狼顾。皇帝赫然,命将西征,神策内授,武师外震。兵不染锷,甲不沾汗。元恶既枭,种党归义,荡涤山薮,献戎十万。野无遗寇,邑罔残奸。既扫凶慝,又充军用。藜蓧稂莠(泛指有害杂草),化为善草。魑魅魍魉,更成虎士。虽实国家威灵之所加,亦信元帅临履之所致也。……故遣中台近官,迎致犒赐,以旌茂功,以慰劬劳(qú láo,劳苦)。

嘉禾六年冬,诸葛恪平山越事毕,北屯庐江。①

吕岱讨李桓、罗厉,镇压廖式

嘉禾三年(公元234年)冬,庐陵(治今江西吉水东北)等地爆发了以李桓、罗厉等为首的叛乱。势头迅速蔓延,次年,"庐陵贼李桓、路合、会稽东冶贼随春、南海贼罗厉等一时并起。"

孙权命吕岱率领将军刘纂、唐咨、中郎将吾粲等分部讨击。随春很快投降了,吕岱给予优待,"拜春偏将军,使领其众,遂为列将"。五年二月,中郎将吾粲获李桓,将军唐咨获罗厉等。李桓、罗厉是被捉获的,待遇就不同了,所以《三国志·吕岱传》说,李桓、罗厉等"皆见斩获,传首诣都"。

孙权大嘉吕岱的功劳,下诏说:

(罗)厉负险作乱,自致枭首;(李)桓凶狡反复,已降复叛。前后讨伐,历年不禽,非君规略,谁能枭之?忠武之节,于是益著。元恶既除,大小震慑,其余细类,扫地族矣。自今已去,国家永无南顾之虞,三郡晏然,无怵惕之惊,又得恶民以供赋役,重用叹息。

---

① 以上见《三国志·吴书·诸葛恪传》《吴主传》。

同时,对吕岱未经朝廷同意擅给投降者以重大封赏的行动,不仅不以为过,而且给予充分肯定,说:"赏不逾月,国之常典,制度所宜,君其裁之。"①

继而,吕岱领荆州文书,与陆逊并在武昌,督蒲圻(今湖北赤壁市)。赤乌二年(公元239年)十月,孙权派遣将军蒋秘南讨蛮夷。不久,蒋秘所部一个都督廖式,"杀临贺(今广西贺州)太守严纲等,自称平南将军,与弟潜共攻零陵、桂阳,及摇动交州、苍梧、郁林诸郡,众数万人"。对于这股同蛮夷有着密切联系的叛军。史载,吕岱"自表辄行,星夜兼路"。为了给吕岱以权力,孙权"遣使追拜"吕岱为交州牧,并且即遣左将军唐咨等"骆驿相继",配合作战。吕岱、唐咨力战,"一年破之,斩廖式及遣诸所伪署临贺太守费杨等,并其支党,郡县悉平"。当时,吕岱年已八十,史赞"体素精勤,躬亲王事"。

陆逊讨彭旦、吴遽

嘉禾六年(公元237年),鄱阳地方爆发了分别以彭旦和吴遽为首的叛乱。是年二月,"陆逊讨彭旦等,其年,皆破之"。其中吴遽叛乱完全是因为强征兵役所致。《三国志·陆逊传》说:"中郎将周祗乞于鄱阳召募,事下问逊。逊以为此郡民易动难安,不可与召。恐致贼寇。"然而,周祗不听,强行征召,"郡民吴遽等果作贼杀祗,攻没诸县",邻近豫章、庐陵两郡"恶民",起而响应,"应遽为寇"。陆逊采取各个击破的办法,吴遽等力所不敌,相继投降,"逊料得精兵八千余人,三郡平"。

---

① 以上见《三国志·吴书·吕岱传》《吴主传》。

周鲂诱杀董嗣

嘉禾六年,山民董嗣率众暴动,"负阻劫钞,豫章、临川(按:临川郡是孙亮在太平二年时所设,此时仍属豫章)并受其害"。昭义中郎将吾粲、左将军唐咨曾经合力"以三千兵攻守,连月不能拔"。武力攻伐不能奏效,鄱阳太守加裨将军周鲂上表,请求罢兵,让自己相机而动,"得以便宜从事"。据载,"鲂遣间谍,授以方策,诱狙杀嗣"。董嗣被杀后,他的弟弟害怕了,跑到武昌向陆逊投降,"乞出平地,自改为善"。从此,数郡平静,"无复忧惕"。①

锺离牧平五郡

赤乌年间,会稽山阴(今浙江绍兴)人锺离牧先后为南海太守、丞相长史、中书令。他在南海(今广东广州)任上,"越界扑讨",先后平息高凉(今广东阳江西)、揭阳(广东今市)两股"叛乱"。《会稽典录》记载:"高凉贼率(帅)仍弩等破略百姓,残害吏民,牧越界扑讨,旬日降服。"又,"揭阳县贼率(帅)曾夏等众数千人,历十余年",朝廷"以侯爵、杂缯千匹,下书购募,绝不可得",锺离牧"遣使慰譬",曾夏等人"皆首服,自改为良民"。在任职中枢期间,建安(今福建福州境)、鄱阳(今江西波阳)、新都(今浙江淳安)三郡"山民作乱",牧为监军使者,一举平定,"贼帅黄乱、常俱等,出其部伍,以充兵役"。②

---

① 《三国志·吴书·周鲂传》。
② 《三国志·吴书·锺离牧传》。

第十三章　吴魏边境的攻防战争

孙权称帝,迄止辞世,历时二十二年。二十多年中,吴魏之间没有发生过如建安十三年(公元208年)赤壁之战、黄武元年(魏黄初三年,公元222年)顽抗曹丕三路兵和黄武七年(魏太和二年,公元228年)大战曹休那样的大规模的战争,但中小规模的军事接触和边境的攻防战役始终不断。有史可稽的战役,约近二十次。其中有些战例也是非常精彩的。

一、主动进攻

孙权称帝后吴魏的军事冲突和边境战争,大都是吴方发动的。他所以在此期间屡屡发动对魏战争,原因有四:一是蜀汉丞相诸葛亮屡出汉中,对曹魏西北边防构成了威胁,吴蜀协同,易获成功;二是边境紧张,使军旅时常处在备战、待战状态中,利于边境巩固和向敌示兵;三是武将在边,关注边防战争,利于内部统治的稳定;四是他已拥有了一支可资发动局部军事行动的军事力量。正如《三国志·齐王纪》注引习凿齿《汉晋春秋》所说:"孙权自十数年以来,大畋江北,缮治甲兵,精其守御,数出盗窃,敢远其水,陆次平土"。

然而,孙权发动的战役大都收效不大,甚至是严重失利的。

黄龙、嘉禾年间的战役

（1）黄龙三年（魏太和五年，公元231年）二月，孙权派中郎将孙布诈降，试图诱致魏建武将军、扬州刺史王凌。王凌其人，甚知用兵之要，但他上了孙权的当，准备派出军队迎接孙布来降。是年十月，孙权将大量兵力潜伏在阜陵（今安徽全椒东南），试图在王凌军队经过的时候一鼓歼之。结果，王凌在即将进入伏击圈之前发觉了孙权的意图，迅即将军队撤回。孙权无获而罢。这是孙权作为吴国皇帝第一次向魏示兵，也是向魏传达的一个新的即将开始军事周旋的信号。

（2）嘉禾元年（魏太和六年，公元232年）三月，孙权遣将军周贺、校尉裴潜等由海路到辽东。是年九月，回来路上遭到魏将田豫伏击，周贺被杀于成山，所部全军覆没。（已详前章）

（3）同年，孙权以陆逊"引兵向庐江"。此举在魏引起震动，朝臣大都以为应该急救，征东将军满宠则认为，"庐江虽小，将劲兵精，守则经时。又贼舍船二百里来，后尾空县（悬），尚欲诱致，今宜听其遂进，但恐走不可及耳。"满宠遂"整军趋杨宜口（今安徽霍丘境）"，陆逊闻魏"大兵东下，即夜遁"。①

（4）嘉禾二年（魏青龙元年，公元233年）正月，孙权向合肥新城示兵（按：魏于太和四年，公元230年，建合肥新城），"权自出，欲围新城，以其远水，积二十日不敢下船"。魏将满宠"潜遣步骑六千，伏肥城隐处以待之"。孙权上岸耀兵，满宠"伏军卒起击之，斩首数百，或有赴水死者"。② 吴兵失利，"不克而还"。

---

① 《三国志·魏书·满宠传》。
② 《三国志·魏书·满宠传》。

（5）嘉禾三年（魏青龙二年，公元234年）五月，孙权再次亲自挂帅，率众十万"围合肥新城"。同时派上大将军陆逊、大将军诸葛瑾等分别屯兵江夏、沔口，示兵北取襄阳，遥为声援；派镇北将军孙韶、奋威将军张承等分别向广陵、淮阳，以为掎角之势。当时，诸葛亮兵出武功，孙权认为，魏西北军事紧张，魏明帝曹叡不能远出，是攻取合肥新城的好机会。然而，曹叡把西北战事交给了司马懿，居然亲率水军"东征"。曹叡的行动，出乎孙权意外。孙权知难相抗，便在曹叡尚未到达寿春的时候，即把军队撤了回来，孙韶也罢军而回。围城时，魏将满宠"驰往赴，募壮士数十人，折松为炬，灌以麻油，从上风放火"，烧毁了吴军的攻城器具，射死了孙权的侄子（四弟孙匡的儿子）、长水校尉孙泰。①

曹叡对于此次战役的胜利，颇为自得。《三国志·明帝纪》作如下记述："五月，孙权入居巢湖口，向合肥新城，又遣将陆议（逊）、孙韶各将万余人入淮、沔。六月，征东将军满宠进军拒之。"满宠建议放弃新城，把敌人引到寿春消灭之。曹叡不听，说："先帝东置合肥，南守襄阳，西固祁山，贼来辄破于三城之下者，地有所必争也。纵权攻新城，必不能拔。敕诸将坚守，吾将自往征之。"七月，曹叡"亲御龙舟东征"，孙权攻新城，魏将张颖等"拒守力战"。但当曹叡大军距离合肥新城还有数百里的时候，"权遁走，议、韶等亦退"。曹叡"遂进军幸寿春，录诸将功，封赏各有差。八月己未，大曜兵，飨六军，遣使者持节犒劳合肥、寿春诸军"。

（6）嘉禾四、五年（魏青龙三、四年，公元235—236年），魏吴间虽有小的战事，如孙权北征，未至而还，派遣陆逊、诸葛瑾攻襄阳，取得小胜，但基本上是一段不长的平和时期，甚至还有官方交

---

① 《三国志·吴书·吴主传》《三国志·魏书·满宠传》。

易发生。《三国志·吴主传》载，"魏使以马求易珠玑、翡翠、玳瑁"，有人主张不与交易，孙权说："此皆孤所不用，而可得马，何苦而不听其交易？"两年间，双方都把主要精力转向内部。孙权开始注意域内经济政策的调整与越民的再反抗。魏则想乘诸葛亮死后，蜀军后退，西北战场缓和之机，大兴土木，新建洛阳宫，起昭阳殿、太极殿和总章观等。一时间搞得"百姓失农事"，群臣纷纷进谏。殡葬皇太后、立太子的事也都切实忙了一阵子。

（7）嘉禾六年（魏景初元年，公元 237 年）战事又开始了。七月，孙权派遣车骑将军朱然率领二万余人围魏国江夏郡（按：当时吴江夏郡治鄂城，魏江夏郡治樊城），魏荆州刺史胡质等"击之"。《三国志·胡质传》说："吴大将朱然围樊城，质轻军赴之"。许多人认为"贼盛不可迫"，胡质认为："樊城卑下，兵少，故当进军为之外援；不然，危矣。"胡质"勒兵临围"，朱然不战，主动退走。

赤乌年间的战役

赤乌年间，孙权试图军事大为。《汉晋春秋》记载，一位名叫殷礼的零陵太守分析形势，上书为孙权划策："今天弃曹氏，丧诛累见，虎争之际而幼童莅事（按：曹叡死，年幼的养子齐王曹芳继位）。陛下身自御戎，取乱侮亡，宜涤荆、扬之地，举强赢之数，使强者执戟，赢者转运，西命益州军（指蜀军）于陇右，授诸葛瑾、朱然大众，指事襄阳，陆逊、朱桓别征寿春，大驾（指孙权）入淮阳，历青、徐。（魏国）襄阳、寿春困于受敌，长安以西务对蜀军，许、洛之众势必分离；掎角瓦解，民必内应，将帅对向，或失便宜；一军败绩，则三军离心，便当秣马脂车，陵蹈城邑，乘胜逐北，以定华夏。"殷礼认为，不应再搞小打小闹的军事行动，"若不悉军动众，循前轻举，则不足大用，易于屡退。民疲威消，时往力竭，非出兵之策也。"孙权虽然没有完全听殷礼的，即行大举，但受其影响颇深。

（1）赤乌二年（魏景初三年，公元239年）三月，公孙渊再次叛魏，请求吴援，孙权即派遣宾客羊衜、宣信校尉郑胄、将军孙怡为使，率兵到达辽东，击魏守将张持、高虑等。不久，闻知魏将发重兵讨伐公孙渊，随即收兵，仅仅虏得男女若干，小胜而还。

（2）赤乌四年（魏正始二年，公元241年），孙权兵发四路，对魏进行了一次较大规模的战争。

第一路，遣卫将军全琮略淮南。全琮以数万之众战魏征东将军王凌和扬州刺史孙礼于芍陂，"决芍陂（按：意谓决芍陂堤。芍陂在今安徽寿县南），烧安城（在今安徽寿县境）邸阁（粮库），收其人民"。[①] 王凌"率诸军逆讨"，双方展开争夺塘坝高地的战斗，力战连日，魏军乘胜攻陷吴军五营，吴兵不敌而退，中郎将秦晃等十余人战死。

第二路，遣威北将军诸葛恪攻六安。双方军队没有大的接触，诸葛恪无获而罢。

第三路，遣车骑将军朱然、将军孙伦等率五万人围樊城。骑都尉朱异和安东中郎将吕据"破城外围"。[②] 魏皇帝（齐王）曹芳以太傅司马懿"率众拒之"。干宝《晋纪》说，当时形势紧急，吴将全琮寇芍陂，朱然、孙伦围樊城，诸葛瑾、步骘寇柤中（按：柤，音 zha，柤中，在今襄阳南，或宜城西）。司马懿给皇帝上言："柤中民夷十万，隔在水南，流离无主，樊城被攻，历月不解，此危事也，请自讨之。"据说，司马懿"以南方暑湿，不宜持久，使轻骑挑之，（朱）然不敢动"。于是，司马懿虚张声势，"乃令诸军休息洗沐，简精锐，募

---

① 《三国志·吴书·吴主传》。
② 《三国志·吴书·朱桓传》附《朱异传》、《吕范传》附《吕据传》。

先登,申号令,示必攻之势。"朱然等"闻之,乃夜遁"。司马懿追至三州口(在今湖北襄樊境),"斩获万余人,收其舟船军资而还"。①

第四路,遣大将军诸葛瑾、骠骑将军步骘取柤中(在今襄阳南,或宜城西)。瑾等与朱然等属于同一地区作战,朱然既败,瑾等亦退。

孙权此次用兵,初有小胜,继而受挫,基本上是失利的。

(3)赤乌五年(魏正始三年,公元242年),孙权派朱然征柤中,魏将蒲忠、胡质分别率领数千人迎击,"忠要遮险隘,图断然(朱然)后,质为忠继援"。当时,朱然所督兵将已经数路先发,没有办法收拢回来,"便将帐下见兵八百人逆掩",结果,"忠战不利,质等皆退"。朱然获得一次小的胜利。②

(4)赤乌六年(魏正始四年,公元243年)正月,孙权再次以诸葛恪征六安。诸葛恪攻破魏将谢顺的营地,"收其民人"。此前,恪屯庐江皖口(今安徽怀宁境),曾以轻兵袭舒(今安徽舒城),亦"掩得其民而还";并且派出侦探,观察地势,"欲图寿春",没有得到孙权的批准。诸葛恪在六安、舒城一线构成了对魏的威胁。魏太傅司马懿率军入舒,"权方发兵应之,望气者以为不利",于是令恪率兵西移,自皖口徙屯于柴桑(今江西九江西南)。"③《晋书·宣帝纪》的记载略有不同,但明显是为司马懿张目,说:"帝(司马懿)督诸军击诸葛恪,车驾(指魏皇帝)送出津阳门。军次于舒,恪焚烧积聚,弃城而遁。"

---

① 《晋书·宣帝纪》。

② 《三国志·吴书·朱然传》。按:此战不见《三国志·魏三少帝纪》和《吴主传》,裴松之认为是岁无事,是陈寿"误以嘉禾六年为赤乌五年耳"。然而,嘉禾六年,朱然是出兵樊城,并没有到柤中。可备一说。

③ 《三国志·吴书·诸葛恪传》、《吴主传》。

（5）赤乌七、八年（魏正始五、六年，公元 244—245 年），孙权积极备战，虚张声势而未作大的行动。赤乌九年，孙权做了重大人事调整，以骠骑将军步骘为丞相（按：陆逊已卒），车骑将军朱然为左大司马，卫将军全琮为右大司马，镇南将军吕岱为上大将军，威北将军诸葛恪为大将军。同时分荆州为二部，以吕岱督右部，自武昌以西至蒲圻；诸葛恪督左部，代陆逊镇守武昌。

是年二月，朱然再征柤中。史称，朱然"复征柤中，魏将李兴等闻然深入，率步骑六千断然后道"，朱然处乱不惊，夜出迎敌，斩获千余（按：一说数千），"军以胜反"。这一胜利颇使孙权高兴。因此，历史记下了一个有趣故事：先此，赤乌八年七月，已被重用的投降魏将马茂谋刺孙权，阴谋暴露，孙权虽然已经"夷其三族"，但忿不能平。朱然临行前上表说："马茂小子，敢负恩养。臣今奉天威，事蒙克捷，欲令所获，震耀远近，方舟塞江，使足可观，以解上下之忿。惟陛下识臣先言，责臣后效。"当时，孙权实无必胜的信心，所以"抑表不出"，没有表示态度。不久，接到朱然捷报，"群臣上贺，权乃举酒作乐"，把朱然的表章向大家展示，说："此家前初有表，孤以为难必，今果如其言，可谓明于见事也。"于是，立即派遣使者"拜然为左大司马、右军师"于军前。①

朱然的军事胜利，引起了沔水以南魏国居民的恐慌，致使"柤中民吏万余家"弃家渡沔，到沔水以北避难。这是孙权对魏用兵损失最小、收获最大的一次战役。此后，孙权的对魏战争便逐步转向被动了。

（6）赤乌十年（魏正始八年，公元 247 年），孙权派遣将军诸葛壹伪叛，试图引诱魏扬州刺史、镇东将军诸葛诞来降。诸葛诞"以

---

① 《三国志·吴书·朱然传》、《吴主传》。

步骑一万迎壹于高山(在今安徽滁州境)"。孙权"出涂中(今江苏六合境),遂至高山,潜军以待之"。诸葛诞在进入伏击圈之前发觉了吴军意向,随即收兵而退。权亦无果而还。①

同年末,孙权大集兵众于建业,扬言准备北犯扬州。魏扬州刺史诸葛诞让安丰太守王基规划应敌之策,王基认为,孙权两次至合肥,一次至江夏,继而全琮出庐江,朱然寇襄阳,皆无功而还,当时陆逊等已死,而权年老,内无贤嗣,中无谋主,他"自出则惧内衅卒起,痈疽发溃;遣将则旧将已尽,新将未信。此不过欲补定支党,还自保护耳"。② 王基看得很准,孙权果然没有出兵。然而,另一面确实是真的,两年间,孙权始终在为同魏再战而积极准备着。

(7)赤乌十一年前后(约在公元247—249年间),派偏将军朱异掩袭魏庐江太守文钦于六安,是一小胜。《三国志·朱桓传》附《朱异传》说:"魏庐江太守文钦营住六安,多设屯寨,置诸道要,以招诱亡叛,为边寇害。异乃身率其手下二千人,掩破钦七屯,斩首数百"。朱异因此被提升为扬武将军。

二、被动受敌

赤乌后期数年,东吴天灾人祸不断。废立太子的事,大伤元气;谋臣名将诸葛瑾、陆逊、步骘、全琮、朱然相继亡故;地震、洪水、雨雹、大风、山崩、江海涌溢、天文异象频频而至。再加数十年中,内外用兵不断,人力物力消耗极大。至此,年届古稀的孙权不仅缺乏主动出兵的能力,而且也没有了规划、指挥再次战争的精力。

---

① 《三国志·吴书·吴主传》注引《江表传》。
② 《三国志·魏书·王基传》。

与此同时,魏国政局发生了剧变,司马懿最终扳倒大将军曹爽,尽诛曹爽及其弟兄、亲信,自己做了丞相,独掌军政大权,重新调整军事人选,开始谋划新的军事行动以立威。

由此,历史开始了孙吴被动受敌的局面,除了几次小胜,大多战役是失利的。战略上,明显地表现出逐步由战略进攻转向战略防御。

(1)赤乌十三年(魏嘉平二年,公元250年)冬十月,已经成为魏扬州刺史、前将军的文钦诈降,伪称要叛魏降吴,密书给朱异,引诱朱异出来接应。朱异把文钦求降书送达孙权,并且指出实为伪降,"不可便迎"。孙权有点犹豫,下诏说:"方今北土未一,钦云欲归命,宜且迎之。若嫌其有谲者,但当设计网以罗之,盛重兵以防之耳。"于是,孙权加派偏将军吕据"督二万人,与异并力,至北界"。文钦见"异等持重",不敢冒进,诈降之谋未能得逞。孙权的防范性军事调动,虽然没有收到实效,但不能不承认他是正确的。①

(2)同年,孙权开始重视防御工事的建筑。最明显的事例是,"遣军十万,作堂邑(在今江苏六合境)涂塘以淹北道"。② 涂塘,即堤堰。修筑堤堰的目的,如唐人杜佑《通典》所说,"淹北道以绝魏之窥建业"。说得通俗点,就是魏如来犯,放水淹之。

(3)同年十二月,孙权遣将军朱绩、戴烈、陆凯等,往拒魏征南将军、都督荆豫诸军事王昶和荆州刺史王基。史载,是年王昶对魏帝说:"孙权流放良臣,嫡庶分争,可乘衅而制吴、蜀;白帝、夷陵之间,黔、巫、秭归、房陵皆在江北,民夷与新城郡接,可袭取也。"魏

① 《三国志·吴书·朱桓传》附《朱异传》、《吕范传》附《吕据传》。
② 《三国志·吴书·吴主传》。

相司马懿接受王昶的意见，于是"遣新城太守（治今湖北房县）州泰袭巫、秭归、房陵，荆州刺史王基诣夷陵，昶诣江陵"。王昶至江陵，"两岸引竹絙（音 gēng，竹絙，用竹子做的大绳）为桥，渡水击之"。吴军急趋，夺得南岸阵地，"凿七道来攻"。王昶"使积弩同时俱发"。吴将"施绩（按：朱绩，朱然子，本姓施）夜遁入江陵城"，吴兵数百人被追兵所杀。历史记载，王昶想把吴军引到平地"合战"，于是制造假象，"先遣五军案大道发还（后撤）"，使吴兵"望见以喜之"，并将所获铠马甲首，在城外周围展示，以激怒吴军，诱其出城。实则"设伏兵以待之"。朱绩果然上当，出兵追袭魏军，大败。朱绩遁走，其将锺离茂、许旻被杀。王昶"收其甲首旗鼓珍宝器仗，振旅而还"。对于此一战役的失败，《三国志·吴书》的记载多有隐讳和曲护。《吴主传》说，诸军"皆引还"；《朱绩传》则把责任推到后被灭门的诸葛恪、诸葛融的头上，说战前朱绩与奋威将军诸葛融约定："昶远来疲困，马无所食，力屈而走，此天助也。今追之力少，可引兵相继，吾欲破之于前，足下乘之于后，岂一人之功哉，宜同断金之义。"诸葛融答应了，朱绩"便引兵及昶于纪南（在江陵西北），纪南去城三十里，绩先战胜而融不进，绩后失利"。①

（4）太元元年（魏嘉平三年，公元251年）正月，随王昶南征的魏荆州刺史王基、新城太守州泰等别袭吴抚军将军步协于夷陵，步协"闭门自守"。王基"示以攻形，而实分兵取雄父（在今湖北宜昌境）邸阁（按：囤积粮食的处所），收米三十余万斛，虏安北将军谭正，纳降数千口。于是移其降民，置夷陵县。"②孙权再次遭到大的失利。

<hr>

① 《三国志·吴书·吴主传》、《朱然传》附《朱绩传》，《三国志·魏书·齐王纪》、《王昶传》。
② 《三国志·魏书·王基传》。

三十年前,孙权在夷陵大败刘备(公元223年),刘备郁愤死去;三十年后,孙权守将在同一地区败于被司马懿控制下的曹魏政权,失败以后的第二年,神凤元年(魏嘉平四年,公元252年)四月,孙权便死去了。

　　孙权死后,新皇帝年少,宗室孙峻、孙綝相继专权,起用少壮派,又曾抵抗或主动发动过对魏战争,并且取得些许胜利。诸葛恪执政,一度打败魏将王昶、毌丘俭、诸葛诞的来犯,但他被胜利冲昏了头脑,继而以二十万之众(按:实数不会有这样多)进犯淮南。结果连一个仅有三千人把守的合肥新城也没有打下来。当其不得不撤兵的时候,"士卒伤病,流曳道路,或顿仆坑壑,或见略获,存亡忿痛,大小呼嗟",其状惨不忍睹。总的来说,基本上是胜少败多,没有取得什么新的进展。及至蜀亡,晋兴,孙吴内讧不断,末日便到了。此是后话。

第十四章　巩固权力

孙权年未弱冠而统事东吴,封王称帝,直至弥留,自专军政,未尝稍懈。他善于用人,既乐从谏,又固己见,重用宗室,优赏武将,峻刑苛法,果于杀戮,不容任何人对于自己的权力挑战。因此,他的地位是巩固的。但他始终保持警惕,从未松懈或放弃过巩固权力的斗争。尤在后期,吴魏战争渐少,吴蜀联盟关系平稳,他更是把更多的注意力转移到内部和巩固权力上。

一、自专军政,不给丞相实权

孙权于魏黄初二年(公元221年)被曹丕封为吴王,次年自改年号为黄武,并且按照汉初制度自置丞相。

丞相之制,始自于秦。汉承秦制,并在王侯封国置相。丞相的职责是"掌承天子,助理万机"。① 汉初,丞相权力很大,《史记·陈丞相世家》说:"宰相者,上佐天子理阴阳,顺四时,下育万物之宜,外镇抚四夷诸侯,内亲附百姓,使卿大夫各得任其职焉。"及至汉武,权力自专,丞相既是最高官职,又是一个非常危险的差使。据载,汉武帝时十三相,或罢或杀或自杀,善终病死者仅四人。成帝时,为了削弱丞相的权力,"改御史大夫为司空,与大司马、丞相是

---

① 《汉书·百官公卿表》。

为三公,皆宰相也。"(《通典·职官一》)丞相的职权被一分为三。东汉初年延用西汉官制,但"政不任下,虽置三公,事归台阁(尚书)","三公之职,备名而已"(《后汉书·仲长统传》)。建安十三年(公元208年),曹操罢三公,复置丞相、御史大夫,而且自为丞相,把仅有一点名义权力的三公罢置,而成为独揽大权的最高行政、军事长官。蜀汉,刘备称帝,用诸葛亮为丞相,但国之大事的决定权,仍由刘备说了算;不久,刘备死了,情况大变,诸葛丞相"开府治事","政事无巨细,咸决于亮"。孙权设相,不同于曹操,也不同于诸葛亮。用现代语言做个不尽恰当的比喻:曹操、诸葛亮搞的是"内阁制",君主是名义上的国家元首,甚至是丞相股掌之中的傀儡;孙权搞的是独裁"君主制",大事的决定权完全掌握在自己手中,丞相职掌仅在"助理"而已。

不用鲠臣为相

孙权的第一位丞相叫孙邵。孙邵名不见《三国志》列传,姓孙,但非宗室。《三国志·吴主传》注引张勃《吴录》说,孙邵,字长绪,北海(治今山东寿光东南)人,曾为汉末北海相孔融的功曹,孔融很欣赏他,称其为"廊庙才也"。后来,跟随扬州刺史刘繇到江东。刘繇死后,附孙策,孙权统事以后,他"数陈便宜",提过一些好的建议,例如劝孙权向曹操控制的朝廷"应纳贡聘",对孙权的战略决策产生过重要影响。被授庐江太守,继为车骑长史,成为孙权的近臣。黄武初年,孙权遽拔他为丞相,威远将军,封阳羡侯。为相数年,史籍除记其因受张温、暨艳案(按:后详)牵连而主动"辞位请罪"和曾参与"撰定朝仪"及孙权曾打算派他陪儿子为质于魏外,寸功未及,足见他没有做出过有什么重大影响的事情来。

孙权为什么要启用车骑将军府(按:孙权时为车骑将军)的这

位"秘书长"而不用"众议所归"的张昭呢？除了前面讲到的张昭在赤壁之前曾主张降曹等政治原因外，很重要的一条就是为了免用鲠臣，防止掣肘。据载，"昭每朝见，辞气壮厉，义形于色，曾以直言逆旨"，常常使得孙权很不舒服。例如，孙权喜欢狩猎，"每田猎，常乘马射虎，虎尝突前攀持马鞍"。张昭"变色而前"说："将军何有当尔？夫为人君者，谓能驾御英雄，驱使群贤，岂谓驰逐于原野，校勇于猛兽者乎？"孙权考虑到张昭的辅政地位，不得不当即检讨："年少虑事不远，以此惭君。"孙权喜欢饮酒，在武昌钓台与群臣共饮，令群臣说："今日酣饮，惟醉堕台中，乃当止耳。"张昭怒气冲冲，"正色不言，出外车中坐"。孙权派人把张昭叫进来，对他说："为共作乐耳，公何为怒乎？"张昭当即将其比做商纣，说："昔纣为糟丘酒池长夜之饮，当时亦以为乐，不以为恶也。"孙权无言以对，"有惭色，遂罢酒"。因此，孙权考虑到自专权力的需要，便把张昭排斥在丞相的人选之外。然而，群臣共议，认为丞相之职应该"归昭"。孙权诡称，丞相责任繁重，不忍心给老臣压这样重的担子。不久孙邵死了，"百寮"再次推举张昭，孙权不得不对大家说实话："孤岂为子布（张昭字）有爱乎？领丞相事烦，而此公性刚，所言不从，怨咎将兴，非所以益之也。"[①]于是启用了太常顾雍为丞相。

为什么选顾雍为丞相呢？学界有一种观点似乎认为，这是孙权由依靠北方世族支持向依靠南方世族的重大转变。诚然，孙权统治时期，江南本土世族势力得到了发展，如《吴录·士林》所说："吴郡有顾、陆、朱、张四姓，三国之间四姓盛焉。"[②]而且自顾雍以后为相者除步骘为江北淮阴人外，都是江南吴郡人。实则不能这

① 《三国志·吴书·张昭传》。
② 《世说新语·赏誉篇》刘孝标注。

326

样分析问题。固然，随从孙权打天下的江北名将周瑜、鲁肃、吕蒙等人的后代因为各种原因没有得到很好的重用，但诸葛瑾、诸葛恪父子、张昭儿子，以及吕范等江北来的许多人还是得到相当重视的。因此，我认为主要是顾雍有几个很突出的特点，一是"不饮酒，寡言语"。不饮酒，孙权不太喜欢。因为宴饮欢乐的时候，大家都怕有"酒失"被顾雍看见而"不敢肆情"。场面不热闹，所以孙权常说"顾公在坐，使人不乐"。"寡言语"，则正是孙权所需要的。话说得少，就容易说到点子上，容易符合孙权的心意，因此孙权高兴地说："顾君不言，言必有中。"二是不争己功，善于维护皇帝的威信。史载，顾雍"时访逮民间，及政职所宜，辄密以闻。若见纳用，则归之于上，不用，终不宣泄。权以此重之。"三是不做出头的椽子，很会顾及孙权的面子，"于公朝有所陈及，辞色虽顺而所执者正"。有一次，孙权"咨问得失"，顾雍不言，张昭"因陈听采闻，颇以法令太稠，刑罚微重，宜有所蠲损"。权问顾雍："君以为何如？"雍即回答："臣之所闻，亦如昭所陈。"于是孙权"乃议狱轻刑"。《江表传》载，顾雍遇事从不轻易表示自己的意见，"军国得失，行事可不，自非面见，口未尝言之"。孙权有事，常令中书郎到顾雍家里"咨访"。所谈事情，顾雍如果觉得合意，"事可施行"，便即"与相反覆，究而论之"，并且设酒食招待来者。如不合意，便"正色改容，默然不言"，自然也不设酒招待，来者一无所获，只好回去报告。孙权根据顾雍的态度，即可做出判断，说："顾公欢悦，是事合宜也；其不言者，是事未平也，孤当重思之。"可见，顾雍是一个非常善于保护自己的顺臣，不争权，不凌主，甚得孙权放心、欢心，所以平平安安地做了十九年的丞相。①

---

① 《三国志·吴书·顾雍传》。

赤乌六年十一月，顾雍卒。次年正月，孙权用上大将军陆逊为丞相。陆逊战功显赫，又是文武全才，时在武昌，受命"辅太子，并掌荆州及豫章三郡事，董督军国"。历史记载，陆逊"虽身在外，乃心于国"，经常上疏陈述时事利弊，孙权谋划重大的军事决策时，也常征求陆逊的意见。陆逊的许多意见被孙权采纳了，比如谏阻孙权亲征公孙渊等；有些意见，因为不合孙权之意，如不同意派兵取夷州和朱崖，以及劝孙权"施德缓刑，宽赋息调"等，不被采用，陆逊也从不坚持。无疑，这样既有能力，又很谦逊的人，是专权君主非常喜欢的人才。启用陆逊为丞相时，孙权特别下达了诏书：

> 朕以不德，应期践运，王涂未一，奸宄充路，夙夜战惧，不遑鉴寐。惟君天资聪睿，明德显融，统任上将，匡国弭难。夫有超世之功者，必应光大之宠，怀文武之才者，必荷社稷之重。昔伊尹隆汤，吕尚翼周，内外之任，君实兼之。今以君为丞相，使使持节守太常傅常授印绶。君其茂昭明德，修乃懿绩，敬服王命，绥靖四方。於乎！总司三事，以训群寮，可不敬与，君其勖之！其州牧都护领武昌事如故。

从诏书的内容看，孙权用陆逊为相的理由：一是因为功劳大，"有超世之功者，必应光大之宠"；二是看中了才能，"怀文武之才者，必荷社稷之重"。而且想一改过去丞相没有实权的状况，提出"内外之任，君实兼之"、"敬服王命，绥靖四方"以及"总司三事（按：指三公之事），以训群寮"。按此内容，丞相便拥有了军政大权。然而，他并没有让这些诏书上的内容切实付诸实施，而是让陆逊继续"领武昌事如故"。陆逊远离朝廷，不居庙堂，自然是难以"总司三事"、身兼"内外之任"了。所以，陆逊没有成为"助理万机"的真正意义上的丞相，大权依然完全独掌在孙权手中。

陆逊刚刚做了丞相便因废立太子事同孙权发生了严重分歧

（后详），只做了一年名义上的丞相，便愤恚而死了。①

历史对于顾雍、陆逊两位丞相评价颇高。王夫之《读通鉴论》卷10说："三代以下之材，求有如顾雍者鲜矣。……雍既秉国，陆逊益济之以宽仁，自汉末以来，数十年无屠掠之惨，抑无苛繁之政，生养休息，唯江东也独。惜乎吴无汉之正，魏之强，而终于一隅耳。不然，以平定天下而有余矣。"实则，成就首先应该记在孙权账上。

此后一年半的时间里，孙权没有置相。直到赤乌九年九月，才又任命骠骑将军步骘为丞相。当时，步骘"都督西陵（即夷陵），代陆逊抚二境"，是又一个远离首都而且是上了年纪的被任命为名义上"总司三事"的丞相的人。步骘算得上是东吴数得着的名臣之一，既有战功，又有为政之能，经常上书荐举才能，也曾上书斥责奸佞，提些合理化建议。孙权"虽不能悉纳，然时采其言，多蒙济赖"。步骘"在西陵二十年，邻敌敬其威信。性宽弘得众，喜怒不形于声色，而外内肃然"。他的突出特点被当时人概括为"恭而安，威而不猛"。因而很适合孙权的丞相人选。然而，步骘甚知孙权为人，为相以后反而很少过问朝廷大事。历史记载说，步骘"代陆逊为丞相，犹诲育门生，手不释书，被服居处有如儒生"。②

步骘做丞相不到八个月就死了。两年后，赤乌十二年四月，孙权以新任骠骑将军朱据"领丞相"。朱据，字子范，吴郡吴人，颇受孙权器重。据载，孙权"咨嗟将军，发愤叹息，追思吕蒙、张温，以为朱据才兼文武，可以继之"；并且嫁给公主。然而，刚刚受命不久便即牵涉到太子与鲁王之争中，他"拥护太子，言则恳至，义形于色"。孙权一怒之下，将其先贬为新都右丞，随后又赐死于赴任途中。③

① 《三国志·吴书·陆逊传》。
② 《三国志·吴书·步骘传》。
③ 《三国志·吴书·朱据传》。

临兵设督,不置长久性军帅

孙权同曹操、刘备一样,为王为帝,从不放弃总统军事的权力。他虽然没有曹操认识得那样深刻,明确表示决不放弃兵权,也没有像刘备那样直接具体指挥大规模的决定性的战争,但头脑清醒,始终把军事的最高、最终权力牢牢地掌握在自己手中。

第一,各将军互不相统,直接向孙权负责。

孙权封王以后,广设名号将军、杂号将军,并对稍有战功者即予一般将军的称号;及至称帝,则比照汉制,频以最高最好的名号加封各将军,如上大将军(陆逊、吕岱),大将军(诸葛瑾、诸葛恪),骠骑将军(步骘、朱据),车骑将军(朱然),前将军(朱桓),卫将军(全琮),右将军(潘璋),等等。这都是汉代军事制度中高等级的将领:大将军、骠骑将军,"位次丞相";车骑将军、卫将军、前后左右将军,"皆金紫,位次上卿"。但孙权并没有给他们"专征伐"的权力。因而,他们不像卫青、霍去病那样是全军统帅,"诸将皆以兵属"。[①] 而是直接听命孙权。各将军,包括各种名号将军、裨将军、偏将军、杂号将军,甚至都尉、校尉,都不固定地直属于某一高级将军,而是听从孙权的调遣,直接向孙权负责。

第二,临兵设督,战役结束帅职自销。

孙权自己直接指挥过几次战役,有的是成功的,但大多数不算成功。一些大的著名战役,都是临战命帅取得的。他的突出贡献是,选人得当,既付实权,绝不掣肘。所以,军帅虽为临授,但有实权,非常利于发挥主将的积极性、主观能动性。战事结束,或调离,帅职自销,避免了"尾大不掉"的毛病,确保了军权的集中。下面

---

① 《汉书·卫青传》。

的例子可以说明这些问题。

（1）建安十一年，以中护军周瑜为督，督率绥远将军孙瑜等，讨麻、保二屯；

（2）建安十三年春，以中护军周瑜为前部督，督率都尉吕蒙、凌统、偏将军董袭等讨黄祖；

（3）建安十三年秋冬，命中护军周瑜为右督，荡寇中郎将程普为左督，率领都尉黄盖、中郎将韩当、别部司马周泰、横野中郎将吕蒙等，大战曹操于赤壁、乌林；

（4）建安十八年，以偏将军吕蒙为濡须督，以折冲将军甘宁为前部督，拒曹操于濡须；

（5）建安二十年，以荡寇将军蒋钦领濡须督；

（6）建安二十一年，以周泰为濡须督；

（7）周瑜死后，先后以鲁肃、吕蒙为督，领周瑜兵，屯陆口，备战关羽；

（8）建安二十四年，以吕蒙为大督，督兵袭南郡，擒杀关羽；

（9）黄武元年，以裨将军朱桓代周泰为濡须督，督诸将，战败魏大司马曹仁；

（10）同年，命右护军、镇西将军陆逊为大都督，假节，督领昭武将军朱然、振威将军潘璋、安东中郎将孙桓、将军宋谦、建武将军徐盛、偏将军韩当、将军鲜于丹等部五万人，大败刘备于夷陵。这些将领中，不少人资历比陆逊老，年龄比陆逊大，但陆逊被授为督，假节，有了绝对的权力，所有人不管资格多老，尽管有意见，也只好服从；

（11）同年，命建威将军吕范为督，督率建武将军徐盛、奋武将军全琮、扬威将军孙韶等五军，以舟军拒曹休等于洞口；这些将领，职级是相等的，谁被授为督，谁就被授予了统率权；

（12）同年,以左将军诸葛瑾为督,假节,督公安;

（13）嘉禾二年,以卫将军全琮为督,督步兵和骑兵五万征六安;

（14）嘉禾三年,孙权准备联合蜀汉征魏,车骑将军朱然、卫将军全琮各受节钺(按:各受节钺,意谓各自对上负责,互不相统),为左右督;

（15）赤乌四年,又以全琮为督,略淮南;以威北将军诸葛恪为督,攻六安;以车骑将军朱然督兵五万围樊城;

（16）嘉禾、赤乌年间,以张昭的儿子,奋威将军张承为濡须督,侍中张休为羽林都督,侄子、将军张奋为半州(今江西九江西)都督。

孙权临兵设督或因地置帅,不考虑资职的局限,根据形势的需要调拨部属,给主将以驾驭形势和全权指挥作战的实际权力,已被事实证明,效果明显。

当然,这种做法也有毛病,难免产生一些新的矛盾。但大都由于选帅得人而最终化解了。比如,程普、周瑜为左右督,"普颇以年长,数陵侮瑜。瑜折节容下,终不与校"。后来,程普对周瑜"自敬服而亲重之",因对人说:"与周公瑾交,若饮醇醪,不觉自醉。"① 再如,孙权以周泰为濡须督,朱然、徐盛等都被编在周泰部下,朱然、徐盛等"以泰寒门","并不伏(服)也"。② 复如,陆逊为大都督,诸将军"或是孙策时旧将,或公室贵戚,各自矜恃,不相听从"③,并不断对陆逊的部兵决策质疑。陆逊以一位智勇兼备的统帅的风范,把大家团结起来,得到诸将信服和孙权好评。正因为容

---

① 《三国志·吴书·周瑜传》注引《江表传》。

② 《三国志·吴书·周泰传》并注《江表传》。

③ 《三国志·吴书·陆逊传》。

易产生此类问题,所以在征关羽的时候,吕蒙不同意孙权命他与宗室孙皎同为左右部大督的决定。最后,孙权同意让吕蒙独掌都督大权,命孙皎为后继,配合行动。

二、地方上实行军事统制政策

汉代,决定全国性的征伐和跨越地方行政区域作战的权力原则上概归中央,具体的军事行动则由朝廷任命的将军、都督、中郎将、校尉、骑都尉等实施。地方上实行军政统一制度,行政长官就是这一区域的军事长官。他们非受特命或应邻境之约,原则上没有越境作战的权力。如两汉时代的郡县,郡太守和县令长,分别都以自己的行政官职统率本地区的军事力量,以政主军,以政统军。郡县中虽然都设置由中央任命或认可的军职,但他们都是行政长官的属官,均应接受郡守或县令的领导。在郡,《汉书·百官公卿表》说,郡尉,秦官,汉景帝时更名都尉,辅佐太守"典武职甲卒";《汉官解诂》说,"都尉将兵,副佐太守"。在县,《后汉书·百官志》说,县尉主管缉捕盗贼。

孙权施行的是一种不完全相同的体制。他改变了地方上传统的以政统军的制度而实行由中央任命的高级将领统制地方。这是一种军管性质或准军管性质的体制。这种体制,在他的兄长孙策时候已经开始了。孙策本人就是以折冲校尉、行殄寇将军的身份进军江东,然后自领会稽太守(按:领是兼职的意思,通常指本官兼任低级官职。下同)。次年,朝廷也是授他军职,以骑都尉领会稽太守。他自己便让其舅吴景以扬武将军领丹阳太守,伯父孙贲以征虏将军先后领九江太守、豫章太守,叔父孙辅以扬武校尉领庐陵太守,督军校尉朱治领吴郡太守。后来又以周瑜行建威中郎将、中护军,先后领春谷长、江夏太守,以程普行荡寇中郎将,领零陵太守。孙权继承、推广了这一做法,成为吴国制度。

吴国辖扬州(部分)、荆州(部分)、交州,有郡三十几个。其中有些郡是嗣主孙亮、孙休、孙皓(音 hào,俗作皓)分旧郡而增置的,孙权时候没有那么多。《后汉书·郡国志》记载,东汉三州全境不过二十一郡,其中扬州辖九江、庐江、丹阳、吴郡、会稽、豫章六郡;荆州辖南阳、南郡、江夏、长沙、武陵、零陵、桂阳七郡;交州辖南海、苍梧、郁林、合浦、交阯、九真、日南、高凉八郡。《晋书·地理志》等记载,三国期间吴、魏分治扬州、荆州。魏扬州刺史治寿春,设淮南、庐江两郡。吴扬州刺史治建业,但更多时候是直辖,不另设牧(刺史),孙策分豫章立庐陵郡,孙权再分豫章立鄱阳郡,计八郡。荆州,魏刺史治新野,设南阳、南乡、江夏、襄阳、新城、上庸、魏兴七郡;吴刺史治江陵,孙权除南阳外,其他各郡均照置,又分江夏立武昌郡,分苍梧立临贺郡,分长沙立衡阳郡、湘东郡,共十一郡。交州,孙权曾分割为广州和交州,并置珠崖郡。

孙权是用什么样的人担任这些地方的郡守的呢?遍检《三国志》全书,记载很不全面。书中提到的郡守,大略如下:

扬州八郡:

丹阳——初承孙策时的安排,以扬武将军吴景领太守;继而先后以绥远将军孙瑜、偏将军孙翊、建威将军吕范、抚越将军诸葛恪领太守。老年,"追录旧恩",封旧臣之后滕胤为侯,嫁公主,做丹阳太守(按:是否兼有军职,不详。从孙权临终遗诏辅政,孙亮即位,加胤为高级将军卫将军看,当有军职)。

吴郡——初承孙策时的安排,以行扶义将军朱治领太守,朱治的将军称号屡变,但领郡如故,在郡三十一年。后来,滕胤由丹阳转吴郡太守,又有名叫殷祐者做过太守(按:未详此人是否兼有军职)。

会稽——初孙策以殄寇将军自领太守,孙权以讨虏将军自领太守(按:因为很少到郡,曾以郡丞顾雍行太守事),后来淳于式(按:历史没有提到他是否兼有军职)、五官中郎将濮阳兴、参军校尉吾粲都做过会稽太守。末年,又命吴郡太守滕胤转会稽太守。

豫章——初承孙策时的安排,以征虏将军孙贲领太守;贲死,其子孙邻袭军代领太守达二十年。后来,顾雍的儿子顾邵以父和娶孙策女为妻故,"起家为豫章太守"。邵死,吕蒙荐后将军、江夏太守蔡遗为豫章太守。还有一位南阳人谢景,甚得太子孙登赏识,由张昭儿子张承荐举,做过豫章太守(按:未详此人是否兼有军职)。

九江——曾以绥南将军全琮假节领太守,后以征西将军马茂为太守。

庐江——曾以建武将军徐盛领太守。

庐陵——初承孙策时的安排,以扬武校尉孙辅领太守,后以偏将军孙韶、昭信中郎将吕岱为太守。

鄱阳——初以车骑将军东曹掾步骘出领太守,后来又以广陵人王靖(按:靖欲投魏,谋泄,诛及满门)、会稽人魏滕、丹阳都尉周鲂为太守。

另,曾以建安县(今福建建瓯)为建安郡,用沛国人郑胄为太守。郑胄"有文武姿局,少知名,举贤良,稍迁建安太守"。从其后来为"宜信校尉,往救公孙渊,……还迁执金吾"看,当有军职。①

荆州十一郡,查到七郡的曾任郡守名字:

南郡——赤壁战后,偏将军周瑜领太守,后来左护军、虎威将

---

① 《三国志·吴书·吴主传》注引《文士传》。

军吕蒙领太守。蒙死后,绥南将军(后迁左将军、大将军)诸葛瑾,长期领郡。瑾死,其子奋威将军诸葛融"代父领摄"。

江夏——初承孙策时的安排,以中护军周瑜领太守;赤壁战后,裨将军程普两度领太守;以后将军蔡遗、扬武中郎将孙奂、昭武中郎将孙承均曾领太守;嘉禾年间,刁嘉曾为太守(未详担任什么军职)。

宜都——曾以抚远将军陆逊领太守。

长沙——吕岱先后以昭信中郎将和镇南将军两度领太守。

武陵——曾以武锋中郎将黄盖领太守。后来,还有一位名叫卫旌的人做过武陵太守(未详是否兼有军职)。

零陵——郎中殷礼和广陵人刘略曾先后为太守。(按:郎中是比较低级别的军职、近侍官。史载,孙权为王,召殷礼为郎中,"后与张温俱使蜀,诸葛亮甚称叹之。稍迁至零陵太守"。[①]"稍迁"是逐渐升迁的意思,说明殷礼必定是由郎中而为更高级别的军职,然后出为太守的。他在太守任上,曾劝孙权对魏大举用兵。刘略做太守前官居何职,历史没有记载。)

桂阳——曾以车骑将军长史全柔为太守。

交州九郡,汉末,朝廷曾以士燮兄弟分别为交阯、合浦、九真、南海太守,后拜士燮为绥南中郎将"董督(交州)七郡,领交阯太守如故",继授安远将军,封亭侯。孙权承认士氏家族的地位,加封士燮为左将军,又升卫将军,封县侯;弟士壹为偏将军,乡侯;燮、壹"诸子在南者,皆拜中郎将"。父子兄弟均以军职领州郡事,中郎将士武为南海太守,中郎将士䵋(音 wěi)为九真太守,偏将军士壹为合浦太守。

---

① 《三国志·吴书·顾雍传》注引殷基《通语》。

孙权与刘表争交州时,以征南中郎将步骘持节领交州刺史。士燮死后,孙权加紧削弱士氏势力,分交州为广州、交州,分别以安南将军吕岱和将军戴良为刺史,以士燮子士徽为安远将军,领九真太守,校尉陈时代燮为交阯太守。士徽不服,自为交阯太守,吕岱"假节",尽杀士氏兄弟。吕岱两度为交州刺史。末年,遣安南校尉陆胤为交州刺史。

除此,还曾以偏将军陆绩为郁林太守,偏将军殷基为苍梧太守,辅义都尉锺离牧为南海太守,建武都尉陆凯为儋耳太守。

另外,还有一些临时领郡或遥领郡国者。如:

偏将军(后升昭武将军)韩当先后遥领永昌(今云南保山)、冠军(治今河南邓州西北)太守;

荡寇中郎将凌统领沛相;

奋武将军朱桓领彭城相;

奋威将军周泰遥领汉中太守;

将军甘宁为西陵太守(按:此西陵非夷陵改名之西陵,是孙权析武昌郡而置,辖县阳新、下雉,夷陵改名西陵后,此西陵罢);

潘璋先后以振武将军、平北将军分领临时所置固陵太守(辖巫与秭归)和襄阳太守;

朱然早期曾以折冲校尉领临川太守(按:分丹阳郡而置,非今江西之临川,寻罢);

吕范在赤壁战后以裨将军领彭泽太守(按:分豫章郡而置,不久废罢);

威武中郎将贺齐讨伐山越成功,孙权特割黟、歙等六县为新都郡,以齐为太守,加偏将军;

孙权还一度分吴郡、会稽、丹阳"三郡险地"为东安郡,以绥南将军全琮领太守。

又,一度将吴郡之曲阿更名为云阳(今江苏丹阳),设郡,以阳羡(治今江苏宜兴南)人张秉为太守。一度分苍梧为临贺郡(今广西贺州),任命一位名叫严钢的人做太守。此二人,任前和在职期间是否兼有军职,不得而知。

由上可见,除个别特例史籍没有记载郡守是否同时拥有军职以外,大都明确记载是以重要军职兼领郡国守相的。所以,我说他是"以军统政",实行的是一种军事统制制度。这种制度,有很大的危险性,极易形成军事割据,削弱中央权力,酿成地方武装冲突。但孙权没有让它形成这种局面,而是靠其相对高超的驭将能力,让它发挥了积极作用。这种作用,可以概括为三:

第一,可以较快、较好、较稳地控制地方,平叛制乱。比如,分割黟、歙为六县,设新都郡,让贺齐以军职领太守,就是为了这种需要;

第二,便于越行政区界作战,追歼敌人。比如,黄盖为武陵太守,得知邻郡长沙之益阳县有乱,便即驱兵平讨;陆逊为宜都(今湖北宜都)太守,既可西破沿江蜀将和秭归夷帅之叛,又可北攻蜀置房陵、南乡两郡;

第三,便于军事的大规模或较大规模的调动。比如,陆逊为大都督抵抗刘备,孙权便可将已经做了太守的诸将军朱然、潘璋等调到前线,成为陆逊的属下;吕范以建威将军为督抵抗曹休,而同级的建武将军、庐江太守徐盛,以及偏将军全琮和宗室、偏将军、庐陵太守孙韶等都无条件地受其节制。

三、峻刑苛法

晋人陈寿认为,孙权"性多嫌忌,果于杀戮,暨臻末年,弥以

338

滋甚"。这是有事实根据的。然而,这只是问题的一方面。治史者不应不注意到封建时代一切有作为的独裁者往往都是善于恩威兼用的人。孙权也算得上是这样的人物。他善于施恩,文武大臣愿为其用,甘为其死;他善于用威,统治东吴五十余年,没有权臣当政,也少有乱臣贼子窥其位,大权始终掌握在自己手里。所以,峻刑苛法、果于杀戮固然不可提倡,但它对于巩固孙权的权力是非常重要的。当然,由于他"性多嫌忌",的确是错判、冤杀了一些人;法网过密,使普通小吏和黎民百姓长期处在高压政策之下。

立法严峻

孙权时期的具体立法,史记甚少,大都无从查究。但立法严峻、刑辟重切、请求宽刑一类的议论,不绝于书。诸如:

（一）黄武五年,陆逊上奏,劝孙权"施德缓刑"。并说:"忠谠之言,不能极陈,求容小臣,数以利闻。"孙权不完全同意陆逊的意见,用"以刑止刑"的道理和"不得已而为之"相辩,回答说:

> 夫法令之设,欲以遏恶防邪,儆戒未然也。焉得不有刑罚以威小人乎？此为先令后诛,不欲使有犯者耳。君以为太重者,孤亦何利其然,但不得已而为之耳。

对于陆逊"忠谠之言,不能极陈"之谓,孙权很不高兴,说:

> 今承来意,当重咨谋,务从其可。且近臣有尽规之谏,亲戚有补察之箴,所以匡君正主明忠信也。……孤岂不乐忠言以自裨补邪？而云'不敢极陈'何得为忠谠哉？若小臣之中,有可纳用者,宁得以人废言而不采择乎？但谄媚取容,虽暗亦所明识也。

实际上,孙权还是在一定程度上接受了陆逊的建议,"于是令有司尽写科条",派郎中褚逢送给陆逊及诸葛瑾,"意所不安,令损益之"。①

（二）黄龙元年,陆逊再次上奏,深言峻法严刑之不可取。历史家称赞,陆逊"虽身在外,乃心国事,上疏陈时事"。陆逊疏文,第一,指出"科法严峻,下犯者多";第二,请求"恩贷"轻罪,呈说"顷年以来,将吏罹罪,虽不慎可责,然天下未一,当图近取,小宜恩贷,以安下情。且世务日兴,良能为先,自非奸秽入身,难忍之过,乞复显用,展其力效。"第三,深刻阐述宽刑的意义,指出"此乃圣王忘过记功,以成王业。昔汉高舍陈平之愆,用其奇略,终建勋祚,功垂千载",并特别强调"夫峻法严刑,非帝王之隆业;有罚无恕,非怀远弘规也。"②

（三）嘉禾年间,孙权"咨问得失",张昭、顾雍等汇报了所知情况,然后指出"法令太稠,刑罚微重,宜有所蠲损"。③

（四）赤乌四年,太子孙登临终上疏说:"窃闻郡县颇有荒残,民物凋弊,奸乱萌生,是以法令繁滋,刑辟重切。"因而劝孙权"为政听民,律令与时推移,诚宜与将相大臣详择时宜,博采众议,宽刑轻赋,均息力役,以顺民望。"④

这些议论,足以证明其法网过密、执法酷烈的严重。而且是自黄武至赤乌,前后一贯五十年。但严重到什么程度呢? 缺少资料,难知其详,只能从一些记载不太详细的个别立法和个案处理以及出土简牍中略窥一斑。

下面是一些已知的立法和依律判罚的实例:

---

① 以上《三国志·吴书·吴主传》。
② 《三国志·吴书·陆逊传》。
③ 《三国志·吴书·顾雍传》。
④ 《三国志·吴书·孙登传》。

（一）长吏在官，不得奔父母之丧，违者，判死刑。史载，嘉禾六年正月，孙权下诏征求意见，欲严官吏奔丧之法。其诏首先说明天下无事"君子不夺人情"以及天下有事"则杀礼以从宜"的道理。

> 夫三年之丧，天下之达制，人情之极痛也。贤者割哀以从礼，不肖者勉而致之。世治道泰，上下无事，君子不夺人情，故三年不逮孝子之门（不逮，不及）。至于有事，则杀礼以从宜（杀礼，撇开礼制），要经（要，古腰字。要经，居丧时束在腰间的麻带）而处事。故圣人制法，有礼无时则不行。遭丧不奔非古也，盖随时之宜，以义断恩也。

然后说明旧的立法已不适用：

> 前故设科，长吏在官，（如有奔丧）当须交代，而故犯之，虽随纠坐，犹已废旷。方事之殷，国家多难，凡在官司，宜各尽节，先公后私，而不恭承，甚非谓也。中外群僚，其更平议，务令得中，详为节度。

大臣们甚知孙权意欲严法之思。辅正都尉顾谭提出，可以根据不同情况区别对待，一般不作追究，只对那些前后任官员交接没有办妥而擅自奔丧，并且被告发者判死刑。顾说："奔丧立科（立法），轻则不足以禁孝子之情，重则本非应死之罪，虽严刑益设，违夺必少。若偶有犯者，加其刑则恩所不忍，有减则法废不行。愚以为长吏在远，苟不告语，势不得知。比选代之间（到了新旧官员交替时。比，到了），若有传者，必加大辟（死刑），则长吏无废职之负，孝子无犯重之刑。"将军胡综则认为，忠孝不能兼得，当此之时必须严格立法执法，绝对不允许官吏"奔丧"。他说："方今戎事军国异容，而长吏遭丧，知有科禁"而公然违反，都是因为"科防本轻所致"。因此，他完全支持孙权的"以杀止杀"主张，说："忠节在国,孝道立家,出身为臣,焉得兼之? 故为忠臣不得为孝子。宜定科文,示以大辟。若故违犯,有罪无赦。以杀止杀,行之一人,其后必绝。"丞相顾雍是个善于迎合孙权的人,也"奏从大辟"。据说,后来只有一例因为自首和得到重要人物的陈请,才得到减刑一等的优待:"吴令孟宗丧母奔赴,已而自拘于武昌以听刑。陆逊陈其素行,因为之请,权乃减宗一等"。但同时明令下不为例:"后不得以为比"。① 的确如此,孙权"遂用胡综言,由是奔丧乃断"②,嗣后再无"奔丧"和减免刑罚的事情发生。

（二）违诏无功者,杀。黄龙三年,将军卫温、诸葛直皆以"浮海求夷洲及亶洲"的军事行动"违诏无功,下狱诛"。这是"朕即法律"的历史反映,说明违诏就是违法,违诏就应"依法杀头"。

更有甚者,有时有人惹他不高兴,也会"罪至不测"。《三国志·诸葛瑾传》载,孙权"怪校尉殷模,罪至不测。群下多为之言,权怒益甚",幸得诸葛瑾婉言相劝,才免一死。

（三）榷酤障管之法,严至"纤介"必究。嘉禾年间,中书吕壹、秦博"典校诸官府及州郡文书。壹等因此渐作威福,遂造作榷酤障管之利(按:卢弼《三国志集解》注引梁章钜说:萧常《续后汉书》谓王莽设六管之利,酤酒、卖盐、铁器、铸钱、名山大川也,此即榷酤障管之利。)",其法甚厉,"举罪纠奸,纤介必闻,重以深案丑诬,毁短大臣,排陷无辜"。此法甚得孙权之意。丞相顾雍等看不下去,据实向上报告情况,受到孙权的斥责。③

又,《吴主传》载,嘉禾五年春,铸大钱,一当五百,"诏使吏民输铜,计铜畀直。设盗铸之科。"

---

① 《三国志·吴书·吴主传》。
② 《三国志·吴书·胡综传》。
③ 《三国志·吴书·顾雍传》。

342

（四）督将亡叛，士兵逃匿，杀其妻、子。这项立法，直到赤乌年间，才有所松动。《三国志·吴主传》注引《江表传》载，赤乌七年，孙权下诏："督将亡叛而杀其妻子，是使妻去夫，子弃父，甚伤义教，自今勿杀也。"

（五）图逆不轨者，夷三族。《三国志·吴主传》载，赤乌八年七月，将军马茂等"图逆"，被夷三族。马茂本魏淮南钟离长，叛归吴，孙权封他为征西将军、九江太守、外部督，封侯，领千兵。此人很可能是魏国奸细。《吴历》记载，孙权经常"出苑中，与公卿诸将射"，马茂与兼符节令朱贞、无难督虞钦、牙门将朱志等合计，"伺权在苑中，公卿诸将在门未入，令贞持节称诏，悉收缚之；茂引兵入苑击权，分据宫中及石头坞，遣人报魏，事觉，皆族之"。

（六）夸大战功者，罪徙边远。《三国志·顾谭传》载，顾雍的孙子顾承与张昭的儿子张休随从大都督全琮北征寿春，"与魏将王凌战于芍陂，军不利，魏兵乘胜陷没五营将秦晃军，休、承奋击之，遂驻魏师（按：意为阻止住魏军继续前进）。"全琮的儿子全绪、全端亦并为将，乘敌刚刚驻足的机会，"乃进击之"，王凌军退。战后论功行赏，"以为驻敌之功大，退敌之功小，休、承并为杂号将军，绪、端偏裨而已（偏，偏将军；裨，裨将军）"。全琮父子不服。《吴录》载，全琮父子不断向孙权进言，说："芍陂之役为典军陈恂诈增张休、顾承之功，而休、承与恂通情。"按律，顾承、张休俱因"与典军通情，诈增其伐（功），并徙交州"。

（七）诬罔大不敬者，"罪应大辟"。《三国志·顾谭传》注引《吴录》说，张休、顾承获罪之后，孙权因为顾承是死去不久的顾雍的孙子，又是现任太常、平尚书事顾谭的弟弟，曾想让顾谭出面"谢罪"，给个台阶，赦了顾承的罪。顾谭不仅"不谢"，而且竟说："陛下，谗言其兴乎！"这无疑是说孙权听信谗言，不是明君。于是

"有司奏谭诬罔大不敬者,罪应大辟。"①据说,孙权看在已故老丞相顾雍的分上,没有杀顾谭的头,减罪一等,令其与顾承、张休等一并流放交州。两年后,顾谭忧愤而死于流放地。

(八)重连坐之罪。《三国志·胡综传》载有一个生动故事,很能说明问题:青州人隐蕃有口才,被魏明帝派到吴国做间谍,一天隐蕃向孙权上书,自比为殷之微子、汉之陈平,说自己刚二十二岁,"委弃封域,归命有道,赖蒙天灵,得自全致",然而来到以后,主事的人将自己"同之降人,未见精别,使臣微言妙旨,不得上达"。孙权接到隐蕃的上书,立即召见。据说,"蕃谢答问,及陈时务,甚有辞观(意谓很善谈,说话有道理)",使得孙权很高兴。当时在座的有建武中郎将胡综等。接见后,孙权问胡综的感觉,胡综认为:"蕃上书,大语有似东方朔,巧捷诡辩有似祢衡,而才皆不及。"权又问可授什么官职,胡综说:"未可以治民,且试以都辇小职(都辇,指京城之内)。"孙权因为接见时隐蕃大谈"刑狱"之事,所以用为廷尉监。左将军朱据、廷尉郝普则觉得"蕃有王佐之才",郝普"尤与之亲善,常怨叹其屈(才)"。后来胡蕃"谋叛,事觉伏诛"。事本出自孙权的安排,但他把责任加到了郝普、朱据头上。《吴历》载,孙权责问郝普:"卿前盛称蕃,又为之怨望朝廷,使蕃反叛,皆卿之由。"郝普本汉末零陵太守,先附刘备,后降孙权,官至九卿廷尉,掌管刑狱。郝普执掌所在,自然明白该当何罪,于是"见责自杀"。同时,孙权把高级将领左将军、驸马朱据囚禁起来,关押了好长时间,"历时乃解"。

又,太子太傅吾粲,"遭二宫之变(按:指孙权的两个儿子,太子孙和与鲁王孙霸争权),抗言执正,明嫡庶之分","坐数与陆逊

---

① 《三国志·吴书·顾谭传》注引《江表传》。

交书,下狱死"。①

（九）公务失误者,行"自坐"之法。1996 年 10 月,长沙走马楼出土三国吴简 14 万枚。研究专家们指出,三国吴简数量庞大,内容丰富,涵盖了基层人民的社会生活、经济关系、土地制度、赋税制度等史料,考古价值十分重大;这是中国 20 世纪继殷墟甲骨卜辞、敦煌文书之后,在古文献资料方面的又一重大考古成果。其中两枚,侯旭东先生分别释文②如下:

简一

　　东乡劝农掾殷连被书条列州吏父兄人名、年纪为簿。辄科核乡界,州吏三人,父兄二人刑踵叛走。以下户民自代。谨列年纪,以(已)审实,无有遗脱。若有他官所觉,连自坐。嘉(禾)四年八月廿六日破菞(bié)保据。

简二

　　广成乡劝农掾区光言:被书条列州吏父兄子弟伏处、人名、年纪为簿。辄隐核乡界,州吏七人,父兄子弟合廿三人。其四人刑、踵、聋、欧病;一人被病物故;四人其身已送及,随本主在官;十二人细小;一人限佃;一人先出给县吏。隐核人名、年纪相应,无有遗脱,若后为他官所觉,光自坐。嘉禾四年八月廿六日破菞保据。

两简说明:第一,吴国乡一级地方政权设劝农掾一职,管理农事和户口;第二,户口分类造册(为簿),详记各类人等住处、人名、年纪等项,以便随时查核;第三,特别重视对州吏及其父兄子弟的管理,按时核对,并反映了州吏动辄被刑的普遍情况;第四,主管者

① 《三国志·吴书·吾粲传》、《陆逊传》。
② 侯旭东:《长沙走马楼三国吴简两文书初探》,《历史研究》2001 年第 4 期。

要对所报情况负责,如有差错或遗漏,当依律判罪。

"荮"是契约文书的一种形式,"破荮保据"同后代契约文书在中缝编号盖章后各执一联及人们所说的"立字为证"的意思相近。两乡劝农掾都保证"无有遗脱",如果以后他官发觉有遗漏,甘愿"自坐"。这说明官吏"公事失误",必须受到制裁,是有法律依据的。所以,办事人每立一份文书,都要在文书的最后发一次誓,以示愿意承担法律责任。"自坐"是法律术语,"自坐"什么样的罪,两简都没有提到,大概在当时是"不言而喻"的。

果于杀戮

"果于杀戮"是杀人果断、从严、从快的意思。

陈寿所谓孙权"果于杀戮",主要是针对孙权亲自决定的一些诛杀朝廷大员的事。这一点,嘉禾、赤乌年间比较严重。其中影响很大的典型案例有:

杀吾粲。吾粲,字孔休,吴郡乌程人,曾是孙权的得力心腹,甚受重用。小史起步,累官车骑将军主簿、参军校尉、会稽太守、屯骑校尉、少府、太子太傅,仅因在太子与鲁王争权中"抗言执正,明嫡庶之分",不合孙权意,便被投进监狱,杀死。

杀朱据。朱据本是孙权晚年又一得力心腹,五官郎中起步,不数年,便擢升为左将军、骠骑将军、丞相,还娶了公主为妻,亦因拥护太子,触犯孙权,先是遽降为新都郡丞,既而中书令孙弘夸大其罪过,被赐死。

杀张纯。张纯,"少厉操行,学博才秀,切问捷对,容止可观",初拜郎中,授广德令,"治有异绩,擢为太子辅义都尉"。他在二宫之变中"尽言极谏",触怒了孙权,便被作为典型抓起来,"弃市",杀头示众。

杀张休。张休是张昭的儿子,官居扬武将军,因为拥护太子,被以"诈增"战功的罪名,流放交州,不久中书令孙弘又在孙权面前说张休的坏话,孙权便即下诏,赐张休死。

这是一些拥护太子孙和的人。及至鲁王孙霸赐死,又杀了杨竺、全寄、吴安、孙奇等一些"图危太子,阴附孙霸"的人。

其实,相对来说,孙权诛杀大臣并不很多。他与曹操不同。曹操用人,用得着时不讲资历,不拘品行,不疑归从,大胆用降,拔将才于卒伍之间,唯才是举。但是,当其大功将成、权威日隆之后,便特别重视顺逆之别。重如荀彧、崔琰等那样建过大功的勋臣和心腹,亦因政见不同或言有不顺而难免一死。孙权则始终坚持优赏为主,除迫于社会和舆论压力杀了品级不太高的选曹尚书暨艳和中书吕壹(后详),以及上述几个涉案二宫之争的大臣外,基本上不采取极端的手段,不杀大臣和上将。正是因为这个缘故,所以我觉得,孙权用人,特别是御将方面有许多高于曹操的地方。

至于根据其严酷的立法和长官意志,各级政府罪杀、刑处的一般官吏和平民百姓的事,具体记载虽然很少,但我们稍事分析,便也不能不得出用刑严厉、被罪者众的结论。诸如:(1)前述诸大臣请求减刑、宽刑,说明法令"太稠",刑杀过多;(2)赤乌后期,由于法网过密,监狱爆满,孙权开始注意到问题的严重,因而连年颁令大赦或单令"赦死罪"。他的儿子孙亮继位后,为了平狱,又连连大赦,为帝六年竟四次大赦。这也说明孙权时期受刑的人是非常多的。否则,不会一段时间内这样几乎年年大赦(当然,对此也可作另外的分析:"犯罪"的人虽多,但孙权通过经常大赦的方式将他们放了);(3)前述长沙走马楼出土三国吴简,其中两枚讲到嘉禾四年州吏及其父兄受刑情况,有的地方(东乡)竟高达三分之二;有的地方(广成乡)州吏父兄子弟除小孩子和外出在官以及病死者外,也有四分之一。诸此刑杀之多,虽然不是孙权亲自决定的,但同他法网过密是密不可分的。

罪流、废罢大臣

罪流、废罢大臣是孙权除掉"贰臣"或惩罚、驱走那些感到不满意的近侍的一个重要手段,情近于杀而不同于杀。比较典型的案例,略如:

流放虞翻。虞翻是孙策的得力遗臣,孙权用为骑都尉,但终生未得升迁,两次流放,终死于边。原因很简单,孙权不太喜欢他。先是因其"犯颜谏争","又性不能协俗,多见谤毁",将其流放到丹阳泾县;后因"数有酒失",多有触鳞之语,孙权"积怒非一",将其远放交州。

罪徙顾谭、顾承。顾谭、顾承是老丞相顾雍的孙子。赤乌六年顾雍死,顾谭代雍平尚书事,实为代理丞相,尚受重用。但他在太子和鲁王的争权中站在太子一边,为太子说话,惹怒了孙权,很快就失宠了。顾承与张昭的儿子张休随从大都督全琮北征寿春,被全琮父子诬陷"诈增"战功。孙权不仅流放了顾承和张休,而且借机把顾谭也流放到交州。二三年间,兄弟二人先后死于流放地。一个四十二岁,一个三十七岁。

至于对于一般臣僚和功臣子弟的惩处、流放,公平地说,见诸史籍者,大都量刑从宽,近距离流放,处理比较适当。例如,他曾一度狠狠地处治了一批功臣的"无行"子弟。其中,周瑜的儿子、兴业都尉周胤,依仗父亲的功勋,"酗淫自恣",孙权对其多次告诫,仍然不思悔改,被流放到庐陵郡;甘宁的儿子甘瓌和潘璋的儿子潘平都以行为不端"罪徙会稽"。

张温被贬是废罢大臣的典型事例。张温字惠恕,吴郡吴人,

"少修节操,容貌奇伟"。孙权听说后曾问公卿:"温当今与谁为比?"据说,大司农刘基认为"可与全琮为辈";太常顾雍认为"当今无人能比"。于是,孙权下令征召,及见,"文辞占对,观者倾竦(按:肃然起敬的意思)"。孙权"改容加礼",即拜议郎、选曹尚书,寻授太子太傅,"甚见信重"。前文讲到,黄武初年孙权曾派张温以辅义中郎将使蜀,与蜀通好。温自负其高,夸口一定把事办好,但却没有完全表达孙权的意思。张温受到刘禅、诸葛亮的接见,言谈过分自卑,并与亮结为"金兰之好";回来以后又大唱蜀汉的赞歌,使得孙权很不舒服。史载,孙权"阴衔温称美蜀政,又嫌其声名大盛,众庶炫惑,恐终不为己用,思有以中伤之"。不久便找到了机会。暨艳改革失败,赐死。暨艳是张温的同乡,是张温推荐上来的,由选曹郎而官至尚书,二人常有书信往来。于是,孙权下令把张温捉了起来,数其三大罪状:一谓张温是暨艳同党,说"昔令召张温,虚己待之,既至显授,有过旧臣,何图凶丑,专挟异心。昔暨艳父兄,附于恶逆,寡人无忌,故近而任之,欲观艳何如。察其中间,形态果见。而温与之结连死生,艳所进退,皆温所为头角,更相表里,共为腹背,非温之党,即就疵瑕,为之生论。"二谓贻误军机,说"前任温董督三郡,……(温)到豫章,表讨宿恶,寡人信受其言。特以绕帐、帐下、解烦兵五千人付之。后闻曹丕自出淮、泗,故豫敕温有急便出。而温悉内诸将,布于深山,被命不至。赖丕自退。不然,已往岂可深计。"三谓培植私人势力,其一安排殷礼为尚书户曹郎,"殷礼者,本占候召,而温先后乞将到蜀,扇扬异国,为之谈论。又礼之还,当亲本职,而令守尚书户曹郎,如此署置,在温而已";其二,封官许愿,"温语贾原,当荐卿作御史。语蒋康,当用卿代贾原。专衔贾国恩(按:意谓专好炫耀皇恩并以皇恩作交易),为己形势"。结论是:"揆其奸心,无所不为"。处治意见是:"不忍暴于市朝(按:免死罪),今斥还本郡,以给厮吏。"孙权此举,引起很大震动。将军骆统上了一千多字的长表为张温辩护,几乎等于逐条反驳孙权加在张温头上的罪状。孙权俱不听。张温的两个弟弟"亦有才名,与温俱废";姊妹三人"皆有节行",为了张温事,已经出嫁者"皆见录夺",由官府另嫁,其中一妹已嫁顾承,"官以许嫁丁氏,成婚之日,遂饮药而死"。据说,诸葛亮"初闻温败,未知其故,思之数日,曰:'吾已得之矣,其人于清浊太明,善恶太分。'"①

四、两次吏治改革及其失败

孙权在黄武年间(公元222—228年)和嘉禾(公元232—237年)至赤乌初年进行过两次改革,一次是由暨艳、徐彪主持的针对"贪污在位"及中央机构"浊混淆杂,多非其人"的吏治改革,一次是由吕壹、秦博主持的以"榷酤障管"等经济问题为由针对官吏营私舞弊以及"吏多民烦"的反腐败改革。两次改革都以失败告终,孙权不得不杀了主持人以平众愤。

暨艳改革

暨艳,字子休,吴郡人,选曹尚书;徐彪,字仲虞,广陵人,选曹郎。选曹是主管重要官员选授的中央机构。暨艳其人,性情激进,好为清议,是一位想干大事但没有什么政治斗争经验的人物。据说,他见"郎署浊混淆杂,多非其人","疾贪污在位,欲沙汰之",便向孙权提出了"臧否区别,贤愚异贯"的办法(按:评定好坏,分别登记在案,以做任命官员的依据)。暨艳的改革方案,得到了孙权

---

① 《三国志·吴书·张温传》并注。

的支持。实践证明,暨艳、徐彪试图改革弊政的出发点虽然没有什么不对,但其指导思想和办法都是错误的。情绪激进,脱离实际;手段过烈,树敌太多。史载,艳等"弹射百僚,核选三署,率皆贬高就下,降损数等,其守故者十未能一,其居位贪鄙,志节污卑者,皆以为军吏,置营府以处之(按:约当后世之集中营)。"这种"贬高就下"或"置营府以处之"的办法,打击面高达百分之九十以上,焉能不败。

据载,陆逊、陆逊弟陆瑁、朱据等都出来阻止。《陆逊传》载,"暨艳造营府之论,逊谏戒之,以为必祸。"《陆瑁传》载,"时尚书暨艳盛明臧否,差断三署,颇扬人暗昧之失,以显其谪"。陆瑁与暨艳书说:"夫圣人嘉善矜愚,忘过记功,以成美化。加今王业始建,将一大统,此乃汉高弃瑕录用之时也,若令善恶异流,贵汝颍月旦之评①,诚可以厉俗明教,然恐未易行也。宜远模仲尼之泛爱,中则郭泰之弘济②,近有益于大道也。"《朱据传》载,"是时选曹尚书暨艳,疾贪污在位,欲沙汰之。据以为天下未定,宜以功覆过,弃瑕取用,举清厉浊,足以沮劝,若一时贬黜,惧有后咎。"暨艳皆不听。行之不久,便"怨愤之声积,浸润之谮行矣",纷纷"竞言艳及选曹郎徐彪,专用私情,爱憎不由公理"。

暨艳、徐彪的人事改革失败了,孙权为了稳定大局,没有承担责任,暨艳、徐彪"皆坐自杀"。什么叫"坐自杀"呢?吴三省注通鉴说得很对:"坐自杀,谓赐死也。"③

---

① 后汉,汝南人许劭善评人物,每月初一日,即与一些有名气的人共同"核论乡党人物",称之为"月旦评"。参见拙作《曹操传》第二章。
② 汉末,介休人郭泰以"性明知人,好奖训士类"著称。参见《后汉书·郭太传》。胡三省概括郭太(泰)所为,在《资治通鉴》卷70中注谓"郭泰善人伦,而不为危言核论。奖拔士人,成名者甚众"。
③ 以上见《三国志·吴书·张温传》、《陆逊传》、《陆瑁传》、《朱据传》、《资治通鉴》卷70。

吕壹改革

吕壹改革是孙权统治时期最为轰动的政治大案。反响之大，遍记于孙权、孙休及顾雍、步骘、陆逊、朱据等诸多重臣列传中。

吕壹改革的具体内容是什么，历史没有明确记录。但可以肯定，这是孙权在暨艳失败改革后，试图以经济问题为突破口的又一次吏治整顿。手段之厉，朝野震动。

《三国志·顾雍传》说："吕壹、秦博为中书，典校诸官府及州郡文书。壹等因此渐作威福，遂造作榷酷障管之利，举罪纠奸，纤介必闻，重以深案丑诬，毁短大臣，排陷无辜"。

《步骘传》记载，中书吕壹典校文书，多所纠举，骘上疏说："伏闻诸典校摘抉细微，吹毛求瑕，重案深诬，辄欲陷人以成威福。无罪无辜，横受大刑，是以使民踢天蹐地（踢，音 ju，弯腰；蹐，音 ji，小步走路；踢蹐，用以形容恐惧害怕的样子），谁不战栗？"

吕壹等职级并不甚高，但却掀起了如此浩大的政治风浪。这是为什么呢？因为他们是在实施孙权的意旨，得到了孙权的支持，有恃无恐，再加小人得志，猖狂无度，便把事情搞糟了，做过了头，使得局面不可收拾了。

太子孙登带头反对。《吴主传》说："权信任校事吕壹，壹性苛惨，用法深刻。太子登数谏，权不纳，大臣由是莫敢言。"

《顾雍传》说："雍等皆见举白，用被谴让。"

《朱据传》说，左将军、公主丈夫朱据的"部曲"的军饷三万缗（按：时孙权铸大钱，一当五百，约合六十缗）被铸钱工王遂侵吞，"典校吕壹疑（朱）据实取，考问主者，死于杖下"，朱据哀主事者"无辜"，特为"厚棺敛之"。吕壹向孙权打报告说，朱据的属吏为朱据掩盖，朱据"故厚其殡"。因此，孙权"数责问据"。朱据"无以

352

自明,藉草待罪(意谓坐在草垫上等待降罪)"。数月后,典军吏刘助发现钱被王遂所取。因此,孙权"大感悟",说:"朱据见枉,况吏民乎?"于是"穷治壹罪,赏(刘)助百万"。

做过了头的政治举措,即使出发点无可非议,最终失败是不可避免的。这次改革行动,特别是到了赤乌初年,弊端已经充分显现,被压抑的朝廷重臣终于又纷纷出来说话了。

《陆逊传》说:"时中书典校吕壹,窃弄权柄,擅作威福。逊与太常潘浚同心忧之,言至流涕。"

《潘浚传》说,潘浚与陆逊俱驻武昌,共掌留事,"时校事吕壹操弄威柄,奏按丞相顾雍、左将军朱据等,皆见禁止……浚求朝,诣建业,欲尽辞极谏"。潘浚到了建业后,"闻太子登已数言之而不见从",于是"大请百寮,欲因会手刃杀壹,以身当之,为国除患"。吕壹密闻消息,"称疾不行"。据说,"浚每进见,无不陈壹之奸险也。由此壹宠渐衰,后遂诛戮。"

《步骘传》载,骠骑将军步骘连连上疏,全面极论改制之非。一言"轻忽人命,为国速怨",疏称:

> 今之小臣,动与古异,狱以贿成,轻忽人命,归咎于上,为国速怨。夫一人吁嗟,王道为亏,甚可仇疾。明德慎罚,哲人惟刑,书传所美。

二言政令有失,天地示变,人主应该有所警悟,疏称:

> 天子父天母地,故宫室百官,动法列宿。若施政令,钦顺时节,官得其人,则阴阳和平,七曜循度。至于今日,官寮多缺,虽有大臣,复不信任,如此天地焉得无变?故频年枯旱,亢阳之应也。又嘉禾六年五月十四日,赤乌二年正月一日及二十七日,地皆震动。地阴类,臣之象,阴气盛故动,臣下专政之故也。夫天地见异,所以警悟人主,可不深思其意哉!

三为顾雍、陆逊、潘浚辩护，劝说孙权诚待股肱重臣，疏称：

> 丞相顾雍、上大将军陆逊、太常潘浚，忧深责重，志在竭诚，夙夜兢兢，寝食不宁，念欲安国利民，建久长之计，可谓心膂股肱，社稷之臣矣。宜各委任，不使他官监其所司，责其成效，课其负殿（按：古代考试成绩最后一位称负殿）。此三臣者，思虑不到则已，岂敢专擅威福欺负所天乎？

四言吏多民烦之弊，疏称：

> 县（悬）赏以显善，设刑以威奸，任贤而使能，审明于法术，则何功而不成，何事而不辨，何听而不闻，何视而不睹哉？若今郡守百里，皆各得其人，共相经纬，如是，庶政岂不康哉！窃闻诸县并有备吏，吏多民烦，俗以之弊。但小人因缘衔命，不务奉公而作威福，无益视听，更为民害，愚以为可一切罢省。

另，晋人荀绰《襄阳记》还记载，有一位名叫李衡的人，本襄阳"卒家子"，汉末入吴为武昌庶民，有口辩之才，后投羊衜。"是时，校事吕壹操弄权柄，大臣畏逼，莫有敢言。"羊衜等共荐李衡为郎，李衡"口陈壹奸短数千言，权有愧色"。

朝野上下一片反对声，名义上直刺吕壹，实则指向孙权的吏治改革。这样，折腾了近十年的时间，尽管目的本无可讥，但终于不能再搞下去了。据说，孙权"亦觉悟，遂诛吕壹"[1]，并且"深以自责"[2]、"引咎责躬（自责），因诮让（谴责）大臣"。[3]

① 《三国志·吴书·步骘传》。
② 《三国志·吴书·陆逊传》。
③ 《三国志·吴书·潘浚传》。

第十五章　开发经济

吴国据有长江中下游及江南以至交州的广大地区。

江南经济的开发,相对较晚。通常认为,东晋南北朝以后,北方战乱频仍,士庶南流,政治和经济中心南移,江南经济获得较快发展,以至超越北方。从发展总体来看,这样分析无疑是对的。然而,极易使人产生错觉,好像此前江南经济没有得到相应开发,从而贬低了此前江南人民及其统治者对于江南经济开发所做的贡献。其实,发展是有一个渐进过程的。

历史表明,春秋吴、越、荆楚,以及汉代吴王刘濞等均对江南有过点的局部性的开发。所以司马迁《史记》中才得出如下结论:

> 夫吴自阖庐、春申、王濞三人招致天下之喜游子弟,东有海盐之饶,章山之铜,三江、五湖之利,亦江东一都会也。

> 衡山、九江、江南、豫章、长沙,是南楚也……郢之后徙寿春,亦一都会也。

> 番禺亦一都会也,珠玑、犀、玳瑁、果、布之凑。

班固《汉书·地理志》也说:

> 江陵,故郢都,西通巫、巴,东有云梦之饶,亦一都会也。

> 吴东有海盐章山之铜,三江五湖之利,亦江东之一都会也。

> 今之苍梧、郁林、合浦、交趾、九真、南海、日南,皆粤分也。……处近海,多犀、象、毒冒(玳瑁)、珠玑、银、铜、果、布

之凑,中国往商贾者多取富焉。番禺,其一都会也。

这些记载和分析,为我们描绘了一幅江南经济的现实图景。因此,我们不能不承认江南经济已有一定发展,而且同北方一样形成了若干具有相当规模的经济中心城市。什么叫都会? 都会就是比较大的城市,就是一个地区的经济中心。如果没有周围经济的发展作为依托,这样的中心何以能够形成呢?

固然,司马迁和班固也都看到了江南相对落后的一面。司马迁说:

> 楚、越之地,地广人希,饭稻羹鱼,或火耕而水耨,果隋(隋通隋,果实)蠃(螺)蛤,不待贾而足,地势饶食,无饥馑之患,以故呰窳(呰,音 zǐ;窳,音 yū;呰窳,意为懒惰)偷生,无积聚而多贫。是故江、淮以南无冻饿之人,亦无千金之家。

班固说:

> 楚有江汉川泽山林之饶,江南地广,或火耕水耨。民食鱼稻,以渔猎山伐为业,果蓏(音 luǒ)蠃(螺)蛤,食物常足,故呰窳媮生,而亡积聚,饮食还给,不忧冻饿,亦亡千金之家。

及至东汉末年,战乱不断,北方经济遭受严重破坏,人口大幅度减少,或谓:"天下户口耗减,十裁一在"[1],"大魏奄有十州之地,而承丧乱之弊,计其户口不如往昔一州之民"[2],"丧乱之后,人民至少,比汉文景之时,不过一大郡"。[3] 北方人口锐减,原因很多,战乱、灾荒、瘟疫,以及荫户不报,是最重要的,但大量人口流向南方也是一个重要因素。

吴国同样也受战争不断、灾异频仍的影响,人口锐减,生产力

---

① 《三国志·魏书·张绣传》。
② 《三国志·魏书·杜恕传》。
③ 《三国志·魏书·陈群传》。

不足,经济发展自然受到制约。只是不像魏国那样严重罢了。《文献通考·户口一》载,"吴赤乌三年(公元 240 年),户 52 万,男女口 230 万,吴亡时(公元 280 年),户 53 万,吏 32000,兵 23 万,男女口 230 万。(按:《晋书·地理志》谓"赤乌五年,其户 52.3 万,男女口 240 万")。"这可能是一些被缩小了的数字。根据《后汉书·郡国志》和《晋书·地理志》两书对比看出:扬州,后汉盛时有户 102 万余,口 433 万余;晋平吴后,户 31 万余(口未详),户减 69.7%。荆州,后汉盛时(不计南阳郡。因为三国时大部属魏)户 87 万余,口 382 万余;晋平吴后,户 31 万余(口未详),户减 64.4%。另,晋平吴后,还得交州户 2.56 万。这样的数字,可能更近事实。相比较:东汉桓帝永寿二年(公元 156 年),全国有户约 1607 万,口约 5648 万;至西晋太康元年(公元 280 年),全国户约 246 万,口约 1616 万。百余年间,户存 25.3%,减少 84.7%;口存 28.6%,减少 71.4%。(按:这些数字,也不一定准确,主要是在社会动荡情势下,一些隐户、依附户,往往不能计入)。孙权时期吴国人口之减,显然少于平均之数。所以,情况应该较魏为好。

吴国经济的发展是我国南方经济发展的重要一环。相对来说,吴经济比魏国经济获得了较好发展,论其原因,要在三点:第一,汉末人口南流,不仅增加了南方的劳动力,而且将北方的相对先进的生产技术带到了南方;第二,长江流域以及江南的优越的利于农作物生长的地理环境,为吴国经济的发展提供了有利条件;第三,孙权后期的诸多经济措施发挥了一定作用。一、二两点,非本书专论范围,这里仅就孙权统治时期的经济措施以及经济发展的状况,略为述论。

一、宽赋息调

孙权自汉建安五年(公元 200 年)受政统事至吴神凤元年(公元 252 年)死去,为政五十余年。五十年时间,大体可以分作前后两半。其前半时间,约黄武四年(公元 225 年)前,主要精力都放在军事上,强调经济对军事的保障,实行酷烈的强制经济政策,基本上不问或很少重视经济的改善措施,虽然也曾有过因为大疫而"尽除荆州民租税"①一类的事,但比较忽视民间疾苦,征赋繁重,少有宽贷。因此,江南经济虽有一定开发,但不够显著。中大夫冯熙出使魏国时对曹丕所言"带甲百万,谷帛如山,稻田沃野,民无饥岁,所谓金城汤池,强富之国也",显然是大大夸张了的,是有违事实的说辞。后半时间,大规模的战争相对少了,朝臣们请求减赋轻役、勿夺民时的呼声高了,虽然役繁赋多的情况没有根本改变,但黄武五年孙权终于下令"宽息"、"增广农亩"。这标志着他思想和经济政策上的一些重要建树和转变。

黄武年间"宽息"令

孙权统治时期,经济方面的问题始终比较严重。史籍虽然没有具体论述,也没有量化记载,但大臣们的奏章和孙权的令文为我们提供了分析问题的可靠根据。

《三国志·骆统传》记载,黄武年间,"征役繁数,重以疫疠,民户损耗"。建忠中郎将骆统上疏,先是讲了一番"民以君安,君以民济"的道理。然后,尽述现实的严重性。

---

① 《三国志·吴书·吴主传》。

第一,言说征赋繁多带来"田畴芜旷,民户浸寡"的问题:

今强敌未殄,海内未乂(未乂,意为尚未治理好),三军有无已之役,江境有不释之备,征赋调数,由来积纪,加以殃疫死丧之灾,郡县荒虚,田畴芜旷,听闻属城,民户浸寡,又多残老,少有丁夫,闻此之日,心若焚燎。

第二,论说问题的形成及其后果:

思寻所由,小民无知,既有安土重迁之性,且又前后出为兵者,生则困苦无有温饱,死则委弃骸骨不反,是以尤用恋本畏远,同之于死。每有征发,赢谨居家重累者先见输送。小有财货,倾居行赂,不顾穷尽。轻剽者则逃入险阻,党就群恶。百姓虚竭,嗷然愁扰,愁扰则不营业,不营业则致穷困,致穷困则不乐生,故口腹急,则奸心动而携叛多也。又闻民间,非居处小能自供,生产儿子,多不起养,屯田贫兵,亦多弃子。天则生之,而父母杀之,既惧干逆和气,感动阴阳。

第三,劝说孙权考虑长远利益,"与民消息":

且惟殿下开基建国,乃无穷之业也。强邻大敌非造次所灭,疆场常守非期月之戌,而兵民减耗,后生不育,非所以历远年,致成功也。夫国之有民,犹水之有舟,停则以安,扰则以危,愚而不可欺,弱而不可胜,是以圣王重焉,祸福由之,故与民消息(按:指给老百姓一段休养生息时间),观时制政。方今长吏亲民之职,惟以办具为能,取过目前之急,少复以恩惠为治,副称殿下天覆之仁,勤恤之德者。官民政俗,日以凋弊,渐以陵迟,势不可久。夫治疾及其未笃,除患贵其未深,愿殿下少以万机余闲,留神思省,补复荒虚,深图远计,育残余之民,阜人财之用,参曜三光(日月星),等崇天地。

据载,孙权感骆统所言,开始"加意"考虑宽赋减役。约略同时,大都督陆逊也在兵余之时,上书"陈便宜,劝以施德缓刑,宽赋息调"。①

有感于经济形势的严峻与内外军事形势的相对缓和,以及大臣们的劝谏,孙权在黄武五年(公元226年)春,下达了第一个宽赋息调的命令:

> 军兴日久,民离农畔,父子夫妇,不听相恤,孤甚愍之。今北虏缩窜,方外无事,其下州郡,有以宽息。

令文很简短,没有涉及"宽息"的具体内容或指标,实施的情况和成果也不得其详。但可以肯定的是,以孙权当时的统治权威,州郡及其以下地方政权都会很好地对待他的第一个"宽息令"。

同时,他针对"宽赋息调"的言论,又做了一些辩解:

> 至于发调者,徒以(只是因为)天下未定,事以众济。若徒守江东,修崇宽政,兵自足用,复用多为?顾坐自守可陋耳。若不豫调,恐临时未可便用也。

总之,由于有过一定程度的"宽赋息调",便有了自黄武五年,经黄龙,至嘉禾初六七年间的相对稳定。②

嘉禾年间"勿复督课"诏

孙权做皇帝以后,同蜀汉已经媾和,北方曹魏也很少发动对吴战争,但他谋建宏业,不甘寂寞,又屡屡用兵,诱战魏将,求夷州,取海南,征辽东,人力财力消耗很大,因而征役赋调再度严重起来。

---

① 《三国志·吴书·吴主传》。
② 关于孙吴赋税制度,长沙走马楼出土三国吴简提供了很重要的证明。有些简文载有"入××乡口算钱"若干的内容,说明汉以来的口钱、算赋制度在孙权统治时期仍在实行(当然,孙权"役赋凡百",仅此是不够的,还会有其他的赋敛政策)。

再加连年灾荒,收成不好,百姓无以为生,纷纷逃役、拒征。社会治安问题也日益严重。《三国志·孙登传》说,"时年谷不丰,颇有盗贼,(登)乃表定科令所以防御,甚得止奸之要。"

嘉禾三年(公元 234 年)春,孙权为了缓和社会矛盾,颁布了第二次有关减免征役赋调的诏令:

> 兵久不辍,民困于役,岁或不登。其宽诸逋(诸逋,指各种拖欠),勿复督课。

这一诏令,对于稳定社会局面,起到了一定作用。但也没有解决根本问题,所以,嘉禾六年,陆逊借孙权征求关于"兴利改作"的意见时,再次上书言说民富才能国强的道理:"国以民为本,强由民力,财由民出。夫民殷国弱,民瘠国强者,未之有也。故为国者,得民则治,失之则乱,若不受利,而令尽用立效,亦为难也。"

赤乌年间"勿夺民事"和"开仓赐贫"诏

赤乌元年(公元 238 年),孙权在杀了校事吕壹以后,曾经迫于形势,一面"引咎责躬",一面又为自己辩护:

> 自孤兴军五十年,所役赋凡百皆出于民。天下未定,孳类犹存,士民勤苦,诚所贯知。然劳百姓,事不得已耳。

孙权的自我辩护,起了很坏的作用。本已严重的情况再度恶化。郡县"荒残",民物"凋弊"。因此,太子孙登临终上疏,劝说孙权"为政听民,律令与时推移,诚宜与将相大臣详择时宜,博采众议,宽刑轻赋,均息力役,以顺民望"。[①]

征役繁多,自然侵夺民时。历代稍知统治之术的当政者,无不主张或形式上强调"勿夺民事"。

---

① 《三国志·吴书·孙登传》。

赤乌三年(公元240年)春,孙权颁布了第三道诏令:

> 盖君非民不立,民非谷不生。顷者以来,民多征役,岁又水旱,年谷有损,而吏或不良,侵夺民时,以致饥困。自今以来,督军郡守,其谨察非法,当农桑时,以役事扰民者,举正以闻。

同年冬,民饥,孙权再次下诏:"开仓廪以赐贫穷"。

次年春,百官奏立皇后及四王,孙权甚知不合时宜,因令缓议:"今天下未定,民物劳瘁,且有功者或未录,饥寒者尚未恤,猥割土壤以丰子弟,崇爵位以宠妃妾,孤甚不取。其释此议。"是年四月,又下令"禁进献御,减太官膳"。

这次行动,比较认真,因此收效亦较明显,获得了十年的相对稳定。殊数不易,应该肯定。晚年,孙权对宽刑轻赋、均息力役问题有了进一步认识,试图巩固这一成果。

历史证明,孙权时期"役赋凡百",而其中"征役繁数,民困于役"造成的社会影响较之于"赋"课更为严重。征役几乎是没有限制的,有事则征,当人们提出异议时,孙权便用"事不得已耳"的话为自己辩解。赋税之征,似有定制,问题在于灾疫迭臻、征役繁多,致使"年谷有损",而赋算照旧,以致民不堪负,所以也就有了太子孙登等人的"轻赋"之议。后期情况有所改善。

二、增广田亩

农业是前资本主义社会的经济基础。孙权很明白,要想保有几十万的军事势力,争霸建业,谋国图存,没有农业经济的保障是不可能的。因此,他除了在一些时间里注意适当减轻农民负担外,还特别重视军事的经济保障,增广耕地。其重要措施,一是广屯田,二是以山民"补户",三是掳掠、招徕人口,四是提倡农业技术。

广　屯　田

我在《曹操传》一书中曾说,屯田的提出和实行,完全是时代所使然。数十年间战乱不断,人口锐减,大批的农业劳动力或死、或亡、或被征为军士,土地大面积荒芜,军民饥馑乏食。出路何在呢? 不少地方割据势力都想到了屯田。曹操面对残酷的现实,又知历史的经验,因而约在后汉初平、兴平年间把先代曾经实行过的屯田作为定国之术提了出来,并付诸实施。

曹操屯田在不长的时间里解决了严重的粮食危机。许下屯田第一年即获丰收,得谷百万斛,继而历年丰收;州郡例置屯田,广置屯田后,"五年中仓廪丰实";建安中期,出现了"所在积谷,仓廪皆满"的景象;建安末,又听司马懿之议,扩大军屯,让"天下不耕者二十余万"兵士,且耕且守。"于是务农积谷,国用丰赡"(《晋书·宣帝纪》)。这些描述,固然多有夸张之辞,但不能否认,粮食问题的确是得到了一定程度的缓解。

曹操屯田的重大收获以及一整套军屯、民屯制度,对于当时包括孙氏兄弟的各割据军事集团,显然都产生了重大影响。

孙策是否已经推行屯田,历史没有明确记载。就其兴平二年(公元 195 年)渡江,建安五年(公元 200 年)死去,五年间马不停蹄、征战不休的情况看,似乎难以顾及此类事情。但我们又注意到,他也接触到了这一问题。《三国志·太史慈传》载,扬州刺史刘繇被孙策打败,繇将太史慈"遁于芜湖,亡入山中,称丹杨太守。是时,策已平定宣城以东,惟泾(安徽今县)以西六县未服。慈因进住泾县,立屯府,大为山越所附"。"立屯府",就是建立了管理屯田的机构。孙策把太史慈俘虏以后,不可能将已垦屯田荒废,

"屯府"犹存当在情理之中。另外，孙策打败庐江太守刘勋以后，"皆徙所得人"，包括百工、鼓吹、部曲三万余人"东诣吴"，安置的方法，部分强者可以补兵，老弱妇幼怎么办？屯田当是重要出路。

孙权执政以后不久，历史便有明确的有关屯田的记载。

《三国志·陆逊传》说："孙权为将军，逊年二十一。始仕幕府，历东西曹令史，出为海昌屯田都尉，并领县事。县连年亢旱，逊开仓谷以振贫民，劝督农桑，百姓蒙赖。"陆逊死于赤乌八年（公元245年）二月，终年六十三岁。以此上推，陆逊二十一岁是在建安八年（公元203年）。自此他历任东西曹令史，然后出任屯田都尉。吾师王仲荦先生在《魏晋南北朝史》一书中据此认为，"东吴屯田，开始于公元203—204年前后"。如果说曹操在兴平、初平年间开始屯田，那么孙权屯田比曹操屯田大约晚了十年左右。屯田都尉是主管屯田事宜的重要官员。曹操的著名的主持屯田人枣祗的官职就是屯田都尉。应该特别注意的是，既然有了县一级的屯田官员的设置，可见孙权执政初始几年，屯田便很快就有了一定规模。①

《吕蒙传》载，魏使庐江谢奇为蕲春典农，屯皖田乡，数为边寇。吕蒙"伺隙袭击"，谢奇"缩退"，其部伍"皆携负老弱，诣蒙降"。又，曹操"遣朱光为庐江太守屯皖，大开稻田"，吕蒙对孙权说："皖田肥美，若一收孰，彼众必增，如是数岁，操态见矣，宜早除之。"孙权听从吕蒙的建议，亲自征皖，取得胜利，获朱光及男女数万口。众多的屯田民怎么安置？年壮者可以补兵，妇女老弱怎么办？原地或易地继续屯田自然是一条重要出路。

---

① 陆逊生于公元183年，203年为屯田都尉，时在孙权统事后的第四年。

孙权屯田与曹操屯田的最大不同在于,孙权以军屯为主,曹操更重民屯。① 军屯是军队的战余生产活动,组织形式仍以军事建制为主,生产方式和剥削方式相对来说都比较简单。所以,他没有像曹操那样为屯田,特别是为许下屯田,大费周折,初行"计牛输谷",屯田农民按照租用官府的耕牛数目,向政府缴纳租粮;后用枣祗"分田之术",即把土田分给个人,然后根据收获量多寡对半分成,从而大大提高了屯田民的生产积极性。

孙权的军队屯田,主要是解决军队的平时粮秣供给问题。

黄武五年(公元226年),是孙权扩大屯田的关键一年。是时,"陆逊以所在少谷,表令诸将增广农亩。"孙权答复:"甚善。"这是一条非常重要的记载:第一,当时,陆逊为大都督加辅国将军,统率吴国主力部队刚刚打败刘备,据守西部防线,粮食发生了困难;第二,陆逊向孙权报告,为了解决粮食问题,他命令诸将增广农亩;第三,孙权肯定了陆逊的做法。这其中特别应该注意的是"令诸将增广农亩"的提法。"令诸将",表明军队普遍屯田;"增广农亩",表明是在原有的屯田基础上扩大规模。唐人房玄龄说:"有吴之务农重谷,始于此焉。"②

吴国西线屯田,大都布置在长江流域,江陵、夷陵、寻阳等处都是重点。

东线屯田也颇见规模。下引记载可以证明:

《三国志·满宠传》载,青龙三年(吴嘉禾四年,公元235年)春,"权遣兵数千家佃于江北(佃,耕作)"。至八月,魏征东将军满宠"以为田向收熟,男女布野,其屯卫兵去城远者数百里,可掩击

---

① 参阅拙作《曹操传》"推行屯田"一章。
② 《晋书·食货》。

也"。于是"遣长吏督三军顺江东下,摧破诸屯,焚烧谷物而还"。

《诸葛恪传》载,嘉禾六年(公元237年),威北将军诸葛恪"率众(按:恪平山越得甲士四万,自领万人)佃庐江皖口(今安徽怀宁西),因轻兵袭舒,掩得其民而还"。

《诸葛瑾传》注引《吴书》载,瑾次子融,被授骑都尉,"赤乌中,诸郡出部伍,新都都尉陈表、吴郡都尉顾承各率所领人会佃毗陵(今江苏武进)"。

另外,据《三国志·楼玄传》载,孙权时"玄为监农御史"。这说明,孙权在中央设置了专职农官,监理农事。还有一些记载,虽然讲的是孙权死后、晋代初年的事,但可以帮助我们反观孙权统治时期的屯田情况:

《晋书·王浑传》说,王浑为晋安东将军、都督扬州诸军事,镇寿春,"吴人大佃皖城,图为边害"。晋咸宁四年(公元278年),"浑遣扬州刺史应绰督淮南诸军攻破之,并破诸别屯,焚其积谷百八十余万斛、稻苗四千余顷、船六百余艘。"

《宋书·州郡一》记载,晋太康二年(公元281年)分丹阳县立于湖县(今安徽当涂南),于湖县治就设在原吴国管理民屯的"督农校尉"治所;复立江乘县,江乘县治所即为吴时"典农都尉"治所;立毗陵郡,毗陵郡是"吴时分吴郡无锡以西"而设"毗陵典农校尉"地方;复立湖孰县(今江苏江宁东南),吴时曾取消湖孰县建制,设"典农都尉";复立溧阳县,吴时省溧阳县建制,"为屯田",晋恢复立县。

屯田是吴国军队的重要经济支柱,对于孙权统治时期的社会稳定以及江南经济的发展起过一定作用。

当然,孙权屯田如同曹操屯田一样,它不是先进的生产方式,作用必然是有限的。第一,军屯剥削太重,"屯田贫兵"连个孩子都养不起①;第二,民屯生产者没有人身自由,动辄被称作"复客"、"复民"、"复人"增于有功将领(按:复,指免除赋役。复客、复民、复人,就是免除了田赋、口赋和徭役的人)。如:吕蒙死,赐"屯田六百人";陈武战死,"复客二百家";潘璋死,赐"复客五十家",等等。②

用山民"补户"

平抚山越,是孙权自始至终都很关心的大问题。他对待已被镇服的山民的办法,除了笼其头领,抑其反抗,力求局势稳定外,最重要的是"强者为兵,羸者补户"。所谓"补户",犹同"编户",就是把本来不负担国家征赋的人纳入正式户籍管辖之内,照例服役供赋。

据《三国志·陆逊传》记载,陆逊首倡此说。孙权执政初期"数访世务"于陆逊,陆逊建议:"方今英雄棋跱(割据对峙。跱,音zhì,站立),豺狼窥望,克敌宁乱,非众不济,而山寇旧恶,依阻深地。夫腹心未平,难以图远,可大部伍,取其精锐。"孙权接受了陆逊意见,以逊为帐下右部督,进讨丹杨山越叛乱。陆逊取得胜利,"遂部伍东三郡,强者为兵,羸者补户,得精卒数万人"。

《贺齐传》载,贺齐也采取了同样政策。建安十八年,他镇压了豫章东部民乱后,"诛其首恶……拣其精健为兵,次为县户"。

无疑,孙权将此一政策贯彻始终。例如,后来诸葛恪平丹阳民乱,依然是这样做的。

① 《三国志·吴书·骆统传》。
② 《三国志·吴书·吕蒙传》、《陈武传》、《潘璋传》。

掳掠、招徕人口

孙权奄有三州,地域辽阔,但人口稀少,劳力不足,限制了军事力量和经济的发展。所以,孙权兄弟都重视在战争中掳获或招徕人口。

建安四年,孙策攻皖城,打败袁术所署庐江太守刘勋,得袁术"百工及鼓吹部曲三万余人",皆徙所得人"东诣吴"。[①]

五年,孙权再攻皖城,打败新任庐江太守李术,"屠其城,枭其首,徙其部曲三万余人"。

十二年,孙权西征黄祖,"虏其人民而还"。

十三年,孙权复征黄祖,"虏其男女数万口"。

十八年,孙权意外得户十余万。曹操政策失误,令民内移,"民转相惊,自庐江、九江、蕲春、广陵户十余万皆东渡江"。

十九年,孙权再攻皖城,"获(魏)庐江太守朱光及参军董和,男女数万口"。

二十五年,魏"南阳阴、酂(两县在今湖北老河口市境)、筑阳(今湖北谷城东)、山都、中庐(两县在今湖北襄樊市境)五县民五千家来附"。

黄龙二年,遣将卫温、诸葛直"求夷州",得夷州数千人还。[②]

嘉禾五年,孙权使陆逊、诸葛瑾攻襄阳,兵至江夏、安陆等地,"斩首获生,凡千余人。其所生得,皆加营护,不令兵士干扰侵侮。将(携带)家属来者,使就料视。若亡其妻子者,即给衣粮,厚加慰劳,发遣令还,或有感慕相携而归者。邻境怀之,江夏功曹赵濯、弋

① 《三国志·吴书·孙策传》注引《江表传》。
② 以上《三国志·吴书·孙权传》并注。

阳备将裴生及夷王梅颐等,并帅支党来附逊。逊倾财帛,周赡
经恤。"①

赤乌二年,遣使者羊衜、郑胄、将军孙怡,击魏守将张持、高虑
等于辽东,虏得男女。

四年,遣卫将军全琮"略淮南,决芍陂,烧安城邸阁,收其人
民"。

六年,以诸葛恪征六安,"破魏将谢顺营,收其民人"。②

掠民、收民的记录如此之多、之久,说明这已是吴国长期实行
的一项政策。

提倡农业新技术

孙氏初有江南,广大农村,特别是山区,生产技术落后,汉末火
耕水耨的局面没有得到根本改变。终吴一代,农业生产技术有了
改进,但仍然远比北方落后。孙权曾经做出努力,提倡牛耕,提倡
农业新技术。

黄武五年,孙权为鼓励增广田亩事,"父子亲自受田",并将新
的耕作技术用于生产活动,令说:"今孤父子亲自受田,车中八牛
以为四耦,虽未及古人,亦欲与众均等其劳也。"③历代帝王"籍
田"、参加一些仪式性的短暂劳动,都是做样子给老百姓看的,大
多劳民伤财,但也往往产生一些好的激励人心的效果。

孙权所说"八牛以为四耦",就是把八头牛分作四组,二牛为
一耦(组),拉二犁。牛耕技术始于东周。春秋时期,孔子有两个

---

① 《三国志·吴书·陆逊传》。
② 《三国志·吴书·孙权传》。
③ 《三国志·吴书·孙权传》。

弟子,一个叫冉耕,字伯牛,一个叫司马耕,字牛,足见北方牛耕并非罕见。两汉时期,牛耕已很普遍,就是远至交州九真也学会了牛耕。《后汉书·任延传》说,东汉初年,任延为九真太守,"九真俗以射猎为业,不知牛耕,延乃令铸作田器,教之垦辟(按:《后汉书补注》谓:"教民以牛耕,置吏巡行"),田畴岁岁开广,百姓允给"。无疑,孙权时期的东吴,长江流域及江南平地较多的地区牛耕当已普遍。孙权将"车中八牛以为四耦"的重要目的,不止提倡牛耕,而在耕作技术的改良。

据《三国志·锺离牧传》载,锺离牧"少爰居(迁居)永兴(今浙江萧山西),躬自垦田,种稻二十余亩",得六十斛米。一人垦田二十亩,产量亩产三斛,如果没有牛耕和来自北方的新的农业技术是不可能的。

史学家范文澜说得对:吴对东南地区的开发,有显著的成就,"长江中下游吴比东汉时经济文化确是发展了。这首先由于东汉末年中原及江淮间大量流民逃入荆扬二州,他们带来了各地区较高的生产技术,使江东地区原来的农业和手工业得到一些改进。"[①]

三、发展商业、手工业和海上交通

西晋文学家左思(约公元 250—305 年)作《三都赋》,"豪贵之家,竞相传写,洛阳为之纸贵"。其一《吴都赋》中描写了吴都(今江苏南京,一说苏州)景致。

> 开市朝而并纳,横阛阓(音 huán huì,指市垣与市门)而

① 范文澜:《中国通史简编》第 2 编,人民出版社 1964 年版,第 213 页。

流溢。混品物而同廛(廛,仓库),并都鄙(都鄙,城区与郊区)而为一。士女伫眙(伫眙,立视),商货骈坒(坒,音 bì,相连),纻衣绤服(绤,音 chī,纻衣,苎麻做的衣服,绤服,细葛布做的衣服),杂沓倰萃(倰,sōng,走貌),轻舆按辔以经隧(隧,走向市场的路),楼船举帆而过肆,果布辐凑而常然,致远流离(即琉璃)与珂玓(珂,贝之大者;玓,玓瑁)。金镒磊砢(金二十两为镒,磊砢,众多貌),珠琲阑干(琲,音 bèi。珠十贯为一琲,阑干意如纵横)。桃笙象簟(diàn),韬于筒中,蕉葛升越,弱于罗纨(李善注:桃笙,桃枝簟也,吴人谓簟为笙,又折象牙以为簟也。蕉葛,葛之细者,升越,越之细者)。①

这"洛阳为之纸贵"的著作,今人读来,很难懂。但基本意思也算昭然。著作虽然写于晋初,但在很大程度上有所夸张地反映了已亡吴国经济,特别是孙权统治时期的都市、交通、商业、手工业的一般繁荣情景。

无疑,这些成就首先应该记在孙权账上,而不是记在他的后人孙晧等人的账上。

通市易,铸大钱

孙权注意国内贸易的发展,并为其创造条件。例如,赤乌八年"遣校尉陈勋将屯田及作士三万人凿句容(江苏今市)中道,自小其(按:或谓当作小辛,指自句容至丹阳之运河)至云阳(今江苏丹阳)西城,通会市,作邸阁。"②

从左思《吴都赋》看出,孙权并没有实行汉代"重本抑末"政

---

① 据《文选》。
② 《三国志·吴书·吴主传》。

策,而是有点鼓励私人商业,所以才会出现如下情形:"富中之甿(音 méng,指居住在农村的人),货殖之选。乘时射利,财丰巨万。竞其区宇,则并疆兼巷;矜其宴居,则珠服玉馔。"

孙权也重视同敌国之间经济交往。嘉禾四年,魏使以马求易珠玑、翡翠、玳瑁,孙权高兴地说:"此皆孤所不用,而可得马,何苦而不听其交易?"①

史载,孙权对于远域,包括西域、天竺(古国名,含今印度、巴基斯坦等)、大秦(古代中国对罗马帝国及近东地区的称呼)等地商人来做买卖都表欢迎。《梁书·诸夷传》和《南史·夷貊·南海诸国》都说:"南海诸国,大抵在交州南及西南大海洲上,相去近者三五千里,远者二三万里,其西与西域诸国接。……后汉桓帝世,大秦、天竺皆由此道遣使贡献(按:实为互市)。及吴孙权时,遣宣化从事朱应、中郎康泰通焉,其所经过及传闻,则有百数十国。"《梁书·诸夷·中天竺国》载:孙权黄武五年,"有大秦贾人字秦论来到交趾,交趾太守吴邈遣送诣权,权问方土谣俗,论具以事对。时诸葛恪讨丹阳,获黝(黟)、歙短人,(秦)论见之曰:'大秦希见此人。'权以男女各十人(按:希见此人,意为少见这样的人。孙权将这样的人男女各十,赐于秦论),差吏会稽刘咸送论。咸于道物故,论乃径还本国。"

《册府元龟·外臣部》载:赤乌六年,扶南王"遣使献乐人及方物"。海南诸国林邑(古国名,在今越南中部)、扶南(古国名,辖今柬埔寨以及老挝、越南、泰国部分地区)等出产的玳瑁、沉木香、象牙、翡翠等等也常常通过交易传入中国。

货币是充当一般等价物的特殊商品。货币的生产、发展或衰

---

① 《三国志·吴书·吴主传》。

落,客观地反映着社会经济状况。

三国时期,货币经济处于相对衰落。我在《曹操评传》中讲到,两汉魏晋时期,中国货币发展过程中有过几次波折,一是王莽改制,废汉五铢钱而行大钱,又铸契刀、错刀,又行"宝货五品",名目繁多,打乱了货币秩序,搞乱了汉代经济,百姓皆感不便。二是董卓"悉坏五铢钱,更铸小钱",搞得货轻而物贵,"谷一斛至钱数百万",以至无法使用。三是曹丕"罢五铢钱,以谷布为市"。据载,曹操为相,罢董卓小钱,还用五铢。曹丕为帝,黄初二年三月,亦宣布用五铢钱。但是,当时出现了另一方面的问题,"是时不铸钱既久,货(币)本不多,又更无增益,故谷贱无已。"(《晋书·食货》)面对着谷贱钱贵的形势,曹丕于同年十月间又宣布"罢五铢钱"。这一错误决策使中国货币经济走上了倒退的道路。不几年,弊端便显露出来。《晋书·食货》说:"魏文帝罢五铢钱,使百姓以谷帛为市。至明帝世,钱废谷用既久,人间巧伪渐多,竞湿谷以要利,作薄绢以为市,虽处以严刑而不能禁也。"在北方,罢钱币,用谷帛作为等价物,带来了严重的经济问题和社会问题。

蜀汉遇到了同样问题,为了"平诸物价",刘备在建安十九年铸造了"径七分,重四铢"的"直(值)百钱"和"径一寸一分,重八铢,文曰:五铢直百"的"直百五铢钱"。又有传形五铢钱。清人梁章钜《三国志旁证》引洪遵《泉志》说,"传形五铢,今所谓蜀钱,时有勒为直百者,亦有勒为五铢者。大小称量如一,三吴诸县行之。"可见蜀钱已在吴境流行。

孙权没有采用曹丕的办法,因噎废食,"使百姓以谷帛为市",而是采用了刘备的办法。不过,他铸的钱,不是"直百",而是更大。

嘉禾五年,"铸大钱,一当五百。诏使吏民输铜,计铜畀直(按照铜的重量给予同值的大钱)。设盗铸之科。"杜佑《通典》说,孙权"铸大泉,一当五百,文曰'大泉五百',径一寸三分,重十二铢。"

赤乌元年,又"铸当千大钱"。

这种由官府专断的低质大面值货币措施,实是对老百姓的一种掠夺政策。不可能久行。

赤乌九年,孙权不得不下令"禁大钱"。《江表传》载,孙权下诏说:"谢宏往日陈铸大钱,云以广货,故听之。今闻民意不以为便,其省息之,铸为器物,官勿复出也。私家有者,敕以输藏,计畀其直(意为按值兑换),勿有所枉也。"①《晋书·食货》评述时也说:"钱既太贵,但有空名,人间患之。权闻百姓不以为便,其省息之,铸为器物,官勿复出也。私家有者,并以输藏,平畀其直,勿有所枉。"

可见,孙权对货币政策对于社会经济和社会稳定的影响尚有一定认识。他的先铸大钱而后又禁大钱的诏令,都是试图从实际出发以解决实际问题。但终其生,他始终没有找到解决问题的根本办法。所以,听任蜀汉货币在吴国流行。蜀之传形五铢,不管是"勒为直百者",还是"勒为五铢者"。因其"大小称量如一",便于使用,竟然遍及江南,"三吴诸县行之"。

手 工 业

我没有收集到孙权统治时期有关手工业的具体诏谕或措施,只能从诸多形象化描绘或精秀的出土物推断孙权对于手工业的重视和鼓励。

葛麻纺织技术高。左思《吴都赋》说,身着"纻衣絺服"的人,

---

① 《三国志·吴书·吴主传》并注。

“杂沓傱萃”。按照古人的解释,“纻衣絺服”就是很细致漂亮的葛、麻织品。又说,“蕉葛升越,弱于罗纨”。“蕉葛”就是葛布之细者,“升越”就是越布之细者,“弱于罗纨”就是比绫罗丝绢还柔软。吴都市面上的葛麻织品是这样好,边地交州生产的葛布也这样好。《三国志·士燮传》记载:“燮每遣使诣权,致杂香细葛,辄以千数。”

丝织、刺绣技术有了新发展。《吴都赋》说,“国税再熟之稻,岁贡八蚕之绵”。这说明种桑养蚕已很普遍,而且发达。种桑养蚕是农业,亦是手工业丝织品的基础。不少盛产桑蚕的地方,丝织品的质量大都很好,如会稽郡之诸暨、吴郡之永安专供宫廷需要。孙权死后,孙晧为了奢华的需要,竟然形成了规模化生产,后宫的织络工竟达一千余人。社会上奢靡成俗,中书丞华覈在上孙晧疏中讲道:“今事多而役繁,民贫而俗奢,百工作无用之器,妇女为绮靡之饰,不勤麻枲,并绣文黼黻,转相仿效,耻独无有。兵民之家,犹复逐俗。内无儋石之储,而出有绫绮之服”。因此,华覈提出建议,令民绩麻,“但禁绮绣无益之饰”。[①] 这些记载,如果从积极的意义上理解,无疑反映了吴国丝织、刺绣业已经达到了一个新的水平。

盐铁业得到重视。前已述及,吴地盛产盐铁,所以春秋吴越、汉代刘濞均以致强。孙权也很重视盐铁。产盐地方,设司盐校尉、盐池司马等官。产铁的地方,则置冶令、冶丞。《三国会要·盐铁》引《唐六典》文证明了这一点:“江南诸郡有铁者,或置冶令或丞,皆吴时置。”冶铁技术既为当世,也为后世人所称道。陈寿在《三国志·贺齐传》中说:贺齐“尤好军事,兵甲器械极为精好,所

---

① 《三国志·吴书·华覈传》。

乘船雕刻丹镂,青盖绛襜(音 chān,车子帷帐),干橹戈矛,葩瓜文画,弓弩矢箭,咸取上材,蒙冲斗舰之属,望之若山。"显然,没有达到一定程度的钢铁冶炼技术,要想造出极精的兵甲器械,并在干橹戈矛上"葩瓜文画",是完全不可能的。南朝人陶弘景亲见吴国兵器之精,在其《刀剑录》中说:"吴主孙权黄武四年采武昌山铜铁,作千口剑、万口刀,各长三尺九寸,刀斗方,皆南钢越炭作之"。①

造船业发达。吴国兵扼长江,北拒曹魏,西防蜀汉,东临大海,水军是其重要军事建制,从而也使造船业达到了新的历史水平。设立了造船基地,并设典船都尉之官督造。能造军用五楼船②,还能造容纳三千人的武装运兵船。③《南州异物志》说,吴国的船"大者二十余丈,高去水三二丈,望之如阁道,载六七百人,物出万斛"。据记载,吴国亡时,被晋接受的船只达五千余艘。④

另,烧瓷业、建筑业都有可观成就。1958 年在南京清凉山一座甘露元年(公元 265 年。时孙权已死十三年,不是直接证据,可作参证)的吴墓中出土了一只青瓷羊,通体施釉,匀净莹润,造型栩栩如生,"羊作蹲伏状,昂首,双目前视,两耳贴脑后,角曲卷于耳后,嘴微张,颔下无须,体态丰健,两肋有羽翼纹,四肢蜷曲,臀部紧贴短尾"。⑤《吴都赋》描述了吴都周围建筑之精之盛:"列寺七里","屯营栉比","横塘查下(地名),邑屋隆夸。长干(地名)延属(接连不断),飞甍(大房子的屋脊)舛互(交错)。"

---

① 《太平御览》卷 343。
② 见《三国志·吴书·董袭传》。
③ 《水经注·江水》引《江水记》说,昔孙权装大舶,"载坐直之士三千人"。
④ 《三国志·吴书·孙皓传》注引《晋阳秋》。
⑤ 转自网上。物存南京博物馆,参阅《中国史稿》第三册,人民出版社 1979 年版,图版二。

水上交通和航海技术

军事的需要,造船业的发达,推动了内河交通、海上交通和航海技术的发展;反之,水上交通和航海技术的发展,又促进了造船技术的新提高。"水浮陆行,方舟结驷。唱棹转毂,昧旦永日","汎舟航于彭蠡,浑万艘而既同","弘舸连舳,巨槛(船板)接舻。飞云、盖海(皆大船名),制非常模"。① 这虽然是左思的文学形容,但总不会是捕风捉影。事实证明,孙权时期确实已经有了浮海远航的技术和能力。前面讲到,黄龙二年(公元 230 年),他派将军卫温、诸葛直"将甲士万人浮海求夷洲及亶洲";嘉禾元年(公元232 年),遣将军周贺、校尉裴潜率兵万人到辽东;赤乌二年(公元239 年),又遣使者羊衜、将军孙怡等到辽东,击魏守将;赤乌五年(公元 242 年),遣将军聂友、校尉陆凯"以兵三万讨珠崖、儋耳"。《太平御览·舟部》引吴人康泰《吴时外国传》说:"从加那调州,乘大海舶,张七帆,时风一月余日,乃入秦,大秦国也。"可见,航海技术的确已经达到了相当程度。

史学家范文澜说得有道理:"孙权是大规模航海的倡导者,几次出航,虽然主要目的在捕捉人口,但当时已有如此宏大的舰队,也足以令人气壮。"②

四、提倡节俭

孙权同中国封建时代诸多有作为的开国君主一样,知创业之

---

① 左思:《吴都赋》。
② 《中国通史简编》第 2 编,人民出版社 1964 年版,第 214 页。

艰,提倡节俭。下面的几件事情,颇能说明问题。

嘉禾六年,将军谢渊、谢厷等"各陈便宜,欲兴利改作"。所谓"兴利改作",就是大兴土木。孙权征求陆逊的意见,陆逊建议缓办:"乞垂圣恩,宁济百姓,数年之间,国用少丰,然后更图。"[①]孙权接受了陆逊的意见。

孙权居住的宫殿,是他没有称王称帝前的建筑物。后来,腐朽不堪,不能居住。直到他死前五年,即赤乌十年,才"改作"。《三国志·吴主传》说,是年"二月,权适南宫。三月,改作太和宫"。为了节约建筑费用,孙权下诏说:

> 建业宫乃朕从京(今江苏镇江)来所作将军府寺耳,材柱率细,皆以腐朽,常恐损坏。今未复西(按:前都武昌,在西),可徙武昌宫材瓦,更缮治之。

主管部门向孙权报告:"武昌宫已二十八岁(按:孙权公元219年都武昌,至此二十八年),恐不堪用,宜下所在通更伐致。"孙权坚持使用旧料,说:

> 大禹以卑宫为美,今军事未已,所在多赋,若更通伐,妨损农桑。徙武昌材瓦,自可用也。

据载,拆运材料、动工改作期间,诸将及州郡纷纷出力助建,"皆义作"。

孙权为王称帝三十余年,而直至死前一年才立皇后,除了政治因素,统治集团内部不能达成共识以及宠幸变易外,公开的冠冕堂皇的理由就是节约。赤乌五年,百官奏立皇后及四王,孙权说:"今天下未定,民物劳瘁,且有功者或未录,饥寒者尚未恤,猥割土

---

① 《三国志·吴书·陆逊传》。

壤以丰子弟,崇爵位以宠妃妾,孤甚不取。其释此议。"①

可惜的是,他的节俭精神,一代而终,并没有为他的不肖子孙们所继承。

① 《三国志·吴书·吴主传》。

第十六章　实行文化宽容政策

一、好学习,广读书

孙权少年时期,父亲长年征战,他随母转徙,居无定所。稍长,十四五岁便预军事,被授军职,随兄征战。因此,就其条件来说,少年的他只能从母亲或近从那里获得一般的儒法申商和军事方面的书本知识。但他自知用功,几乎读完了先秦儒家的主要经典著作。当然,我们也能清楚地看到,由于条件所限,他虽然读过不少书,但不可能读深读透,更不可能得到系统的文化修养。因此,他没有曹操、曹丕那样的文化根底,甚至还不如"喜狗马"、"不好读书"但总算跟随著名学者读过两年书的刘备。他没有曹操那样丰富的思想内涵,虽然军事上有所建树,但很难称为是中国历史上有名的、理论上有所建树的政治思想家。但他统事以后,知不足而努力,很重学习,并且督促诸武将系统学习文化。这种肯学习、重学习的精神,常为历史称道。

《三国志·吴主传》注引《吴书》记载了中大夫赵咨使魏,在魏文帝面前大赞孙权的好学精神:"吴王浮江万艘,带甲百万,任贤使能,志存经略,虽有余闲,博览书传历史,藉采奇异,不效诸生寻章摘句而已。"

《三国志·吕蒙传》注引《江表传》记载了一则孙权劝武将吕蒙和蒋钦读书的故事。

权谓蒙及蒋钦曰："卿今并当涂掌事(当涂,指做官掌权的人),宜学问以自开益。"

蒙曰："在军中常苦多务,恐不容复读书。"

权曰："孤岂欲卿治经为博士邪? 但当令涉猎见往事耳。卿言多务孰若孤,孤少时历《诗》、《书》、《礼记》、《左传》、《国语》,惟不读《易》。至统事以来:省三史(按:指《史记》、《汉书》、《东观汉记》)、诸家兵书,自以为大有所益。如卿二人,意性朗悟,学必得之,宁当不为乎? 宜急读《孙子》、《六韬》、《左传》、《国语》及三史。孔子言'终日不食,终夜不寝以思,无益,不如学也'。光武(刘秀)当兵马之务,手不释卷。(曹)孟德亦自谓老而好学。卿何独不自勉勖邪?"

据说,吕蒙听从孙权教导,"始就学,笃志不倦,其所览见,旧儒不胜"。因此,学问大有长进。后来鲁肃代周瑜统兵,从吕蒙那里经过,"意尚轻蒙"。饮酒间,吕蒙突然问鲁肃:"君受重任,与关羽为邻,将何计略,以备不虞?"鲁肃毫无准备,一时语哽,仓促回答:"临时施宜。"吕蒙说:"今东西虽为一家,而关羽实熊虎也,计安可不豫定?"随即"为肃画五策"。鲁肃大为惊讶,"于是越席就之",拊其背说:"吕子明,吾不知卿才略所及乃至于此也。"遂拜蒙母,结友而别。有的记载说得更生动,吕蒙"密为肃陈三策,肃敬受之",肃拊蒙背说:"吾谓大弟但有武略耳,至於今者,学识英博,非复吴下阿蒙。"吕蒙自豪地说:"士别三日,即更刮目相待。"

蒋钦也从此用心读书。孙权对他们的进步非常高兴,常常对人感叹地说:"人长而进益,如吕蒙、蒋钦,盖不可及也。富贵荣显,更能折节好学,耽悦书传,轻财尚义,所行可迹,并作国士,不亦休乎!"①

---

① 以上《三国志·吴书·吕蒙传》并注。

这则故事说明:第一,孙权少年时候即知读书,好读书;第二,孙权希望自己的将领及所有当途掌事者,像自己一样,积极读书,折节好学;第三,孙权主张的读书范围主要是三个方面,一是儒家经典,二是史书,三是包括兵书在内的诸子之学;第四,他崇拜或欣赏善于读书的人。

二、"诏立都讲祭酒,以教诸子"

孙权一生的精力,主要放在军事和政治、民族等这些重大现实问题上。相对来说,经济问题重视不够,教育、文化等方面的事更属建树不多。历史对于他教育和文化方面的情况记载很少。但这绝不是说孙权完全忽视教育和文化事业。

孙权时期地方上的教育制度,不得而知,只好略而不及。

孙权称帝一年后,即黄龙二年正月,"诏立都讲祭酒,以教诸子"①。

这一记载,虽然简短,但有几个意思特别应当注意:一是表明孙权统事的前三十年,尚未很好顾及教育事业,但做了皇帝以后便把此事提上日程,下令建设中央学府(太学),并且任命了"都讲"(主讲)、"祭酒"(授课负责人)。二是说明孙吴继承了汉时太学制度。汉武帝时,置太学,立五经博士;汉平帝时,置六经祭酒。孙权所立教育制度同汉一脉相承。三是说明教学内容较汉武帝之独尊儒术和曹操之"以先王之教为教"有很大不同。所谓"以教诸子",就是不仅教授儒家的经典著作,而且还教授其他诸子之学。他所授博士,自然不会有汉武帝那样多,但比较广泛。据载,不久

---

① 《三国志·吴书·吴主传》。

之后,甚至外籍佛僧支谦,也能得到"博士"的称号。

但是,孙权在世时的教育成就,似乎也不宜估计过高。这从六年以后吴国第三任皇帝孙休下的一纸诏文中可以得到反证:

> 古者建国,教学为先,所以道世治性,为时养器也。自建兴以来,时事多故,吏民颇以目前趋务,去本就末,不循古道。夫所尚不惇,则伤化败俗。其案古置学官,立五经博士,核取应选,加其宠禄;科见吏之中及将吏子弟有志好者,各令就业。一岁课试,差其品第,加以位赏。使见之者乐其荣,闻之者羡其誉。以敦王化,以隆风俗。

"建兴"是孙亮的年号,这说明孙休没敢触及老子的责任。这里的"古者建国,教学为先,所以道世治性,为时养器也",讲的是从前,不是指孙权时代;所谓"自建兴以来,时事多故,吏民颇以目前趋务,去本就末,不循古道。夫所尚不惇,则伤化败俗",自然也不仅仅是孙亮做皇帝以后最近五六年的事情,而是包括孙权时期。针对时弊,孙休提出了恢复教育的三项政策,一是按照古制,"置学官,立五经博士",并且给与优厚待遇;二是科令大小文武官员的子弟"有志好者,各令就业"。业指学业,"就业"就是入学读书;三是对学生每年进行考试,根据考试成绩,"加以位赏"。可见,严格地说来,吴国正规的学校教育的恢复和健全,是孙权死了以后的事情。

三、重儒,但不斥诸子之学

重　儒

前面讲到,孙权读书广泛,但儒家经传始终被放在首位。对于孙权重视儒学,器重硕儒和有儒学根底的人,我们还可从其他方面得到不少证明。

证一：孙权用人重视能力，不拘一格，但特别看重儒学造诣很深的人。中枢要津，多用儒者。例如，长史张昭少好学，博览群书，尤专《左氏春秋》，后著《左氏春秋传解》及《论语注》；丞相顾雍为官之前已为吴郡名儒；丞相步骘为官前，"昼勤四体，夜诵经传"，做了丞相后，"犹诲育门生，手不释卷，被服居处有如儒生"；长史张纮汉末曾入太学读书，"事博士韩宗，治京氏《易》、欧阳《尚书》，又于外黄从濮阳闿受《韩诗》及《礼记》《左氏春秋》"；尚书令严畯，"少耽学，善《诗》《书》、三《礼》，又好《说文》"；等等。

证二：以鸿儒博学者为太子师。太子太傅程秉，师从郑玄，博通五经，著《周易摘》《尚书驳》《论语弼》等；太子太傅阚泽，以好学著名，"以经传文多，难得尽用，乃斟酌诸家，刊约《礼》文及诸注说以授二宫（按：指太子孙和、鲁王孙霸）"，时人虞翻誉称阚泽："阚子儒术德行，亦今之（董）仲舒也"，"阚生矫杰，盖蜀之扬雄"；孙权为太子孙登选置陪读，"铨简秀士，以为宾友"，标准就是"侍讲诗书，出从骑射"，所以很有学问的诸葛恪、张休、顾谭、陈表等四人当选。① 据《三国志·陆逊传》载，陆逊辅太子孙登于武昌，有一位名叫谢景的人侍读太子。其人喜好魏国人刘廙的"先刑后礼之论"，陆逊得知后狠狠把谢景训斥了一顿："礼之长于刑久矣，廙以细辩而诡先圣之教，皆非也。君今侍东宫，宜遵仁义以彰德音，若彼之谈，不须讲也。"

证三：地方教学内容，大都以儒学为教。无疑，这也应该是当政提倡的结果。例如，丹阳人唐固，"修身积学，称为儒者，著《国

---

① 以上分见《三国志·吴书》各本传。

语》《公羊》《谷梁》传注,讲授常数十人"①;骑都尉虞翻,著作甚多,曾与大儒孔融书信往来,"示以所著《易注》",孔融回信称:"闻延陵(按:春秋时吴公子季札封于延陵,故称)之理乐,睹吾子之治《易》,乃知东南之美者,非徒会稽之竹箭也。"后来虞翻被流放交州,"虽处罪放,而讲学不倦,门徒常数百人"。其间,著《论语》《国语》等训注,"皆传于世",自然,教学内容亦当以儒学为主。②

不斥诸子之学

证一:从他自学和给吕蒙、蒋钦列出的读书单不难看出,他所提倡的读书范围,诸子之学显列其中。

证二:他非常重视史书的学习。所以,在为太子配备教师时特别强调了史传的学习。《孙登传》载,孙权"欲登读《汉书》,习知近代之事,以张昭有师法,重烦劳之,乃令休(按:休是昭子)从昭受读,还以授登"。

证三:孙权的中枢要津大臣,大多博学,不仅为当世硕儒,而且兼治诸子。如,虞翻作《老子训注》;严畯作《管仲论》;太子少傅薛综"以名儒居师傅之位",不仅著有诗赋难论数万言,而且"又定《五宗图述》《二京(赋)解》,皆传于世"③;郁林太守陆绩,"博学多识,星历算数无不该览",在官"虽有军事,著述不废,作浑天图,注《易》释《玄》,皆传于世"④。

证四:孙权很信术数之学。骑都尉领太史令吴范,"以治历数、知风气"闻名,"占验明审",引起孙权的很大兴趣。据载,孙权

---

① 《三国志·吴书·阚泽传》。

② 《三国志·吴书·虞翻传》。

③ 《三国志·吴书·薛综传》。

④ 《三国志·吴书·陆绩传》。

多次访问，欲知其中奥秘，吴范"秘惜其术"，不将关键的内容告知，使得孙权很不高兴，以致把已经拟好的封吴范为都亭侯的诏书又收了回来，"削除其名"。吴范死后，孙权"追思之"，很希望还能找到这样的人，下令"募三州（按：指荆、扬、交）有能举知术数如吴范、赵达者，封千户侯"。[①] 河南人赵达，"治九宫一算之术，究其微旨，是以能应机立成，对问若神，至计飞蝗，射隐伏，无不中效。"赵达其人，同吴范一样，"宝惜其术"，秘不传人。阚泽、殷礼"皆名儒善士，亲屈节就学，（赵）达秘而不告"；太史丞公孙滕是赵达的学生，"勤苦累年"，屡求其术，而终不能得。据载，孙权"行师征伐，每令（赵）达有所推步（按：推步，古天文学术语。此处当谓预测天气情况），皆如其言"。但当问其所以然时，达则沉默不语。因此也使孙权很不高兴，"由此见薄"，始终不给他封官。赵达死了以后，孙权听说他有著作留下，"求之不得，乃录问其女"，并掘墓开棺，终无所得，法术遂绝。[②]

四、礼遇道士，为道教盛行南方奠定了基础

道教兴于东汉。孙权时期，五斗米道和太平道在江南地区都有分布和发展。前述有位托名于吉（一作干吉）的道士本受孙策礼遇，只是因为有违孙策的军令推行和有损于孙策的威严而被斩杀了。孙权为政，不仅结交方士、礼遇道士有过其兄，而且切实地支持道教的发展。他曾礼遇方士、道士介象、姚光、葛玄等一批人。据《历代崇道记》记载，"吴主孙权于天台山造桐柏观，命葛玄居

① 《三国志·吴书·吴范传》。
② 《三国志·吴书·赵达传》。

之;于富春造崇福观,以奉亲也;建业造兴国观,茅山造景阳观。都造观三十九所,度道士八百人"。《三国志·吕蒙传》载,吕蒙病情加重,孙权"自临视,命道士于星辰下为之请命"。可见,孙权已经相当相信道教和道士了。

晋代有位儒道兼修的、著名的神仙道教代表人物葛洪(284—364)。他是江南人,祖父、父亲都曾经是吴国的官僚。《晋书·葛洪传》说,葛洪"丹阳句容人也。"葛洪《抱朴子·自叙》说:"祖父(葛系)仕吴,历宰海盐、临安、山阴三县,入为吏部侍郎、御史中丞、庐陵太守、吏部尚书、太子少傅、中书、大鸿胪、侍中、光禄勋、辅吴将军,封吴寿县侯。父(葛悌)仕吴五官郎、中正、建城南昌二县令、中书郎、廷尉、平中护军、拜会稽太守。"他的从祖父葛玄是江南著名道士,很受孙权重视。《抱朴子·内篇·金丹篇》讲到神仙道教的传承时说:"昔左元放(慈)于天柱山中精思,而神人授以金丹仙经。会汉末乱,不遑合作,而避地来渡江东,志欲投名山以修斯道。余(自称)从祖仙公(葛玄)又从元放受之,凡受《太清丹经》三卷及《九鼎丹经》一卷、《金液丹经》一卷。余师郑君者(郑隐),则余从祖仙公之弟子也,又于从祖受之,而家贫无用买药。余亲事之洒扫,积久乃于马迹山中立坛盟受之,并诸口诀之不书者。"这一记载说明,神仙道教的传承,吴国是重要一环,而尤与孙权的文化宽容政策有着很大关系。

另外,以《搜神记》著名后世的晋人干宝,也算是吴人(按:祖籍新蔡),其祖父干统为吴国奋武将军,父干莹做过丹阳丞。《搜神记》这样的著作出自吴国官吏后代人的手中,自然也不是偶然的。

今人胡孚琛《魏晋神仙道教》一书所作分析有道理,他说:"孙权信仙好道的政策,使北方和巴蜀的道教传人陆续流入江南,左慈等著名方士也到东吴避难和组织道团,为六朝神仙道教的兴起打下了基础。特别是西晋灭亡后北人大批渡江,上层社会的一大批天师道世家移居到江南,使江南成为全国道教发展的中心。"[①]

五、亲准建立佛寺

《三国志·东夷传》注引鱼豢《魏略·西戎传》记载,西汉哀帝元寿元年(公元前 2 年),博士弟子景卢受大月氏王使者伊存口授《浮屠经》。这说明西汉末年佛教开始传入中国。南朝梁僧慧皎《高僧传》记载,东汉明帝(公元 58—75 年在位)"夜梦金人飞空而至",即派郎中蔡愔、博士弟子秦景等人到天竺寻求佛法。愔等请回摄摩腾、竺法兰二僧,"明帝甚加赏接,于城西门外立精舍以处之"。这是汉地正式有佛教和尚的开始。摄摩腾译出了第一部汉文佛典《四十二章经》。他们居住的地方后称白马寺,是中国的第一座佛教寺院。蔡愔在西域获得不少佛经,翻译了《十地断结》、《四十二章》等五部。但由于战乱,四部失传,"不传江左"。只有《四十二章经》存,《高僧传·竺法兰》说:"汉地见存诸经,唯此为始也。"这些记载说明,此前佛经没有传到江南。汉桓帝时,安息(波斯)僧人安世高到中国,译经甚多。"(安世)高游化中国,宣经事毕,值灵帝之末,关雒扰乱,乃振锡(按:锡,指锡杖,僧人出行称振锡)江南。"安世高到过庐山、广州,吴末还到过扬州,但孙权未曾见过此人。汉末桓灵献时期,胡僧游化中原,传译佛经,一时为盛,但少到江南者。所以,《高僧传·康僧会》称,"孙权称制江左,而佛教未行"。

---

① 胡孚琛:《魏晋神仙道教》,人民出版社 1989 年版,第 45 页。

建安年间,僧人支谦由北方避乱至吴。支谦,月氏人,"博览经籍,莫不精究,世间伎艺,多所综习,遍学异书,通六国语。……孙权闻其才慧,召见悦之,拜为博士,使辅导东宫,与韦曜诸人共尽匡益。"《高僧传·支谦》载:

> 谦以大教虽行,而经多梵文,未尽翻译,己妙善方言,乃收集众本,译为汉语。从吴黄武元年至建兴中,所出《维摩》《大般泥洹》《法句》《瑞应本起》等四十九经,屈得圣义,辞意文雅。又依《无量寿》《中本起》制菩提连句《梵呗三契》,并注《了本生死经》等,皆行于世。

继而,康居僧人康僧会到吴。《高僧传》称:"时吴地初染大法,风化未全,僧会欲使道振江左,兴立图寺,乃杖锡东游。"赤乌十年,亦即孙权晚年,康僧会到达建业,"营立茅茨(指茅草屋),设像行道",引起轰动。

> 时吴国以初见沙门,覩形未及其道,疑为矫异。有司奏曰:"有胡人入境,自称沙门,容服非恒,事应检察。"

孙权以宽容的态度对待,对主管部门说:"昔汉明帝梦神,号称为佛,彼之所事,岂非其遗风耶?"当即召见,问有什么灵验。康僧会玩弄了一个远取"舍利"的把戏,得到孙权的信任,大叹服,即为建塔。自此,吴有佛寺,因而命名为建初寺,名其地为佛陀里,"由是江左大法遂兴"。[①] 孙权死后,僧会在建初寺又翻译了许多佛经,影响很大。

后来,东晋南朝时期,江南佛教大发展,遍地建佛寺。唐人诗句有云:"南朝四百八十寺,多少楼台烟雨中"。如此状况,从一定意义上说,不可不谓孙权实肇其端。

---

① (梁)慧皎:《高僧传》。

第十七章　诚待将,善用贤能

三国时代人才辈出。曹操、刘备、孙权都很重视人才的罗致和使用。清人赵翼在《廿二史札记》中就三国之主的用人特点概括说:"人才莫盛于三国,亦惟三国之主,各能用人,故得众力相扶,以成鼎足之势。而其用人,亦各有不同者,大概曹操以权术相驭,刘备以性情相契,孙氏兄弟以意气相投,后世尚可推见其心迹也。"我曾说过,这个评价有道理,但不完全正确。

孙权的用人之道,远在刘备之上。他的兄长孙策就曾因为"善于用人"而著称于时,史谓:"策为人,美姿颜,好笑语,性阔达听受,善于用人,是以士民见者,莫不尽心,乐为致死。"正因孙策善于罗致人才,所以乐为其用的人很多,不几年,便为孙权留下了文如张昭、张纮,武如周瑜、程普等一批颇有谋略的领导人物。

孙权重学习,诚待将,善用贤能,又远在其兄之上。孙策生前即已觉察到这一点,所以他在弥留之际嘱以后事时特意讲到了年仅十九岁的弟弟的这一突出优点,说:"举江东之众,决机于两陈之间,与天下争衡,卿不如我;举贤任能,各尽其心,以保江东,我不如卿。"①

---

① 《三国志·吴书·孙破虏讨逆传》。

一、善御将，会用人

孙权很懂用人，很会用人，尤善御将。此点远过刘备、诸葛亮，而不亚于曹操。他虽然没有像曹操那样发过诸如《求贤令》《取士勿废偏短令》《举贤勿拘品行令》一类颇富思想内涵的告令，也没有被著史者像赞扬刘备那样称之为"弘毅宽厚，知人待士"，但他"任才尚计"之智，也得到了历史的承认。

孙权懂得用人的重要性，他说过："思平世难，救济黎庶，上答神祇，下慰民望。是以眷眷，勤求俊杰，将与戮力，共定海内。"①他还说过："天下无粹白之狐，而有粹白之裘，众之所积也。夫能以驳致纯，不惟积乎？故能用众力，则无敌于天下矣；能用众智，则无畏于圣人矣。"②诚然，权之所论。"勤求俊杰，将与戮力，共定海内"、"用众力"、"用众智"云云，同曹操"吾任天下之智力，以道御之，无所不可"③的思想完全一致。

孙权用人的重义气的程度，远过刘备。他在鼓励诸大将进谏的诏文中说："今日诸君与孤从事，虽君臣义存，犹谓骨肉不复是过。荣福喜戚，相与共之。忠不匿情，智无遗计，事统是非，诸君岂得从容而已哉？同船济水，将谁与易（意谓谁也改变不了的）？"④此种言语，闻者能不感动！

孙权善于用人，前面讲到的许多事例，已甚昭然，勿需多赘。综观其要，至少可以概括以下几点：第一，敬待孙策旧部，如对张

---

① 《三国志·吴书·吴主传》。
② 《三国志·吴书·吴主传》注引《江表传》。
③ 《三国志·魏书·武帝纪》。
④ 《三国志·吴书·吴主传》。

昭、周瑜、程普、吕范等，"委心而服事焉"；第二，"招延俊秀，聘求名士"，如鲁肃、诸葛瑾等一大批文官武将，"并见宾待"，先后甘为所用；第三，拔将于"行阵"，如吕蒙，成为一代名将；第四，不疑归从，如甘宁投吴，待之"同于旧臣"；第五，不拘年资，重用能人，如以陆逊为督，大败关羽和刘备；第六，用将不疑，任人尚计，少有掣肘之举，如先后以周瑜、陆逊、吕范等为都督指挥重大战争和诸将在外均可自任其事、临时施宜，勿需事事请示，等等。

据载，魏文帝曹丕曾问吴国使臣"吴王何等主"？使者突出讲了孙权的知人善任的品质，回答说："纳鲁肃于凡品，是其聪也；拔吕蒙于行陈，是其明也；获于禁而不害，是其仁也；取荆州而兵不血刃，是其智也；据三州虎视于天下，是其雄也；屈身于陛下，是其略也。"①

将军骆统称赞孙权："天生明德，神启圣心，招髦秀于四方，署俊乂于宫朝。多士既受普笃之恩。"②

《三国志·吴主传》注引晋人傅玄的话说，孙权继承父兄的事业以后，"有张子布（昭字子布）以为腹心，有陆议（逊）、诸葛瑾、步骘以为股肱，有吕范、朱然以为爪牙，分任授职，乘间伺隙，兵不妄动，故战少败而江南安。"这也是从用人的角度，评论孙权的事功。

可见，时人和后人，都很欣赏孙权重视人才、善于用人的一面。

优赏功勋

孙权年轻统事，权力日臻巩固，直至弥留，未稍动摇。论者常谓，孙氏政权所以比较稳定，并且后于蜀、魏而亡，是靠世家大族，

---

① 《三国志·吴书·吴主传》。
② 《三国志·吴书·张温传》。

特别顾、陆两姓，或谓顾、陆、朱、张四姓的支持建立起来的。自然有一定道理。但这只是相对的，问题的回答还可以而且应该倒过来讲，即孙权成功地利用、控制了他们，有奖赏，有惩罚，双方形成了相互依存、相互利用的关系。因此，更准确地讲，孙权政权的巩固，同他自始至终特别注意"任才尚计"，善于御将，适时优赏、擢升、提拔名臣谋将及其后人有很大关系。前述"临兵设督，不置长久性军帅"以及"地方上实行军事统制政策"，属于"制"的一面，使他获得了重大成功。以下所述，属于"优赏"的一面，是御将用人的另一手，他同样获得了成功。

孙权待下，不吝封赏。文武臣僚，尤其是武将们，大都升迁很快。因此，将领们愿为其战，乐为所用，甘为其死。从而，加强和巩固了他的统治地位。

有功即赏，突出表现在两个方面，一是每战必赏，二是逢典同升。事实很多，难以具录，例说如下：

顾雍，做县长"有治迹"，即拔为郡丞，代理太守事；讨"贼"有功，吏民归服，即升为左司马；权为吴王，累迁雍为大理奉常、领尚书令，封乡侯；权为帝，进封雍为县侯，拜相十九年。

诸葛瑾，初为长史，从讨关羽有功，封县侯，授绥南将军，领南郡太守；夷陵战前，奉命"以大义责刘备"，战后擢为左将军，假节，督公安；权称帝，授瑾大将军、左都护，领豫州牧。

步骘，初为东曹掾，出领鄱阳太守，遽拔为交州刺史，持节，征南中郎将，"南土"宾服，由是加授平戎将军，封县侯；后平零陵、桂陵诸郡"蛮夷"有功，升右将军、左护军；权称帝，授骠骑将军；都督西陵，"邻敌敬其威信"，上书言事常被采纳，命为丞相。

吕蒙，初为平北都尉，征黄祖有功，升横野中郎将；赤壁之战有功，拜偏将军；征皖，"权嘉其功，即拜庐江太守"；取三郡、征合肥、拒曹操于濡须均建功勋,授左护军、虎威将军;擒关羽、定荆州,功勋卓著,授南郡太守,封县侯,赐钱一亿、黄金五百斤。孙权在公安召开庆祝夺得荆州的胜利大会,吕蒙因病不能参加,孙权对其开玩笑说:"禽羽之功,子明(蒙字)谋也,今大功已捷,庆赏未行,岂邑邑(按:通悒悒,郁闷貌)邪?"于是,特例"增给步骑鼓吹,敕选虎威将军官属,并南郡、庐江二郡威仪"。仪式完了以后,"拜毕还营,兵马导从,前后鼓吹,光耀于路"。①

陆逊,初因平乱有功,授定威校尉,得吕蒙荐举,即拜偏将军、右部督;擒杀关羽有功,拜抚远将军,封亭侯;攻蜀平夷,"前后斩获招纳,凡数万计",即授右护军、镇西将军,进封县侯,继而受命为大都督,假节,督五万人,大破刘备于夷陵,加封辅国将军,领荆州牧;权称帝,封逊为上大将军,右都护;后代顾雍为相。

朱治,初为扶义将军,"征讨夷越,佐定东南"有功,迅即封侯,特授"金印紫绶"安国将军。②

朱桓,以荡寇校尉领兵平定丹阳、鄱阳山越成功,即升裨将军,封亭侯。

贺齐,平抚山越屡建功勋,因而频频升职,由代领都尉先后升授平东校尉、威武中郎将、偏将军、奋武将军、安东将军、封县侯,最后,官至后将军,假节,领徐州牧。

全琮,初以奋威校尉起步,讨山越,"因开募召,得精兵万余人",被升为偏将军;进献讨伐关羽之计,封亭侯;从抗魏军获得可喜战果,进封绥南将军,县侯;权称帝,封卫将军,左护军,徐州牧,最后官至右大司马,左军师。

---

① 《三国志·吴书·吕蒙传》并注。按:《晋书·食货志》指出,"吕蒙定荆州,孙权赐钱一亿,钱既太贵,但有空名"。可见所赐乃"当百"或"当千"大钱。
② 《三国志·吴书·朱治传》。

吕岱,初因平乱有功,授昭信中郎将;后以抚定交州,授交州刺史、安南将军、假节、封乡侯,进封县侯、镇南将军;年已八十,依然"躬亲王事",孙权拜他为上大将军,另以其子为副军校尉,助理军务。

大的战事之后,孙权一般都大行封赏。

赤壁战后,众将升官。荡寇中郎将程普升裨将军,不久又迁荡寇将军;征虏中郎将吕范,授偏将军,迁平南将军;丹阳都尉黄盖,升武锋中郎将,不久又因平定蛮夷立功,加偏将军;中郎将韩当被授偏将军;将军甘宁拜西陵太守,从攻皖城有功,升折冲将军;将军周泰拜平虏将军,督濡须,继拜奋威将军,封县侯;承烈都尉凌统升为校尉,不久又以从破皖有功,拜荡寇中郎将,从攻合肥有功,授偏将军;中郎将徐盛升建武将军,封都亭侯。

擒杀关羽及夷陵战后,众将再次升官。朱然,以偏将军从讨关羽立功,升为昭武将军,封乡侯,继而又因破袭刘备有功,升征北将军,封县侯;吕范授建威将军,封县侯,不久又因拒战曹休有功,升前将军,假节;朱桓因抗曹仁有功,升奋武将军,改封县侯;韩当升威烈将军,封都亭侯,不久改授昭武将军,加都督之号;徐盛迁安东将军,封县侯;偏将军潘璋升振威将军,又拜平北将军,封县侯,后来成为右将军;建忠中郎将骆统,授偏将军,不久因拒破曹仁别将成功,封亭侯。

孙权称帝,文武官员普遍升迁。前已述及大略,此不再赘。

彰示诚待

不疑诸葛瑾。孙权擒杀关羽以后,以诸葛瑾为南郡太守,驻守刘备入川前的老巢公安,西防刘备。前面讲到,当刘备发兵东伐的时候,孙权曾让诸葛瑾写信给刘备"求和"。对此,不少人抱有怀疑。有人对孙权说,诸葛瑾不可靠,他除了传达你的意思外,很可能暗通蜀汉,另派亲人"与备相闻"。孙权毫不怀疑。因为十几年前他同诸葛瑾的一次谈话,以及建安二十年诸葛瑾使蜀与弟"退无私面",都给他留下了深刻印象,因说:"孤与子瑜有死生不易之誓,子瑜之不负孤,犹孤之不负子瑜也。"但是,"谤言流闻"仍然流传于外。陆逊上表孙权,担保诸葛瑾绝不会暗通蜀汉,请求辟谣。于是孙权给陆逊回文,将自己的态度明确宣示于众并告诸葛瑾:

> 子瑜与孤从事积年,恩如骨肉,深相明究,其为人非道不行,非义不言。玄德昔遣孔明至吴,孤尝语子瑜曰:"卿与孔明同产,且弟随兄,于义为顺,何以不留孔明?孔明若留从卿者,孤当以书解玄德,意自随人耳。"子瑜答孤言:"弟亮以失身于人,委质定分,义无二心。弟之不留,犹瑾之不往也。"其言足贯神明。今岂当有此乎?孤前得妄语文疏,即封示子瑜,并手笔与子瑜,即得其报,论天下君臣大节一定之分。孤与子瑜,可谓神交,非外言所间也。知卿意至,辄封来表,以示子瑜。①

赐甘宁米酒。《甘宁传》记载:"曹公出濡须,宁为前部督,受敕出斫敌前营。权特赐米酒众殽,宁乃料赐手下百余人食。食毕,宁先以银碗酌酒,自饮两碗,乃酌与其都督。都督伏,不肯时持。宁引白削(按:削有二义,一为简札,一为削书刀。卢弼《三国志集解》说"二义皆可通,以后义为近是")置膝上,呵谓之曰:'卿见知于至尊(指孙权),孰与甘宁?甘宁尚不惜死,卿何以独惜死乎?'都督见宁色厉,即起拜持酒,通酌兵各一银碗。至二更时,衔枚出斫敌。"一碗米酒,顿使众将士勇于出战而"不惜死"。

---

① 《三国志·吴书·诸葛瑾传》注引《江表传》。

为凌统拭泪。孙权征合肥失利，荡寇中郎将凌统"左右尽死，身亦被创"，桥败路绝，"被甲潜行"，回到孙权所在之地，"痛亲近无反者，悲不自胜"。孙权亲自用衣袖为凌统擦泪，不仅用语言安慰，而且将其留在自己船上，命人为其治伤。

授周泰御盖。历史记录了一个非常有趣的故事：濡须第二战时，孙权以周泰为督，朱然、徐盛等都被编在周泰部下。朱然、徐盛等"以泰寒门"而不服。为此，孙权特意巡视到濡须坞，"因会诸将，大为酾乐。权自行酒到泰前，命泰解衣，权手自指其创痕，问以所起。泰辄记昔战斗处以对，毕，使复服，欢宴极夜。"孙权拉着周泰的胳膊，"流涕交连"，说："幼平（周泰字），卿为孤兄弟战如熊虎，不惜驱命，被创数十，肤如刻画，孤亦何心不待卿以骨肉之恩，委卿以兵马之重乎！卿吴之功臣，孤当与卿同荣辱，等休戚。幼平意快为之，勿以寒门自退也。"然后，以隆重的仪式送周泰出帐，"使泰以兵马导从出，鸣鼓角作鼓吹"。第二天，又"遣使者授以御盖"。孙权此举，大震宿将，于是"盛等乃伏"。①

赐贺齐轺车骏马。建安十六年，"吴郡余杭民郎稚合宗起贼，复数千人，（贺）齐出讨之，即复破稚"。得胜后，孙权召贺齐到他驻地。"及当还郡"，孙权出城饯行，"作乐舞象。赐齐轺车（轺，音píng；轺车，一种有屏蔽的车子）骏马，罢坐住驾，使齐就车。齐辞不敢，权使左右扶齐上车，令导吏卒兵骑，如在郡仪"。据说，孙权送出"百余步乃旋"，并且注目望之，高兴地说："人当努力，非积行累勤，此不可得。"②

赐吕岱钱米。史载，吕岱"清身奉公，所在可述。初在交州，

①　《三国志·吴书·周泰传》并注《江表传》。
②　《三国志·吴书·贺齐传》。

历年不饷家,妻子饥乏"。孙权听说以后,为之叹息,责备近臣说:"吕岱出身万里,为国勤事,家门内困,而孤不早知。股肱耳目,其责安在?"于是"加赐钱米布绢,岁有常限(每年有固定的数量)"。①

爱才不责胡综酒。胡综很有才气,史称"凡自权统事,诸文诰策命,邻国书符,略皆综之所造"。然而,其人"性嗜酒,酒后欢呼极意,或推引杯觞,搏击左右"。孙权"爱其才,弗之责也"。②

另外,孙权为了优赏功臣,还有一些"法外施恩"的事。这些不讲原则的事,体现了"朕即法律"的社会准则,虽然受到了古代历史家的赞许,但在今天看来,是绝对不可提倡的。

惜潘璋功而不问其罪。潘璋"为人粗猛,禁令肃然,好立功业,所领兵马不过数千,而其所在常如万人。"没有战事的时候,他不仅致力屯田,而且还创立军市,史称"征伐止顿,便立军市,他军所无,皆仰取足。"但其为人贪婪,"性奢泰,末年弥甚,服物僭拟",甚至杀人取物,"吏兵富者,或杀取其财物,数不奉法"。他的不法行为,监司常有"举报",但孙权"惜其功而辄原不问"。③

不罪朱桓杀人。史载,孙权用全琮为督,又令偏将军胡综宣传诏命,参与军事。全琮"以军出无获,议欲部分诸将,有所掩袭"。朱桓与全琮军阶相当,"素气高,耻见部伍,乃往见琮,问行意,感激发怒,与琮校计"。全琮自解说,"主(指孙权)自令胡综为督",胡综也是这个意见。朱桓"愈恚恨,还乃使人呼综"。胡综"至军门,桓出迎之"。部下怕朱桓不冷静,有一人旁出,让胡综回去。"桓出,不见综,知左右所为,因斫杀之。桓佐军进谏,刺杀佐军,

---

① 《三国志·吴书·吕岱传》。
② 《三国志·吴书·胡综传》。
③ 《三国志·吴书·潘璋传》。

遂托狂发,诣建业治病"。朱桓连杀数人,"权惜其功能,故不罪"。①

美誉亡故,恩及后人

中国封建时代,以及世界一切君主制国家,大都非常重视勋臣死后的追谥和对其子孙后代的恩赏。这是统治者巩固统治的需要,重点不在追悼死者,而在奖赏有功,鞭挞不臣,激励生者,提倡忠君报国的精神,从而达到稳定等级社会的秩序。

曹操曾说:"褒忠宠贤,未必当身,念功惟绩,恩隆后嗣。"孙权一样,对于已故名臣战将,尤其注意彰显功劳,不究旧过,恩及后人。恩及后人的方法重在五项:封官、袭(承袭)爵、袭兵授兵、赐田、赐复客(按:复客,亦称复人、复民,谓将屯田民或免除了国家赋税徭役的人户若干赠给功臣或他们的后人,供其役使,成为荫户或私有部曲)。

张昭死,孙权"素服临吊,谥曰文侯",以光门第。长子张承已自封侯;少子张休,曾与诸葛恪、顾谭等为太子登四友,这时从中庶子转为右弼都尉,拜羽林都督,升扬武将军,袭张昭娄侯爵。

顾雍病危,孙权令医视之,"拜其少子济为骑都尉"。顾雍感动得大哭,说:"吾必不起,故上欲及吾目见济拜也。"及亡,孙权"素服临吊,谥曰肃侯"。子孙都被重用,长子顾邵先雍而亡,在世时,孙权将兄长孙策的女儿嫁给他,刚做官,"起家"即为豫章太守。孙子顾谭,"弱冠与诸葛恪等为太子四友,从中庶子转辅正都尉";雍卒数月后,谭即被授为太常,代雍平尚书事。孙子顾承,累

---

① 《三国志·吴书·朱桓传》。

官昭义中郎将、侍中、奋威将军、京下督。①

诸葛瑾死，长子恪已自封侯，孙权便即让其另一个儿子融袭爵，袭兵，率领瑾旧部，驻公安，"部曲吏士亲附之"。②

步骘死，儿子协继承爵位，袭兵，"统骘所领，加抚军将军"。③

周瑜死，孙权"素服举哀，感动左右"。瑜有两男一女。死后，孙权将周瑜的女儿配给太子孙登为妃，将自己的女儿嫁给周瑜的长子周循为妻，并授骑都尉。循早卒。瑜次子周胤，被授兴业都尉，"妻以宗女"，授兵，封侯。后来，周胤"至纵情欲"，犯罪，"以罪徙庐陵郡"，诸葛瑾、步骘、朱然、全琮纷纷上书求情。孙权初不答应，说："腹心旧勋，与孤协事，公瑾有之，诚所不忘。昔胤年少，初无功劳，横受精兵，爵以侯将，盖念公瑾以及于胤也。而胤恃此，酗淫自恣，前后告喻，曾无悛改。孤于公瑾，义犹二君，乐胤成就，岂有已哉？迫胤罪恶，未宜便还，且欲苦之，使自知耳。"后来瑾、骘、朱然、全琮又连恳求，孙权再次"念公瑾以及于胤"，免其余罪，"还兵复爵"。④

鲁肃死，孙权"为举哀，又临其葬"。他始终不忘鲁肃鼓励自己"建号帝王以图天下"的建议。当他登上祭坛、身受称帝的荣耀时，高兴地对大臣们说："昔鲁子敬尝道此，可谓明于事势矣。"他认为，当年初见鲁肃，"与宴语，便及大略帝王之业，此一快也"；赤壁之战前，张昭、秦松"俱言宜遣使修檄迎之(操)，子敬即驳言不可，劝孤急呼公瑾，付任以众，逆而击之，此二快也"。他甚至说，鲁肃"决计策意，出张(仪)、苏(秦)远矣。"不过，对于所谓"借荆

---

① 《三国志·吴书·顾雍传》。
② 《三国志·吴书·诸葛瑾传》。
③ 《三国志·吴书·步骘传》。
④ 《三国志·吴书·周瑜传》。

州"事,孙权有点耿耿于怀,他说:"后虽劝吾借玄德地,是其一短"。但是,孙权认为,此事"不足以损其二长"。他对陆逊说,"周公不求备于一人,故孤忘其短而贵其长,常以比方邓禹(按:禹,东汉光武帝功臣)也。"鲁肃死时,儿子鲁淑尚未出生,长大以后被命为濡须督。①

吕蒙病危时,孙权在公安,将蒙"迎置内殿,所以治护者万方,募封内有能愈蒙疾者,赐千金。时有针加,权为之惨戚,欲数见其颜色,又恐劳动,常穿壁瞻之,见小能下食则喜,顾左右言笑,不然则咄喑(音 jie,咄喑,意谓叹息),夜不能寐"。病情略有好转,"为下赦令,群臣毕贺"。病情加重,"自临视,命道士于星辰下为之请命"。最后,吕蒙死在孙权的内殿里,"权哀痛甚",伤及身体。据载,吕蒙死前,将"所得金宝诸赐尽付府藏",命令主事者在其"命绝之日皆上还,丧事务约"。孙权得知此事,"益以悲感"。蒙死,孙权让其子吕霸袭爵,并置守坟者(复民)三百家,赐给免税田五十顷。②

蒋钦从讨关羽胜利后,在回师的路上病故,孙权"素服举哀,以芜湖民二百户、田二百顷,给钦妻子。子壹封宣城侯"。③

董袭在濡须战死,孙权"改服临殡"。④

陈武从击合肥战死,孙权"哀之,自临其葬",封其长子为都亭侯,袭兵,给解烦督称号,复客二百家,次子袭爵都亭侯,给无难右都督称号。⑤

① 《三国志·吴书·鲁肃传》、《吕蒙传》。
② 《三国志·吴书·吕蒙传》。
③ 《三国志·吴书·蒋钦传》。
④ 《三国志·吴书·董袭传》。
⑤ 《三国志·吴书·陈武传》。

凌统死，孙权"闻之，拊床起坐，哀不能自止，数日减膳，言及流涕，使张承为作铭诔"。当时，凌统的两个儿子只有几岁，孙权内养于宫，爱待与诸子同，宾客进见，呼示之曰："此吾虎子也。"等孩子长到八九岁的时候，令人教之读书、乘马，及长，二子先后封侯，袭父故兵。①

吕范死，孙权"素服举哀"，遣使者追赠大司马印绶，"及还都建业，权过范墓呼曰：'子衡！'言及流涕，祀以太牢"。范子由副军校尉升安军中郎将。②

另，程普、朱治、黄盖、韩当、周泰、徐盛等名将也在孙权称帝前病死了。史称，孙权称帝后，追论他们的功劳，封程普子为亭侯；朱治子继承县侯爵位，由校尉升为偏将军，另一儿子赐娶孙策女为妻，授校尉；黄盖子为关内侯；韩当子袭都亭侯、袭兵；周泰子授骑都尉，袭爵，领兵；徐盛子，袭爵，领兵。

朱然死，孙权"素服举哀，为之感恸"，其子袭侯爵，袭兵，拜平魏将军。③

潘璋，生前多立功勋，"然性奢泰，末年弥甚，服物僭拟（古代官员穿戴用物均有等级规定。僭拟，就是超过制度的规定）。吏兵富者，或杀取其财物，数不奉法，监司举奏"，孙权"惜其功"而不予追问。死时，其子因行为不端已被流放会稽。孙权迎璋妻居建业，"赐田宅，复客五十家"。④

朱桓死，家无余财，孙权"赐盐五千斛以周丧事"。

全琮、吕岱死，他们的儿子均得嗣爵，袭业，领兵。

① 《三国志·吴书·凌统传》。
② 《三国志·吴书·吕范传》。
③ 《三国志·吴书·朱然传》。
④ 《三国志·吴书·潘璋传》。

《三国志·吴书》中有许多这样关于继承领兵以及"复客"的记载,著名历史家唐长孺说,这是孙权建立的"比较特殊的制度"。①

孙权实行的世爵和世袭领兵的制度是一把双刃剑,当执政者甚有权威的时候,有利于封建君主地位的巩固,有利于内征外伐;当执政者权威式微或行之日久,容易形成尾大不掉,削弱中央集权。无疑,孙权在世的时候,基本上是处在第一种情形下;而其死后情况便变了,正如魏将邓艾所说:"孙权已没,大臣未附,吴名宗大族,皆有部曲,阻兵仗势,足以建命(按:指成为一方诸侯)。"②

二、求谏、纳谏与拒谏

《三国志》作者陈寿为了刻画孙权这个人物的品质和人格特点,特意记下了许多有关纳谏、拒谏的故事。综观全豹,自然可以得出这样的结论:孙权懂得纳谏的重要,所以能说出"能用众智,则无畏于圣人"的话;但是,他算不上是一个最善纳谏的人物。固执己见,有时甚至有点强词夺理。这反映出了他的自信,反映了他的有效的处事能力,也反映了他的果于自断的人生性格和古之帝王事业有成之后大都不善听从不同意见的一般规律。

求谏与纳谏

军国大事,孙权常常召集大臣讨论,虽然有时拒绝了正确意见,做出了错误决定,但更多的事例说明他也是重视不同意见的。

---

① 唐长孺:《魏晋南北朝史论丛》,三联书店1955年版。
② 《三国志·魏书·邓艾传》。

（自然，听取不同意见并不完全就是求谏和纳谏。这是两回事。）

历史表明，孙权求谏、纳谏一般都收到了好的效果。例如，征合肥的时候，他竟然想率轻骑突敌，张纮及时进谏："此乃偏将之任，非主将之宜也。"孙权避免了一次危险。既而，他又想出军，张纮再谏，孙权"遂止不行"，避免了一次不具备条件的战斗。

孙权明确表示主动求谏，主要是在吕壹改革引起很大社会震动之后。史载，吕壹改革失败，"奸罪发露伏诛"，孙权"引咎责躬"，并以中书郎袁礼为使"告谢诸大将"，主动"因问时事所当损益"。但大家心有余悸，不敢直言。因此，孙权下诏，一方面为自己辩解，一方面希望诸大臣"尽言直谏"。诏文较长，反映了孙权事后的思考及其身上的诸多光明点，全录如下：

> 袁礼还，云与子瑜（诸葛瑾）、子山（步骘）、义封（朱然）、定公（吕岱）相见，并以时事当有所先后，各自以不掌民事，不肯便有所陈，悉推之伯言（陆逊）、承明（潘浚）。伯言、承明见礼，泣涕恳恻，辞旨辛苦，至乃怀执危怖，有不自安之心。闻此怅然，深自刻怪。何者？夫惟圣人能无过行，明者能自见耳。人之举措，何能悉中，独当己有以伤拒众意，忽不自觉，故诸君有嫌难耳。不尔，何缘乃至于此乎？自孤兴军五十年，所役赋凡百皆出于民。天下未定，孽类犹存，士民勤苦，诚所贯知。然劳百姓，事不得已耳。与诸君从事，自少至长，发有二色（头发有了黑白二色），以谓表里足以明露，公私分计，足用相保。尽言直谏，所望诸君，拾遗补阙，孤亦望之。昔卫武公年过志壮，勤求辅弼，每独叹责。且布衣韦带，相与交结，公成好合，尚污垢不异。今日诸君与孤从事，虽君臣义存，犹谓骨肉不复是过。荣福喜戚，相与共之。忠不匿情，智无遗计，事统是非，诸君岂得从容而已哉？同船济水，将谁与易？齐桓诸侯

之霸者耳,有善管子未尝不叹,有过未尝不谏,谏而不得,终谏不止。今孤自省无桓公之德,而诸君谏诤未出于口,仍执嫌难。以此言之,孤于齐桓良优,未知诸君于管子何如耳?久不相见,因事当笑。共定大业,整齐天下,当复有谁?凡百事要所当损益,乐闻异计,匡所不逮。

无疑,诏书重点不在"诮让"(责备)诸将,而在自我解诮,缓和君臣之间的紧张关系,从而平和地结束风波。"人之举措,何能悉中",只有"伤拒众意,忽不自觉",才会发生大问题。"尽言直谏,所望诸君,拾遗补阙,孤亦望之"、"诸君与孤从事,虽君臣义存,犹谓骨肉不复是过。荣福喜戚,相与共之"以及"齐桓诸侯之霸者耳,有善管子未尝不叹,有过未尝不谏,谏而不得,终谏不止……未知诸君于管子何如耳"云云,都是极好的求谏之文。

在处理吕壹问题上,"有司穷治,奏以大辟,或以为宜加焚裂,用彰元恶"。孙权无意使用火焚车裂这样的酷刑,主动征求中书令阚泽的意见,阚泽认为:"盛明之世,不宜复有此刑。"孙权听从阚泽的意见,没有恢复古代的火焚车裂之刑。[1]

史载,孙权"尝咨问得失"于张昭和顾雍。张昭认为"法令太稠,刑罚微重,宜有所蠲损"。又问顾雍,顾雍发表了相同意见。孙权因此曾经一度布置"议狱轻刑"。[2]

有一段时间,"江边诸将,各欲立功自效",纷纷上奏陈说自己已经具备"掩袭"魏国边境的有利条件。为此,孙权去访问顾雍,顾雍认为,"兵法戒于小利",指出:"此等所陈,欲邀功名而为其身,非为国也,陛下宜禁制。苟不足以曜威损敌,所不宜听也。"孙

---

① 《三国志·吴书·阚泽传》。

② 《三国志·吴书·顾雍传》。

权认为顾雍的意见很对,便没有批准江边诸将意欲启衅边境而不利总体战略的贸然行动。①

孙权不喜欢直谏,诸葛瑾"揣知其故",进谏时常常采用循序渐进、平和的办法,"与权谈说谏喻,未尝切愕(从不急切直言),微见风彩,粗陈指归,如有未合,则舍而及他,徐复托事造端,以物类相求,于是权意往往而释"。据载,校尉殷模,罪至不测,"群下多为之言,权怒益甚,与相反复,惟瑾默然"。孙权问:"子瑜何独不言?"瑾站起来说:"瑾与殷模等遭本州倾覆,生类殄尽。弃坟墓,携老弱,披草莱,归圣化,在流隶之中,蒙生成之福,不能躬相督厉,陈答万一,至令模孤负恩惠,自陷罪戾。臣谢过不暇,诚不敢有言。"孙权"闻之怆然",当即表示:"特为君赦之"。②

拒　谏

历史记载了孙权的一些拒谏或虽求而不纳的事。

孙权兄弟都喜欢狩猎。《三国志·张昭传》说,孙权"每田猎,常乘马射虎,虎尝突前攀持马鞍"。张昭力谏,孙权当面承认"年少虑事不远",但事后依然如故。《潘浚传》注引《江表传》载,孙权经常"射雉",太常潘浚谏说:"天下未定,万机务多,射雉非急,弦绝括破(括,箭之末端),皆能为害,乞特为臣姑息置之。"后来,潘浚发现"雉翼故在",亲手将其撕坏,才迫使孙权从此"不复射雉"。

孙权喜欢饮酒,张昭屡谏,闹得君臣关系很紧张。虞翻谏酒,险些被杀。这些既拒谏又纳谏,体现出了孙权的二重性格。据载,孙权被封吴王,在庆祝宴会上,起来为大家敬酒,走到虞翻面前,翻

---

①　《三国志·吴书·顾雍传》注引《江表传》。

②　《三国志·吴书·诸葛瑾传》。

用"伏地阳醉"的办法谏酒,既而孙权走过去,翻从地上爬起来,权见状,"于是大怒,手剑欲击之"。"侍坐者莫不惶遽"。大司农刘基抱权而谏:"大王以三爵之后杀善士,虽翻有罪,天下孰知之?且大王以能容贤畜众,故海内望风,今一朝弃之,可乎?"孙权说,曹操能杀孔融,我为什么不能杀虞翻!刘基说:"孟德轻害士人,天下非之。大王躬行德义,欲与尧、舜比隆,何得自喻于彼乎?"孙权喜欢戴高帽,气解,虞翻"由是得免",并且敕告左右,"自今酒后言杀,皆不得杀"。①

孙权处大事,凡已决断,少容他人置喙。《吴主传》记载,孙权信任校事吕壹,吕壹"性苛惨,用法深刻",太子登数谏,权不听,"大臣由是莫敢言"。

孙权果于自断,盛怒之下,常谓"敢有谏者,死"。例如,鄱阳太守魏滕"有罪",孙权"责怒甚严",下令"敢有谏者,死"。据载,骑都尉领太史令吴范,冒死进谏,"言未卒,权大怒,欲便投以戟",吴范"叩头流血,言与涕并"。最后,孙权总算赦免了魏滕。②

有时,由于拒谏,造成了本可避免的错误。如建安十三年孙权征合肥,战术不当,久攻不下。长史张纮指出应该"开其一面,以疑众心",孙权不纳。此次战役,无功而返。③

孙权用兵,常常不顾安危,亲临前阵,众将谏而不听,数次遭遇危险。直至末年,不改其习。如赤乌十年,权已六十六岁,为了诱魏将诸葛诞来降,亲临前线设伏,潜军待敌。此等事引起了太子孙和的忧虑。史载,孙和"以权暴露外次,又战者凶事,常忧劳憯怛,

---

① 《三国志·吴书·虞翻传》。
② 《三国志·吴书·吴范传》。
③ 《三国志·吴书·张纮传》。

不复会同饮食,数上谏,戒令持重,务在全胜。权还,然后敢安。"①

孙权北联公孙渊,引起群臣反对,"举朝大臣,自丞相(顾)雍已下皆谏,以为渊未可信"②,争执不下,以致"案刀而怒"。我行我素,终致大失,徒送使者和万余将士的性命。

陆逊、顾雍、太子孙登等屡谏"法令繁滋,刑辟重切"、"法网过密、执法酷烈",都遭到了孙权的断然或宛然拒绝。吕壹典校诸官府及州郡文书,作威作福,"举罪纠奸,纤介必闻,重以深案丑诬,毁短大臣,排陷无辜",顾雍等"皆见举白",都受到了孙权的"谴让"。最终造成了本应可以避免的严重后果。

孙权既立太子,又宠鲁王,群臣纷纷进谏,一律不纳,最终酿成二宫之变(后详),分裂了统治集团,颠覆了立国根基,"群司坐谏诛放者十数",动摇了几十年建立起来的稳定局面。

---

① 《三国志·吴书·孙和传》注引《吴书》。
② 《三国志·吴书·吴主传》。

第十八章　暮年诸失及其最后的岁月

晋人孙盛说，孙权"年老志衰，谗臣在侧，废嫡立庶，以妾为妻，可谓多凉德矣（凉德，薄德）"①。陈寿说，孙权"性多嫌忌，果于杀戮，暨臻末年，弥以滋甚。至于谗说殄行，胤嗣废毙，岂所谓贻厥孙谋以燕翼子者哉？其后叶陵迟，遂致覆国，未必不由此也。"②

这些评论，虽不尽善，但也颇有一定道理。

一、废立失度

赤乌四年（公元 241 年），太子孙登死了。五年正月，孙权立三子孙和为太子（按：次子孙虑已死）；八月，封四子孙霸为鲁王。随后，发生了重大的影响吴国政局的"二宫之变"。

并宠太子与鲁王

孙和，字子孝，"少以母王（氏）有宠见爱，年十四，（孙权）为置宫卫，使中书令阚泽教以书艺。"据说，孙和"好学下士，甚见称述"。立为太子时，年已十九。孙权命令精于学问的中书令阚泽为太傅，学有专精而且做过合浦、交阯太守的薛综为少傅，另外还

① 《三国志·吴书·吴主传》注。
② 《三国志·吴书·吴主传》评。

将当时的学问家蔡颖、张纯、封俌、严维等派到太子身边,"皆从容侍从"。《三国志·孙和传》注引韦曜《吴书》说,孙和"少岐嶷有智意,故权尤爱幸,常在左右,衣服礼秩雕玩珍异之赐,诸子莫得比焉。好文学,善骑射,承师涉学,精识聪敏,尊敬师傅,爱好人物。(蔡)颖等每朝见进贺,和常降意,欢以待之。讲校经义,综察是非,及访谘朝臣,考绩行能,以知优劣,各有条贯。"他还对博弈之害,很有一套看法,经常对人讲,士人应当"讲修术学,校习射御,以周世务,而但交游博弈以防事业,非进取之谓"。看来,是一个很不错的人选。

孙霸,字子威。史称,"和为太子,霸为鲁王,宠爱崇特,与和无殊"。尚书仆射是仪(人名,姓是)当时兼领鲁王傅,甚感不妥,上疏劝谏:"臣窃以鲁王天挺懿德,兼资文武,当今之宜,宜镇四方,为国藩辅。宣扬德美,广耀威灵,乃国家之良规,海内所瞻望。且二宫宜有降杀,以正上下之序,明教化之本。"书三四上,孙权不听。①

孙权给予鲁王与太子完全一样的待遇,说明他态度暧昧,传位给谁尚未拿定主意,犯了封建时代帝王立嗣的大忌,很快引起了社会震动。朝臣分成两派。《孙和传》注引殷基《通语》描述了这一严重情况:

> 权既立和为太子,而封霸为鲁王,初拜犹同宫室,礼秩未分。群公之议,以为太子、国王上下有序,礼秩宜异,于是分宫别僚,而隙端开矣。自侍御宾客造为二端,仇党疑贰,滋延大臣。丞相陆逊、大将军诸葛恪、太常顾谭、骠骑将军朱据、会稽太守滕胤、大都督施绩、尚书丁密等奉礼而行,宗事太子;骠骑

---

① 《三国志·吴书·孙霸传》、《资治通鉴》卷74。

将军步骘、镇南将军吕岱、大司马全琮、左将军吕据、中书令孙弘等附鲁王。中外官僚将军大臣举国中分。

另外，还有一位全公主（一作长公主）从中作梗。据载，全公主（按：名鲁班，步夫人生）与孙和的母亲王夫人不和。有一次，孙权得病，孙和到祖庙中为父祈祷。孙和的妃子的叔父、扬武将军张休居住在宗庙附近，因而邀请孙和到家里坐坐，全公主使人跟踪"觇视"，乘机向孙权进谗，说"太子不在庙中，专就妃家计议"，又造谣说"王夫人见上寝疾，有喜色。"孙权听了全公主的谗言，不禁大怒，致使"（王）夫人忧死，而和宠稍损，惧于废黜"。①

鲁王霸觊觎滋甚，兄弟争权的形势日渐明显。

丞相陆逊上疏说："太子正统，宜有磐石之固，鲁王藩臣，当使宠秩有差，彼此得所，上下获安。谨叩头流血以闻。"书三四上，以至要求"诣都"，当面向孙权"口论適（嫡）庶之分，以匡得失"。孙权不仅不听，而且严处了他的亲属，"外生顾谭、顾承、姚信，并以亲附太子，枉见流徙"。太子太傅吾粲也因多次同陆逊通信，"下狱死"。孙权"累遣中使责让逊"，致使有功勋臣"愤恚致卒"。②

太子太傅吾粲，"抗言执正，明嫡庶之分"，并且"欲使鲁王霸出驻夏口，遣杨竺不得令在都邑"。又经常给驻守武昌的陆逊透露"消息"，二人"连表谏争"。因此，"为霸、竺等所谮害，下狱诛。"③

太常、平尚书事顾谭上疏说："臣闻有国有家者，必明嫡庶之端，异尊卑之礼，使高下有差，阶级逾邈（此谓阶级差别很大。逾邈，遥远），如此则骨肉之恩生，觊觎之望绝。……今臣所陈，非有

---

① 《三国志·吴书·孙和传》。
② 《三国志·吴书·陆逊传》。
③ 《三国志·吴书·吾粲传》。

所偏,诚欲以安太子而便鲁王也。"①顾谭被远徙交州。

吾粲下狱死、顾谭徙交州以后,孙权"沉吟者历年",考虑了一段时间,决心"改嗣",遂将太子"幽闭"起来。朝廷上下顿时大乱。史载,骠骑将军朱据、尚书仆射屈晃率领诸将吏"泥头自缚,连日诣阙"请求解除对孙和的幽禁。孙权登上白爵观俯瞰请愿的人,见状"甚恶之",敕责朱据、屈晃等不顾后果,带头闹事。

朱据、屈晃等帮了倒忙,反而加强了孙权的"改嗣"决心。由于反对声太高,孙权没有立四子孙霸,而是"废和立亮"。孙亮是孙权的七子,年龄最小,只有八九岁。因此,无难督陈正、五营督陈象上书,引用了"晋献公杀申生,立奚齐,晋国扰乱"的故事。朱据、屈晃也"固谏不止"。② 由此,孙权更加震怒,遂于赤乌十三年(公元 250 年)八月做决定:

(1)族诛陈正、陈象;(2)把朱据、屈晃拉入殿内,各杖打一百;(3)将"驸马"朱据的官职从骠骑将军一下子降为新都郡丞(按:随后赐死);(4)屈晃"斥归田里";(5)谏者坐罪,因此"群司坐谏诛放者十数";(6)废太子和为庶人,徙于故鄣(按:故鄣,在今浙江安吉西北)。

鲁王孙霸也没有得到好下场。他"结朋党以害其兄",所为太过,孙权"心亦恶之"③,又恐其为害少主,因此在流放孙和的同时,便将孙霸"赐死",诛其支党全寄(全琮子)、吴安、孙奇、杨竺等。

孙权在二子争宠的时候,也曾感到不安,对侍中孙峻说:"子弟不睦,臣下分部,将有袁氏之败,为天下笑。"南朝宋人裴松之认

---

① 《三国志·吴书·顾谭传》。

② 《三国志·吴书·孙和传》。

③ 《资治通鉴》卷75,魏邵陵厉公嘉平二年。

为,孙权连袁绍、刘表都不如:"袁绍、刘表谓(袁)尚、(刘)琮为贤,本有传后之意,异于孙权既以立和而复宠霸,坐生乱阶,自构家祸,方之袁、刘,昏悖甚矣。"①

立幼子为储

赤乌十三年末,孙权立第七子,而且只有八九岁的孙亮为太子,也是重大失误。本来孙和被废后,还有五子孙奋、六子孙休。这也是酿成孙权身后吴国政局不稳的重要原因之一。

孙亮,字子明。史载,"权春秋高,而亮最少,故尤留意。姊全公主尝谮太子和子母,心不自安。因倚权意,欲豫自结,数称述全尚女,劝为亮纳。赤乌十三年,和废,权遂立亮为太子,以全氏为妃。"一个幼童,不仅立为"储君",而且娶了妃子。其母潘氏,也于次年立为皇后。揣度之,孙权立亮时,并没有想到自己的死期很快就到了。及至"寝疾",乃征诸葛恪"以大将军领太子太傅,中书令孙弘领少傅";临终,"召恪、弘及太常滕胤、将军吕据、侍中孙峻,属以后事"。历史的经验说明,新主年幼,诸臣同时受诏辅政,一个权臣专权或争权的时代便开始了。

授辅政权力太重

幼主登基,难断大事,或皇太后干权,或权臣辅政。孙权以诸葛恪为主要辅政,不可谓所托非人。此前,恪已是国之重臣,大将军,假节,住武昌,领荆州事。据韦曜《吴书》说:"权寝疾,议所付托。时朝臣咸皆注意于恪,而孙峻表恪器任辅政,可付大事。权嫌恪刚很(愎)自用,峻以当今朝臣皆莫及,遂因保之,乃征恪。"恪等

---

① 《三国志·吴书·孙和传》裴注。

受诏牀下,"诸事一以相委"。恪歔欷流涕说:"臣等皆受厚恩,当以死奉诏,愿陛下安精神,损思虑,无以外事为念。"无疑,诸葛恪虽有许多毛病,权力欲很大,但尽忠国事是没有任何问题的。问题出在授权太重了,权下诏:"有司诸事一统于恪,惟杀生大事然后以闻。为治第馆,设陪卫。群官百司拜揖之仪,各有品叙。"①这样授权,既助长了恪的刚愎自用之性,又引起了野心家不满,自然难免成为一大乱渊。

不久,孙权死,孙弘"素与恪不平,惧为恪所治,秘权死问,欲矫诏除恪"。时孙峻(孙坚弟孙静的曾孙)羽翼未丰,知孙弘非恪对手,将权死讯告恪,"恪请弘咨事,于坐中诛之,乃发丧制服"。

史载,诸葛恪初始尚好,"罢视听(罢除监视人员),息校官(止息密探),原逋责(免除欠债),除关税,事崇恩泽,众莫不悦。恪每出入,百姓延颈思见其状。"军事上也取得了胜利。然而,不久"违众出军,大发州郡二十万众,百姓骚动",失掉人心。继而,军事失利,"众庶失望,而怨黩兴矣"。野心家孙峻,"因民之多怨,众之所嫌",诬蔑诸葛恪想造反,"与亮谋,置酒请恪",杀恪。②

孙峻做了丞相大将军,督中外诸军事,控制了大权。孙峻病死,从弟孙綝"为侍中武卫将军,领中外诸军事,代知朝政"。孙綝执政后,杀了另两位辅政大臣滕胤和吕据,并诛胤三族,废掉孙亮,迎立孙休。

孙休继位后,甚恐为孙綝所害。有一次,孙綝给孙休送礼,休不受,綝竟扬言:"帝非我不立,今上礼见拒,是与凡臣无异,当复改图耳。"孙休为了自保,竭尽周旋,最终设计将他杀了,并且"耻

---

① 《三国志·吴书·诸葛恪传》注引《吴书》。
② 《三国志·吴书·诸葛恪传》。

与峻、綝同族,特除其属籍"。①

孙权"废立"失度,自构家祸,削弱了国力,为后世吴国的政治动乱伏下了祸根,为敌国来侵提供了机会。就在孙权立少子孙亮为太子之后不久,魏征南将军王昶便向魏国皇帝上言(按:实为向司马懿建议):"孙权流放良臣,適庶分争,可乘衅击吴。"因此,司马懿即派三路兵袭吴,"遣新城太守州泰袭巫、秭归;荆州刺史王基向夷陵;王昶向江陵。"吴军大败,大将施绩兵败夜遁,将军锺离茂、许旻等阵前被斩。②

二、信异兆,崇鬼神

孙权同一切封建帝王一样,自认为是真命天子,因此很信上天所示"异兆"。从黄龙元年做皇帝那天起,因"夏口、武昌并言黄龙、凤凰见"而改元"黄龙",到太元二年死,中经二十一年,《孙权传》中竟然记录了十余次的异兆。上有所好,下自效之。略为:

黄龙三年(公元231年)夏,"有野蚕成茧,大如卵";"由拳(今浙江嘉兴)野稻自生,改为禾兴县"。

同年十月,"会稽南始平(今浙江天台)言嘉禾生"。因此,大赦,改明年为嘉禾元年。

赤乌元年(公元238年)八月,"武昌言麒麟见。有司奏言麒麟者太平之应,宜改年号"。

此前,赤乌集于殿前,孙权下诏说:"间者赤乌集于殿前,朕所亲见。若神灵以为嘉祥者,改年宜以赤乌为元。"群臣立即捧场,

---

① 《三国志·吴书·孙綝传》。
② 《三国志·魏书·王昶传》、《资治通鉴》卷75,魏邵陵厉公嘉平二年。

说:"昔武王伐纣,有赤乌之祥,君臣观之,遂有天下,圣人书策载述最详者,以为近事既嘉,亲见又明也。"于是改元为赤乌。

五年二月,"海盐县言黄龙见"。

六年正月,"新都言白虎见"。

是年,魏司马懿准备袭击诸葛恪,孙权本想发兵策应,"望气者以为不利",遂止。于是令诸葛恪军徙屯柴桑。

七年秋,"宛陵言嘉禾生"。

九年四月,"武昌言甘露降"。

十一年二月,地震,孙权认为是上天示警,因即下诏求谏:"朕以寡德,过奉先祀,莅事不聪,获谴灵祇,夙夜祗戒,若不终日。群僚其各厉精,思朕过失,勿有所讳。"

同年四月,"云阳言黄龙见"。

同年五月,"鄱阳言白虎仁"。《瑞应图》说:"白虎仁者,王者不暴虐,则仁虎不害也。"孙权认为,此瑞应在自己身上,颇有自得之意,因而下诏说:"古者圣王积行累善,修身行道,以有天下。故符瑞应之,所以表德也。朕以不明,何以臻兹?书云'虽休勿休',公卿百司,其勉修所职,以匡不逮。"

十二年四月,"有两乌衔鹊堕东馆"。孙权命丞相朱据,"燎鹊以祭"。

同年六月,"宝鼎出临平湖"。

同年八月,"白鸠见于章安"。

十三年,"五月,日至,荧惑入南斗。秋七月,犯魁第二星而东。八月,丹阳、句容及故鄣、宁国诸山崩,鸿水溢。"孙权因诏"原逋责,给贷种食",废太子,鲁王霸赐死。①

---

① 以上见《三国志·吴书·吴主传》并注。

孙权本来同他的兄长孙策一样不甚崇拜神灵,甚至连祭拜天地的"郊祀"也不太在意。《三国志·吴主传》注引《江表传》说,嘉禾元年冬,群臣因为孙权没有"郊祀",上奏说:"顷者嘉瑞屡臻,远国慕义,天意人事,前后备集,宜修郊祀,以承天意。"孙权回答:"郊祀当于土中,今非其所,于何施此?"群臣重奏:"普天之下,莫非王土;王者以天下为家。昔周文武郊于酆、镐,非必土中。"孙权说:"武王伐纣,即祚于镐京,而郊其所也。文王未为天子,立郊于酆,见何经典?"群臣复书说:"伏见《汉书·郊祀志》,匡衡奏徙甘泉河东,郊于长安,言文王郊于酆。"孙权认为:"经传无明文,匡衡俗儒意说,非典籍正义,不可用也。"《晋书·五行上》说,孙权称帝,"竟不于建业创七庙"。

晚年,孙权原来的观念大有变化。《三国志·虞翻传》载,孙权曾与张昭讨论神仙的事情,遭到虞翻的反对。虞翻指责张昭(按:实际也是指向孙权),说:"彼皆死人,而语神仙,世岂有神仙邪!"虞翻其人,"性疏直,数有酒失"。孙权"积怒非一",至此竟以反对神仙存在的事,流放了名臣虞翻。历史明确记载了孙权从事郊祀的活动:太元元年十一月,"权祭南郊还,寝疾"。

他迷信神灵,甚至崇拜"神人"。

赤乌十三年,有"神人授书,告以改年、立后"。孙权即于次年改元为太元元年,立后。

太元元年(公元251年)五月,孙权派遣中书郎李崇带着"辅国将军罗阳王印绶"奉迎临海罗阳县的一位"神"。据说,自称为神的王表"周旋民间,语言饮食,与人无异,然不见其形。又有一婢,名纺绩"。王表随李崇出,一路之上,"所历山川,辄遣婢与其神相闻"。七月,崇与表到达京城,孙权"于苍龙门外为立第舍,数使近臣赍酒食往。表说水旱小事,往往有验"。于是,次年改元为神风。然而,孙权染疾在身,不久皇后潘氏也死了,"诸将吏数诣王表请福",王表知自己的骗局渐渐暴露,便畏罪逃走了。

三、最后岁月

贬杀亲生儿子,诛流名臣爱将,国基不稳,边场兵败失利,严重地打击了孙权。他的精神垮了,忧伤成疾,不久便中风卧床不起了。因此,他不得不急急稳定局势,安排后事。在最后的不到九个月中,他决定并付诸实施了如下大事:

立 皇 后

孙权为王称帝五十余年,一直到辞世前一年才正式立后。孙权有七位夫人:

(1)谢夫人,会稽山阴人,孙权母"为权聘以为妃",初有宠,后来失志,早卒。

(2)徐夫人,吴郡会稽人,孙权姑姑的孙女。孙权"为讨虏将军在吴(今江苏苏州),聘以为妃,使母养子登"。后来,孙权移都,离开苏州,"以夫人妒忌,废处吴"。十余年后,权为吴王及即尊号,登为太子,登及群臣"请立夫人为后",因为孙权"意在步氏,卒不许"。后来,病死在吴。

(3)步夫人,临淮淮阴人,"以美丽得幸于权,宠冠后庭"。生二女,长女名鲁班,字大虎,先嫁周瑜的儿子周循,后嫁全琮;小女名鲁育,字小虎,先嫁朱据,后嫁刘纂。史称,步夫人"性不妒忌,多所推进,故久见爱待"。孙权想立步夫人为后,但大臣们不同意,"议在徐氏"。孙权"依违者十余年",始终没有给她正式名号。但是,"宫内皆称皇后,亲属上疏称中宫"。死了以后,"追正名号,乃赠印绶",并颁长篇"策命",称其为"内教修整,礼义不愆。宽容慈惠,有淑懿之德。民臣县望,远近归心"。

(4)袁夫人,袁术之女,《三国志·妃嫔传》注引《吴录》说,夫人"有节行而无子",孙权"以诸姬子与养之,辄不育",步夫人死,孙权欲立为后,"夫人自以无子,固辞不受"。

(5)王夫人,琅邪人,"以选入宫",生子孙和,"宠次步氏"。步氏死后,孙和立为太子,"权将立夫人为后,而全公主素憎夫人,稍稍谮毁"。据说,"及权寝疾,言有喜色",因此"权深责怒",夫人"以忧死"。后来,孙和的儿子孙晧立为帝,"追尊夫人曰大懿皇后"。

(6)王夫人,南阳人,"以选入宫",生子孙休。史载,"及和为太子,和母贵重,诸姬有宠者,皆出居外",夫人出居公安,死在公安。孙休即位,"遣使追尊曰敬怀皇后"。

(7)潘夫人,会稽句章人,是惟一生前被孙权正式立为皇后的人。史载,"父为吏,坐法死",夫人与姊沦为奴,俱输织室,孙权"见而异之,召充后宫"。生子孙亮。孙权死前,太元元年立她为皇后。潘皇后"性险妒容媚,自始至卒,谮害袁夫人等甚众"。孙权病重期间,潘皇后派人向中书令孙弘问"吕后专制故事"。可见,既有野心,待人又狠。下人恨之入骨,"侍疾疲劳,因以羸疾,诸宫人伺其昏卧,共缢杀之,托言中恶"。

另,不见史传的妃妾,不知几多。比如故太子孙登的生母,由于出身"庶贱",连自己抚养儿子的权利都被剥夺了,自然也就不被录于史了。五子齐王孙奋的母亲,只知被称"仲姬",不见其他任何介绍。

由上可见,孙权对于立皇后事,长期犹豫不决。以至后期还拿不定主意,赤乌五年,"百官奏立皇后及四王",孙权以"天下未定"

为由,罢议,下诏说:"今天下未定,民物劳瘁,且有功者或未录,饥寒者尚未恤,猥割土壤以丰子弟,崇爵位以宠妃妾,孤甚不取。其释此议。"直到末年,"神人授书,告以改年、立后",才决心办这件事。结果,选人非佳,酿成后宫之变,不少人为之送命。①

封诸子为王

孙权的儿子,见诸史传者有七个。

长子孙登,字子高,是个得到历史肯定的很不错的"储君"。魏黄初二年,孙权为吴王,立登为王太子。黄龙元年,权称尊号,立为皇太子。后来,孙权由武昌迁都建业,"征上大将军陆逊辅登镇武昌,领宫府留事"。

历史留下了不少孙登爱民的故事。他出行的时候,"当由径道,常远避良田,不践苗稼,至所顿息,又择空闲之地,其不欲烦民如此"。有一次,他乘马外出,有一弹丸从身边飞过,恰好附近有一人"操弹佩丸",大家都认为就是此人所为,操弹佩丸者"辞对不服,从者欲捶之",孙登不准,让人把弹丸要过来,两丸相比,不一样,于是把人放了。

后来,弟弟孙虑亡故,孙登昼夜兼行,回到孙权身边,见权悲泣,以天下大事之重进行安慰,"权纳其言,为之加膳"。嗣后,一直留在孙权身边。嘉禾三年,孙权出征新城,登留守,"总知留事"。曾参与制定科令,"甚得止奸之要"。

赤乌四年,孙登做了二十一年太子,病死了,年仅三十三岁。临终,上疏恳切,言中时弊。史载,他死后,孙权读到儿子的遗书,"益以摧感,言则陨涕"。死后谥曰宣太子。

---

① 以上参见《三国志·吴书·妃嫔传》、《吴主传》。

次子孙虑，字子智，"少敏惠有才艺，权器爱之。黄武七年，封建昌侯。"后来，丞相顾雍等奏请进其爵为王，孙权未许。丞相雍等又议，"宜为镇军大将军，授任偏方，以光大业。"权乃许之。据说，"及至临事，遵奉法度，敬纳师友，过于众望。"很不幸，嘉禾元年，孙虑年仅二十岁便死了。

三子孙和，四子孙霸，继孙登之后，和为太子，霸封鲁王，二人并宠，争夺权力，是谓"二宫之变"，赤乌十三年孙和被废，孙霸赐死。已如前述，详情不另。

孙权在最后一年多的时间里，抓紧再立"储君"，同时把封建时代封诸子为王这件"显别嫡庶，封建子弟，所以尊重祖宗，为国藩表"的大事付诸实施。弥留期间，太元二年正月，封故太子孙和"为南阳王，居长沙"，或谓"遣之长沙"；五子孙奋"为齐王，居武昌"；六子孙休"为琅邪王，居虎林（今安徽贵池西）"。孙亮、孙休后来都做了皇帝。

孙奋，字子扬，在父皇孙权死后不久，"坐杀吏罪，废为庶人"。史载，孙权死后，太傅诸葛恪"不欲诸王处江滨兵马之地，徙奋于豫章（治今江西南昌）"。孙奋"怒，不从命，又数越法度"。因此，诸葛恪给他写了一封长信，其中有谓"福来有由，祸来有渐，渐生不忧，将不可悔"以及"良药苦口，惟疾者能甘之。忠言逆耳，惟达者能受之，今者恪等偻偻欲为大王除危殆于萌芽，广福庆之基原，是以不自知言至，愿蒙三思"等颇具威胁的语言，孙奋害怕了，"遂移南昌"。据孙奋本传和注引《江表传》说，孙奋"游猎弥甚，官属不堪命。及恪诛，奋下住芜湖，欲至建业观变。傅相谢慈等谏奋，奋杀之。坐废为庶人，徙章安县"。六年后，太平三年（公元258年），孙亮封他为章安侯。建衡二年（公元270年），"民闻或谓晧死，讹言奋与上虞侯奉当有立者。奋母仲姬墓在豫章，豫章太守张

421

俊疑其或然,扫除坟茔。晧闻之,车裂俊,夷三族,诛奋及其五子,国除"。①

改元、大赦、减徭赋

孙权最后几个月,除了立后、封诸子为王等"家事"以外,国之大事,主要做了三件:

(1)连连改元。公元251年五月,改赤乌为太元;次年二月,又改太元为神凤。

(2)连连大赦。太元元年五月,"立皇后潘氏,大赦";八月,"大风,江海涌溢,平地深八尺,吴高陵松柏斯拔,郡城南门飞落。冬十一月,大赦";次年二月,立三个儿子为王,又大赦。

(3)太元元年十二月,下达最后一道惠民政策,诏:"省徭役,减征赋,除民所患苦"。②

孙权认为,这几件事都是他生前应该做的。

频频改元,是应天命、谋福祉、趋吉利,实际也是缺乏自信的心理表现。这件事,对他的子孙影响很大,儿子孙亮在位六年,三次改元;孙子孙晧在位十六年,八次改元。

连连大赦,是他对于数十年来峻刑苛法、用刑过严的修正,试图挽回执法不当的影响,稳定社会,自塑仁君形象。因此,可做有限度的肯定。但是,如果作为一项大的政策评价,还是诸葛亮、刘备说得有道理,"治世以大德,不以小惠","岁岁赦宥,何益于治"。③

省徭役,减征赋,是他对于以往实行的重徭苛赋政策的最后检讨,不失为英明之举。

---

① 以上参见《三国志·吴书·吴主五子传》《孙权传》。
② 以上《三国志·吴书·吴主传》。
③ 《资治通鉴》卷75,魏邵陵厉公正始七年。

四、孙晧失国

神凤元年（公元 252 年，魏嘉平四年，蜀延熙十五年。按：神凤建元仅两个月，二月前属太元二年，四月后为建兴元年）四月，孙权病死了。

陈寿《三国志》说：“夏四月，权薨，时年七十一岁，谥曰大皇帝。秋七月，葬蒋陵（在今江苏南京钟山）。”陈寿称孙权死为“薨”，而没有像记录刘备死那样用“殂”字：“先主殂于永安宫”；更没有像记录曹操死那样用“崩”字：“（魏）王崩于洛阳”。这是不公平的。按照《周礼·曲礼下》所说：“天子死曰崩，诸侯曰薨”；《书·尧典》所说：“帝（尧）殂落，百姓如丧考妣”。显然，是将孙权等而下之，视作一方诸侯，而不是偏居一方的一代天子。

陈寿说，孙权“胤嗣废毙……其后叶陵迟，遂致覆国，未必不由此也”。这只能说是有一点道理，但不全对。正如南朝宋人裴松之所说，“孙权横废无罪之子，虽为兆乱，然国之倾覆，自由暴（孙）晧。若权不废（孙）和，晧为世嫡，终至灭亡，有何异哉？此则丧国由于昏虐，不在于废黜也。设使（孙）亮保国祚，（孙）休不早死，则晧不得立，则吴不亡矣。”[1]这些都是后来话。

其实，吴国灭国原因是多方面的，不仅有内部的，也有外部的。蜀汉既亡，司马代曹，晋朝初肇，势力强劲。而孙权死后的吴国则如邓艾对司马师分析的那样：“孙权已没，大臣未附，吴名宗大族昔有部曲，阻兵仗势，足以违命。诸葛恪新秉国政，而内无其主，不

---

① 《三国志·吴书·吴主传》并注。

念抚恤上下以立根基,竞于外事,虐用其民,悉国之众,顿於坚城,死者万数"。①

当然,吴国衰亡,与孙权的子孙不肖、嗣主无能也有极大关系。孙亮年幼,难以为政,诸葛恪掌权,虽想作为,但虐民用众,不得人心,野心家孙峻、孙綝乘机构变,杀恪废亮;孙休为帝,除孙綝,自为政,然而"不能拔进良才,改弦易张",又惜年岁不永,三十而卒;孙皓一代昏君、暴君,"既得志,粗暴骄盈,多忌讳,好酒色,大小失望","剥人面,凿人眼"(按:皓降晋后,其侍中李仁辩称"无此事"),自不量力,屡起边衅,虽有上大将军施绩、丞相陆凯、大司马陆抗等先后辅佐,但难挽危局于既倒。

天玺元年(晋咸宁二年,公元276年),晋征南大将军羊祜给司马炎上疏"请伐吴"。天纪二年(晋咸宁四年,公元278年),羊祜病故,杜预为镇南大将军,都督荆州诸军事。次年十一月,晋兵大举伐吴,"镇军将军、琅邪王司马伷(按:司马懿子)出涂中,安东将军王浑出江西,建威将军王戎出武昌,平南将军胡奋出夏口,镇南大将军杜预出江陵,龙骧将军王浚、巴东监军唐彬下巴蜀,东西凡二十万"。诸路大军,所向皆克。天纪四年(晋太康元年,公元280年)三月壬申,孙皓"面缚、舆榇,诣军门降"。

至此,孙坚、孙策父子开基立业,孙权掌国五十余年的一方政权,在他的不肖子孙的经营下灭亡了。

孙权同曹操、刘备一样,在中国历史上都有一定贡献,为政、用兵、治国、用人都留下了值得重视的经验教训和许多发人思考的问题。他们的为人,都透视着政治权术家的两面性特点,既有智慧的

---

① 《资治通鉴》卷76,魏邵陵厉公嘉平五年。

424

升华,尚义崇诚,也有权术的施展,尔虞我诈,具有典型意义。他们的事功和诸多政治思想以及军事上的失败和成功,过去是,将来也必定是重要的永久的历史研究课题和文艺创作源泉。

后　　记

　　《曹操传》《刘备传》出版，一些重要的、广大读者感兴趣而涉及鼎足三方关系的内容，如赤壁之战、荆州之争、夷陵之战，以及相互的政治和外交斗争等许多内容都讲过了，所以，本来不打算再写《孙权传》了。然而，诸多老朋友和读者不断给予鼓励，认为应该对孙权的许多特有的事功做出述评，不能三缺一。自己也觉得，孙权是个很有作为的军事战略家，政治、经济和文化政策上，以及用人等方面都有一些积极的东西值得总结，即使一些消极的东西也可作为教训借鉴。三缺一，不便把握这个人才辈出、风云多变的特殊年代，更不方便读者对孙权的为人及其应有的历史地位有一个全面的正确的理解。于是又有了这本书。

　　三方鼎立的关系，讲述了两方，涉及另一方的有关内容自然也就讲到了。因此，本书同另两本书的一些章节有一些重复。比如，赤壁之战，曹、刘、孙三传都得讲；夷陵之战，刘、孙两传都得讲。角度不同，但基本内容差不多。这种重复是不能避免的，理由有二：第一，读者读了一本，未必一定去读另两本；第二，三本书虽有联系，但它们是独立的，诸多重要内容是传主各自事功的重要组成部分，如果缺了，作为个人传记就不完整了。

　　本书出版，同前两书一样，得到人民出版社领导、编辑和出版人员的支持，社长黄书元、副社长陈有和、副总编辑张小平、副社长任超都给了许多激励和帮助，历史编辑室主任乔还田编审为本书

426

的写作、编辑加工提了不少宝贵意见,负责设计、校对和出版的同志付出了很多辛劳。谨此一并致谢。

2006 年 9 月

重 印 后 记

为了更方便广大读者阅读这本著作,作者借此重印之机对于一些难懂的引文和表述作了简短的释义性夹注。夹注的文字是否真切地体现原意,难免见仁见智,仅供参考。同时,本次重印,作者还订正了原稿和第一次印刷中出现的错讹。因此,敬请读者注意文中与以前印刷本不同处,皆以此为准。

2017 年 8 月

责任编辑:于宏雷

图书在版编目(CIP)数据

孙权传/张作耀 著.-北京:人民出版社,2017.10(2024.5 重印)

(中国历代帝王传记)

ISBN 978－7－01－018254－4

Ⅰ.①孙… Ⅱ.①张… Ⅲ.①孙权(182-252)-传记

Ⅳ.①K827＝363

中国版本图书馆 CIP 数据核字(2017)第 227809 号

孙 权 传
SUNQUAN ZHUAN

张作耀 著

人民出版社 出版发行

(100706 北京市东城区隆福寺街 99 号)

北京新华印刷有限公司印刷 新华书店经销

2017 年 10 月第 2 版 2024 年 5 月北京第 2 次印刷

开本:850 毫米×1168 毫米 1/32 字数:320 千字 印张:13.75 插页:1

ISBN 978－7－01－018254－4 定价:48.00 元

邮购地址 100706 北京市东城区隆福寺街 99 号

人民东方图书销售中心 电话 (010)65250042 65289539